전장과 사람들

전장과 사람들
주한유엔민간원조사령부(UNCACK) 자료로 본 한국전쟁의 일상

초판 1쇄 발행 2010년 4월 24일

저　자 ㅣ 서중석 · 김학재 · 이임하 · 강성현 · 양정심 · 김득중
펴낸이 ㅣ 윤관백
펴낸곳 ㅣ 선인

편　집 ㅣ 이경남 · 장인자 · 김민희
표　지 ㅣ 김지학
영　업 ㅣ 이주하

인　쇄 ㅣ 한성인쇄
제　본 ㅣ 광신제책

등록 ㅣ 제5-77호(1998.11.4)
주소 ㅣ 서울시 마포구 마포동 324-1 곶마루 B/D 1층
전화 ㅣ 02)718-6252 / 6257　　팩스 ㅣ 02)718-6253
E-mail ㅣ sunin72@chol.com
Homepage ㅣ www.suninbook.com

정가　23,000원
ISBN　978-89-5933-223-6　93910

· 잘못된 책은 바꿔 드립니다.

전장과 사람들

주한유엔민간원조사령부(UNCACK) 자료로 본 한국전쟁의 일상

서중석 · 김학재 · 이임하 · 강성현 · 양정심 · 김득중

차례

한국전쟁 자료와 연구의 방향 | 서중석 ·················· 7

한국전쟁과 '인도주의적 구원'의 신화 | 김학재 ·················· 17
   Ⅰ. 파괴와 구원의 신화　17
   Ⅱ. 2차대전 이후 원조활동의 성격과 미국 헤게모니　24
   Ⅲ. 한국전쟁기 UN 원조기구와 UNCACK의 창설과정　40
   Ⅳ. UN군의 북한점령정책과 UNCACK의 활동　63
   Ⅴ. 맺음말　78

한국전쟁기 유엔민간원조사령부의 인구조사와 통제 | 이임하 ·················· 81
   Ⅰ. 머리말　81
   Ⅱ. 한국전쟁 이전 인구조사　84
   Ⅲ. 유엔민간원조사령부의 인구조사와 통제　93
   Ⅳ. 맺음말　119

한국전쟁기 한국정부와 유엔군의 피난민 인식과 정책 | 강성현 ·················· 123
   Ⅰ. 한국전쟁의 성격과 피난의 의미　123
   Ⅱ. 한국정부의 개전 초기 대처와 피난민 정책　130
   Ⅲ. 유엔군의 피난민 인식과 정책　150
   Ⅳ. 나오며　195

한국전쟁기 제주지역사회의 변동 | 양정심 ················· 199
  Ⅰ. 머리말　199
  Ⅱ. 전쟁 발발과 제주도　202
  Ⅲ. 인구변동과 피난민의 섬　209
  Ⅳ. 구호활동과 주민 관리　216
  Ⅴ. 전쟁과 제주지역사회의 변화　225
  Ⅵ. 맺음말　234

한국전쟁 전후 정치범 관련 법제의 성립과 운용 | 김득중 ············· 237
  Ⅰ. 머리말　237
  Ⅱ. 정치범 관련 법제의 내용과 문제점　240
  Ⅲ. 정치범 관련 법의 집행　269
  Ⅳ. 맺음말　283

주한유엔민간원조사령부(UNCACK) 자료 해제 | 김학재 ················ 285
  Ⅰ. 원조와 민사: 한국전쟁 전후 원조기구의 활동에 대한 이해　285
  Ⅱ. 한국전쟁기 대한 원조·민사 관련 조직의 구성과 변화　289
  Ⅲ. UNCACK의 특성과 주요 활동　304
  Ⅳ. UNCACK 관련 자료의 유형 및 내용 구성　316
  Ⅴ. UNCACK 자료의 주제별 내용 개괄　321
  Ⅵ. 나가며　333

한국전쟁 자료와 연구의 방향[*]

서중석

1.

금년은 한국전쟁 발발 60년이 되는 해이다. 60주년을 맞아 한국전쟁에 대한 연구 방법이 다양해지고, 연구 자세도 어느 때보다도 냉전이데올로기에 편향되지 않은 성숙한 역사의식이 기대된다. 전쟁과 관련해서 북한과 공동조사를 하거나 학술대회를 갖는 것이 쉽지는 않겠지만, 60주년이 되었고 남북관계도 2000년 이전과는 달라졌으므로 서로 간에 모색해 볼 필요가 있을 것 같다. 이 공동연구도 한 부분이 되겠지만, 60주년을 맞아 40주년 못지않게 풍성한 연구가 나왔으면 좋겠다.

민간인에 의한 한국전쟁 연구는 전쟁 발발 40주년을 맞아 그 이전과 비교가 안 될 정도로 풍성한 연구가 이루어졌다. 최장집이 대표 편집한 『한국전쟁 연구』(태암, 1990)는 여러 소장학자들이 참여하여 한국전쟁의 기원과 그 성격규정을 둘러싼 제반 논의와 전쟁의 전개과정에 대한 구체적 실상이 연구

---

[*] 이 논문은 2008년 정부(교육과학기술부)의 재원으로 학술진흥재단의 지원을 받아 수행된 연구임(KRF-2008-321-A00012).

되었다. 위의 연구에 참여한 학자들을 포함해 한국정치연구회 정치사분과에서는 『한국전쟁의 이해』(역사비평사, 1990)를 냈는데, 역시 한국전쟁의 원인과 전개과정, 점령정책 등에 초점을 맞추었다. 경남대학교 극동문제연구소도 40주년을 맞아 한국전쟁이 이데올로기지형이나 남과 북의 체제에 어떠한 영향을 미쳤는가를 공동으로 연구한 『한국전쟁과 남북한 사회의 구조적 변화』를 냈다(경남대학교출판부, 1991). 한국사회학회에서도 공동으로 전쟁이 인구구성 등에 미친 영향을 연구했던 바, 풀빛에서 『한국전쟁과 사회변동』이란 제목으로 1992년에 출판되었다. 김철범은 한국전쟁연구회의 첫 사업으로 1987년 6월 항쟁 중 열린 심포지엄에 발표한 논문들을 편집해 1989년에 『한국전쟁—강대국 정치와 남북한 갈등』(평민사)을 낸 바 있는데, 40주년이 되는 이듬해에는 『한국전쟁을 보는 시각』(을유문화사)을 공동 연구로 냈다.

한국전쟁 40주년이 되는 1990년에 여러 곳에서 공동으로 심포지엄 등을 열어 저서를 내게 된 데에는 6월 항쟁의 영향이 컸다. 최장집 편의 『한국전쟁연구』 말미에는 "사상·출판의 자유는 보장되어야 합니다!"가 쓰여 있어 주목을 끌었는데, 이데올로기나 권력에 의해 훼손이 심했던, 그러면서도 현대사에 지대한 영향을 미쳤던 한국전쟁이 6월 항쟁으로 사상·출판의 자유가 상당 부분 획득된 상황에서 40주년을 맞았기 때문에, 30주년을 맞은 4월 혁명과 함께 젊은 연구자들로 하여금 적극적으로 공동 연구를 하게 한 것이다.

2000년은 여러 가지로 의미심장한 해로 평가되지만, 필자는 한국전쟁 50주년을 맞는 이 해에는 40주년보다 더욱 풍성한 결실이 있을 것을 기대했다. 더구나 제주4·3 관련 단체나 민간인학살 관련 단체에서 주민집단학살 진상규명을 요구하는 외침이 커졌고, AP통신 서울지국 최상훈 특파원에 의한 미군에 의한 노근리 피난민 집단학살사건 취재가 1999년 9월 말 AP통신을 타고 전세계에 보도되었고, 그 여파로 국내의 보수적 언론도 크게 보도하게 됨으로써 세인의 주목을 많이 받았기 때문에도 한국전쟁과 관련된 연구가 풍부히 나올 줄 알았다. 그렇지만 결과는 40주년에 훨씬 미치지 못하는 것이었다. 다만 필자가 1999년 연말에 내고 다음해에 개정판을 낸 『조봉암과 1950년대 하―피해대중과 학살의 정치학』(역사비평사)과 김동춘이 저술한 『전쟁과 사회』(돌베개, 2000)에서 주민집단학살에 큰 비중을 두고 연구한 것이 당시의 기대에 얼마큼 부응하는 것이 아니었을까 하는 생각이 든다. 그리고 이미 『한국전쟁의 발발과 기원』 1~2를 나남출판에서 낸 바 있는 박명림이 2002년에 다시 『한국 1950 전쟁과 평화』(나남출판)를 낸 것도 전쟁 발발 50주년의 연계선상에서 출간된 것으로 평가할 수 있겠고, 유영익·이채진이 편집한 『한국과 6·25』(연세대학교출판부, 2002)도 그러한 성과의 하나로 볼 수 있을 것이다.

2.

한국사회학회에서 펴낸 『한국전쟁과 한국사회변동』 표지 안쪽에는 "한국현대사에서 한국전쟁이 차지하는 의미는 대단히 크다. 한국현대사에서 한국전쟁만큼 민족공동체의 삶의 구조와 질을 변화시킨 것은 없을 만큼 그 영향력이 크기 때문이다"라고 쓰여 있다. 연구자의 시각에 따라 평가가 다를 수는 있지만 위의 언급은 약간 과장된 것이 아닌가 하는 생각이 든다. 민족공동체의 삶의 구조와 질을 변화시킨 것에 해방이 미친 영향이 더 크다고 볼 수 있기 때문이다. 그렇다고 한국전쟁이 민족공동체 곧 한반도 주민의 삶의 구조와 질에 대단히 큰 영향을 미쳤다는 점을 간과해서는 안 될 것이다.

전쟁은 인민군이 장악했던 지역이건 그렇지 않았던 지역이건 또 전방이건 후방이건 각 지역 주민들에게 심대한 고통과 피해를 주었다. 이 때문에 한국전쟁에 대한 중요 연구 분야의 하나가 바로 이 부분이 될 수밖에 없다. 주민들이 입은 최대의 피해로 이데올로기 지형 변화―극우반공체제의 형성에 지대한 영향을 미친 것이 주민집단학살이다. 사안이 워낙 중대한 만큼 이에 대한 진상규명과 연구는 상당히 되어 있다. 거창양민학살과 노근리 피난민 등의 학살에 대한 민간인의 조사와 연구, 정부위원회에서의 진상규명활동, 제주4·3사건에 대한 민간인의 조사와 연구, 제주도의회의 조사, 무엇보다도 제주4·3사건 진상규명 및 피해자명예회복위원회에 의한 방대한 진상규명활동이 있었고, 한국전쟁 전후의 민간인집단학살에 대한 조사와 연구도 상당히 집적되어 있을 뿐만 아니라, 진실·화해를 위한 과거사정리위원회의 방대한 진상규명 작업이 진행되었다. 이 부분은 우리의 공동연구에서도 중요 연구과제로 남아 있다. 그런데 점령지역에서의 주민들의 고통과 피해, 피난민의 고통과 피해에 대한 조사와 연구는 상대적으로 미진한 편이다.

점령정책에 대한 선구적 논문으로는 권영진의 「한국전쟁 당시 북한의 남한 점령지역 정책에 관한 연구」(고려대 정외과 석사학위논문, 1988)를 비롯해 앞에서 언급한 『한국전쟁 연구』에 수록된 김주환의 「한국전쟁 중 북한의 대남한 점령정책」, 김창우의 「한국전쟁 초기 미국의 전쟁정책과 북한점령」, 『한국전쟁의 이해』에 수록된 장미승의 「북한의 남한점령정책」 등이 있다. 박명림은 『한국 1950 전쟁과 평화』 제2부 「혁명과 통일」을 전적으로 북한의 남한 통치를 분석하는 것에 할애했다.

그런데 점령정책을 고찰한 논문에서는 주민들이 그러한 점령정책으로 얼마나 심한 고통을 당했는가를 추찰할 수는 있지만, 주민의 고통과 피해에 초점을 맞춰 연구한 것은 아니었다. 또 자료를 보더라도 『김일성선집』, 『김일성저작집』, 『조선중앙연감』, 『민주조선』, 『해방일보』, 『조선인민보』, 『로동신문』 등의 문서·자료와 한국정부의 공식 문서, 미국의 문서를 주로 사용하였다. 개인의 수기나 증언의 경우도 대개 빨치산 관계자나 엘리트층의 것들이 많아 주민의 입장을 드러나게 한 자료는 찾아보기가 쉽지 않다.

전쟁시기 일반 주민이나 피난민들의 생활을 접근할 수 있는 자료로 쉽게 생각할 수 있는 것이 일기이다. 그렇지만 전쟁시기에 쓰여진 일기는 지금까지 알려진 것이 아주 드물다. 그도 그럴 것이 일기는 사실 그대로 또 느낌 그대로 서술해야 하는데, 그렇게 기술했을 경우 우익이든 좌익이든 어느 한쪽으로부터, 또는 양쪽으로부터 과연 무사할 수 있느냐는 문제가 당연히 제기될 수 있다. 특히 전쟁 초기에는 상황이 어떻게 될지 알 수 없었다. 서울주민들의 실태를 알려주는 자료가 꽤 많이 들어가 있는 김성칠의 『역사 앞에서』(창작과비평사, 1993)도 조심스럽게 서술되어 있는 부분이 적지 않다. 또한 저자는 이 책이 세상에 알려져야 하지만, 좋은 시점에 공개되기를 바랐고, 그래서 6월 항쟁 이후인 1993년에서야 출판된 것을 보아도 당시에 사실 그대로 느낌 그대로 일기를 쓴다는 것이 얼마나 어려운가를 읽게 해준다. 수기도 전쟁 직후에 나온 것일수록 좋은데, 객관적인 것이 드물다. 회고록은 윤색되기 마련이지만, 전쟁시기의 주민들 실태를 써놓은 회고록은 거의 없다. 신문은 전쟁이 발발한 지 한참 지나서야 나왔지만 지극히 어려운 상황에서 내야 했기 때문에, 또 취재 기능이 대단히 취약했기 때문에, 전쟁시기는 말할 나위도 없고, 1950년대 후반기에도 전쟁시기의 주민실태를 취재한 기록이 많지 않다.

필자는 『조봉암과 1950년대』 하의 마지막 절에서 부역자문제, 그리고 인민군 점령이 준 고통과 피해를 다루었던바, 김성칠의 일기, 강신항의 『어느 국어학도의 젊은 날』(정일출판사, 1995)과 같은 기록과 유병진의 『재판관의 고민』(서울고시학회, 1957), 1950년대의 신문과 잡지, 연감의 글도 자료로 사용했지만, 가장 많이 사용한 것은 『국회속기록』이었다. 제2대 국회의원들은 다른 시기의 국회의원들에 비해 자질이 좋은 편이라는 평을 들었고, 전쟁시기에 이승만의 강압통치와 엄벌주의에 맞서 민권 옹호에 많은 노력을 기울였다. 국회의원들은 당시 서민들의 고통과 피해를 대변하는 발언을 국회에서 많이 하였다. 인민군 장악하의 서울에서 서민들이 당한 고통도 증언했지만, 노무동원, 의용경찰의 고달픔, 난립된 수사기관의 횡포, 경찰 등 관공서에 의한 끝이 없는 각종 잡부금 징수, 피난민, 전쟁미망인, 전쟁고아 등의 어려움도 대변했다.

앞에서 언급한 『한국과 6·25전쟁』에 수록된 전상인의 논문 「6·25전쟁의 사회사: 서울시민의 6·25전쟁」은 문학작품을 자료로 풍부히 사용하고 있는 것이 눈에 띈다. 박완서의 『그 산이 정말 거기 있었을까』(웅진, 1995)와 『그 많던 싱아는 누가 다 먹었을까』 외에도 염상섭, 박경리, 이호철 등의 작품과 이범선과 유춘도의 수기가 이용되었다. 좋은 착상이라고 생각한다. 다만 문학적 상상력이 들어간 표현이기 때문에 신중하게 사용되어야 한다는 지적은 참고할 만 하다. 그런데 이 논문에서도 언급하고 있는 것처럼 문학작품도 대개 서울시민의 실태를 얘기할 뿐 다른 지방 주민들의 이야기는 별반 나오지 않는다는 점은 다시 한번 자료의 장벽을 실감나게 한다.

자료의 제한 속에서 인민군 치하에서의 통치에 대한 마을 주민들의 생각, 전쟁시기 주민 또는 피난민의 실태, 어려움과 괴로움에 대해서 기억의 재생 곧 구술과 현지조사 등에 의존한 연구가 나왔다. 이러한 연구로는 윤택림의 「구술사와 지방민의 역사적 경험 재현: 충남 예산 시양리의 박영호씨 구술증언을 중심으로」(『한국문화인류학』 30-2, 1997), 김귀옥의 「정착촌 월남인의 생활경험과 정체성―속초 '아바이마을'과 김제 '용지농원'을 중심으로」(서울대 대학원 박사학위논문, 1999), 『월남인의 생활경험과 정체성』(서울대출판부, 2002), 윤형숙의 「한국전쟁과 지역민의 대응: 전남 한 동족 마을의 사례를 중심으로」(『한국문화인류학회』 35-2, 2002), 정근식의 「한국전쟁경험과 공동체적 기억―영암 구림권을 중심으로」(『지방사와 지방문화』 5-2, 2002), 「지역정체성, 신분투쟁, 그리고 전쟁기억: 장성에서 전쟁경험을 중심으로」(『지방사와 지방문화』 7-1, 2004), 윤택림의 『인류학자의 과거여행: 한 빨갱이마을의 역사를 찾아서』(역사비평사, 2003), 아용기의 「1940~50년대 농촌의 마을질서와 국가―경기도 이천의 어느 집성촌 사례를 중심으로」(『역사문제연구』 6, 2003), 표인주 외, 『전쟁과 사람들―아래로부터의 한국전쟁연구』(한울, 2003), 김경학 외, 『전쟁과 기억―마을공동체의 생애사』(한울, 2005), 최정기 외, 『전쟁과 체험―마을공동체의 고통과 그 대면』(한울, 2008), 전남

대학교 호남문화연구소의 『전쟁과 사람들: 아래로부터의 한국전쟁연구』(한울, 2003)와 『구림연구: 마을공동체의 구조와 변동』(경인문화사, 2004), 『지역전통과 정체성의 문화정치-장성 황룡연구』(경인문화사, 2004), 그리고 『경제와 사회』 71호(2006)에 수록된 이임하의 「전쟁미망인의 전쟁경험과 생계활동」, 김귀옥의 「지역의 한국전쟁경험과 지역사회의 변화-강화도 교동 섬 주민의 한국전쟁경험을 중심으로」, 조은의 「분단사회의 국민되기'와 가족」 등이 있다.

한국전쟁의 체험과 관련된 기억의 재생은 극단적인 반공이데올로기가 반세기를 지배한 상황에서 시도된 것이어서 얼마만큼 진실이 채록될 수 있느냐 하는 어려움이 있다. 50년 동안 기억해서는 안 된다고 보이지 않는 것에 의해 강요당하거나, 자신을 계속해서 세뇌시킨 것이나, 그와 연관되지만, 그런 저런 이유로 왜곡된 기억을 살려낸다는 것은 쉽지 않은 작업이다. 또한 일상사나 지방 사회사의 경우 당대의 한국사와 한국사회에 대한 깊이 있는 인식이 수반되지 않을 경우 피상적인 수준에 머문다는 점도 생각해봐야 한다.

3.

이 공동연구에서는 미국국립기록관리청(NARA) 등에 소장되어 있는 주한민간원조사령부(UNCACK) 관련 문서를 중심으로 한 한국전쟁기 미군 문서에 의존했다. 주한민간원조사령부는 보건·복지·위생 등의 업무를 담당하여 당시 주민들이나 피난민, 미군이 피난민과 구별하여 의도적으로 사용한 전재민들의 실태와 그들의 어려움과 괴로움을 고찰하는데 유용한 지료를 많이 제공했다. 주한민간원조사령부의 자료에 의한 연구는 최원규의 「한국전쟁 중 국제연합민사원조사령부(UNCACK)의 전재민 구호정책에 관한 연구」(『전략논총』 8, 1996)와 허은의 「1950년대 전반 미국의 '생체정치'와 한국사회헤게모니」(『한국사연구』 133, 2006)가 있다.

김학재는 미군의 북한점령시기 주한유엔민간원조사령부의 창설과정과 그것의 성격을 연구하였다. 미8군사령관 워커가 1950년 9월 유엔사령부의 군사적 목적의 달성을 위해 특히 질병과 기아, 사회불안을 예방하고, 부흥과 재건을 위해 8군의 민사기능을 지도·감독할 '8201부대, 유엔사령부보건복지파견대(UNPHWD)'를 창설하기까지의 과정, 곧 유엔민간원조사령부의 전신이 생겨나기까지의 과정과 그 뒤 북한점령정책을 책임지고 수행하는 과정에서 1950년 10월 30일 민간원조사령부(CAC)가 설치되고, 이 조직에 11월에 유엔의 이름을 첨가해 주한유엔민간원조사령부로 명칭이 바뀌는 과정 및 유엔민간원조사령부와 관련된 미군의 북한점령정책을 분석했다. 민간원조사령부는 미국의 부담을 덜기 위해 유엔의 이름을 사용했지만, 미8군 예하에 창설되어 미8군 민사부의 지휘를 받았으며, 군부대의 민사업무를 실질적으로 보조하고 수행하는 종속적 조직으로 운영되었다. 미군의 인도주의적 민사업무는 철저히 군사적 목적에 종속된 것이었다.

이임하는 유엔민간원조사령부가 생산한 통계자료를 중심으로 인구조사가 어떻게 이루어졌는가를 고찰했다. 그 경우 한국전쟁 이전의 인구조사가 어떻게 행해졌나를 아는 것이 중요했기 때문에 미군정기 인구조사, 인구조사법이 이루어진 이후 한국정부에 의한 1949년의 총인구조사가 어떻게 이루어졌나를 살펴보았다. 1949년의 총인구조사는 비교적 정밀히 조사된 것이어서 전쟁시기 정부의 여러 차례에 걸친 인구 파악의 토대가 되었다. 유엔민간원조사령부가 도별로 피난민과 관련된 인구조사 보고서를 생산한 것은 그 시기 인구 이동과 피난민, 전재민을 파악하는데 중요한 자료이다. 전쟁시기 서울의 인구변화가 각각의 시기마다 어떻게 다른가가 점령지역의 접근금지정책과 관련을 지어 면밀히 분석되었고, 충북·전북·경북의 피난민출입과정에 대한 분석도 이루어졌다. 유엔민간원조사령부의 인구조사와 작전지역에 대한 통제 등 민간인에 대한 통제는 피난민, 위생, 원조와 관련되어 이루어졌고, 특히 유동인구였던 피난민에 대해서는 격리와 통제가 행해졌다는 점이 주목되었다.

　강성현은 유엔군의 피난민인식과 정책에 초점을 맞추어 연구를 진행했다. 그는 먼저 한국정부의 피난민에 대한 입장과 대책을 분석해 피난민에 대한 정부 조치가 피난민 속에 적이 침투해 있다고 보고, 따라서 피난민을 '잠재적인 적'으로 의심하고 감시하며, '의심되는 사람'을 색출하고 학살하는 과정을 분석했던바, 그것은 미군의 피난민에 대한 인식과 대책 또는 정책과 큰 차이가 없는 것이었다. 그는 전쟁 초기 미군에 의한 충북 노근리에서의 피난민 집단학살 문제와 관련해 당시 미군이 피난민에 대해서 어떠한 지시를 내렸는가를 검토하였고, 피난민이 낙동강을 건너면서 발생했던 경북 칠곡군 왜관교와 고령군 득성교에서의 대량 희생문제도 그것의 연장선상에 분석했다. 이 논문은 1950년 12월 말에서 1951년 1월 4일에 걸쳐 이루어진 약 120만 명의 서울시민 피난과정이 미군의 진두지휘에 의해 어떻게 진행되었는가, 그리고 그 이후 피난민들이 어떻게 이동, 분산하여 유엔민간원조사령부의 피난민구호활동과 어떻게 관련을 갖는가를 분석했다.

　양정심은 제주지역사회에서의 피난민 문제와 지역사회의 반응을 다루었다. 유엔민간원조사령부 자료는 각 지역팀이 보고하는 형식으로 되어 있어서 중앙의 지방 장악 과정과 지역정치의 중요 사항, 경찰활동, 지방행정의 특이 사항, 사법, 인구 변동 같은 지역정치의 상황이 포함되어 있다. 제주4·3사건과 같은 참담한 주민집단학살이 발생한 제주도에서 민간원조사령부는 지역 주민들에게 위생·방역과 구호물자 분배 등으로 지방사회에서 영향력을 확대해가면서 지역 사회에 좋은 미국상(像)을 만들어갔다. 그런데 제주도는 전쟁 초기와 중국군의 공세시기에 주한미국대사관, 미국무부 등을 중심으로 한국정부를 이전시키거나 주요 인사들을 철수시키는 거점으로 논의되었고, 한국정부는 피난민을 수용하는 중요 지점으로 설정했다. 이 때문에 제주도에는 10만 명에 가까운 피난민이 들어왔고, 민간원조사령부 제주팀과 연결된 구호위원회의 역할이 컸다. 그러한 상태에서 지역민과 피난민 또는 중앙정부에서 파견한 행정·사법·경찰 등과의 사이에 갈등이 조성되었던 바, 이 논문에서는 이 부분에 대한 분석이 비중 있게 다루어졌다.

김득중은 전쟁을 전후한 시기 정치범 관련 법제의 성립 문제와 운용을 연구했다. 유엔민간원조사령부 문서들은 전쟁시기 사법·행형에 관한 정보와 실태를 이해하는 데 도움을 주고 있다. 이 연구는 먼저 전쟁 발발 전 정치범 관련 법제로 국방경비법과 계엄법, 국가보안법을, 국방경비법은 법으로 성립하기 어려운 제정, 공포 과정의 문제점에, 계엄법은 지역 군관계자와 이승만 정부에 의해 '선포'된 계엄령의 문제점에, 국가보안법은 정치범 양산에 초점을 맞추어 분석했다. 또한 전쟁이 일어나면서 출현한 비상사태하의 범죄처벌에 대한 특별조치령, 계엄하 군사재판에 관한 특별조치령, 그리고 징발에 관한 특별조치령과 같은 주민통제와 관련된 대통령긴급명령을 성립 자체부터 제기되는 여러 문제점을 분석했다. 수감인원을 여러 가지로 분류한 형무소 관련 통계를 담고 있는 민간원조사령부의 보고서가 나오게 된 경위와 함께 충남팀, 전북팀, 경남팀 등의 형무소 관계 보고와 형무소 재소자의 실태도 이 논문에서 비중 있게 분석되었다.

한국전쟁 60주년을 맞아 다른 연구보다 일찍 출간된 이 연구가 한국전쟁 연구, 특히 주민·피난민의 실태 연구에 보탬과 자극이 되었으면 좋겠다.

한국전쟁과 '인도주의적 구원'의 신화*
주한유엔민간원조사령부(UNCACK)**의 창설과정과 성격

김 학 재

I. 파괴와 구원의 신화

　한국전쟁은 2차 세계대전이라는 인류 역사상 가장 참혹했던 전면적 폭력과 갈등을 겪고 난 직후에 또다시 발생한 전쟁이었다. 모두가 전쟁의 참상을 잊고 극복하려 할 때 또다시 발생한 전쟁이 어떻게 정당화 될 수 있었을까?
　한국사회에서 한국전쟁의 이미지는 매우 선명하고 극도로 협소한 이미지에 고착되어 있다. '구원자'로서의 미국과 유엔이라는 이미지가 그것이다. 전

---

 * 이 논문은 2008년 정부(교육과학기술부)의 재원으로 학술진흥재단의 지원을 받아 수행된 연구임(KRF-2008-321-A00012). 이 글은 『사림』 제33호, 2009에 게재된 글임.
 ** 주한유엔민간원조사령부(United Nation Civil Assistance Command, Korea: UNCACK)는 한국전쟁 당시 흔히 '유엔 민사처', '유엔 민사협조단', '언캑', 'CAC' 등으로 불리던 조직이다. 이 기구의 창설 과정을 살펴보면 군정(Military Government)이나 민사(Civil Affair)와 구분되는 업무의 성격을 강조하기 위해 민간원조(Civil Assistance)라는 명칭이 제시되는 것을 알 수 있다. 그리고 이 기구는 초기에 유엔보건복지파견대(UN Public health and welfare detachment)에서 시작되어 미8군 산하에 본부와 전국 각 지역팀을 거느린 별도의 군 조직(사령부, Command)으로 창설되었다. 따라서 미8군 참모부의 민사부(Civil affair section)와는 구분되는 위상과 성격을 갖고 있기 때문에 주한유엔민간원조사령부라는 명칭이 적합한 것으로 보인다.

쟁 발발 직후 서울을 버리고 도망가기 바쁘던 이승만은 UN의 한국전쟁 개입이 결정되자 "공산악마의 죄악이 가득해서 심판의 날이 온 고로 49개국 연합군은 우리 한국에 육해공 각 방면으로 모여듭니다"라며 미국과 'UN십자군'의 '구원'을 환영했다.[1] 미국의 원조물자와 유엔군 의료진의 치료를 받은 사람들도 이 '구원자로서의 미국'에 대해 충성에 가까운 믿음을 보유하고 있다.

전쟁에 대한 기억이 '구원'의 이미지로 각인되는 것은 매우 이례적인 일이다. 엄청난 파괴와 고통을 가져오는 폭력으로서의 전쟁이 어떻게 구원일 수 있겠는가? 하지만 전쟁을 통해 '구원'을 받은 그들은 이러한 이미지를 생산해냈다. 이승만 정권은 정부수립 전후 국내외의 갈등과 저항에 탄압과 국가폭력으로 대응해 더욱 혼란을 초래했고 정치적 위기에 직면해 있었다. 때문에 전쟁 발발로 국제적 관심과 지원을 받는 것은 구원이었을 것이다.

그러나 이승만 정권이 받았다는 '구원'도 순수한 선의의 산물이 아니었다. 잘 알려져 있는 것이지만, 한국의 내전은 전 세계에서 또 다른 전쟁을 준비하려던 사람들을 '구원'했다. 전후 세계질서 재편과정에서 적대적인 냉전 봉쇄정책을 통해 미국의 군비 증강과 전 세계의 무장을 추진하려던 미 국무장관 애치슨은 한국전쟁이 발발한 것을 두고 "한국이 우리를 구했다"고 회고했다.[2] 이렇듯 전쟁을 통해 정치경제적 이해관계를 챙긴 권력자들의 입장에서는 전쟁 발발 자체가 '구원'이 되었다.

그렇다면 대다수의 일반 인민들에게도 전쟁은 구원이었을까? 한국전쟁에서 유엔군과 미국이 수행했다던 '인도주의적 구원'이라는 신화의 실체는 무엇이었을까? 이 글이 묻고 답하고자 하는 것은 바로 이 부분이다. 전쟁은 누구

---

1) 「계엄령 선포에 대한 이승만의 특별 담화(1950.7.15)」, 국방부정훈국 전사편찬회, 『한국전란1년지』, 1951, c5.

2) Dean Acheson, statement at Princeton Seminar, 8~9 July 1953, Walter LaFeber, *America, Russia, and the Cold War, 1945~2000*, 9th ed. (McGraw Hill, 2002), p.103에서 재인용.

를 위한 구원이며 어떤 구원인가?

결론부터 말해 여기서의 구원이란 곧 엄청난 '파괴'의 이면이자 사후적 수습을 의미했다. 그런데 우리는 이 구원의 실체를 들여다보면서 파괴와 절멸을 초래한 행위자들이 동시에 자신들의 행위로 발생한 전쟁피해를 사후 수습하는 장면을 목도한다. 그리고 파괴하는 동시에 수습하는 양상의 전쟁에서 '파괴'와 '원조'가 서로를 정당화하며 가장 잔혹한 파괴자가 가장 숭고한 구원자가 되는 기묘한 장면을 목격하게 된다.

38선 이북지역에 엄청난 폭격을 퍼부어 모든 것을 파괴하면서 후방에서는 피난민 원조를 하고 있는 양상을 어떻게 보아야 할까? 한편에는 공간 전체의 절멸을 의미하는 원자폭탄 사용을 고려하면서, 다른 한편에서는 '선진' 의료기술로 보건의료활동을 하고, 한편에서는 전투하면서 한편으로는 DDT로 살균하고 있는 전쟁의 양상을 도대체 어떻게 이해해야 할까? 이 공존할 수 없는 극단적 모순을 하나의 통합된 이미지로 구축하는 간단한 방법이 있다. '적'에겐 무자비한 파괴자이지만 '우리'에겐 선의의 구원자라는 이미지가 그것이다.

한국전쟁에 참전한 미군과 유엔군은 '파괴자'로서 전쟁과 전투를 수행하면서, 동시에 '파괴'의 산물을 '구원'하는 업무까지 수행했다. 예컨대 미군은 군사작전과 전투를 수행하며 지역 전체를 소개시키고 공간을 전선으로 구획지으며 이동을 통제했고, 적 점령지역으로 간주된 지역에 대한 무차별적 공격과 폭격을 통해 대량의 민간인 사상자와 피난민, 전재민을 만들어냈다. 민간인에 대한 군의 대응은 대부분 자신들의 군사작전에 따른 결과를 군사작전에 방해가 되지 않는 선에서 관리하는 문제였다. 반대로 피난민들에게 외국인 군인들은 자신들을 식별하지 못해 무차별적으로 의심하며 언제 죽일지도 모르는 '파괴자'인 동시에 부상을 치료해주고 안전한 주거지를 마련해줄 '구원자'이기도 했다. 그리고 이렇게 형성된 이미지는 체험 속에 깊이 각인된다.

군사작전이 구원행위가 되고 압도적 파괴자가 숭고한 구원자가 되는 순간,

인민은 그것을 위한 재료가 되고 사람들이 살아온 땅은 작전지역이 되며, 폭격을 피해 살아남는 것도, 수용소에 갇혀 음식을 얻어먹는 것도 모두 군의 선택과 결정에 달려있게 된다. 파괴자이면서 동시에 구원자인 군이 인간의 삶과 죽음을 결정하는 권력이 되어 그 경계를 끊임없이 허물고, 결정하고, 재구축하게 되는 것이다. 문제는 공간도, 사회도, 사람들도 파괴 대상과 구조 대상으로 처음부터 전쟁을 위해 가시적으로 뚜렷하게 나뉘어져 있지 않다는 것이다.

전쟁이 목적으로 하는 '적과 우리'라는 대립을 실제 현실에 구체적으로 적용하는 과정은 결코 만만치 않을 뿐 아니라 그 자체로 사회적 재앙을 초래했다. 총력전의 양상을 띤 근대 전쟁에서 전쟁은 사회 전체를 통해 극단적인 양극화를 만들어냈고, 전선은 끊임없이 이동했으며 일상의 곳곳에서 그것이 뒤섞이는 공간을 창출해냈다. 군은 이러한 과정에서 전 사회와 일상의 구석구석에 자신들의 시선과 총구를 들이밀었다.

'파괴'와 '구원'이라는 두 요소는 이렇게 '적과 우리'라는 적대적 이분법과 결합하며 어느새 '전쟁 자체'의 정당성을 구축한다. 제거하고 절멸해야 할 '적'을 파괴하는 것과 '우리'를 보호하고 관리하는 임무는 전쟁의 개시와 개입, 승리와 지속을 모두 정당화시켜 준다. '파괴'와 '재건', '전쟁'과 '인도주의'는 서로 배타적이고 대립적인 특성이 아니라 새로운 질서를 창출해내고, 전 사회에 그 권력을 부과하기 위한 '창조적 파괴'라는 동일한 과정의 양면이었다. 파괴가 잔혹할수록 고상한 구원의 원칙들의 향기가 갖는 호소력은 더욱 절실해지는 법이었다. 더 많은 파괴는 더 많은 원조를 불렀고, 더 지속적인 파괴는 끊임없는 재건과 건설을 낳았다. 이러한 파괴와 재건의 변증법이 근대 자본주의 세계체제에서 발생하는 전쟁의 양상이자 전쟁이 정당화되는 방식이었다. 한국전쟁 역시 '재건'과 '인도주의'라는 명분으로 정당화된 전쟁 중 하나였다.

또한 이는 미국 헤게모니하에서 반공주의 블록이 구축된 새로운 세계체계질서의 특징이자 그 질서의 상징인 한국 분단과 한국전쟁의 특징이기도 했다. 세계를 '적과 우리'로 나누고, '우리'의 영역으로 구축된 반공주의 블록에서는 기존 질서의 대대적인 파괴를 동반한 새로운 질서가 건설되었다.

그런데 주변부에서의 내전은 새로운 냉전 질서 건설을 위해 조장되는 한편 진압되었다. 주변부의 내전은 한편으로 세계를 '적과 우리'로 나누는 전지구적 내전체제로서의 냉전질서를 구축하기 위해 끊임없이 참조해야할 현실적 실체로 기능했다. 그런데 다른 한편으로 그것은 '국가 아닌 국가들' 간의 '전쟁 아닌 전쟁' 혹은 혼란과 무질서의 상징으로 간주되었다. 따라서 '공식적인 전쟁'의 위상이 부여되지 않는 이런 전쟁에 개입하여 한 국가의 군대가 아닌 '무장세력들'을 진압하고 질서를 부과하기 위한 모든 조치들이 정당화되었다. 이로서 전쟁을 조장하는 것도, 전쟁에 개입하는 것도 모두 '구원'행위로 정당화되며, 전쟁을 주변화하면서도 내부화시키고, 내전을 영속화시키는 권력의 회로가 완성되는 것이었다.

요컨대, 파괴와 구원의 변증법으로 작동하는 전쟁은 단순한 무력갈등, 무차별적 파괴가 아니며, 이러한 전쟁을 권력과 지배의 측면에서 고려할 때는 적어도 세 가지 차원에 주목해야 할 것이다.

먼저, 전쟁은 파괴자이자 구원자인 군이 전쟁을 정당화하며 얻게 된 독점적 권력으로 사회를 지배하는 방식이다. 한반도 전역이 전쟁터였던 한국전쟁에서 군은 미군정에 이어 또다시 약 3년간 사회를 지배했다. 전시에는 정상적 사회질서에서는 용납될 수 없는 반민주주의적이고 초법적인 예외상태의 논리가 등장하고 정치는 사라졌다.

그리고 전쟁은 전쟁의 목적에 따라 내용이 규정되는 '적과 우리'라는 극단적 이분법으로 사회를 가르고, 주체들의 목록을 분류, 범주화시켜 배제, 관리, 감시 동원하는 지배 방식이다. 사회적 결과를 놓고 봤을 때, 전쟁은 전쟁을 통해 추구하려는 정치·경제적 목적에 부합하는 사회시스템과 제도, 관념을 만들어내는 권력의 작동방식 중 하나이다.

마지막으로, 미국헤게모니와 냉전체제하에서의 전쟁으로서의 한국전쟁은 전지구적 내전체제로서의 냉전질서를 구축하기 위한 '실제사건'으로 기능했다. 동시에 주변부에서의 전쟁에 세계 헤게모니 국가들이 개입하는 것을 정당화하는 '구원'으로서의 전쟁이라는 논리가 적용되었으며, 동아시아에서의 내전체제를 구축하고 지속시켰다.

실제로 한국전쟁에서 미국과 유엔, 이승만 정권은 무차별적 학살과 진압이라는 파괴를 수행하는 동시에, 인도주의적 '원조'와 '위생'처리, 정치적 재교육이라는 장면을 연출했다. 그리고 파괴의 이면인 인도주의적 '원조'업무를 수행하며 누가 원조를 받을 것이며 누가 그럴 자격이 있는 충성스러운 '국민'이고 선량한 '피난민'인가?라는 질문을 통해 또 다른 전쟁을 치렀다. 한반도의 일반 인민들은 군과 국가가 총구를 들이대며 위협하고, 심문해서 이용가치에 따라 분류하고, 등급화시키는 과정을 일상에서 연속적으로 경험하게 되었고, 그 선택의 결과는 그들에게 삶과 죽음이라는 극단적 결과로 나타났다.

그동안 미국의 대한 원조와 원조기구들에 대한 연구는 많이 이루어졌다. 하지만 이 연구들은 대체로 원조의 규모와 종류, 결과를 경제적으로 평가하는 것이 주를 이루었고, 원조기구들의 활동에 대한 연구 역시 각 기관들의 원조 규모와 수량화된 실적들을 정리하는 것이 주를 이루었다.3)

하지만 원조는 파괴로서의 전쟁과 무관하게 분리되어 이루어진 것이 아니

---

3) 한국전쟁의 후방 지원활동으로서 민사업무를 시기별 활동과 수량적 '실적'을 중심으로 정리한 연구는 국방군사연구소, 『한국전쟁지원사—인사·군수·민사지원』, 국방군사연구소, 1997이 있다. 이 글에서 주목하는 UNCACK에 대한 기존연구들은 다음과 같다. 먼저 최원규는 UNCACK의 성립과정과 조직, 활동의 개요를 정리했는데, 한정된 자료를 활용해 주로 1951년 이후의 조직구성과 표면적인 활동내용을 다뤄 구체적 내용과 역사적 맥락을 담지 못했다(최원규, 「한국전쟁 중 국제연합민사원조사령부(UNCAC)의 전재민 구호정책에 관한 연구」, 『전략논총』 8호, 1996). 허은은 보다 구체적으로 UNCACK의 위생방역활동과 선전활동에 주목해 냉전 군사작전의 생체정치적 특성을 드러냈다. 하지만 조직 자체의 형성과정과 구체적인 역사적 맥락, 총체적인 정치적 성격은 중점적으로 다루지 않았다(허은, 「1950년대 전반 미국의 '생체정치'와 한국 사회헤게모니」, 『한국사연구』 133호, 2006).

었으며, 순수하고 중립적이며 좁은 영역의 인도주의적 업무가 결코 아니었다. 그것은 한국전쟁 자체의 성격을 규정하는 배후의 이해관계의 상징적 표현이자 원조업무 자체가 또 다른 지배의 방식이자 권력의 근대적 작동 방식이었다. 또한 원조기구의 창설과 활동은 구체적 전황과 국내외적 정치의 맥락에서 등장한 것이었으며 이는 세계 헤게모니의 변화와 국가형성·국민형성이 복합적으로 맞물린 산물이었다.

그동안 이러한 관점에서 전쟁에 대한 원조와 개별 원조기구들의 창설 과정과 성격, 그리고 직접적인 대민 민사활동 자체와 그것의 맥락을 세세하게 연구한 것은 거의 없었다. 따라서 한국전쟁기 원조기구와 그들의 활동이 어떠한 성격과 정치적 맥락이 있는 것이며, 그것은 어떠한 질서를 창출했는가를 연구할 필요가 있다.

이러한 시각에서 이 글은 한국전쟁에서 '구원'의 역할을 담당한 원조기구의 성격과 활동, 군의 '민사(Civil Affair)'업무의 성격을 재검토 할 것이다. 특히 이 글은 한국전쟁기 원조와 민사업무를 담당한 주한유엔민간원조사령부(이하 UNCACK)의 창설과정과 성격에 주목하려고 한다.

이 부대의 임무와 목적을 보면 구호와 지원과 관련된 '고마운 미국인'상의 표준이다. 하지만 UNCACK는 'UN'이라는 이름과 '원조'라는 명분에 걸 맞는 민간기구가 아니라 미8군에 소속되어 명령을 받는 군부대였다. 그리고 이 부대는 난순히 원조물자의 배분만 담당한 것이 아니라 군사점령과 군정, 민간인과 피난민에 대한 통제와 관리업무를 수행했다. UNCACK의 활동은 북한 점령지역에서의 민사행정, 피난민들의 심사와 구호물자 분배, 함흥과 홍남에서의 철수작전, 소위 '1·4 후퇴'의 총괄적 기획과 피난대상 주요 인사의 목록 작성, 피난민들과 지역의 위생 방역, 서울에서의 도강증 발행, 지역별 형무소 현황과 사법제도 감시, 국민방위군의 지역별 수용상황 파악 등에 이르기까지 전방위적이었다. 그리고 이들에게 민사업무란, 사실상 전쟁의 승리와 정당성을 위해 군이 사회를 지배, 통제하고 관리하며 재조직화 하는 것이었다.

이 글에서는 한국전쟁기 인도주의적 구원의 신화를 구성한 원조와 민사업무의 성격을 시론적으로 검토하기 위해 우선 UNCACK의 초기 창설과정과 성격, 활동 내용을 살펴보려 한다. 먼저 한국전쟁기 민간 원조기구들의 성립 배경으로서 2차대전 전후 UN과 미군의 민사활동이 어떤 성격을 갖고 있었는지 살펴볼 것이다. 한국전쟁에서의 민사업무란 2차대전시기 민사업무의 성격의 연장선상에서 쟁점들을 살펴볼 수 있으며, 미국 헤게모니의 성격이 반영된 것으로 살펴볼 필요가 있기 때문이다.

그리고 구체적인 정치적 맥락으로 한국전쟁시기 민사와 원조업무가 본격적으로 고려되기 시작하는 계기가 되는 북한점령 문제를 살펴보고 이 시기 유엔의 원조계획과 원조기구의 창설과정을 통해 민사계획의 등장과정과 성격을 규명할 것이다.

다음으로 이러한 계획에 따라 UNCACK가 창설되는 과정과 조직구성, 초기 북한점령 과정에서 군 민사기구와 UNCACK의 활동을 살펴볼 것이다. 한국전쟁기 UNCACK의 민사업무와 원조의 실체에 접근할 때, 한국전쟁의 목적과 그 결과가 무엇인지 다른 차원에서 접근할 수 있을 것이다.

II. 2차대전 이후 원조활동의 성격과 미국 헤게모니

1. 2차대전 전후 UN과 미군의 민사활동

민사업무란 무엇인가? 민사활동이라는 개념은 19세기부터 논의되었지만 이것이 군 조직에 제도화 된 것은 2차대전부터였다. 최근에 이르기까지 약 200여 년간 대민업무를 수행한 미군[4]의 경우 최초의 민사 야전 교범(Field

---

4) 미군은 멕시코 전쟁에서 2차 세계대전, 최근의 보스니아, 코소보 그리고 이라크에 이르기까지 약 200년 이상 다양한 이름 아래 대민군사작전을 수행해왔다. 1847년부터 1848년까지 미군은 멕시코를 지배하면서 처음으로 민사/군정업무를 수행했다. 20세기

Manual)5)을 만들고 군 참모부에 민사부(Civil Affair Division)를 제도화 한 것은 2차대전 기간 동안 적 지역을 점령하게 되면서부터였다.

2차대전 기간 동안 민사업무는 단지 민간 사회와의 관련 업무를 수행하는 것, 전쟁 승리를 위해 군 작전을 지원하는 것에 한정되지 않았다. 민사업무는 이를 넘어서 전쟁 수행과 관련해 전 사회를 재조직화하고 정부조직을 만들고 국가를 형성하고 경제 재건을 통해 세계시장에 편입시키는 등의 포괄적 '전쟁 지원'활동과 '전후 처리' 작업을 수행하였다. 유럽의 경우 독일이 특히 그러한데 미군정은 탈나치화, 경제계획 수립, 미국식 정치제도 교육 등의 작전을 수행했다.

군의 대민업무는 그것의 성격에 따라 다른 명칭으로 불렸다. 미국은 '민사'라는 개념과 '군정(Military Government)'이라는 개념을 점령된 지역의 정치적 상황에 따라 다르게 사용해왔다. 미국 야전 교범에서 '민사' 개념은 '군정'의 권한보다는 낮은 수준의 권한을 의미하는 것으로 정의되어 있다. 즉 '해방'된 지역에서 '민사'라는 용어는 소극적인 용어로서 미국 대중들과 점령지 주민들에게 미국의 주재에 대해 긍정적인 인식을 유지할 수 있는 것이고, '적 영토'에서는 '민사'라는 용어는 너무 부드러워서 '군정'이라는 용어가 권한을 주장하기에 더 선호되었던 것이다.6)

초에는 필리핀 내란을 진압하는데 관여했고 1918년 1차 세계대전 이후 유럽에서 영국과 협력하에 민사업무를 수행했다. Kathleen H. Hicks, Christine E. Wormuth, *The Future of U.S Civil Affairs Forces* (Center for Strategic & International Studies. 2009), pp.1~3.

5) 미국의 경우 1차 대전의 경험으로 1930년대 말 군정에 관한 장이 포함된 야전교범 FM-27-10 〈Rules of Land Warfare〉이 생겨났고, 이는 1940년 7월 30일 FM-27-5 〈Military Government〉로 계승되었다가 다시 1947년 10월에 〈Civil Affairs Military Government〉로 변경되었다. Earl F. Ziemke, "Civil Affairs Reaches Thirty", Military Affairs, Vol.36. No.4, 1972, pp.130~133.

6) Cristen Oehrig, *Civil Affairs in World War II* (Center for Strategic & International Studies, 2008), p.2.

유럽과 일본에서 미국이 민사업무를 수행한 두 가지 주요 전략이 있었다. 첫 번째는 간접적인 통치로 민사장교가 민간인들을 직접 지배하기보다는 지역 정부의 정치인들과 관계를 발전시키는 것이었다. 이는 점령지에 '망명정부' 등이 정당성을 갖고 주민들의 지지를 받고 있어 현실적인 유용성이 있었고, 또 동맹국이 이전 '전체주의' 정권과 유사한 방식으로 통치한다는 인식을 만들어내지 않기 위해서였다. 이는 벨기에나 네덜란드, 룩셈부르크 그리고 일본에서 시행된 방식이다. 두 번째 전략은 직접 통제 방식으로 주로 독일에서 수행되었다. 이 경우 민사장교는 새로운 정권을 선택하건 직접 통치하건 직접적인 통치관계를 수립했고 해당 국가의 법과 제도, 행정적 측면에서 철저한 변화가 이루어졌다.[7] 이러한 보다 적극적이고 전면적인 군의 점령과 군에 의한 통치를 '군정'이라고 부르게 되었다.

이처럼 20세기 국민국가의 군은 단순히 전투업무만을 수행하지 않았다. 전쟁이 총력전의 성격을 띠어갈 수록 국가는 전쟁국가화 되었고, 군은 '민사' 혹은 '점령', '군정'이라는 이름으로 사회를 통제하고 새로운 사회질서를 형성하는 업무를 수행했다. 이러한 임무는 민간인이 군사작전에 방해되지 않게 막는 것을 최우선으로 했고, 민간인에 대한 통제와 억압이 이루어졌다. 여기서 더 나아가 국가와 사회 조직 전체를 재구성하는 국가형성 업무도 수행했다.

잘 알려져 있듯이 2차대전 이후 유럽에서는 미국과 UN의 주도하에 장기적 재건을 향한 첫 단계로서 단기 원조가 이루어지기 시작했다. 그런데 유엔 같은 민간기구의 이름으로 이루어진 '원조, 구호'업무도 사실상 군에 의해 주도적으로 수행되었다. 당시 민사업무의 핵심적 임무 중 하나는 자국에서 추방된 사람들과 피난민들을 관리하는 것이었는데, 특히 미 육군은 많은 민사 파견대를 설치하고 이런 역할을 수행했다.

2차대전 전후 군의 민사/군정활동에는 어떤 특성이 있었을까? 전쟁이 끝

---

7) *Ibid*, pp.5~6.

나자 몇몇 국가들에는 군정이 수립되는 동시에 원조 작업을 위해 새로운 부대들이 등장했다. 군 의료부대 외에도 수많은 종교기관, 민간 구호기관들도 활동을 시작했다. 이들은 국제연합원조부흥처(United Nations Relief and Rehabilitation Administration)에 합류했고 UNRRA는 전쟁 중에 형성된 최초의 국제 조직이었다. UNRRA는 2차대전 직후 독일, 이탈리아, 그리스, 폴란드 등 가장 많이 파괴된 유럽지역에서의 원조와 재건활동을 수행했는데, 이들의 1940년대 활동에는 뚜렷한 다섯 가지 특징들이 존재했다.[8]

첫 번째 특징은 전쟁 중의 전염병에 대한 예방작전이 중요시 되었다는 점이다.[9] 2차대전으로 인한 전 유럽에서의 사망자 수는 4천만 명에 가까웠고, 민간인들이 죽은 비율은 이전의 어느 시기보다 높았다. 전쟁피해는 더욱 극심했는데, 국경 변화와 전투, 강제소개와 추방, 재정착으로 자신들이 살던 땅에서 쫓겨난 사람들의 수는 6천만 명에 달했다. 물론 각국의 의료시스템은 상당부분 파괴되어 황폐화되어 있었다. 이렇듯 근대 인류역사에서 가장 큰 전쟁이었던 2차 세계대전 이후의 원조업무는 기아와 아사의 위험, 발진티푸스 같은 질병과 그것이 전 유럽에 확산될 전염병이 될 가능성에 직면했었다. 이는 그 사회의 질서와 향후 안보문제를 침식할 수 있다는 측면에서 전투수행과 이후 국가형성 과정에서 중요시되었다.

두 번째 특징은 원조에 대한 체계적인 계획이 중요시되었다는 점이다.[10]

---

8) Jessica Reinish, Introduction: Relief in the Aftermath of War, *Journal of Contemporary History, Vol 43(3)*, 2008, pp.371~404.

9) 전염성 질병의 확산을 막아야 하고 이에 자선기금과 자선사업이 필요하다는 것은 1863년에 생겨난 상이군인(Sick and Wounded Soldiers)을 위한 국제위원회(국제 적십자 위원회의 선조)에서 기원을 찾을 수 있었다. 그러나 20세기의 전쟁이 총력전의 성격을 띠게 되고 민간인들의 전쟁경험이 보편적이 되자 군인들 뿐 아니라 비전투원인 민간인 희생자들에게도 주목하게 되었다. 1차대전은 이러한 흐름의 기폭제가 되었고, 1919년에 창립된 적십자 연맹이 수행한 첫 원조임무는 폴란드에서 기아와 발진티푸스에 대한 구제활동이었다. 따라서 1945년 무렵에는 질병에 대한 긴급 구호작업의 중요성은 뚜렷하게 규정되어 있었다.

1940년대 초기의 원조 작전의 가장 큰 문제는 계획의 부재였다. 원조 작전의 성공과 효율성은 섬세한 계획이 필요한 것이었다. 원조 문제는 언제나 전쟁에서의 승리에 부속되는 2차적인 것으로 여겨졌지만, 원조 작업의 불확실성이나 지연은 실제 전쟁만큼이나 위험한 것이라는 인식이 확대되었다. 원조 계획은 주로 공급문제인데, 이는 특정 필수 물자(음식, 약, 옷, 건축자재, 공구, 곡물, 산업물자)를 운송하는 단순한 병참문제 이상의 것이었다. 이런 점에서 기획가에게 가장 중요한 목적은 공급과 원조 수요를 잘 조정하는 것이었다. 2차대전 후 원조를 기획하던 참모들에게는 체계적이고 구체적인 기획의 중요성을 인식하고 있었고 이는 이전에는 볼 수 없었던 것이었다. 그러나 문제는 기획의 이상과 현실적 실천의 괴리였다. 군사·정치적 이해관계를 우선시하는 와중에 원조의 목적은 빈번하게 유린되고, 무시되고, 계획 자체가 폐지되거나 변경되곤 했다. 뿐만 아니라 2차대전 이후 전 유럽을 상대로 원조를 수행하려던 것은 미국의 냉전전략하에서 점차 제한된 서구 국가들로 한정되기 시작했고, 매우 긴급한 원조 문제는 계획 안건에서 정교하게 배제되곤 했다.[11]

세 번째 특징은 원조 사업의 국제주의였다. 냉전이 본격화되기 이전 루즈벨트의 국제주의적 기획에서 원조와 부흥의 문제는 '모든 유엔국가들의 공통의 책임'이었다. 전염병과 기아, 이주민의 재정착 등은 한 국가 내에서 스스로 해결할 수 있는 문제가 아니었다. 원조는 기술적 문제이기 보다는 정치적

---

10) 이것은 대대적인 국가개입과 통제를 지향했던 1930~1940년대의 자본주의의 케인즈주의적 선회와도 맞물려 있다. 즉 고전적인 영국식 자유방임 정책은 대량 실업으로 나타났고 자유방임정책은 1920~1930년대를 통해 점차 폐기되었다. 미국이 뉴딜정책하에 진행한 개혁처럼 유럽의 정부들도 전후 계획을 위한 열정은 케인즈주의적 경제정책을 넘어섰고, 계획들은 국가의 책임을 확장하여 건강, 교육, 고용, 마을계획 등의 영역까지도 개혁하려 했다.

11) Ben Shephard, 'Becoming Planning Minded': The Theory and Practice of Relrief 1940~1945, *Journal of Contemporary History*, 2008, pp.405~419.

문제라고 이해했던 사람들조차 UNRRA 같은 기구가 국제적 의사소통의 정교하고 강력한 통로가 되길 희망했으며, 이 새로운 국제주의와 국가 주권 원칙은 새로운 국제질서의 토대가 되어갔다. 이런 경향 속에서 1942년 1월 26개 정부는 '유엔선언'을 발표했고 44개 국가가 UNRRA에 서약했다. 그러나 4대 강국이 영구이사국이 되었고, 미국과 영국이 지도적 임무를 맡았던 것에서 알 수 있듯이 진정한 국제주의의 제도적 배경은 불충분했고, 세계 권력의 불균형은 이를 완전히 침식했다. 결국 1940년대 중반을 넘어가며 원조문제는 특히 미국의 결정권하에 놓였다. 더군다나 루즈벨트 행정부가 UNRRA를 지원한 것의 배경에는 미군을 신속히 철수시켜 재정부담을 감소시키고, '전세계적 뉴딜'이라는 국내적 정치 이슈를 국제화하려는 이데올로기적 기획이 있었다.[12]

네 번째 특징은 과학과 전문가들의 위상이 강화된 것이었다. 전후의 혼란과 무질서에 대한 해답으로 과학과 테크노크라트적 해법이 제시된 것이었다. 당시 발전된 미국식 의료 시스템은 공중 보건 통제를 위한 군사작전으로 새롭게 도입되었다. 유럽은 과학, 의료 전문가가 절대적으로 부족했고, 전례 없는 수의 전문가들(영양, 경제, 농업, 산업, 공학, 복지, 심리 분야)이 원조업무의 기획단계와 수행업무에까지 관여했다. 실제 능력보다는 명성을 위주로 선정된 이 전문가들은 피 원조국 정부와 대중들로부터 존경과 신뢰를 받았다. 뿐만 아니라 원조업무는 전염병학이나 농업, 비료, 축산 분야에 대한 지식을 발전시키는 실험의 장으로 여겨지기도 했다. 결국 유럽은 그 자체로 광대한 실험실이 되었다. 록펠러 재단의 후원을 받은 과학자들은 유럽의 전염병 억제 작업을 수행했고, 이를 통해 새롭고 흥미로운 연구 경험을 얻어갔으며 이러한 작업은 미국의 과학과 기술을 유럽 전역에 널리 확산시켰다. UNRRA가

---

12) G. Daniel Cohen, Between Relief and Politics: Refugee Humanitarianism in Occupied Germany 1945~1946, *Journal of Contemporary History*, 2008, pp.437~449.

이탈리아에서 수행한 원조업무는 경제, 영양, 위생, 사회 등 넓은 영역을 포괄하는 것이었지만, 이를 후원한 기관들은 말라리아를 억제하기위한 해법으로 DDT살포 방식만을 채택했다. 새로운 약품들은 충분히 공급되지 않았고 엄청난 양의 DDT가 수송되었다. 결국 이 단일한 화학적 해법에 초점을 맞춘 방식은 이후 세계보건기구(WHO)의 질병 근절 캠페인의 전 지구적 실패로 귀결되기도 했다.[13]

마지막 다섯 번째 특징은 국제 원조의 정치적 성격이었다. 국제 원조는 전후 세계질서의 형성과 국내 정치적 이해관계와 뒤얽혀 있었다. 결과적으로 원조 작업은 단지 군사 작전 수행을 원활하게 하고 동맹국의 보건복지를 위한다는 직접적인 이해관계와 별개로 미국 헤게모니 하 자본주의 세계질서를 구축하고 그 안으로 포섭해내는 '재건의 첫 단계'로서 장기적 전환의 시작하는 도구였다.[14] 처음부터 그 국가의 누가 원조물자를 받을 것인지가 고도로 정치적인 과정이었다.[15] 2차대전 후 유럽의 복지국가들이 그러하듯 UNRRA의 원조는 그 국가가 승인한 시민(citizen)만이 수혜할 수 있었고, 원조업무를 담당하던 군인과 전문가들은 누가 이 원조를 받을 수 있는가를 골라내는 것이 주요 업무였다. 뿐만 아니라 꼭 정치 이해관계가 아니더라도 원조의 수요

---

13) Frank Snowden, Lartina Province, 1944~1950, *Journal of Contemporary History*, 2008, pp.509~526.
14) 이미 1차대전시기부터 각 국가 내 정치문제와 관련해서는 원조와 공급물자를 철수시킨다는 위협은 유럽인들이 어떤 정치, 경제 시스템을 선택하는가에 영향을 주는 도구였다. 원조는 그 국가의 현존하는 혼란과 불안정성에 대한 정치적 해답의 기반으로서 뿐아니라 장기적인 정치적 전망도 원조프로그램의 정치적 기능과 범위, 그리고 주요 수혜자들이 누구인지를 결정했다.
15) 그리스의 경우, 우파정권이 좌파를 추방하여 공급을 차단했고 UNRRA 조직에서도 그리스 의사 중 일부들이 추방되었다. 폴란드에서는 배급 카드(ration)의 75%는 관료들과 정부 고용인들, 선호되는 기업들에게 판매되었다. 이렇듯 원조의 '수요'를 결정하는 기준은 수행되는 일의 형태와 경제, 정치적 이해관계와 직결되어 있었다. 특히 독일에서 누가 시민으로서 자격이 있는가를 식별하는 것은 매우 논쟁적이고 갈등적인 과정이었다.

를 결정하는 메커니즘은 매우 관료적인 것이었다.16) 결국 원조는 점령지역의 주민들을 어떻게 인식하고, 어떻게 다룰 것인가 하는 포괄적 질문과 밀접히 관련되어 있었다. 독일의 경우 '나치즘 근절'이라는 정치적 구호가 제시될 경우, 원조업무는 누가 나치의 부역자인가, 어떻게 나치즘을 근절할 것인가? 라는 질문과 직결된 '국민 만들기(nation-making)' 작업이었던 셈이다.

이밖에도 원조는 수많은 정치적 기능이 있었다. 2차대전 승전국에게 원조는 폭력과 파시즘에 대한 대응을 강화하고, 대서양 헌장을 현실화하는 정치적 무기였다. 원조는 유엔의 역량을 시험하는 중요 사업으로 여겨졌고, 미국이 주도하는 냉전 헤게모니하에서 이 사업은 '공산주의'에 대항하는 '자유세계'의 상징적 사업으로 자리매김 되었다.17) 결국 일부 원조 프로그램은 자유시장 자본주의 경제를 전 유럽에서 복원시키고 미국에 우호적이며 보수적인 정부를 유지시키는 미국의 냉전적 세계전략의 일환이자 1950년대 내내 추진된 '근대화 이론'18)의 초석이었고, '볼세비즘과 식량으로 싸우자'는 후버의 야

---

16) Flora Tsilaga, 'The Mountain Labored and Brought Forth a Mouse': UNRRA's Operations in the Cyclades Islands, c.1945~1946, *Journal of Contemporary History*, 2008, pp.527~545.

17) 이탈리아의 경우, UNRRA의 원조 목적은 '이탈리아 산업을 도약시키고 농업을 재건하고 기아를 예방하고 인플레이션을 약화시키며, 정치적 혼란과 사회주의적 혁명으로 이어질 가능성을 사전에 차단하는 것'이었다. Frank Snowden, 앞의 책, 2008, pp.509~526.

18) 근대화론(Modernization Theory)은 20세기 초반 이래 미국에서 추구한 기술관료통치를 미국식 국제주의 전망을 통해 대외적으로 확산시킨 것이며, 냉전을 배경으로 한 미국 반공주의 외교정책의 산물이다. 근대화이론은 제3세계의 신생 저발전국들을 미제국의 자유주의적 국제질서에 끌어들이기 위해 미국이 다양한 원조를 지렛대로 삼아 개별 국가에 어떻게 개입할 것인지를 고민한 헤게모니 프로젝트의 산물이었다. 대표적 인물이 로스토우(Walt W. Rostow)이다. 근대화론은 1950년대 중반 이후 로스토우와 MIT의 국제문제연구소(Center for International Studies: CIS)의 조언에 따른 미국 대외정책의 변화와 관련해 등장했다. 1952년 1월에 설립된 CIS는 '반공주의'로서의 '근대화'를 주장한 가장 핵심적인 기관이었다. 근대화 이론에 대해서는 정일준, 「미제국의 제3세계 통치와 근대화 이론―군산학복합체와 근대화이론의 탄생」, 『경제와 사회』 57호, 2003 ; 박태균, 「로스토우 제3세계 근대화론과 한국」, 『역사비평』 봄호, 2004 ; Nils

심의 또 다른 버전이었다. 이런 점에서 원조 자체의 성공적인 수행보다는 원조에 대한 성공적인 선전과 PR이 중요시 되었다. 특히 기자, 사진사, 작가, 영화제작자들이 전 세계로 확산시킨 DDT를 뿌리는 광경은 엄청난 프로파간다 효과를 가져왔다. 이는 새로운 시대의 선포였고, 의료와 질병에 대한 '자유세계'의 우월성을 드러내는 상징이었으며, 이로써 DDT를 살포당하는 피난민들의 신체는 냉전의 전선이 되었다.

결국 2차대전 이후의 원조는 양가적인 평가를 할 수 있을 것이다. 한편으로는 1차대전에 비해 2차대전 이후 전염병에 의한 피해는 크게 줄었고, 그 혼란의 시기에 건강과 의료 원조의 중요성이라는 구호가 살아남았다는 측면이 있을 것이다. 또한 원조업무의 국제적 협력경험이 중요한 유산으로 남았고, 파괴된 의료 시스템이 재건되기도 했으며 원조는 다양한 기술적·정치적 기회를 제공하기도 했다. 그러나 원조의 실질적 결과는 예상했던 성과에 비해 형편없기도 했고 이는 과도하게 관료화되고 불평등한 구조의 결과였다. 원조가 경제회복에 중요한 역할을 했다고 모든 국가에게 실제로 그러한 것은 아니었으며 또 다른 불평등의 구조 속으로 포섭된 것일 뿐이었다.

그런데 2차대전 전후 원조활동의 여러 특징들은 이 활동의 표면적인 성과를 이분법적으로 평가하는 것으로 파악할 수 없는 다양한 분석의 쟁점들을 제기하고 있다. 여기서 주목할 부분은 원조활동의 두 가지 정치적 성격과 그 결과이다.

첫 번째는 원조활동에서 확인할 수 있는 근대적 생체정치(bio-politics)의 특성[19]이다. 전염병의 확산에 대한 관리가 '국가안보'와 직결되는 문제로 여

Gilman, *Mandarins of the Future: Modernization Theory in Cold War America* (The Johhs Hopkins University, 2003) 등 참조.

19) 푸코(M. Foucault)는 근대 사회에서 '인구(population)'를 대상으로 하는 권력유형이 점차 우세해지는 경향이 있다고 지적한 바 있다(Foucault, 『미셸 푸코의 권력이론』, 정일준 편역, 새물결, 1994, 45~48쪽). 18세기 후반에 등장한 인종에 대한 생체정치학 bio-politics · 생체권력으로 명명된 이 권력기술은 출생과 사망·출산·질병의 비율,

겨지는 상황에서의 국가형성과 국민형성의 문제가 원조기구의 주요 관심사였다. 체계적인 계획이 중요시되고 과학의 위상과 역할이 중시되는 현상도 같은 맥락에서 이해할 수 있다.

두 번째는 전세계적 범주의 통치성이 고민되는 과정에서의 국제주의와 미국의 새로운 권력이 빚어내는 국제질서의 성격 문제이다. 원조를 둘러싼 국제정치는 미국이 세계 헤게모니로서 새롭게 등장하는 과정의 변화와 갈등을 그대로 보여준다. 그리고 그러한 국제정치가 탈식민 전후 국가들의 국가형성과 국민형성에 어떠한 영향을 주었는지도 직접적 관련 속에서 확인할 수 있다. 원조 문제는 냉전시기, 미국 헤게모니시기의 기원과 성립, 전개 과정을 살펴볼 수 있는 문제이자 냉전하 탈식민 국가건설·국민형성의 성격을 되돌아 볼 수 있는 무대인 것이다.

두 번째 쟁점을 생각할 때 전반적으로 2차대전 후 UNRRA의 활동 자체는 전후 국제적 협력의 시험대였던 것은 분명하다. 초기의 UNRRA에는 소련과 미국이 함께 참여했다. 그러나 냉전의 긴장이 확대되자 원조는 곧 미국을 중심으로 한 서구 국가들의 정치적 무기가 되었다. 이후의 상황 전개를 살펴보면 국제적 협력이라는 환상의 실체가 드러났다. UNRRA가 해체되자마자 시작된 미국의 마샬 플랜은 미국의 이해관계에 철저히 종속된 것이었다. 이전에 UNRRA에서 미국의 정치적 통제력이 기대에 미치지 못하자 미 국무부 부장관인 윌리엄 클레이튼은 미래의 마샬 플랜은 "또 다른 UNRRA가 되어서는 안 되며 미국이 이 쇼의 주역이 되어야 한다"고 주장했다. 그리고 그것은 미국의 반공주의에 기반한 세계질서 구상으로 실현되어갔다.

재생산의 비율, 한 인구의 생식력 등의 과정을 문제로 하여 인구통계학을 등장시켰다. 생체정치가 등장한 이후 전쟁의 목표는 단지 정치적 적수를 파멸시키는 것만이 아니라, 생물학적 위험인 적대적 인종까지 파멸시키는 것이 되었다(Foucault, 『사회를 보호해야 한다』, 박정자 옮김, 동문선, 1998[1976], 280~299쪽).

2. 미국 헤게모니와 반공인도주의

2차대전 이후의 시기는 미국이 영국 헤게모니하 세계체계가 2차대전으로 귀결된 것을 극복하고 새로운 헤게모니가 되는 과정을 밟아나가며 새로운 세계질서를 구축해나가는 시기였다.

미국이 추진하고 후원했던 세계적 개혁의 구체적 성격은 '뉴딜정책'의 경험에서 큰 영향을 받았다. 뉴딜정책의 핵심은 '거대하고 자애롭고 전문적인 정부'만이 국민에게 질서와 안전과 정의를 보장할 수 있다는 것이었다. 국제연합헌장에는 일종의 국제적 뉴딜주의, 세계적으로 적용된 복지국가의 철학이 반영되어 있었다. 그리고 미국이 통제하는 세계 각지로 파견된 미국의 경제고문들이 케인스 복음을 전했다.[20]

1932년 민주당 집권 후 루즈벨트가 전개한 케인즈주의적 경제정책은 2차대전으로 전 지구화되었고, 세계 경제는 금태환제, 고정 환율, 달러본위제와 금융 분야 억압을 특징으로 하는 브레튼 우즈체제하 자유주의로 재편되었다. 이렇게 달러를 기축통화로 하는 새로운 세계화폐체계의 기반이 수립되었고, 히로시마와 나가사키에서 원자폭탄이라는 새로운 폭력 수단이 등장해 이후의 세계질서의 군사적 기반이 무엇인지를 보여주었다. 그리고 샌프란시스코에서는 국가형성과 전쟁형성을 정당화하는 새로운 규범과 규칙이 국제연합헌장 속에 제시되었다.[21]

뉴딜정책을 전지구화하려는 구상은 빈곤국에 대한 원조가 미국 내에서 사회복지 프로그램의 역할처럼, 빈곤국에 안전성을 가져오고, 사회주의 혁명이 발생하지 않도록 예방하며, 동시에 이들 국가를 새로운 세계 시장질서로 포섭해낼 것이라는 전망을 담고 있었다. 미국은 2차대전에 쏟아 부은 돈이 기대하지 못했던 엄청난 경제성장으로 되돌아온 것을 경험했고, 전후의 지출도

---

20) 지오바니아리기, 백승욱 역, 『장기20세기』, 그린비, 2008, 326~329쪽.
21) 위의 책, 466쪽.

세계적 규모에서 동일한 효과를 가져 올 것이라고 기대했던 것이다.[22] 이렇듯, '군사적 케인즈주의'로 명명되는 냉전에 의한 평시 군비경쟁과 군비지출의 거대한 팽창은 1950년대부터 본격화된 미국 헤게모니의 전형적인 특징이었다.[23]

'군사적 케인즈주의'와 평행하여 정치영역에서 등장한 것이 냉전이고 '반공주의'였다. 당시 미 행정부의 해외 원조 구상에 대한 미국 의회의 반대도 만만치 않았고, 미국식 법인자본주의의 구조적 역량 자체도 세계적인 무역과 생산의 팽창으로 나아가지 못하고 있었다. 트루먼과 자문들은 전후의 혼란과 위기의 결과들을 소련의 공산화 음모 때문이라고 만드는 '냉전'의 발명을 통해 이를 해결했다. '냉전'전략에서 루스벨트의 글로벌 뉴딜 비전은 초라하게 축소되었지만 비로소 현실화되었다. 서유럽과 일본 등을 자유세계의 요새이자 전시품으로 건설하는 일은 전 세계를 미국의 뜻대로 재구성하는 것보다 더 구체적이고 달성하기 쉬운 목표였다. 마샬 플랜을 통해 직간접적으로 서유럽을 미국 패권하에 재형성하기 시작했지만, 유럽 통합과 세계경제 팽창을 위해서는 더 포괄적으로 세계 유동성을 재순환시켜야 했다. 결국 이를 실현시킨 것은 세계 역사상 가장 대대적으로 평화시의 무장을 추진했던 정책이었다.[24] 미 국무부 장관 애치슨과 정책기획위원회 위원장 폴 니츠는 미국과 유럽

---

22) 위의 책, 469쪽.

23) 냉전이라는 군사적 대치상황과 자본집약적 무기체계는 군수물자의 안정적 공급과 장기간의 연구·개발을 뒷받침 할 수 있는 군수산업의 유지와 확대를 요구한다. 이 때문에 미국 헤게모니하에서 군수산업은 군사활동에 수반된 경제적 보산물이 아니라 독자적인 산업부문으로 성장한다. 스위지와 바란은 군비지출을 통해 과소소비 경향을 상쇄하고 유효수요를 자극하는 것을 군사적 케인즈주의라고 명명했다. 하지만 군수부문의 지속적인 확대는 단순히 직접적인 경제적 이익이 아니라 미국이 냉전질서의 확립을 통해 국가간 체계를 유지·관리하고 이 질서 속에서 초민족적 법인자본이 세계적 차원에서 활동할 수 있는 조건을 창출하는 미국 헤게모니의 성격으로 이해할 필요가 있다. 이태훈·이현 외, 「전쟁의 역사·이론·쟁점」, 『화폐·금융과 전쟁의 세계사』, 공감, 2008, 121~123쪽.

24) 지오바니아리기, 앞의 책, 2008, 496~497쪽.

의 대대적인 재무장이라는 해결책을 제시했다. 이 새로운 정책 노선은 1950년 초 국가안전보장위원회에 제안되었고, 4월에 트루먼 대통령은 그 입장을 보여주는 NSC-68을 검토하여 원칙적으로 승인하였다. 비용은 연 지출 기준 1950년 국방부가 처음 요구한 총액의 세 배에 이르렀다.[25] 잘 알려져 있듯이 반공주의라는 명분을 내걸더라도 재정지출에 보수적인 의회에서 돈을 타내는 것이 행정부의 고민이었는데, 대통령이 NSC-68을 검토한 후 두 달 뒤에 한국전쟁이 발발했다. 이후에 애치슨은 이를 두고 "한국이 와서 우리를 구원해 주었다"고 말한 것이었다.[26]

한국전쟁 중, 그리고 그 후의 대대적인 재무장은 전후 세계경제의 달러 유동성 문제를 완전히 해결했다. 외국 정부에 대한 미국의 군사원조와 해외에서의 미국 군사비 직접지출은 세계 경제 팽창에 필요한 모든 유동성을 제공해주었고 세계 무역과 생산은 전례 없는 속도로 팽창했다. 이후 1973년까지 미국 헤게모니하 자본주의 세계체제는 '자본주의 황금기'를 맞았다.

반공주의는 군사력과 금융력의 압도적 우세 외에도 세계를 상대로 세계적 지도국의 지위를 정당화할 정치적 깃발이 되었다. 미국은 '평화적인 세계질서'라는 식의 고고한 윤리적 호소보다는 탄탄한 반공주의 같은 좀 더 현실적 내용을 유엔의 도덕적 이상으로 내거는 쪽을 선호했다. 유엔 계획은 초기에 모든 나라를 평등한 주권체로 인정한다는 원리를 천명해 전 세계적인 지평을 담으려 했고 동시에 군사적 갈등의 해결과 평화라는 목적을 추구하는 것을 명분으로 내걸었다. 그러나 미소 관계가 실제로 갈등으로 치닫기 이전부터 미국 내에서는 세계 평화를 위한 집단 안보 조직 대신에 '적과 동지'라는 파

---

25) 미 행정부가 NSC-68를 미국 국내에서 관철시키는 과정과 결과에 대해서는 Steven Casey, Selling NSC-68, 2005 ; The Truman Administration, Public Opinion, and the Politics of Mobilization, 1950~1951, *Diplomatic History* Vol.29. No.4. pp.665~690 참조.

26) 지오바니아리기, 앞의 책, 2008, 498~499쪽.

시즘적 이분법에 근거한 양자간 안보 동맹 형식을 더욱 강조하는 노선이 존재했다. 자본주의 세계의 전체 윤곽을 반공주의를 중심으로 한 적-동지의 동맹 관계 체제로 만들어 미국에 복속하게 만든다는 것이었다. 이는 1945년 4월 샌프란시스코 회의에서 시작되어 결국 애치슨의 봉쇄정책으로 이어졌다.27)

〈그림 1〉 한국전쟁 6개월의 전반적 효과

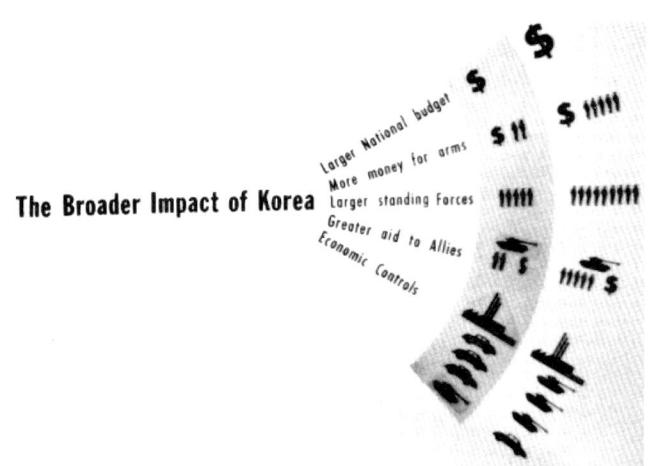

출처: 'Officers' Call-6 Months of Korea', NARA, RG 319, Entry P 185 OCMH Background File-South to Naktong, North to Yalu 1950~1961. Box 12. Folder: General Dean.

봉쇄정책으로 상징되는 선명한 적과 우리의 구분은 영국 자본주의 시기 세계 식민지를 건설하는 영국식 통치전략과는 차별화된 미국 자본주의의 성격과도 정확히 맞아떨어지는 것이었다. 미국 자본주의는 선별적인 지역을 포섭하여 한정되었지만 선명한 영역을 구축하는 것을 선호했다.

미국은 초기엔 식민지의 해방과 개발이라는 양대 약속을 제3세계 전체에 내걸었다. 법적 주권이 서양 국가들뿐만 아니라 모든 국가에게 인정되었고

---

27) 피터 고언, 「미국에 종속된 역사 속의 유엔」, 『뉴 레프트 리뷰』, 도서출판 길, 2009, 188~193쪽.

국제연합 헌장에 명시되었다. 그러나 이 주권 국가 체계의 확장이 갖는 혁명적 잠재력은 강대국의 거부권과 안전보장이사회의 상임이사국 같은 안전장치를 통해 사실상 무력화 되었다.[28] 결국 프랭클린 루스벨트가 착상한 국제연합(UN: United Nations) 계획은 그의 사후에 들어선 민주당 정부에 의해 유산되었다. 이후 트루먼 정권은 유엔을 미국 외교의 부수적 도구역할 이하로 격하시키려 했다. 미국이 한국전쟁에 대한 서구의 개입을 유엔이 지지하도록 만든 순간, 이 기획은 완결되었다.[29]

한국전쟁은 미국에게 세계적 헤게모니의 출범을 알리는 계기이자 시험대였고 상징이었다. 동시에 미국이 군정의 업무를 포함해 민사 문제를 중요하게 여겨 우선시 하게 된 첫 번째 계기였다. 한국전쟁에서 미군의 민사업무는 처음에는 민간인을 보호한다는 수준으로 협소하게 정의되어있었지만 피난민의 엄청난 증가와 전투의 복합적 성격으로 인해 매우 포괄적인 업무를 수행하게 되었다.

미국의 세계전략은 군 민사업무의 이러한 특성과 방식을 뒷받침 했다. 미국은 전후 세계질서 재편 과정에서 이전의 영국 제국주의와 차별되는 두 가지 목적을 갖고 있었다. 하나는 기존 자본주의 국가들의 내부까지 뚫고 들어가 그 국내의 제도 장치들까지도 미국의 목적에 맞도록 재조직하는 것이었고, 두 번째는 그 국가 내부에서 미국이 요구하는 근대화 과정을 거부하고 대안적인 근대화를 추구하는 명분을 내건 사회 세력들이 있을 경우 이를 패퇴시킨다는 것이었다.[30]

그러나 이렇게 파괴적이고 적극적인 군의 개입 방식은 정당화하기가 쉽지 않았다. 왜냐하면 미국은 전후 세계질서를 구축하는 과정에서 보편적 (민족)주권과 보편적 인권이라는 깃발을 내걸었었기 때문이었다. 전 세계적 차원에

---

28) 지오바니 아리기, 앞의 책, 2008, 335~336쪽.
29) 피터 고언, 앞의 글, 2009, 166쪽.
30) 위의 글, 200~201쪽.

서 '누가 그 권리(주권, 인권)를 가질 것이며, 누가 그 권한을 누릴 것인가?'라는 거대한 질문에 직면해, 미국은 냉전과 반공주의를 그 해답으로 내걸었고, '반공국가'만이 미국의 권력이 보장하는 지역 내에서 그것을 누릴 수 있다는 정답을 유일한 선택지로 제시했다.

결국 미국은 한편으로는 이상을 내걸면서 '비밀리에' 타국 내부의 체제 전환을 꾀하는 활동을 조직했고 미국 방식으로 근대사회를 건설하려는 것에 대한 모든 저항에는 공산주의 딱지를 붙였다. 그리고 이에 맞서기 위해 미국 패권하 자본주의 질서인 '자유 세계'가 단결해야 한다는 원칙을 밀어 붙였다. 미국은 서유럽과 일본을 중심으로 한 동아시아 지역을 미국의 준 보호령으로 만들어 버렸다.[31]

이처럼 미국은 2차대전 이후 구 질서를 극복하고 새로운 질서의 헤게모니를 차지하는 과정에서 새로운 이상과 새로운 지배방식을 결합시켰다. 인류 역사상 가장 진전된 형태의 이상적 인권과 주권에 대한 규정이 국제기구에 반영된 이면에는 비밀스럽게 진행되는 특수전과 국가정보기관들의 폭력적인 활동이 대규모로 자행되었다. 결과적으로 모든 국가에 주권이 있고 모든 인민에게 주권이 있다는 이상과 완벽하게 괴리된 준-주권국가와 비국민들이 대량으로 양산되었다. 보편적 인권이야말로 냉전시기 시대가 요구했던 가장 상위의 가치였지만 그것을 냉전적인 '적'과 '우리'라는 이분법에 근거해 군사적 개입과 지배를 통해 실현하려던 미국의 방식은 '우리의 인권과 주권'을 수호하기 위해 타국의 문제에 개입하는 것을 '인도주의적 개입(humanitarian intervention)' 혹은 '군사적 인도주의(military humanism)'로 정당화했다.

미국과 유엔이 한국전쟁의 발발에 직면해 취한 입장은 이런 상황에 근거한 것이었다. 한국전쟁은 2차 세계대전 이후 새로 설립되는 세계 질서에서 다시 발생한 대규모 무력전쟁이었다. 따라서 엄청난 폭력과 파괴를 경험한

---

31) 위의 글, 200~201쪽.

직후 또 다른 전쟁에 참여하려던 모든 국가들은 이를 필사적으로 정당화해야 했다. 한국전쟁은 미국 헤게모니의 시험장으로서, 미국은 새로운 세계 질서의 지배적 국가로서 이전 체제를 극복하는 이상을 내걸고 스스로 그것의 대변인으로 위치지어야 했다. 한국전쟁에서 미국은 스스로 평화질서의 수호자로서 선전해야했고, 미국의 길이 무언가 더 인도적 질서로 향하는 더 나은 길이라는 것을 보여줄 명분이 필요했다.

미국은 이 전쟁을 단순한 '내전'이 아닌 소련의 사주에 따라 '괴뢰정권'이 저지른 '국제전'으로 규정했고, 자신의 무력 개입은 공산주의의 폭력에 대항하는 '반공주의 투쟁'이자, 평화질서 수호를 위한 일종의 '인도주의적 개입'으로 규정하며 전쟁에 전면 개입했다. 민족 해방과 독립정부 수립, 그리고 '통일'이라는 명분, 피난민구호와 원조라는 명분이 그것을 치장했다. 결국 UNCACK 등 한국전쟁기 원조, 구호기구의 성립은 2차대전 후 미국의 대외 전략의 명분과 방식이 결합된 반공인도주의의 산물이었다.

III. 한국전쟁기 UN 원조기구와 UNCACK의 창설과정

1. 유엔군의 북한점령 구상과 유엔 민사활동의 성격

한국전쟁에서 미국과 유엔군의 민사활동은 언제 어떻게 시작되었으며 어떤 성격을 갖고 있었을까? 전쟁 초기 유엔군의 민사활동은 피난민의 통제와 심문 등 군사작전과 긴밀히 연결된 군사작전의 부수적 업무나 미약한 구호활동에 한정되어 있었다. 특히 교통수단이 부족해서 물자 수송과 민사활동 요원의 이동은 미미한 수준이었다. 유엔군의 민사업무를 담당한 기초 의료부대나 병원부대들이 서울, 경기도 등지에서 활동하는 정도였다.[32]

---

32) Command Report for 1950.9.3~1951.8.31.', RG 338 UN Civil Assiatance Command,

한국전쟁 초기 민사업무는 유엔군의 작전에서가 아니라 한국군의 '계엄'이라는 형태로 등장했다. 이승만 정권은 전쟁 초기 전국에 계엄을 선포했고, 그렇게 설치된 계엄민사부는 각종 통행금지, 민간인 통제 조치를 통해 사회를 장악했다. '계엄'이란 곧 군이 행정, 사법권을 장악하여 사회를 통치하는 것을 뜻했고, 외국군의 군사점령을 뜻하는 '군정'과 비교할 때 국군의 국내 군사점령 통치'를 의미했다.

유엔군은 언제부터 민간인에 대한 원조나 군의 민사업무를 본격적으로 고민하기 시작했을까? 민사업무에 대한 유엔군의 본격적인 고려는 전쟁으로 파괴된 것을 복원하고 전쟁피해를 입은 사람들을 돕기 위해 시작된 것이 아니라, 사실 북한점령이라는 더욱 큰 문제와 관련하여 본격적으로 등장한 것이었다. 이것은 한국전쟁기 유엔 원조기구의 창설 구상이 단순히 피난민들에 대한 구호나 원조, 그리고 미군의 민사업무에 한정되지 않는 포괄적 군사점령과 정치질서 재편의 필요성을 고려하며 본격화되었음을 의미하는 것이다.

미국은 1950년 10월에 유엔군의 38선 돌파를 결정하기 이전부터 이미 북한에 대한 점령통치 구상을 마련하고 있었다. 한국전쟁이 발발한지 한 달밖에 지나지 않은 7월 30일, 미 국무부 정책기획실은 이후 미국이 38선 이북 지역에서 취할 수 있는 군사적, 정치적 행위의 의미를 평가하고 미국의 행동 방침을 논하는 보고서를 작성했다. 이 보고서는 "통일, 독립된 한국정부 수립을 목표로 내걸고 미국 대통령이 이를 선포하여 미국 상하원 결의로 지지한 뒤, 유엔의 논의를 통해 결의안을 이끌어 내야 한다"는 행동 방침을 설정했다. 국무부는 이런 계획 속에서 북한점령 계획을 만들었다. 먼저 유엔한국위원단(United Nation Commision on Korea: UNCOK)을 강화하고 이를 통해 남한 정권과 긴밀한 협조관계를 수립하며 적대행위를 감시하고 피난민을 보

Korea(UNCACK), 1951, Box 17, Unit History. File No.314.7 1 of 4 (국사편찬위원회(이하 국편) 수집번호 02010930). 이하의 국편 수집 미국문서는 수집번호가 같을 경우 수집번호와 문서제목만 명기할 것임.

호하기 위해 구성된 민간 조직을 감독하게 하려 했다. 그리고 전쟁이 종식될 무렵에는 '새로운 유엔기구'를 만들어 유엔한국위원단과 통합시키고 보다 장기적인 한국의 재건과 안보 책임을 갖게 하려했다.33) 이후 실제 진행상황을 생각하면, 이 시기에 이미 북한점령 정책에 관한 미국의 기본적 입장이 대부분 정해져 있다는 것을 알 수 있다. 미국은 북한을 점령한 이후 전 한반도에 걸쳐 미국의 전략적 목적을 구현하고 그것을 정당화할 수 있는 형식으로 '새로운 유엔기구'를 구상하고 있었던 셈이다.

　미국은 북한점령 시 전략적인 목표를 달성하는 데 '직접적인 군사점령'이라는 형태를 취하지 않으려고 했다. 당시 마샬 미 국방부 장관은 미군이 북한을 '점령한다는 인상'을 주어서는 안 된다는 입장을 취하면서 북한을 점령하는 기간 중에 미군이 주도적인 역할을 하지 않을 것을 희망했다. 마샬 국방장관은 미군의 개입은 최소화하고 유엔군이 더 파견되어야 한다는 의견을 제시했다. 맥아더도 유엔한국위원단이 유명무실하므로 미 국무장관에게 북한점령 시 당면할 문제들을 취급할 새로운 기구를 구성하도록 노력해 달라고 요구했다. 이후 미 국무부는 유엔군의 북진을 인가하고 새로운 유엔 기구를 설치하는 결의안을 준비하는 절차를 밟았다. 소련이 안전보장이사회에서 거부권을 행사하는 것을 피하기 위해 총회에 제출할 안을 마련했고, 미 국무부 관리들은 미국의 우방국들 대표와 비공식적 접촉을 갖고 이 결의안이 통과될 수 있도록 지지해줄 것을 요청했다.34)

　이러한 미국의 입장과 구상은 곧 포괄적인 북한점령 지침의 형태로 마련되었다. 1950년 10월 2일 미 국무부 극동국 정책기획관 애머슨은 '북한점령(The Occupation of North Korea)'이라는 제목의 지침을 작성했다.35) 이 지

---

33) 국방군사연구소, 『미 국무부 정책기획실 문서: 한국전쟁 자료총서 13』, 국방군사연구소, 1997, 17~32쪽.

34) Schnabel, *United states Army in the Korean War: Policy and Direction* (Washington, D.C.: U.S. Government Printing Office, 1972). p.194.

침은 기본적으로 유엔군의 임무는 "북한에 비북한 출신으로 구성된 정권을 세우는 것이 아니고, 초기에는 법률과 질서 회복, 비상 구호를 수행하며, 남한 사람들을 최대한 활용하되 이들이 최소한의 행정복구만을 담당 하고 보복행위를 못하도록 감시해야 한다"는 입장이었다. 또한 총선 이전까지는 한국의 주권이 법적으로 북한에 미치지 못하게 하고 과도기의 북한은 '피점령국'의 지위를 갖게 되며, 유엔군 총사령관의 지배하에 있게 될 것이라고 명시했다.

이 기획안에는 미국의 대외적 명분과 점령의 구체적 실현 방안, 전략적 목표가 갖는 이질적 성격들이 뒤섞여 있다. 우선 이 기획안은 북한점령과 관련된 초기 임무의 권한을 군에 부여했는데, 이것은 이후 유엔군의 민사활동의 성격을 규정한 가장 핵심적 내용이었다. 그리고 미국은 군사점령을 통해 향후 친미적 통일정권을 세우려 하면서도 대외적 명분은 훼손시키지 않으려 했다. 뿐만 아니라 그런 목적을 최소한의 비용으로 달성하겠다는 입장을 갖고 있었다. 이런 입장은 담당 기구에 아무런 실질적 권한과 충분한 지원을 주지 않는 것으로 귀결되었고, 철저한 계획과 대책이 없는 대 민간인 정책을 초래해 이후 엄청난 혼란과 전쟁의 고통을 가중시켰다. 또한 북한을 피점령국으로 두어 유엔군이 지배하고, 일단 남한 인사를 활용하겠다는 발상은 1945년 9월 한국을 피점령국으로 여기고 미군을 통해 지배하고 친일 인사를 활용하겠다는 방식과 같은 것이었다. 그러면서도 최소한으로 개입하며, 보복을 감시하면서 총선을 실시해 철수하겠다는 것은 사실 기만적인 것에도 못 미치는

---

35) 이 기획안은 점령정책을 세 단계로 나누었다. 1단계에서는 조직적인 저항이 종식되고 유엔한국위원단이 북한에 도착할 때까지, 북한의 주요 도시를 유엔군이 점령하고 이곳에서 북한군을 무장해제하고 일반인에 대한 구호, 기초적 행정업무 재개, 필수 정부인사 충원 등의 업무를 수행하는 것이었다. 2단계는 유엔한국위원단이 북한에 도착해서 총선을 준비하는 단계였고, 3단계는 총선을 실시하고 유엔군이 철수하는 단계였다. 국방군사연구소, 『미 국무부 한국 국내상황 관련문서 XI: 한국전쟁 자료총서 49』, 국방군사연구소, 1999, 239~241쪽.

허황된 구상이었다.

　이런 입장 속에서 점령정책과 민사업무에 대한 세부적 지침이 나오기 시작했다. 미군이 한국군의 38선 돌파를 처음으로 공식인정한 10월 3일, 미 육군부는 맥아더 유엔군총사령관에게 '북한점령안 초안'을 보냈다. 이 점령안에 제시된 '북한에서의 민정업무 관련 명령서'는 맥아더를 38선 이북지역의 군정관으로 위임하고 점령업무를 관장하는 데 필요한 여러 정책들을 규정했다. 이 명령서는 유엔과 한국정부, 미국정부 간에 통치권 문제를 둘러싸고 벌어진 표면상의 논쟁과 무관하게 북한점령 당시 실제로 진행된 한국군과 한국정부, 유엔군과 원조 조직의 활동 내용과 매우 근접한 내용과 방향을 담고 있다는 점에서 중요하다.

　먼저 명령 지휘 관계상 유엔이 북한점령 문제를 관장하는 최고 권위 기구이고 미 합동참모본부는 이를 수행하는 기구로 선발되었으며, 맥아더는 합동참모본부의 지시를 받고 보고할 의무를 갖게 되었다. 그런데 이 명령서는 맥아더로 하여금 유엔이 구성할 기구와 충분한 협조와 지원을 해주고 가능한 충고와 건의를 따르되 그 기구에 종속되는 것은 아니라고 명시했다.[36] 따라서 북한점령과 민사업무는 유엔 기구에 종속되지 않은 채 유엔의 이름을 내걸고 맥아더와 미군의 실질적 명령에 따르는 것으로 규정되었다.

　이 명령서의 일반적 사항을 규정한 부분에서는 토지개혁이나 산업 국유화, 개인 사생활에 영향을 주는 제도, 정책은 거의 변화 없이 그대로 두어야 하며, 법률을 수정하거나 하는 것은 통일 이후 한국 스스로 하거나 유엔한국위원단의 건의에 따르는 것으로 한정해야 한다며 소극적으로 거리를 두는 입장을 보였다. 반면 기존 정부 조직에 대한 명령은 매우 공격적이고 단호하다. 즉 미 육군부는 맥아더로 하여금 북조선민주주의인민공화국을 해체하고, 공산당과 기타 전복세력을 해산시켜야 한다고 규정했다.

---

36) FRUS 1950, pp.854~857.

이처럼 미국의 북한점령안은 단순히 민간에 대한 구호와 원조라는 협소한 부분에 한정되어 있지 않았고, 오히려 1945년부터 시작된 미군정 점령정책의 또 다른 버전에 가까웠다. 차라리 '민간 원조'가 '점령'을 보완 혹은 포장하고 있다고 보는 것이 적합한 것이었다. '인도주의적 목적이나 유엔의 구호정신'에 따라 구호와 원조를 제공해야 한다는 내용은 '경제' 관련 부분에 간략하게 기술되어 있을 뿐이었다. 남한에 실시한 미군정과 약간의 차이가 있다면 '개인의 권리' 부분에서 북한 군인과 관료들에게 보복행위가 없어야 한다고 하며 독일과 일본에서 전범처리를 한 것처럼 국제법의 관례를 따를 것이 명시되어 있다는 점이다. 물론 이는 이후 거의 지켜지지 않았다. 그리고 군정요원과 미국, 남한인 활용을 최소화 하며 유엔 우방국가 출신을 최대한 활용하라고 하는 부분[37]은 앞서 마샬 미 국방장관이 언급했던 것처럼, 민감한 문제를 유엔결정으로 넘기고, 각종 부담을 유엔 우방국들에게 덜어내기 위한 노력임을 알 수 있다. 이러한 미국의 의도하에서 유엔과 국제사회가 어떻게 이용될지는 쉽게 짐작할 수 있는 상황이었다.

그리고 10월 7일, 유엔총회는 드디어 유엔군의 38선 북진을 추인하는 영국 등 서방 8개국의 제안을 통과시켰다. 총회의 결의는 사실 유엔한국통일부흥위원회(이하 UNCURK)의 설치와 선거를 통한 통일정부 수립이라는 UN의 주요 입장을 핵심 내용으로 하는 것이었다. 하지만 분단정권이 수립되고 전쟁까지 벌어진 상황에서 유엔총회가 '전 한반도에 걸친 안정 조건을 확보할 것'이라는 권고를 한 것은 사실상 북진무력통일을 추인하고 미국에 의한 북한지역 군사점령이라는 실체를 포장해주는 역할을 한 것이었다. 결의는 맥아더의 북진 명령에 대해서는 일체 언급하지 않은 채 사실상 이것을 추인하고, 동시에 그 북진작전에 목적을 부여했다. 와다 하루키의 말처럼 이 결의는 "유엔에 의한 무력통일 노선이자 공산정권 전복노선"이었다.[38] 아래에서 볼 수 있

---

[37] FRUS 1950, pp.854~857.
[38] 와다 하루키, 서동만 역, 『한국전쟁』, 창작과비평사 1994, 173쪽.

는 것처럼, 경제적 부흥과 원조 조항은 덧붙여진 장식 정도의 위상을 갖고 있었다.

> 통일독립 된 민주국가를 수립함에 있어 총회는 다음의 사항을 권고한다. a) 한국 전역에 걸쳐 안정을 위한 조건을 보장하기 위하여 모든 적절한 조치를 취한다. b) 주권국인 한국에 통일, 독립, 민주 정부를 수립하기 위하여 유엔 주관하의 선거 실시를 포함한 모든 합법적 조치를 취한다. (…) e) 한국의 경제적 부흥을 완수하는 데 필요한 모든 조치를 취한다.[39]

결국 유엔의 결의와 UNCURK 설치 구상은 남한 정권의 주권이 북한지역으로 직접 확장되는 것을 제한하는 국제적 압력을 반영한 일부 측면만을 제외하면, 원조와 통일이라는 명분으로 미군에 의한 북한점령을 승인하고 유엔의 명분을 빌려주는 성격을 보여주는 것이었다.

북한점령과 민사업무의 성격에 대한 가장 포괄적인 미국의 이해관계와 구상은 10월 15일 웨이크 섬에서 열린 트루먼과 맥아더 등 미국 최고 수뇌부의 회의에서 직접 확인된다. 맥아더는 전황을 매우 낙관하면서 크리스마스 때까지 미8군을 일본으로 철수시키고, 유엔의 결의와 미국의 기획대로 1951년 초에 유엔 주관하에 한반도 총선거를 실시할 것을 희망했다. 그런데 맥아더는 미국의 점령정책과 군정을 회고하며 "군사점령으로 얻은 것은 아무것도 없다. 모든 점령은 실패로 끝났다"고 발언했고 트루먼은 동의의 표시로 고개를 끄덕였다. 최대한 빨리 총선을 치르고 최대한 빨리 군을 철수시킨 후 민간으로 이후의 임무를 모두 넘길 필요가 있다는 점에 모두 동의했다. 맥아더는 '민간 복구단'이 조직되기 전까지는 군이 그러한 업무를 담당하고, 유엔이 이러한 업무를 최대한 빨리 맡고 단체를 조직해야한다고 주장했다. 계속해서 군의 점령과 업무는 일시적이어야 하고 보다 장기적인 복구계획과 업무는 민

---

[39] 국방군사연구소, 『미 국무부 한국 국내상황 관련문서 XII : 한국전쟁 자료총서 50』, 국방군사연구소, 1999, 90~92쪽.

간기구가 맡아야 한다는 점이 강조되었고, 이미 그런 업무를 수행하고 있던 ECA가 책임을 맡을 기구로 거론되었다. 맥아더는 유엔결의안이 "가능한 지방 정부들을 유지하기를 요구했지만 이는 불가능할 것이고, 이승만 정권이 추천하는 지방 관리를 임명하여 북한 지방행정을 유지할 것"이라고 말했다. 맥아더와 무쵸, 트루먼은 모두 UN에서 반이승만 선전이 전개되는 것에 대해 이승만 정부를 지지하고 있다는 것을 분명하게 밝혀야 한다고 강조하면서도, 한편으로는 한국처럼 '가난한 나라'에 대한 지원은 연간 1억 5천 만 달러면 충분하다는 데 뜻을 같이했다.[40)]

웨이크섬 회담에 참석한 미국 인사들은 지난 몇 년간 미국이 직접 군사통치를 통해 국가 시스템을 변경하려던 군정이 실패했다는 점에 동의하고 미국의 경제적·정치적 손실을 피하기 위해 유엔과 민간기구로 이러한 업무를 넘겨야 한다는데 합의했다. 아시아와 한국에서의 장기적인 경제 원조와 복구업무도 미국 기획의 연장선이지만, 대외 전략의 중심은 유럽과 일본이었고 한국에서는 매우 소극적인 입장을 취하고 있었던 것이다. 하지만 유엔을 활용해 복잡한 문제를 해결하려는 이러한 기본 입장은 현실화되지 않았다. 오히려 초기 군사점령을 미군이 담당했다는 것, 그리고 맥아더가 미 대통령을 포함한 모든 참모들이 있던 자리에서 유엔결의안을 사실상 부정하는 발언을 하며 "남한이 추천하는 지방 관리를 임명해 임시 행정을 유지할 것"이라는 점을 분명히 언급하고 있는 것에 주목할 필요가 있다.

이후 미 대통령은 북한점령과 군정에 관한 훈령을 승인했는데, 미 합동참모본부는 10월 28일부로 이를 맥아더에게 하달했다. 이 훈령의 1부에는 일반적 사항으로 유엔군 사령관이 북한점령에 대한 최고의 통치권을 갖는다고 표기했고, 이승만 정권의 38선 이북에 대한 통치권을 인정하는 권한이 맥아더에게 없다는 지시가 포함되어 있어 맥아더의 입장을 견제했다. 그리고 이 훈

---

40) 위의 책, 63~86쪽.

령은 앞서 마련된 세세한 사항들을 '군정'이라고 표기했는데, NSC 81 문서에 따라 군정표기는 이후 '민사'라는 용어로 변경되었다. 하지만 유엔군 사령관의 임무로 "북한지역의 조선민주주의인민공화국을 해체하고 점령에 적대적인 단체의 모든 기능과 활동을 금지"시키는 내용[41]을 담고 있다는 면에서 점령지의 정치적 선택권은 부정되었다.

결국 맥아더와 이승만 정권, 미 국무부들 간에 한국의 통치권 확장문제에 대한 입장 차이가 존재했지만, 분명한 합의 또한 도출되어 있었다. 말하자면 미군이 'UN'의 권한을 위임받아 북한 통치체제를 해체하는 초기 점령업무를 수행하고, 미국 주도의 북한점령과 통일정부 수립 구상의 일부 역할을 담당하기 위해 유엔의 민간 원조기구를 수립한다는 것이었다. 미국은 점진적으로 'UN' 인사들을 최대한 활용하고, 정치·외교적으로 민감한 부분에서는 미국의 책임을 최소화하면서 동시에 최대한의 명분을 살리려는 의도를 뚜렷하게 드러내고 있었다. 그리고 북한점령과 민사정책을 논의하던 이 시기에 이를 담당할 '새로운 유엔기구'가 창설되고 있었다.

2. 유엔 원조기구와 유엔보건복지 파견대의 창설

한국에 대한 유엔과 미국의 원조기획, 그리고 UNCACK의 창설은 이러한 정치·군사적 맥락 속에서 등장했던 것이었다. 미국의 전면적 전쟁 개입과 유엔의 명분이 '원조'라는 단어에 집약되어 있었고 '민사'는 그것을 군이 책임지고 주도한다는 뜻을 함축한 단어였다.

'원조'업무를 포괄적으로 수행할 새로운 유엔 기구로서의 UNCACK는 1950년 10월경부터 1951년 초까지 약 3개월간 복잡한 과정을 거쳐 창설되고 조직의 모습을 갖추어 갔다. 포괄적 권한과 책임이 미8군으로 귀속되고, 기존 기구들을 흡수 통합하고 새로운 요원들을 충원하고, 지역별 팀을 조직하는

---

41) FRUS, 1950, pp.1007~1010.

과정에서 이름도 여러 번 바뀌었고, 본부의 위치, 전체 조직 규모와 위상, 업무의 방향과 성격도 계속 변해갔다.

그런데, 미국과 유엔이 유엔군의 역할을 보조해 북한점령을 포괄적으로 담당할 유엔민간기구로 생각했던 것은 UNCACK가 아닌 UNCURK였다. UNCURK는 38선 북진과 북한점령을 추인한 10월 7일 유엔총회 결의 376(V)로 설치되었는데, 이전의 유엔한국위원단(UNCOK)보다 더 많은 권한을 부여받아 미국의 점령정책과 유엔의 정치적 구상 및 이해관계를 실현하려는 매우 정치적인 성격의 기구였다. 이러한 UNCURK의 책임은 이후 1950년 12월 1일 유엔의 결의 410(V)에 의해 명시되었고, 이에 따라 국제업무 수행 기구로 유엔한국재건단(UNKRA)이 창설되었다.[42]

하지만 UNCURK나 UNKRA의 구상과 활동은 중국의 한국전쟁 개입으로 사실상 무산되고 지연되었다. UNCURK 위원단은 일본에 도착해서 수차례 회의를 개최한 후 11월 26일에 서울에 도착해 활동하다가 12월에 부산으로 이동했다. 그러나 11월 24일 시작된 중국인민지원군의 공세로 유엔군이 철수하게 되자 UNCURK는 본격적 활동도 해보기 전에 활동 범위가 매우 협소해져, 사실상의 지위는 한국에서의 유일한 유엔 대표기관의 자격으로 유엔의 군사활동을 지원하는 정도로 축소되었다.[43]

UNCACK는 이 기구들과는 별도로 군 내부의 민사기구에서 기원한 조직이었지만, 이 기구들의 활동이 사실상 유명무실화 되는 과정에서 북한점령 정책이라는 보다 포괄적 문제에 실질적으로 대응하기 위해 유엔의 이름을 걸고 창설된 조직이었다.

---

42) 국회도서관 입법조사국, 위의 책, 85쪽.
43) 이 시기에는 별도로 한국에 대한 기존의 경제지원 계획과 유엔군 차원에서의 민간구호 활동을 위한 기구들이 존재했다. 주한미국경제협력처(ECA, Economic Cooperation Administration)의 경우는 1950년 7월 31일 유엔 안전보장이사회 결의에 따라 유엔군 통합사령부에 주어진 원조 책임을 주로 수행하고 있었다.

〈그림 2〉 민사, 원조업무의 지휘계통(1951.9.30)

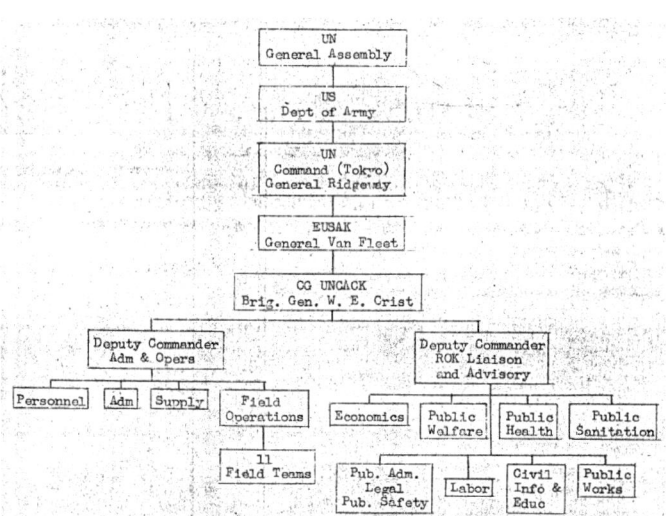

출처: 'Special Report, UNCACK Civil Relief Activities in Korea'

사실 한국전쟁 발발 직후에는 전투부대들이 도착하여 작전을 수행하는 것이 우선시 되었고, 민사업무는 거의 전무했다.[44] UNCACK가 창설되기 전까지 군사작전 뿐 아니라 일반 민간인들의 원조와 지원을 수행할 모든 책임과 권한은 워싱턴의 통합사령부(Unified Command)의 안보위원회(Security Council)가 갖고 있었고, 동경의 유엔사령부(United Nations Command)로 권한이 위임되어있었다.[45] 동경의 유엔사령부는 1950년 9월 3일 이러한 임무를 수행

---

44) 'Special Report, UNCACK Civil Relief Activities in Korea', RG 338, UN Civil Assistance Command, Korea(UNCACK), 1951, Box 17, Statistical Records, File No.050(국편수집번호: 02010916).

45) 유엔 안전보장이사회의 1950년 7월 7일자 결의(S/1588호)에 의해 미국이 지휘하는 통합사령부(Unified command)가 워싱턴에 설치되었고 미 대통령과 각 부장관, 미 합동참모본부(JCS)가 이 기구의 핵심이었다. 유엔군 사령관을 임명할 권한을 위임받은 미국은 동경의 미 극동군(FEC) 사령관이자 연합군 최고사령관(SCAP)인 맥아더를 7월 10일자로 유엔군사령관(CINCUNC)에 임명했다. 이후 미 극동군 사령부(GHQ FEC)는 유엔

할 기관으로 유엔사령부의 특별 참모부인 보건복지부(Public Health and Welfare Section)를 설치했는데 이 조직이 UNCACK의 모태가 되었다.[46]

유엔사령부는 보건복지부를 한국에서 원조활동의 책임을 지는 기관으로 지정했고 한국정부, ECA와 협력하는 현지기구로 창설했다. 대구경계선이 형성된 1950년 9월, UN군의 지휘자들은 맥아더의 공중보건과 복지 지휘관인 샘(Crawford T. Sams) 준장을 UN군 책임 지역에서의 보건과 복지를 충족하기 위해 필요한 것이 무엇인지를 조사, 결정하기 위해 한국으로 파견했다. 보건복지부 파견요원들의 목적과 임무는 향후 민간 원조활동과 관련된 모든 기관들이 따라야 할 특정한 기능들과 정책들을 제공하는 것이었다.[47]

당시 다섯 명의 보건복지 담당 참모요원들이 일본에서 1950년 9월 5일 출발했고 관련활동의 책임을 할당받았다.[48] 이 요원들은 미8군사령부와 한국정부, ECA, 유엔군 사령관들과 협력하며 연락을 유지했다. 이들은 유엔군이 점령한 지역에 도별 보건복지팀을 설치하여 전쟁피해가 어느 정도인지 조사하고 주요 지역에 집중된 피난민의 숫자를 결정하고, 건강과 복지, 위생 수요를 충족시키는 긴급 구호물품의 요구를 준비하고 제공하는 임무를 수행했다.

1950년 9월의 조사를 통해 샘 준장은 임시 수도인 대구에서 한국정부의 행정 기능과 식량 문제, 피난민 문제와 전염병 문제를 조사하고 UN 관할지역의 생산능력만으로는 피난민들에게 필요한 물품을 생산하기 어렵다고 보고했다. 이에 미8군 사령관 워커는 이승만과 함께 샘 준장을 통해 유엔사령부 보건복지부의 한국 현지 파견대인 'UN 보건, 복지 파견대(UN Public Health & Welfare Detachment, 이하 UNPHWD)'를 조직하기로 했다.[49]

군 사령부(GHQ UNC)의 핵심 부분을 이루게 되었다.
46) 'Command Report for 1950.9.3~1951.8.31.' p.1(국편 수집번호 02010930).
47) 'Command Report for 1950.9.3~1951.8.31.' p.2(국편 수집번호 02010930).
48) 'Command Report for 1950.9.3~1951.8.31.' p.2(국편 수집번호 02010930).
49) 'Special Report, UNCACK Civil Relief Activities in Korea(국편수집번호: 02010916)'

이렇게 창설된 유엔군 사령부(GHQ UNC) 산하의 '8201 부대, 유엔사령부 보건복지 파견대(The Public Health and Welfare Detachment)'의 공식적인 임무는 "유엔사령부의 군사적 목적의 달성을 위해 특히 질병과 기아, 사회불안을 예방하고, 남한과 북한지역의 부흥과 재건을 위해 8군의 민사 기능을 지도하고 감독하는 것"이었다. 유엔사령부 직할부대로서 전투부대의 군사적 목적의 달성을 위해 후방을 관리하고 통제할 임무를 부여받았던 셈이다.

UNPHWD는 구호물자의 수요를 결정하기 위해 조사업무를 수행하고 미8군사령관을 통해서 유입되는 공급물자와 장비들의 실제 사용과 공급을 직접 감독했다. 이 조직은 다른 미국·한국 기관들과 필요한 접촉을 할 수 있는 권한은 있었지만 다른 육군부대에 대한 지휘 기능이 없었다. UNPHWD와 한국정부와의 관계는 자문의 관계였고 한국정부에 직접 명령을 하거나 한국정부의 권한을 침해할 수 없었다. 또한 전투가 이루어지는 전술지역에서 민사 작전의 책임은 군단과 사단의 민사 장교의 권한이었다. UNPHWD는 주로 미8군주둔 지역에서 활동했고, 군단(1, 9, 10군단)이 수행하는 전술적 민간 지원업무와는 지원만 할뿐 사실상 분리되어 있었다.[50]

UNPHWD의 활동은 유엔군의 북한점령과 더불어 확대되었다. 1950년 9월 30일경 부산에 있던 UNPHWD팀이 서울로 돌아왔고, 유엔군이 계속 북진하자 미8군과 10군단의 전술 사령관들이 북한지역에서의 민사와 남한지역에서의 보건업무의 일부를 할당받았다.

북한점령으로 인한 UNPHWD의 역할 확대와 미8군과 10군단의 민사업무는 유엔총회가 38선 돌파를 허가한 당일 하달된 1950년 10월 7일자 유엔군사령부의 작전명령 2호의 부록 1 민사 규정에 제시된 권한과 명령, 지시사항에 따른 것이었다.[51] 이에 연계되어 하달된 10월 9일자 '행정명령 27 A'의 부

---

50) 'Command Report for 1950.9.3~1951.8.31(국편 수집번호 02010930)'

51) 'Command Report for 1950.9.3~1951.8.31.' NARA, RG 338, UN Civil Assistance Command, Korea:8201st Army Unit, Command Reports, 1950~1951(3 Nov 1950

록 민사 규정에는 북한지역의 점령업무를 세세하게 규정했다.

〈그림 3〉 미8군 산하의 민사 관련 조직(1951.9)

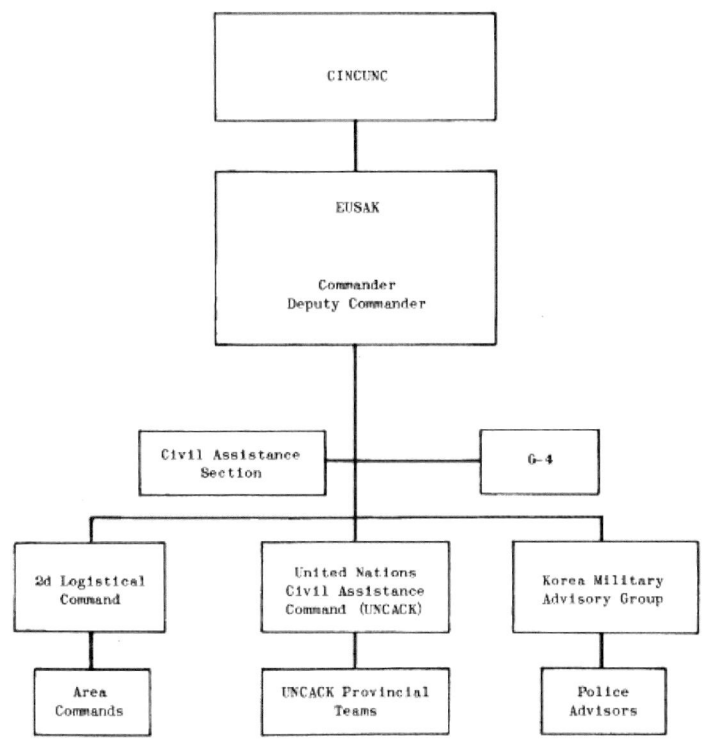

출처: ORO(Operation Research Office) Report 'Civil Affairs in Korea 1950~1951'

이 명령은 일반적으로 북한지역에서의 군사작전이 수행되는 동안 북한의 민간 행정기구가 유엔군의 감독하에 법과 질서를 유지할 책임이 있되, 그것

to Sep 1951 Part II. Entry A1 228, Box 1694. 한편, 유엔군총사령부 작전명령 제2호의 부록 1-민사분야는 서용선, 「한국전쟁시 점령정책 연구」, 『한국전쟁연구-점령정책, 노무운용, 동원』, 국방군사연구소, 1995, 113~126쪽에 수록되어있다.

이 여의치 않거나 효율적이지 못할 경우 미8군과 군단, 사단들과 병참사령부가 그 지역의 민사활동을 수행하기 위한 인사들을 임명할 것을 규정했다. 결국 북한 주민들에 대한 통제의 책임은 미8군과 군단, 사단들의 책임하에 두었다. 그리고 UNPHWD는 각 부대에 배속되어 이러한 임무를 수행하거나 각 부대의 활동을 지원하게 했다.[52]

현지군이 민사활동의 책임을 갖게 하는 이러한 조치로 UNPHWD의 활동은 사실상 종료되었다. 이전에는 유엔사령부 직속 파견대로서 미8군이나 미10군단과 감독, 자문, 보조 관계에 있던 UNPHWD가 업무를 마치고 권한을 넘기는 과정에서 미8군은 자체적으로 민사업무에 대한 준비를 하며 민사업무의 권한을 완전히 떠맡게 된다. 1950년 10월 17일자 극동군사령관(CINCFE) 명령은 미8군에 '한국의 민간인들의 질병과 기아, 혼란을 예방하기 위해 필요한 물자와 장비를 보급할 완전한 책임'을 지우고 동시에 이를 수행할 조직을 설치할 권한을 주었다.[53] 이로서 이전에는 ECA의 임무였던 구호수요에 대한 조사와 계획, 그에 대한 지휘감독을 미8군에서 완전히 맡게 된 것이었다. 그리고 10월 19일에는 유엔군사령부(GHQ UNC) 일반 명령 15호를 통해 포괄적인 민간 구호활동에 대한 유엔사령부의 책임 관계가 공식적으로 규정되어 지휘체계가 확립되었다. 이 명령은 유엔총회의 결의에 따라 한국에서의 군사행동뿐 아니라 민간구호와 지원의 전반적 책임과 권한을 워싱턴의 통합사령부와 동경의 유엔군 사령관에게 두었다.[54]

---

52) 이 행정명령은 단지 민간 원조물자의 공급이나 보건복지업무뿐 아니라 각종 사법재판, 정치 관련 업무도 포함하고 있었는데, 유엔군이나 한국군, 그리고 여기에 고용된 모든 요원들은 북한의 재판관할권 밖으로 두었고 군과 형무소 내의 죄수들을 군 요원을 통해 심사하게 했다. 그리고 군사 작전 임무를 성취하기 위해 필요한 포고(proclamation)와 법령(ordinance)을 영어와 한국어로 공포하게 했다. 'Command Reports, 1950~1951(3 Nov 1950 to Sep 1951) Part II', NARA, RG 338, UN Civil Assistance Command, Korea: 8201st Army Unit, Entry A1 228, Box 1694.

53) 'Command Report for 1950.9.3~1951.8.31', pp.8~9(국편 수집번호 02010930).

54) 'Command Report for 1950.9.3~1951.8.31', pp.51~52(국편 수집번호 02010930).

1950년 10월 24일에는 공식적으로 ECA의 책임 권한이 취소되었고[55] 극동사령부(FEC)는 10월 27일자로 미8군 사령관에게 보낸 전문을 통해 UNPHWD 지역별 야전 조직 배치를 승인했다.[56] UNPHWD 요원들은 미8군의 초기 민사업무를 보조하다가, 이후 민간원조사령부(Civil Assistance Command, CAC)가 새롭게 창설되자 이 기구에 파견 형태로 흡수되었다.[57]

3. 주한유엔민간원조사령부의 창설과 조직

UNCACK는 미군이 북한점령 정책을 책임지고 수행하는 과정에서 업무의 성격과 조직의 위상이 변화되면서 창설되었다. 최초에 기구의 명칭은 민간원조사령부(CAC)였다. 1950년 10월 30일자 미8군 사령관의 일반명령 145호에 의해 미8군의 작전 기구로서 민간원조사령부(CAC) 본부가 설치되었다. 이 조직은 물자의 공급과 수요 조사, 배급 감독 이외에도 38선 이북지역의 미8군 영역에서 민간 지원활동과 관련된 모든 행정업무를 수행할 임무를 부여받았다.[58]

11월 2일에 미8군사령부는 민간지원 명령 1호를 통해 민간원조사령부의 기능과 역할을 다시 한번 규정했다. 38선 이북지역의 경우 민간원조사령부의 활동은 행정명령 27A의 부록 1 민사규정 따라 8군의 명령에 따르게 했고, 38

---

55) NARA, RG 338 Eighth U.S. Army Civil Affairs Section, Civil Assistance Files, 1950 Entry A1 179 Box 1437(이하 RG 338, Entry A1 179, Box 1437). Folder: Civil Assistance Section Nov, Dec 1950.
56) NARA, RG 338, Entry A1 179, Box 1437. Folder: General Admin File, Nov-Dec 1950, KCAW.
57) 미국 존스홉킨스 대학에 설립되어 미 군사기관의 연구 프로젝트를 수행한 작전연구국(ORO: Operation Research Office)의 보고서("Civil Affairs in Korea 1950~1951").
58) 이 시기 정식 부대 명칭은 '미8군 민간원조사령부(Civil Assistance Command, Eighth Army)'였다. 'Staff Section Report' for 1950.10.15~1951.8.31. p.72(국편 수집번호 02010930).

선 이남지역의 경우 10월 17일자 극동사령부 전문에 규정된 원조물자를 결정, 공급하기 위한 조사를 수행하고, 공급물자의 배급을 감독하는 일을 수행하게 했다. 하지만 UNCACK는 완벽한 군의 통제를 받았다. 미8군사령부의 사전 승인 없이는 한국정부와 어떤 종류의 협약도 체결할 수 없었고, 미 대사관이나 어떤 다른 기관도 UNCACK에 속하지 않도록 규정되었다. 민간원조사령부의 지역팀들을 파견하기 위해서는 8군 민사부(Civil affair section)의 사전 승인을 받도록 했다.[59]

1950년 11월 3일자 미8군 사령부 일반명령 156호는 일반명령 145호를 취소하고, 조직의 이름에 유엔의 이름을 새겨 넣어 '주한 유엔 보건복지 야전기구(the Public Health and Welfare, United Nations Command, Field Organization, Korea)'로 정했다. 사령관에는 아서 S. 참페니(Arthur S. Champeny)[60]가 임명되었다. 이 부대가 'UNCACK'라는 공식 명칭을 갖게 된 것은 1950년 12월부터였다. 1950년 12월 8일자 미8군 일반명령 190호에 의해 부대의 명칭은 '8201st Army Unit, United Nations Civil Assistance Command, Korea'로 바뀌었다.[61]

---

59) 〈Letter of Instructions, Civil Assistance, Number one(1950.11.2)〉 'Command Report for 1950.9.3~1951.8.31', pp.59~60(국편 수집번호 02010930).

60) 참페니는 캔사스주 출신으로 대학 졸업 후 약 28년간 육군에 근무했다. 1차 세계대전에 참전하였다가 다시 2차대전 때는 유럽, 지중해, 태평양 전투에 참가했으며, 독일에서 미 제88사단 제351연대장으로서 이탈리아 전역에 있었다. 1945년 10월 25일 한국으로 와서 군정청 경무부장, 국방부장을 역임하였다. 1945년 12월 20일부로 '조선군정청 국방사령관'에 임명되어 1946년 4월 11일까지 역임했다. 이 기간에 그는 주한 미군사령관 하지의 지시로 경찰예비대 설치를 구상했고 뱀부계획을 수립했다.

61) 사령관 참페니의 12월 10일자 명령으로 다시 'United Nations Civil Assistance Command, Korea, 8201st Army Unit'로 변경되었다. 'Staff Section Report' for 1950.10.15~1951.8.31, pp.65~66·80~84(국편 수집번호 02010930).

〈표 1〉 1950년 12월 1일자 서울의 CAC 사령부 요원 명단

계급	이름	임무	계급	이름	임무
대령	Champeny, A. S.	사령관	Mr.	Ribeiro, E.(페루)	위생 기술자
대령	Coyle, M. J.	참모장	Mr.	Johnson, H. T. (노르웨이)	민간공급담당관
중령	Hart, H. L.	공공사업, 장비	Mr.	Lorriman, F. J. (캐나다)	행정 공급
소령	Adams, S. J.	참모	상사	Coffie, J. C.	주임원사
소령	Beckwith, M.	연락 공급-부산	상사	Habal, D.	개인 기술보조
소령	Holcomb, W. N.	연락 공급-인천	상사	Lindsey, M. T.	개인 하사관
소령	Soto, L. H.	공급부장	상사	Naheras, A. J.	
소령	Whitlow, F. C.	재정부장	중사	Nunmery, R. H.	행정, 보급
대위	Boehm, B. H.	보조공급장교	하사	Nakamura, F. K.	공급
대위	Giggi, A.	보조공급장교	상병	Bain, D. F.	통계 명령 서기
대위	Francis, R.	보조공급장교	상병	Hargett, J. R.	아침 보고
중위	Morrissey, J. C.	공공정보장교	상병	Navestad, S.	메시지 관리
박사	Crichton, W. H. (영국)	보건부장	일병	Blutgen, M. C.	우편 서기
Mr.	Scherbscher, M. W.(미국)	복지부장	합계	27명	

출처: NARA, RG 338, Entry A1 179, Box 1437. Folder: General Admin File, Nov-Dec 1950, KCAW.

참페니가 사령관에 임명되었던 11월경, 미8군은 이미 북한에 두 개의 지역팀(평안남도 평양과 황해도 해주)을 파견했었다. 해주팀은 매우 불완전했고, 남한에서는 경기도(서울), 경상남도(부산), 경상북도(대구)에 작은 팀이 이미 설립되어 있었다. 참페니는 이후 최우선순위로 진남포지역팀을 구성하고, 그 밖에도 해주팀, 함경도 함흥, 문산팀, 그 밖의 북한지역 도별팀, 흥남, 평양, 청진팀 순으로 지역팀을 구성하려 했다.[62] 이후 12월 1일에 이르면 UNCACK의 지역팀들은 서울, 황해도(해주), 경기도, 충청남도(대전), 경상북

도(대구), 경상남도(부산), 평안남도(평양), 진남포, 함경남도(흥남), 평안북도(1군단 보조)에서 활동하고 있었다.

〈표 2〉 1950년 12월 1일자 북한과 남한지역 민사 지역팀 요원 명단

직위	황해도 (해주)	평안남도 (평양)	평안북도 (신의주)	함경남도 (함흥)	함경북도 (청진)	서울	경상남도 (부산)	경상북도 (대구)	충청남도 (대전)	경기도 (서울)
팀장	Wiersma 중령	Munske 대령	Braatz 중령	R I Jones 중령		Stuart 박사	Doyle 소령	Hose 소령		
보건	Jones 중령	Cassel 박사	Boaz 소령	Meyer 박사		Bearlen 대위	Early 박사	Rivirosa 박사		
공급		Davies 소령		Troiano 소령		Bogaard	Croxton 대위	Humphrey 대위		Franckl
복지	Cole 중령	Vangen 대위	Mickelvy 소령	Rozga 소령			Mueting	Harris		
위생		Lord	Keele 소령	Bowering			Latham			Eckersley
기술	Ugland 대위	Livingston Davidson 대위		Hester 대위				Keenan 대위		
행정	Dodson 대위	Stack 중위	Kirchhoff 대위	Davis 소령			Jark 대위	Davis 중위	Brooks 대위	
재정	Bruce 대위	Fisher 중위								
교육	Nagle 소령	Cook 소령								
공안	Bread 대위	Gerard 대위		H Ext 대위	Nerrie 대위					
노동		Ellingson 대위	Mclean 대위	Arnold 소령						

출처: NARA, RG 338, Entry A1 179, Box 1437. Folder: Civil Assistance Section Nov, Dec 1950.

---

62) 'Command Report for 1950.9.3~1951.8.31.' pp.9~10(국편 수집번호 02010930).

〈그림 4〉 8군 민사 조직의 초기 구상(1950.11.26)

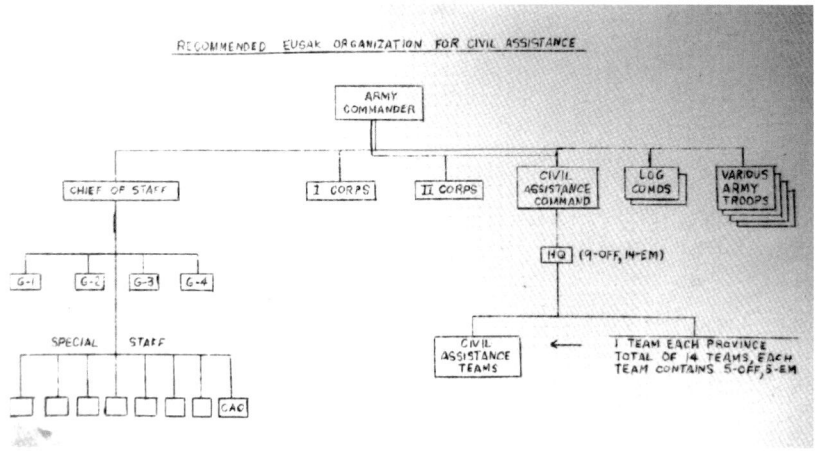

출처: NARA, RG 338, Entry A1 179, Box 1437. Folder: Weekly Reports, CAC 1: Civil Assistance Command.

당시 지역팀의 현황과 명단은 위의 표와 같았다.

위 조직표에서 알 수 있듯이 이 조직에는 군과 민간인이 혼합되어 배치되어 있었다. 민간 요원들은 주로 보건, 복지, 위생, 기술 등의 업무를 담당했고, 군인들은 지휘관과 공급, 공안과 교육, 재정업무를 맡고 있었다.[63] UNCACK의 초기 조직 구성과정에서 기존 UNPHWD 요원이나 그 외 국제기구의 민간인들을 고용한 것은 당장 활용가능하고 투입할 수 있는 군정부대나 요원들이 전혀 없었기 때문이었다. UNCACK 구상이 본격화된 후 미8군은 본국에 38선 이북지역에서 활동할 군정단(Military Government Group)을 계속 요청했지만 여러 이유로 몇 달 내로 군정단들이 한국에 도착하기 어렵다는

---

[63] 12월 10일 현재 CAC에는 20명의 국제 민간요원들이 근무하고 있었다. 그중 18명은 세계보건기구(World Health Organization)와 국제난민기구(International Refugee Organization) 출신이었고, 1명은 미 국무부, 1명은 미 육군부 민간요원이었다. NARA, RG 338, Entry A1 179, Box 1437. Folder: General Admin File, Nov-Dec 1950, KCAW.

것이 확인되었다.(64)

<표 3> 1950년 12월 1일자 민사팀 배치와 인원 수

지역	장교	UN 민간요원	사병	합계
서울(사령부)	10	4	10	24
황해도(해주)	8	-	4	12
경기도(서울)	1	5	-	6
충청남도(대전)	3	2	-	5
경상북도(대구)	4	2	-	6
경상남도(부산)	2	3	-	5
평안남도(평양)	10	2	5	18
진남포	4	-	3	7
함경남도(흥남)	7	2	2	11
평안북도(신의주, 1군단지원)	6	-	2	8
합계	55	20	27	102

출처: NARA, RG 338, Entry A1 179, Box 1437. Folder: KCA-W 1-25 Nov-Dec 1950.

이처럼 UNCACK이 본격적으로 창설되는 시기는 1950년 10월 이후였고 12월까지도 조직을 구성해가는 과정이었다. 이 시기 UNCACK은 부대의 임무를 다른 군 부대에 알리고 자원 및 예산을 확정하는 작업을 진행했다. 비슷한 시기에 설치된 미8군 민사부와의 협조와 지휘를 통해 민간 원조물자를 공급하는 절차와 책임 관계 등을 명확히 해 나갔다.(65) UNCACK은 창립 첫 한달간 주로 임명된 요원들을 오리엔테이션하고 장비를 제공하여 도, 시 팀을 구성하고 임무 달성에 필요한 것들을 연구하는데 시간을 보냈다. 또한 미8군

---

64) NARA, RG 338, Entry A1 179, Box 1437. Folder: General Admin File, Nov-Dec 1950, KCAW.

65) NARA, RG 338, Entry A1 179, Box 1437. Folder: Weekly Reports, CAC 1: Civil Assistance Command.

과 한국정부의 각 부서, ECA 대표와 기획과 정책에 대해 논의했다. 남한지역 UNCACK팀의 활동은 주로 장기적 원조 기획을 세우기 위한 조사업무 정도에 한정되어 있었지만, 38선 이북지역에 파견된 지역팀들은 미8군과 10군단의 점령정책에 따라 민사업무를 수행해 나갔다.

그러나 1950년 말과 1951년 초 중국인민지원군 개입으로 유엔군이 남쪽으로 철수하고 소개되자 UNCACK의 임무는 북한점령 민사지원과 구호에 대한 장기적 기획에서 수만 명의 피난민들을 철수하고 관리하기 위한 직접적이고 즉각적인 지원으로 바뀌었다. 중국인민지원군의 개입으로 북한에서 활동하던 모든 민사팀은 1950년 12월 중반에 서울로 철수되었고, 해주지역팀의 경우 장비도 모두 놔두고 피난할 정도로 급박하게 후퇴했다. 서울에 있던 UNCACK 사령부는 철수해 부산으로 내려갔다.[66] 이후 북한지역팀들은 남한지역팀들을 새로 설치하거나 보강하는 형태로 흡수·재편되었다.

북한지역에서 철수해 남한에서 활동하던 1951년의 UNCACK 조직구성은 사령부에 사령관, 부 사령관이 있었고, 참모부 외에도 행정, 보건, 복지, 위생, 보급, 공보/교육, 경제부가 설치되어 있었으며, 각 도별 지역팀이 있었다. 규모로 보아 UNCACK는 미 군사고문단보다 작은 기관이었다. 1951년 9월 현재 75명의 장교, 94명의 민간인, 154명의 사병, 총 323명 정도의 인원으로 구성되어있었다.

각 참모부는 다양한 임무를 갖고 있었다. 행정부는 조사업무, 미8군의 요청을 수행하거나 물자와 장비의 공급, 사용을 감독하는 임무를 맡았다. 공급부서는 민간인과 지역 야전팀에 지원할 물자를 보급했다. 복지부는 피난민이나 전재민들의 구호와 관련된 업무를 맡았고 연구, 조사기능을 수행했다. 보건부는 질병 예방을 위해 필요한 의료 조건이나 전쟁피해를 조사했고, 한국 의료기관을 자문하기도 했다. 위생부는 전염병 통제와 관련된 DDT 살포업

---

66) 'Staff Section Report' for 1950.10.15~1951.8.31. p.65(국편 수집번호 02010930).

무 등 직접적인 업무를 수행하거나 한국의료진 교육을 맡았다. 그리고 1951년 5월에는 참모부 내에 보고통계부가 생겨 주간보고서나 월간 종합보고서의 각종 통계를 작성하는 업무를 맡았고, 6월에는 경제부와 노동부가 생겨나 재정과 경제 문제, 한국 민간인 고용 문제 등의 업무를 담당했다. 그리고 공공 행정부는 한국정부와 협조하며 감독, 보고, 자문하는 업무를 수행했다.[67]

결국 초기 창설과정을 통해 살펴보면 UNCACK는 한국전쟁에 대한 미국의 이해관계와 의도, 전황과 정치적 맥락이 복합적으로 반영된 몇 가지 성격과 위상을 갖고 있었다. 우선 미국은 유엔의 명분과 지원을 얻어 북한점령 정책과 민사업무를 수행하기 위해 새로운 유엔기구를 창설하려 했다. 따라서 조직의 이름에는 '유엔'이 들어가야 했고, 유엔의 민간 기구들로부터 요원을 보충하는 등 지원을 받았다. UNCACK는 미군에 의한 적대적 점령정책인 '군정'이라는 실체를 가리기 위해 '민사'업무를 수행하는 조직임을 표방할 수 있는 해결책이었다. 기구의 전신인 UNPHWD가 보건과 복지업무만을 수행했다면 UNCACK는 더욱 포괄적인 민사행정을 수행하기 위해 구상된 것이었다. 그런데 북한점령의 초기단계를 완전히 미군의 권한과 책임하에 두려는 의도에서 미8군이 모든 지휘권을 갖게 했다. 따라서 UNCACK는 민간기구가 아닌 군 조직으로서 미8군 예하에 창설되어 미8군 민사부의 지휘를 받는 위상을 갖게 되었고 군부대의 민사업무를 실질적으로 보조하고 수행하는 종속적 조직으로 운영되었다. 그러나 UNCACK를 실제로 창설하고 조직을 구성할 인력과 자원, 경험의 부족으로 UNCACK는 기존 UNPHWD 요원들과 지역 조직을 흡수해 활용할 수밖에 없었다.

---

[67] 'Command Report for 1950.9.3~1951.8.31'(국편 수집번호 02010930).

Ⅳ. UN군의 북한점령정책과 UNCACK의 활동

1. 유엔과 한국의 북한점령

앞서 살펴본 것처럼, 미군의 민사 계획은 단지 인도주의적인 원조나 민간 구호활동으로 등장한 것이 아니라 이미 1950년 7월경부터 등장하여 10월의 38선 돌파와 함께 본격적인 북한점령 구상의 일환으로 등장한 것이었다. 미국은 북한점령의 최고 권한을 유엔군에 두고 그것이 실패할 경우는 신탁통치나 미군정을 통해 하려는 구상을 갖고 있었다. 그리고 유엔군의 책임이 명확해진 이후 미8군과 예하 군단, 사단, 그리고 10군단과 한국군, UNCACK의 전신인 UNPHWD가 점령정책과 민사업무를 수행했다. 그 연장선상에서 UNCACK는 유엔군의 점령하에 있는 38선 이북지역에서 민간원조행정의 책임을 졌다.

1950년 10월 12일 유엔 결의안은 이승만 정권의 통치권을 남쪽으로만 한정시켰다. 그리고 북한지역에는 재교육과 재정향(re-education and re-orientation) 프로그램을 통해 미국과 유엔의 민주적 삶의 방식의 덕목을 보여주겠다는 입장이었다.[68] 그런데 이러한 미 국무부의 기획은 유엔이 감독하는 기관이나 신탁통치, 한국정부에 의해서도 아니고 지역 군 사령관에 의해 수행되었다.

두 명의 간도특설대 출신 한국군 장교들이 북진하여 점령통치를 개시했다. 10월 1일 김백일의 1군단이 원산방면을 향해 북진했고, 10월 10일 제1군단 제3사단과 수도사단이 북한의 원산을 점령했다. 같은 날 한국정부는 전 북한지역에 계엄령을 선포했다.[69] 11일에는 한국군 제1사단(사단장 백선엽)이 38선을 넘었다. 이후 1군단 3사단과 수도사단은 10월 17일 함흥과 흥남을 점령

---

[68] Bruce Cumings, *The Origins of the Korean War Vol Ⅱ-The Roaring of the Cataract*, (New Jersey, Princeton University Press, 1990), p.716.

[69] 『동아일보』, 1950.10.13.

했고, 한국군 1사단은 10월 19일 평양 돌입작전을 개시해 미 제1기병사단과 20일 평양을 점령했다.[70]

미 제8군과 제10군단은 앞서 살펴본 점령정책과 민사계획을 갖고 북한을 동북부와 서북부로 나누어, 미 제8군이 서북부(평안도, 황해도)를, 미 제10군단이 동북부(함경도)를 점령했다. 서북부지역인 황해도, 평안남도, 평안북도에서는 미8군 예하부대가 10월 19일 평양을 점령하기 시작한 후부터 점령정책을 수행했다. 동북부인 강원도, 함경남도, 함경북도에서는 한국군 3사단과 수도사단이 원산을 점령한 10월 10일부터 한국군에 의해 군정이 실시되었고, 미10군단이 상륙을 시작한 10월 26일부터는 미10군단이 책임을 지게 되었다.[71] 당시 10군단은 맥아더 사령부 직속부대여서 미8군의 지휘를 받지 않았고 두 부대의 점령 정책은 지시 관계나 협력 없이 별도로 수행되었다.[72]

북한점령시기 존재했던 표면상의 정부는 유엔의 신탁통치나 미 국무부의 민사 기획과 거의 관련이 없었다. 브루스 커밍스에 의하면 그것은 "이북지역에 남한 시스템이 부과된 것"이었다. 맥아더와 이승만은 점령정책을 함께 구상했고, 미국 정보기관이 한국군과 긴밀한 협조관계 속에서 활동했다.[73]

기본적으로 이승만은 북한 영토도 한국의 일부라고 주장하며 북한점령의 통치권을 주장했다. 국회에는 북한의 대표들을 위해 100석을 공석으로 남겨놨고, 1949년 2월에는 이미 북한의 도지사들을 임명해 놓고 있었다. 1950년 10월 12일 조병옥 내무부장관은 북한에 대한 시정방침을 발표하고, 북한에 파견할 각종 행정관들을 임명하기 시작했다. 동시에 경찰관들을 속속 북한으로 파견하기 시작했다.[74]

---

70) 와다 하루키, 앞의 책, 1994, 172~176쪽.
71) 서용선, 「한국전쟁시 점령정책 연구」, 『한국전쟁연구-점령정책, 노무운용, 동원』, 국방군사연구소, 1995, 103쪽.
72) 박명림, 『한국 1950: 전쟁과 평화』, 나남, 2002, 598쪽.
73) Bruce Cumings, op. cit. p.716.

이승만의 점령정책은 주로 경찰과 우익청년단이라는 두 축으로 구성되어 있었다. 조병옥은 3만 명의 특경대를 파견하려 했고, 안호상은 대한청년단을 통해 북한지역에서 정치활동을 수행하고 있었다. 미1기병사단이 10월 19일 평양으로 입성하자 이승만은 김종원을 헌병부사령관에 임명하고 초기 점령 업무를 맡겼다. 미군이 평양에 들어선 당일 이승만은 북한의 토지 개혁을 취소한다고 발언했고 CIA에게는 이것이 지주 계급들이 한국에서의 전통적인 정치·경제적 지위를 유지하기 위해 토지개혁을 취소하라는 최근의 압력을 반영한 것이라고 말하라고 부추겼다. 평양의 새로운 시장은 UN의 날 기념식에서 "땅은 원래 주인들에게 되돌려질 것"이라고 언급했다.[75]

동북부지역에서는 한국군이 미10군단보다 15일 앞서 북진하였기 때문에 김백일의 국군 1군단 민사처가 중심이 되어 군정을 실시했다. 1군단 민사처는 과도행정지침인 북한시정요강을 작성했고 이에 따라 점령정책을 수행했다. 10월 22일부로 함흥으로 이동한 국군 1군단 민사처는 함남자치위원회를 조직하고 도지사에 해당되는 위원장에 이귀하를 선출했다. 위원회는 8개 부를 두고 행정기구 형태를 갖추었다. 미10군단이 함흥으로 진출한 후에는 미10군단의 민사참모에게 업무가 인계되었다.[76]

2. 미8군 점령지역에서의 유엔군 민사정책

북한 서북부지역에서는 미 제1군단 민사참모가 중심이 되어 점령정책을 수행했다. 10월 21일 미 제1군단은 평양에 군정기구를 설치하고 군정을 실시했다. 유엔군 점령지역에는 군정기구들이 속속 생겨났는데, 이들은 현지의 유지들로 위원회를 구성했고, 행정관으로 임명했다.[77]

---

74) 서용선, 앞의 책, 1995, 82~83쪽.
75) Bruce Cumings, *Ibid*, p.717.
76) 서용선, 앞의 책, 1995, 104~105쪽.

미8군 점령지역에서의 유엔군의 점령정책은 UNCACK를 지휘할 권한을 갖고 있던 미8군 민사부의 1950년 12월 1일자 문서에서 개략적으로 파악해 볼 수 있다. 미8군 산하 부대의 38선 이북지역에서의 민사활동의 임무는 "후방지역에서 필요한 모든 민사업무 기능 외에도 추가적 책임을 포함한 것"이었다. 11월 3일 이후 미8군은 점령정책의 수행을 위해 UNCACK[78]와 지역별 야전팀이 구성했고, 민간 지원에 대한 참모 기획을 조정하고, 민사문제에 대해 8군 사령부에 정책을 제안하기 위해 8군 민사부를 설치했다. 이 기구에 필요한 요원들이 충원될 때까지 일단 군단 후방지역에 북한의 주요 도시와 각 도의 사령부를 구성하기 위해 최소한의 인원으로 팀을 구성했다. 두 개 지역팀의 핵심요원들이 미10군단에 배속되어 지원했고, 지역의 민사팀들은 가능한 신속하게 예비 도, 군, 시 정부를 구성했다. 지역 민사팀들은 이 예비 정부들이 민간 구호물자를 다루는 일과 장비를 지원했다.[79]

---

77) 위의 책, 103쪽.

78) 사실 조직이 'UNCACK'라는 명칭으로 확정되는 것이 1950년 12월 8일부터였으므로 이 시기의 정확한 명칭은 민간원조사령부(CAC)이지만, 용어의 통일성을 위해 이 절에서는 모두 UNCACK로 지칭하였다.

79) 'Report of Civil Assistance Activities in Korea North of 38th Parallel', NARA, RG 338, Entry A1 179, Box 1437. Folder: KCA W 1-25 Nov-Dec 1950.

〈그림 5〉 평안남도와 황해도지역 경찰의 대대, 중대 배치도

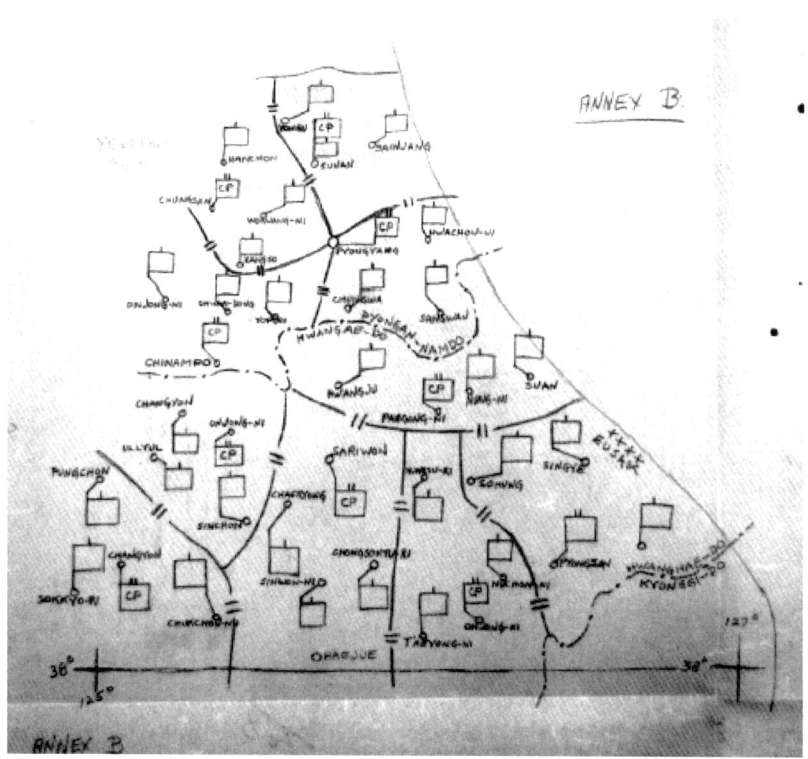

 이 시기에 미8군 민사부는 북한지역에서의 청년운동과 정치적 활동에 대해 한국정부로 보낼 서신을 완성했다. 8군 민사부는 이 서신을 통해 북한지역에서의 청년운동과 정치활동들이 한국정부나 관련 기관들의 지원을 받는 것이 아닌 한에서 허가했다. 북한에서 존재하는 모든 집단은 8군에 등록해야 했고, 지역 UN 사령관에게 그들의 활동에 대해 알려야 했다. 그리고 모든 정치단체의 구성원과 지도부는 북한인이거나 북한 출신 피난민이어야 한다고 규정했다.

〈그림 6〉 평안남도와 황해도지역 경찰의 대대, 중대 배치 계획

```
INITIAL DISPOSITION OF
KOREAN POLICE BATTALIONS

1. In Pyongan - Namdo Province (Four Battalions)

                    One              One              One
    Bn. CP          Company          Company          Company
      AT              AT               AT               AT
1. - Sunan          Sunan            Sainjang         Yongu
2. - Chungsan       Hanchon          Wonjang-Ni       Kangso
3. - Chinampo       Yopori           Chinji-Dong      Onjong-Ni
4. - Pyongyang      Chungwa          Hwachon-Ni       Sangwon

2. In Hwanghae-Do Province (Six Battalions)

                    One              One              One
    Bn. CP          Company          Company          Company
      AT              AT               AT               AT
1. - Pyongsan       Sibyon-Ni        Singye           Somung
2. - Panggong-Ni    Nung-Ni          Suan             Hwangju
3. - Onjong-Ni      Muchon-Ni        Tagyong-Ni       Hungsu-Ri
4. - Sariwon        Chaeryong        Sanwon-Ni        Chongsoktu-Ri
5. - Onjong-Ni      Changnyon        Sinchon          Ullyul
6. - Changyon       Sokkyo-Ri        Pungchon         Chukchon
```

출처: NARA. RG 338 Eighth U.S. Army Civil Affairs Section, Civil Assistance Files, 1950 Entry A1 179 Box 1437. Folder :Correspondence of Civ Agencies Oct-Nov 1950.

미8군은 UNCACK에 북한에 구성될 정부에 북한인과 남한인을 활용하는데 관련한 지침을 서신으로 보냈다. 북한에 세울 정부의 인사들을 충원하는 임무는 UNCACK의 임무가 되었다. 이 인사들에 대한 선별은 이후 8군 사령부의 승인을 받게 했다. 북한지역의 도 지역정부 인사의 구성의 비율은 지역 거주민이 1/3 이상 포함되는 것으로 정했다. 평안남도에서 도 지방정부 인사들이 임명되었다. 그리고 평양 도청, 순천, 석천, 선안, 성호리, 강서, 진남포

등에서 행정인사들이 임명되었고, 미10군단 점령지역 대부분의 군과 함경남도지역에도 이러한 정부가 수립되었다.

  미8군은 유엔군사령부 법무감실과 북한에 군사법원, 민사법원을 설치하는 것에 대해 협의하였고, 북한 형무소에서 수형인들을 심사하고 이들에 대한 재판을 신속하게 진행할 수단에 대해 논의했다. 11월 29일자 전문에 따르면 유엔군과 한국에 적대적인 정치, 이데올로기적 활동을 하는 사람과 단체를 체포하고 처리하는 정책을 담고 있었고, 이들을 계속 억류하고 포로 처리 경로(POW channel)를 통해 처리하라는 명령이 내려왔다.[80] 실제로 미 CIC는 심사활동을 통해 북한 주민들을 조사하고 이들 이 절반 이상이 공산주의에 대해 여전히 동정적인 사람들일 것으로 추정했다.[81] 미8군은 이처럼 공산주의자와 정치범, 부역자 등에 대한 심사와 체포, 억류를 명령하고, 후방으로 이동시켜 처리하라고 명령을 했으면서도 가능한 민감한 문제를 다른 기관에 떠넘기려 했다. 8군 민사부는 '전쟁피해 조사, 전쟁범죄 재판 등은 가능한 한 UNCACK의 책임 외의 것으로 하여 다른 기관들의 책임'으로 하려고 했다.[82]

  USIS의 11월 9일자 서신의 요구에 따라 북한지역에 여러 전단과 주간신문을 배포하는 책임이 미8군 민사부에 있게 되었다. 이 업무를 수행하기 위해 11월 16일에는 미8군과 10군단 예하의 부대들에게 민사활동에 대한 주간보고서를 작성하게 했다.[83] 8군 민사부는 11월 28일자로 지역 민사팀과 UNCACK

---

80) 위의 문서.
81) Bruce Cumings, ibid, p.718.
82) 'Report of Civil Assistance Activities in Korea North of 38th Parallel', NARA, RG 338, Entry A1 179, Box 1437. Folder: KCA W 1-25 Nov-Dec 1950.
83) USIS는 북한지역에 전술 부대와 CAC를 통해서 다양한 팜플렛과 주간신문을 배포하길 원했고, 팜플렛은 한번에 10톤, 주간신문은 1톤 정도의 분량이었다. 유인물의 8군이 서울에서 해오기로 했는데, 팜플렛의 내용은 한글로 된 유엔 인권헌장, 트루먼이나 애치슨의 미국의 정책에 대한 유엔에서의 연설 등이었다. NARA RG 338, Entry A1 179, Box 1437. Folder: General Admin File, Nov-Dec 1950, KCAW.

에게 '북한의 정보 미디어와 교육 장비'라는 제목의 정기 보고서를 작성하게 했다. 이 보고서에는 각 지역에 있는 모든 신문과 라디오, 영상, 인쇄 물자와 인쇄 장소와 조건 등을 포함한 모든 정보 미디어에 대한 상세한 조사를 포함하게 했다. 교육 분야에 대한 조사는 학교의 수와 유형, 장소와 상태, 교과서의 유형, 후속 정책, 교사와 관료들의 신뢰 정도 등을 포함하게 했다.[84]

미군과 한국군이 이와 같은 점령정책을 수행하던 시기 그 활동은 어떻게 평가되었을까? 지방은 비교적 조용한 분위기였지만 도시는 완전히 상황이 달랐다. 도시에는 일종의 무정부상태가 존재해서 행정기능이 사라졌고, 경찰들은 부역 혐의자들에게 보복을 하고 있었으며, 우익청년단이 거리를 활보하고 남은 재산들을 강탈하고 있었다. 미국 민사 장교들은 애처로울 정도로 적었고 거의 경험이 없는 상태였다.[85] 당시 유엔군의 점령정책의 풍경과 실상을 묘사하는 기사를 통해 그 점령정책이 처한 총체적 혼란과 실패, 민사업무의 실체와 성격을 짐작할 수 있다.

기사에 따르면, 당시 모든 북한 정치인들과 행정 관료들이 북쪽으로 간 상태에서 평양 시내에는 정치적 공백이 생겼고, 35만 명의 평양시민들은 혼란스러워 하고 있었다. 미8군이 지역 민사팀을 설치해 임시 민간 정부를 설립하려 하고 있지만, 상세한 명령이나 인원, 명령을 집행할 능력이 결여되어 있었다. 평양지역 민사팀은 고무산업 기술자인 찰스 먼스키(Charles R. Munske) 대령이 지휘하고 있는데, 그는 일본에서 군정 수립 관련해 많은 경험을 갖고 있었다. 6명으로 이루어진 평양지역 민사팀은 이미 지역 주민들로 도 경찰과 시청 요원을 선발했다. 이 민사팀은 고문 역할만을 하도록 되어있고, 자신들의 업무가 '민사'도 아니고 '군정'도 아님을 강조했다.[86] 미8군 민사부장이자

---

84) NARA. RG 338, Entry A1 179, Box 1437. Folder: KCA W 1-25 Nov-Dec 1950.
85) Bruce Cumings, op. cit, p.722.
86) 『크리스찬 사이언스 모니터』지의 11월 21일자 기사, 드럼라이트가 국무부로 보내는 전문에 첨부되어있다, 1950년 11월 25일자, NARA. RG 338, Entry A1 179, Box 1437.

평남지구 UN군 민사부장인 먼스키는 11월 3일 기자회견에서도 "평남지구에서 실시되고 있는 행정 형태는 절대로 군정"이 아니며 "우리는 다만 민간인들을 돕는(Civillan assistance) 것을 목적으로 한다"고 발언했다. 먼스키는 현지에서 실시되고 있는 행정 형태의 정확한 명칭을 부여하는 것을 회피했다.[87] 미군은 사실상 한국군의 계엄하 점령정책과 다를 것이 없는 군정과 군 민사업무를 수행하고 있으면서 이 용어를 사용하는 것을 꺼려 '민간지원'이라는 용어를 사용했고, 그러한 명칭의 부대를 창설했음을 알 수 있다.

이어서 이 기사는 그 명칭이 무엇이건 '운영 3주가 지난 이후 그들이 직면한 복잡한 임무에 전적으로 부적합하다는 것이 이미 명백하다.'고 평가했다. 기사는 업무의 최대의 장애물은 UN의 목적에 결과적으로 반대되는 5천명의 한국군들과 남한 정치단체, 사업단체들이 불법적으로 주재하고 있는 것을 꼽았다. 당시 유엔군 민사팀은 이들을 평양에서 몰아내려고 노력했지만, 민사팀은 권한도 없었고 그럴만한 경찰력도 없었다. 가장 큰 난점은 민간 정부 일을 수행할 능력이 있는 북한인들이 도시에 아무도 남아있지 않다는 사실이었다.[88]

이 부분은 유엔군의 점령행정과 한국의 군, 경이 충돌하는 양상을 묘사하는 것[89]이지만, 정책과 제도상의 구상에서 한국정부와 미군은 전혀 충돌하지 않고 오히려 긴밀한 협조관계를 맺고 있었다. 실제로 1950년 11월 10일자로 미8군 민사부가 작성한 「북한에서의 한국경찰」이라는 문서는 북한지역에 지역 경찰을 증대할 필요성을 지적하며, 평안남도 남부, 황해도 북부지역 등 미8군 후방지역에 전투부대가 없는 상황에서 지역 경찰들은 지원이 필요하다

Folder: Civil Assistance Section Nov, Dec 1950.

87) 『서울신문』, 1950.11.7.
88) 『크리스찬 사이언스 모니터』, 1950.11.21.
89) 북한점령에 대한 기존 연구들은 유엔과 미국이 이승만 정부의 주권과 통치권을 인정하지 않아 충돌이 있었다는 점들을 주로 부각시켰다.

고 진단했다. 보고서는 한국정부가 무기와 탄약을 지원하고, 동계 의복이나 담요는 미8군에서 제공하는 것을 고려했다. 배치될 경찰의 규모와 관련해서도 미 군사고문단(KMAG)을 통해 한국정부와 긴밀한 협력, 지도관계였음이 확인된다. 즉 미8군 민사요원이 군사고문단 함비(Hamby) 대령과 회의할 때 받은 자료에 따르면, 한국정부는 황해도에 3,650명, 평안남도에 3,985명 정도를 필요한 규모로 추정하고 있었다. 이에 미군은 황해도의 3/4, 평안남도의 2/5가 8군 관할이므로 황해도에는 2,766명, 평안남도에는 1,844명 총 4,610명으로 1개 중대에 114명씩 할당한 10개 대대(각 3개 중대)가 필요한 것으로 계산하였다. 그리고 이 경찰들은 미8군 사령관 지휘하에 두기로 했다. 이 보고서는 한국정부에 이들을 채용하고 무장시키고 훈련시킬 것을 요청할 것을 권고했다.[90]

이처럼 유엔군 점령정책과 민사업무는 원칙과 규정에 있어서 '적 점령지'에 대한 군정정책에 다름 아니었고, 실제 그 위상의 책임과 업무를 수행하기 위해 '민간 지원'이라는 명칭을 부여한 채 적절한 인원이나 경험, 장비와 구체적 방침이 결여되어 있었다. 오로지 감독과 명령 권한만을 강조한 채, 가능한 많은 업무를 UN과 한국정부, 특히 경찰력에 의존해 수행하려 했던 셈이다.

문제는 이것뿐이 아니었다. 북한지역에 적대적인 점령정책은 폭력과 갈등을 증폭시켰다. 미국은 한국군과 경찰이 북한지역에서 테러를 자행하며 그것을 민주주의와 UN의 이름으로 '해방'이라고 부르고 있는 실정을 잘 알고 있었다. 1950년 11월 16일 미8군 민사장교 프랜시스 힐(Francis Hill) 대령이 드럼라이트 대사에게 보낸 전문은 한국군의 잔혹행위에 대해 언급했다. 미1군단 민사장교 멀처(Melchior) 대령은 "북한에서 한국군들이 공산주의자 사냥을 하고 있으며 이것이 우발적인 행동이라고 보기에는 너무 일반적으로 일

---

[90] NARA, RG 338, Entry A1 179, Box 1437. Folder :Correspondence of Civ Agencies Oct-Nov 1950.

어나고 있다"고 지적했다. 멀처 대령은 "지휘명령 계통 어딘가에서 권한에 근거해 선동이나 교사되고 있거나, 혹은 최소한 장려 되고 있다"고 믿고 있었다. 이후 미1군단은 폭력적인 행동을 금지시키는 명령을 발포했고, 1군단 민사팀은 형무소와 구치소를 조사하여 유엔 명령에 반대했다는 이유만으로 한국군에 의해 구금된 사람들을 석방시키기도 했다.91) 이밖에 12월의 미8군 민사활동 종합주간보고서에도 단지 '잘못된 정당'에 참여했다는 이유 외에는 뚜렷한 범죄가 없는 많은 사람들이 투옥되고 있다고 지적하면서 해주시 형무소에 감금된 사람 중 96%인 308명이 정치범이라는 현황을 파악했다.92) 한국에 임시위원단을 파견한 UNCURK도 1950년 12월 22일 보도자료를 통해 당시 광범위하게 보고되고 있는 한국정부의 부역자 처형에 대해 언급하고 있었다.93)

하지만 점령, 민사업무의 실체가 위와 같은 상황에서도 점령군은 누구의 통제도 받지 않고 있었다. 브루스 커밍스에 따르면, 영국정부는 한국정부가 10월 말경부터 공식 정책으로 공산주의자들과 부역자들을 사냥하고 파괴하려한다는 증거를 확보했었고, 북한지역에서 '민간 행정을 복구시킨다는 것은 주요한 국제적 스캔들이 될 것'이라고 보았다. 한 보수적 일본 학자는 이승만 정권이 북한지역의 '해방'시키는 정치 폭력의 과정에서 약 15만 명의 사람들을 처형하거나 납치했을 것으로 추정했다.94) 유엔군이 북한지역에서 모든 정치활동과 정치단체를 등록하게하고 감시하는 것은 흡사 미군정의 1946~1947년 이후 좌파추방정책과 유사하지만, 동시에 한국정부가 1948년부터

---

91) NARA, RG 338, Entry A1 179, Box 1437. Folder: General Admin File, Nov-Dec 1950, KCAW.
92) NARA, RG 338, Entry A1 179, Box 1437. Folder: Weekly Reports, CAC 1: Civil Assistance Command, Consolidated Weekly Activities Report 12. 5.
93) NARA, RG 338, Entry A1 179, Box 1437. Folder: KCAI 1-25 Unclass Index Nov-Dec 1950.
94) Bruce Cumings, op. cit, p.722.

1950년까지 자행했던 좌익절멸정책, 그리고 한국전쟁 초기 보도연맹원 학살 과정의 연장선상에서 바라볼 수 있다. 무엇보다도 한국전쟁 초기 보도연맹원 학살 등에 미군 CIC가 개입하여 '블랙리스트'를 작성했고, 그들이 학살당했던 것, 1950년 9월 이후 남한 전역에서 부역자 처벌의 광풍이 불어왔던 것을 고려하면 북한의 점령지역에서 어떤 일들이 벌어졌을지 충분히 짐작할 수 있는 것이다.

미10군단에 배속된 한 방첩요원은 노동당과 북한 정보기관을 숙청하고 10군단에 위협을 줄 수 있는 어떠한 정치 조직도 금지시키라는 명령을 받았다. 모든 경찰, 모든 정보요원, 모든 공무원과 모든 전·현직 조선노동당원, 남로당원들을 체포하고 구금시키는 것으로 이를 달성하려 했다. 블랙리스트를 작성하는 것도 지속되었다. 미8군 점령지역에서는 명시적인 명령은 없었지만 모든 유엔군들이 한국인들에게 가혹하게 굴고, 한국인들을 몹시 싫어하고 경멸해서 UNCACK를 운영하기가 어렵다는 지적이 있었다.[95]

이러한 점령정책은 단지 일부 한국군과 일부 지역 미군의 우발적 행동이 결코 아니었다. 앞서 살펴보았듯이 이는 유엔군 작전명령 2호(1050.10.7)의 부록 1 민사 규정과 10월 9일자 행정명령 27A의 민사규정에 따라 집행된 작전이었다. 이 규정에 따라 북한 내에 존재하는 사법권은 유엔군이나 한국군, 그리고 여기에 고용된 모든 요원들을 기소하고 처벌할 권한이 없었다. 이에 따라 한국군과 미군은 점령군으로서 초법적인 지위를 갖고 있었다. 군과 형무소 내의 죄수들을 군 요원을 통해 심사하게 한 것도 역시 이미 규정되어 있던 내용이었다.[96]

당시 10군단장 아몬드(Almond)가 공포한 포고령들의 내용을 살펴보면 점

---

95) Bruce Cumings, Ibid. p.722.

96) 'Command Reports, 1950~1951(3 Nov 1950 to Sep 1951 Part II', NARA, RG 338, UN Civil Assistance Command, Korea: 8201st Army Unit, Entry A1 228, Box 1694 ; 서용선, 앞의 책, 1995, 113~126쪽.

령정책의 실상을 더욱 잘 알 수 있다. 12월 1일자 미8군 민사부 보고에 첨부된 10군단장 명의의 포고에 의하면, 점령지역 주민들은 다음과 같은 행동을 할 경우 유엔군 점령군사재판소(Occupation court)에 의해 사형 혹은 유사한 처벌을 받았다.

    a. 유엔군과 한국군 혹은 이에 속한 어떤 사람에게도 살인이나 공격 b. 강도와 주택침입, c. 절도와 재산에 대한 승인받지 않은 소유, d. 군 점령에 해가되는 행동, e. 유엔군에 의해 해산되거나 비합법적이라고 선포된 모든 단체를 지지하는 행위, f. 점령군이 추적하거나 억류하려는 사람의 탈출을 돕거나 체포와 수색을 방해하는 행위, g. 구두로건 글로건 공적 문제에 대해 점령군의 어떤 사람이건 말 또는 글, 혹은 어떤 방식으로건 속이거나 거짓 혹은 잘못된 진술을 행하여 점령군이 요구하는 정보를 거절하거나 방해하는 행위, h. 공적 문제와 관련해 점령군 혹은 부속된 모든 인원에 대해 명예를 손상시키는 어떠한 발언이나 출판을 하는 행위, I. 위에 열거한 모든 행동을 공모하거나 돕거나 교사하는 행위.[97]

이 포고령은 미태평양사령부가 한국에 진주하던 당시 포고령 2호, 미군정기 언론 통제에 관한 모든 명령과 법, 국가보안법과 국방경비법, 계엄하 민간인에 대한 군사재판과 한국전쟁 발발 직후의 비상사태하범죄처벌에 대한 특별조치령, 부역자 처벌법 등을 모두 종합해 놓은 가장 극단적인 명령임을 알 수 있다. 그리고 12월 7일자 포고에 의하면 지역의 모든 일반 주민은 군의 감독이 없을 때에는 집단적으로 모여 있을 수도 없었고, 군인과 동행하지 않는 한 군지역에 출입할 수 없었으며, 주요 도로에 접근할 수 없었다. 모든 신체가 성한 사람들은 군에 노동력을 제공해야했고, 유엔군에게 적대적인 혐의가 있는 모든 사람은 즉시 인근 군기관에 신고해야했다.

---

97) NARA. RG 338, Entry A1 179, Box1437. Folder: Correspondence of Civ Agencies Oct-Nov 1950.

〈그림 7〉 10군단장 알몬드가 함흥, 흥남지역 주민들에게 공포한 포고(Ordinance)(1950.12.7)

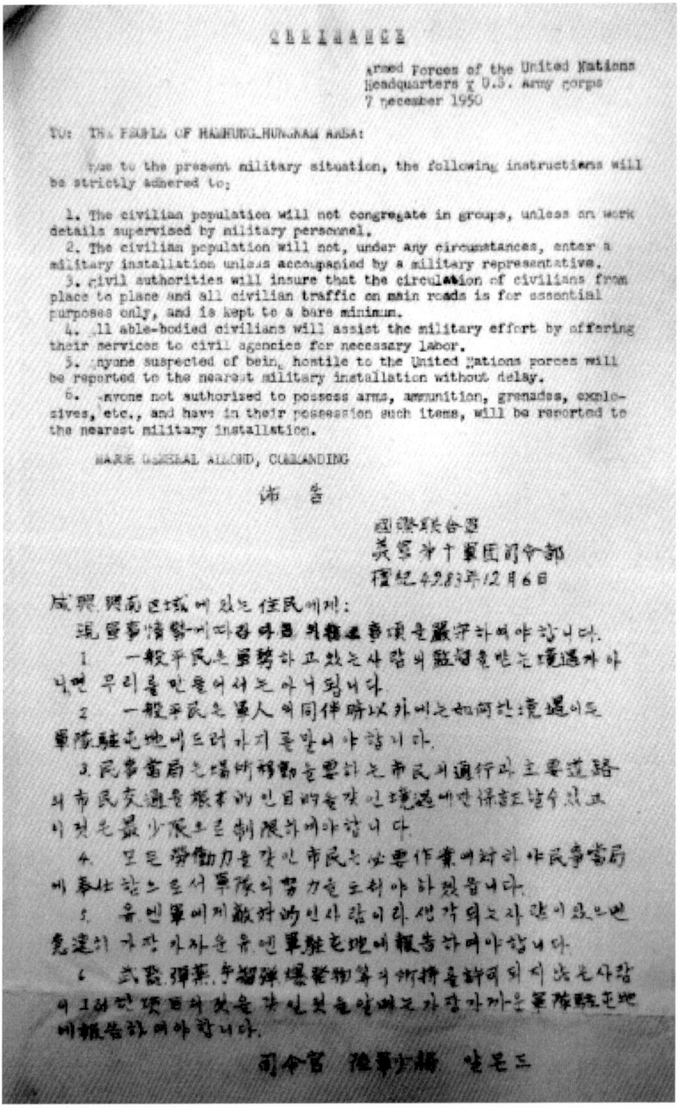

ORDINANCE

Armed Forces of the United Nations
Headquarters X U.S. Army Corps
7 December 1950

TO: THE PEOPLE OF HAMHUNG-HUNGNAM AREA:

Due to the present military situation, the following instructions will be strictly adhered to:

1. The civilian population will not congregate in groups, unless on work details supervised by military personnel.
2. The civilian population will not, under any circumstances, enter a military installation unless accompanied by a military representative.
3. Civil authorities will insure that the circulation of civilians from place to place and all civilian traffic on main roads is for essential purposes only, and is kept to a bare minimum.
4. All able-bodied civilians will assist the military effort by offering their services to civil agencies for necessary labor.
5. Anyone suspected of being hostile to the United Nations forces will be reported to the nearest military installation without delay.
6. Anyone not authorized to possess arms, ammunition, grenades, explosives, etc., and have in their possession such items, will be reported to the nearest military installation.

MAJOR GENERAL ALMOND, COMMANDING

출처: NARA. RG 338, Entry A1 179, Box1437. Folder: Correspondence of Civ Agencies Oct-Nov 1950.

〈그림 8〉 10군단장 알몬드가 공포한 포고(proclamation)(1950.11.26)

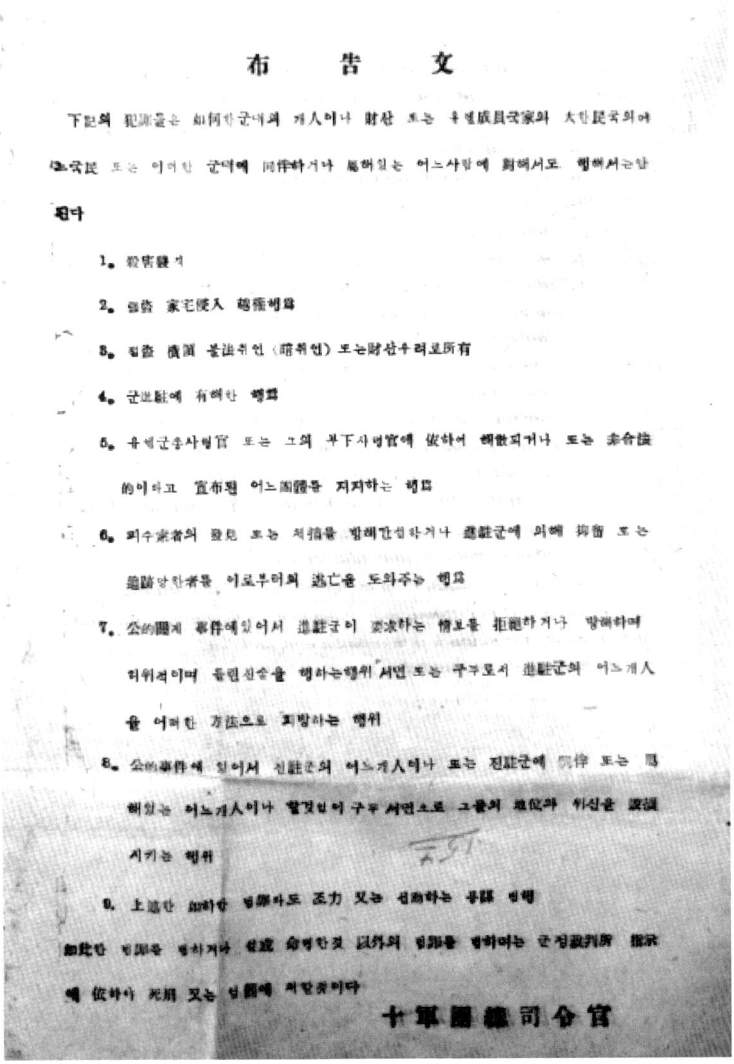

이처럼, 유엔군의 북한점령은 단순한 점령도 아닌 '적에 대한 점령'의 양상을 보였고, 민사업무도 단순한 민사업무가 아닌 한국과의 협조 속에서 반공

적인 정권을 수립하기 위한 군정업무였다. 군 민사부나, UNCACK 역시 단순한 원조 구호업무를 수행한 것이 아니었다. 이 기관들의 민간지원업무는 군사작전을 우위로 두고, 전략적 목표하에 따라 진행된 전투 지향적 대민관리 업무였다.

V. 맺음말

한국전쟁은 이미 이른바 '인도주의적 개입'이었다. 2차대전 이후의 전쟁은 총력전의 성격을 띤 국지적 내전들의 형태로 변해가고 있었다. 그리고 그러한 내전에 개입하는 국가들은 인도주의적 명분을 내세웠고, 한국전쟁에서는 미국의 이해관계에 따라 반공주의가 결합되었다.

2차대전 이후 민사활동도 초기에는 인도주의적 명분을 앞세운 국제주의적 협력과 계획의 수립이라는 측면이 강조되었지만 이는 냉전질서의 등장으로 점차 침식되어 갔다. 그리고 이 시기 군의 민사업무는 주로 전염병을 통제하기 위한 위생활동이 중시되었고 과학과 전문가들의 위상이 강화되었다. 국제원조는 매우 정치적인 과정과 얽혀 있어서 원조를 주는 강대국들의 이해관계에 따라 국내 정치질서의 재편이 이루어지고 국제적인 선전으로 활용되었다. 이처럼 2차대전부터 전쟁은 생체정치가 전면화되는 무대였고, 전후 원조, 민사활동은 전후 세계질서 형성과 새로운 국가형성·국민형성 과정과 밀접한 관련이 있었다.

미국은 새로운 헤게모니 국가로서 등장하면서 초기의 전지구적 뉴딜이라는 이상은 봉쇄정책과 냉전하 선별적 지역 포섭전략, 그리고 무자비한 폭력의 사용이라는 현실로 축소되었다. 한국전쟁은 국방예산 증강과 냉전 블록 내에서의 통치력 확보라는 미국의 이해관계에 적합한 계기였고 '인도주의적 원조'를 전쟁개입의 명분으로 내세웠다. 반공주의와 결합된 인도주의, 즉 '반공 인도주의'는 미국 헤게모니의 정치적 깃발이었다.

한국전쟁은 '반공 인도주의'에 입각해 유엔을 내세운 미국의 군사적 개입이 이루어진 사례였다. 전쟁 참전 자체가 이미 '원조'로 정당화 되었다. 그런 상황에서 한국전쟁에 대한 유엔의 원조 계획은 북한점령 문제를 고민하면서 본격적으로 시작되었다. 북한점령지역에서 유엔군에 의해 군정을 실시하려던 미국의 구상은 모든 민사업무를 미군의 책임하에 두게 했다. 미국은 군정이나 군사점령보다는 '민사'나 '민간원조'라는 표현을 쓰고 가급적이면 미국의 부담을 덜어내 유엔의 이름과 자원을 활용하려 했다.

UNCACK는 전쟁 초기 UNPHWD로부터 시작되어 북한점령시기에 점령지 민사행정을 위한 종합기구로서 창설되었다. 사령부와 각 지역별 팀으로 이루어진 UNCACK는 1950년 11월부터 기획과 민사행정업무를 시작했다.

UNCACK와 군의 민사활동은 단순한 원조, 구호업무가 아니라 군사작전을 우위로 둔 전술적 목표를 따르는 전투지향적 대민 통제업무였다. 초기 북한 점령 과정에서 군 민사기구와 UNCACK의 활동은 표면상 북한지역에서 한국 정부의 통치권을 인정할 것인가 하는 문제를 두고 미국과 남한정권과 충돌하는 부분이 있었지만 사실상 긴밀한 협조관계에 있었고 실제 점령정책은 매우 폭력적인 양상을 띠고 있었다. 더구나 민사행정의 명칭에서 드러나는 애매함만큼이나 부재한 원칙과 역량으로 큰 혼란을 낳았다.

결국 UNCACK의 활동은 한국전쟁기 인도주의적 민사업무가 어떠한 정치·군사적 목적에 종속된 것이었는지를 잘 보여준다. 원조업무는 전쟁에 영향을 줄 수 있는 사회불안을 예방하고 질서를 유지하며 구성원의 충성심을 유도하기 위해 정책집행자가 선택한 방식이었다. 유엔군의 구호정책도 군작전의 효율성을 도모하고, 공산군에 비해 아군이 인도주의적이라는 것을 시현하는 좋은 정책수단이었다.

또한 한국전쟁기 민사업무의 구체적인 내용은 군에 의한 사회지배와 통제라는 성격을 잘 보여준다. 전쟁상황에서 군의 시선으로 사회가 구획지어지고, 군사적 근대화의 목적에 따라 위생관리와, 난민 등록과 목록작성, 도강증 발행 등을 통한 이동과 주거의 감시, 경제상황에 대한 통계파악과 관리 등이 이루어졌다. 군은 인민들을 '피난민', '전쟁피해자', '고아', '민간인' 등의 범주로 구분해 이름을 붙였다. 전선에서는 징병으로 생명을 착취했다면, 후방에서는 관리와 통제, 육성이 이루어진 측면에서 군사적 생체정치의 양상을 띠었다.

한국전쟁기 미군과 유엔은 일부에게 '지옥 같은 전란에서 구원'해준 이미지를 갖고 있지만, 당시 일반 피난민들에게는 저들이 우리에게 폭격과 사격을 가할지, 심사해서 CIC로 넘길지, 아니면 포로수용소로 보낼지, 혹은 피난민수용소로 보내 식량을 줄지 알 수 없는 존재들이었다. '적 영토'로 간주된 지역의 주민들에게는 조금의 자유도 허락되지 않았고 조금만 군에 위해를 끼칠 경우엔 '사형'에 처해지는 상황으로 내몰렸다. 적나라한 폭력들은 반공주의와 인도주의적 개입으로 정당화되었다.

미국의 세계질서가 등장하면서 발생한 한국전쟁의 경험은 미국 헤게모니가 저물어가고 새로운 혼란의 시기를 목전에 둔 오늘에서 철저하게 재평가되고 분석되어야 할 것이다. 세계질서는 다시 요동치고 있고, 생체정치는 더욱 정교화되었으며, 인도주의 옆에는 악의 축이라는 무차별적 적대의 저수지가 자리 잡고 있다. 전쟁 자체를 추동하는 국제·국내적 이해관계를 저지하고, 군사적 사회질서와 폭력의 구조를 청산하고 해체하는 방법을 모색하는 것만이 파괴와 구원의 상보적 결합을 극복하고 진정한 '구원'으로 다가갈 유일한 통로일 것이다.

한국전쟁기 유엔민간원조사령부의 인구조사와 통제*

이 임 하

I. 머리말

　한국사회에서 '내가 누구인지'를 알리는 기본적인 정보는 이름, 성별, 나이, 주소, 직업, 가족관계 등이다. 이러한 정보의 조사, 기록, 관리는 인구조사로 이루어졌는데 이는 근대 사회에 들어와 국민 개개인에게 요구되어졌고, 국민임을 증명하는 방법이기도 했다. 곧 인구조사는 국가의 중요한 사업의 하나로 국민을 관리하고 통제하는 장치이다. 많은 비용과 시간을 들여 인구조사를 하는 까닭은 인구조사가 갖는 이러한 특징 때문이다.
　인구조사는 개인의 신상뿐만 아니라 개인의 유입과 유출에서 비롯된 인구이동을 통해 전국적인 인구이동의 흐름을 파악할 수 있다. 한국사회는 해방과 한국전쟁으로 잦은 인구이동과 변동을 겪었고, 그 영향 또한 광범위했다.

---

* 이 논문은 2008년 정부(교육과학기술부)의 재원으로 학술진흥재단의 지원을 받아 수행된 연구임(KRF-2008-321-A00012). 이 글은 『사림』 제33호, 2009에 게재된 글임.

그 통계와 조사가 정확하지 않더라도 인구이동과 변동에 대한 조사도 빈번하게 이루어졌다.

미군정기 인구이동과 변동은 주로 외부(밖)에서 들어오는 귀환민으로 일어났고, 이에 따른 인구 규모, 지역별 분포와 성별·연령별 구성에 미친 영향과 사회·문화·경제·정치적 결과에 대한 연구가 이루어졌다. 이에 비해 한국전쟁에 따른 인구이동과 변동은 전 지역에서 광범위하게 발생했지만 그에 대한 연구는 단편적이고 적은 편이다.

한국전쟁과 관련된 연구로는 인구변동에 대한 이흥탁과 전광희의 연구,[1] 인구와 지역사회의 변동에 대한 연구,[2] 특정 주제와 관련된 연구로[3] 구분된다. 이들 연구는 전쟁에 따른 남성인구의 감소로 성비의 불균형, 이산가족, 베이비붐, 인구성장률의 둔화, 급속한 도시화와 소도시의 확장, 새로운 촌락의 형성, 다원화 따위의 문제를 제기했다. 이들 연구는 한국전쟁기 인구이동의 내용보다 인구이동이 전쟁 뒤 사회에 어떤 영향을 주었는가에 대한 포괄적인 연구에 집중하고 있다. 또한 한국전쟁기 인구이동연구에서는 다음의 문제가 고려되어야 한다.

첫째, 자료의 성격을 명확히 하고 이에 바탕이 되는 정부의 정책을 고려해야 한다. 대부분의 선행연구들이 내무부 통계국에서 작성한 『대한민국 통계연감-1952년』과 국방부 정훈국 전사편찬위원회의 『한국전란1년지』의 통계

---

1) 이흥탁, 「한국전쟁과 출산력 수준의 변화」, 『한국전쟁과 한국사회변동』, 풀빛, 1992 ; 전광희, 「한국전쟁과 남북한 인구의 변화」, 『한국전쟁과 한국사회변동』, 풀빛, 1992 ; 권태환·김두섭, 『인구의 이해』, 서울대학교출판부, 1998 ; 정성호, 「한국전쟁과 인구사회학적 변화」, 『한국전쟁과 사회구조의 변화』, 백산서당, 1999 ; 윤종주, 「해방 후 우리나라 인구변동의 사회사적 의의」, 『인구문제논집』 27, 1986.
2) 김양식, 「한국전쟁 전후 충북지역 인구변동과 민간인 피해」, 『사학연구』 제83호, 2006 ; 김종한·박섭·박영구, 「한국전쟁과 부산의 인구 및 노동자 상태 변화」, 『지역사회연구』 제14권 제13호, 2006.
3) 강정구, 「해방 후 월남인의 월남동기와 계급성에 관한 연구」, 『한국전쟁과 한국사회변동』, 풀빛, 1992 ; 김귀옥, 『월남민의 생활 경험과 정체성』, 서울대학교, 1999.

를 근거로 "인구분포를 지역별로 구분해 보았을 때 15~44세 연령층에서 극심한 피해를 입었던 곳이 서울, 경기지역으로, 특히 서울의 경우는 20~24세 인구가 15~19세 인구의 절반이 안 되는 기현상을 나타내고 있다"고[4] 대표적인 전쟁피해지역으로 서울과 경기지역을 들고 있다. 그러나 전쟁기 통계는 언제나 유동적이고 정확하지 않다는 점을 염두 해두어야 한다. 유엔민간원조사령부의 격주 간 보고서의 인구통계도 한 달도 안 되는 짧은 기간에 수치가 크게 바뀌는 경우가 흔했다. 이들 통계에 따르면 특정 일자에 따라 서울의 인구가 팽창했다가 다시 감소하는 모습을 보여주는데 이는 소개정책, 또는 피난민정책과 맞물려 나타났다. 특히 서울을 비롯한 경기도의 일부지역은 1953년까지 민간인의 출입이 제한적이었음을 유념해야 한다.

둘째, 전쟁에 따른 인구이동에 대한 이해이다. 일부 연구는 인구이동은 38선 근처와 서울주변 인구의 남향이동―강제납북―북한주민 난민이동―귀환이동 등으로 진행되었다고 언급하면서 남성우위에 따라 인구이동을 자발과 강제(납북)로 구분했다.[5]

그런데 "일제하의 인구이동과 국제이출의 흐름이 일본 당국의 정책적 고려에 의해 체계적으로 이루어졌던 것처럼, 해방 후의 국제적 인구이동 역시 관련 당사국들의 정책적 고려에 의해 강력한 영향을 받았다"는 문제의식은 한국전쟁기 인구이동을 이해하는 데에도 고려해야 한다.[6] 피난이 자유로이 이루어진 것처럼 말하지만 피난민들이 자유롭게 이곳저곳을 옮겨 다니지는 않았다. 특정지역은 금지구역이었고 강제적으로 일정지역에서 다른 지역으로 옮겨지기도 했다. 또 자기가 살고 있는 곳으로 쉽게 들어오지 못하는 경우도 많았다. 이는 유엔민간원조사령부의 정책과 긴밀한 관련 아래 진행되었다.

한편 김양식의 연구는 전쟁기 지역의 인구변동과 민간인 피해를 다루었다.

---

4) 이홍탁, 앞의 논문, 1992, 24쪽 ; 성성호, 앞의 논문, 1999, 18쪽.
5) 전광희, 앞의 논문, 1992, 68쪽.
6) 강인철, 「미군정기의 인구이동과 정치변동」, 『한신논문집』 15집 2권, 1998, 546~548쪽.

충청북도의 단양과 영동은 전쟁이 끝난 뒤 오히려 인구가 감소했는데 그 지역의 인구감소는 좌익활동과 민간인 학살이라는 문제와 관련 있다는 것이다. 지역사회와 인구변동의 관계를 제기한 드문 글이라 하겠다.

이러한 연구 성과를 토대로 여기에서는 다음과 같은 문제를 살펴보고자 한다.

첫째, 해방 뒤 인구조사의 역사를 살펴보고자 한다. 미군정기 서울시의 경우 시시때때로 인구조사가 진행되었는데 그 목적이 무엇이었는지 그리고 정부수립 뒤 인구조사법의 제정과 그 의미를 규명하겠다.

둘째, 대부분의 선행연구들이 한국전쟁기 인구조사와 변동에 대해 다루고 있지 못한데 유엔민간원조사령부가 생산한 통계자료를 중심으로 인구조사가 어떻게 이루어졌는지 알아보고자 한다. 인구통계자료는 피난민과 위생의 항목에서 인용되었는데 주로 피난민 정책과 어떤 관련 속에 이루어졌는지 살펴보고자 한다. 그리고 한국전쟁기 인구조사와 이동의 의미를 살펴보고자 한다.

II. 한국전쟁 이전 인구조사

1. 미군정기 인구조사

인구총조사가 시작된 때는 1925년이다. 1925년 10월 1일 제1회 간이국세조사가 실시되었고, 이후 5년마다 센세스가 행해졌다. 1925년에는 이름, 성별, 생년월일, 배우관계와 민적 및 국적 등의 조사가 이루어졌고, 1930년에는 여기에 직업과 출생지, '읽고 쓰는 정도'를 추가했다. 1940년에는 세대에서의 지위, 병역관계를 추가했다.

일제 식민지기 행해진 인구조사 항목을 보면 식민지 통치의 흐름을 알 수 있다. 일제는 '내선일체', '일선동조론' 등을 내걸며 식민지민 조선인과 내지인 일본인이 다르지 않다고 강조했지만 제도와 일상생활 곳곳에서 '조선인은 식민지민이다'라는 점을 부각시켰다. 인구조사에서도 민적과 국적을 기록하게 했으며 이를 통해 조선인과 일본인을 구분할 수 있었다. 그리고 1930년에는 '교육'이라는 항목이 아니라 '읽고 쓰는 정도'로 조사했음은 초등과 중등, 고등교육을 구분할 필요가 없을 만큼 조선인 교육이 미미했음을 보여준다. 1940년 병역관계의 추가는 징병을 위한 고려였다.

그렇다면 1925년 이전 인구조사는 어떻게 이루어졌는가. 일제시대 행해졌던 인구총조사는 상설 기구를 만들어 진행된 것이 아니라 임시로 국세조사과를 설치하여 이루어졌다. 따라서 실질적인 전국적 인구조사는 호적등록과 그에 따른 호구조사로 이루어졌고 이는 내무부와 경찰의 주관 아래 진행되었다.[7] 1909년 공포된 민적법과 1911년 6월 20일 발포된 「숙박 및 거주규칙」에 따라 내외국인 구별 없이 조선 내의 본적을 떠나 사는 모든 사람이 등록 대상이 되었다. 신고사항을 보면, 씨명, 본적, 직업, 생년월일, 거주소, 거주일, 이전 거주소, 호주·비호주의 구별 등 8가지를 거주하기 시작한 날로부터 10일 이내에 신고하게 했다.[8] 이도 처음에는 경찰이 담당했다가 뒤에 지방행정관청으로 넘겨졌다.

지방행정관청의 호적조사나 거주자조사 등록과 경찰호구조사의 근본적 차이는 전자가 호나 가구를 단위로 해서 주민의 거주실태와 인구, 가족관계 정도를 알고자 하는 것인데 반해, 후자는 개개인의 행태와 성향의 파악을 목표로 삼았다.[9]

해방 후 미군정은 일제의 관료체계를 유지하면서 몇몇 부서를 신설하고 변형시켰다. 인구조사와 관련된 부서로는 보건후생부와 공보부가 있다. 보건후생부는 경무국 위생과를 폐지하여 위생국으로 승격시킨 다음 보건후생국

---

7) 박명규·서호철, 『식민권력과 통계』, 서울대학교출판부, 2003, 47쪽.
8) 서호철, 「1890~1930년대 주민등록제도와 근대적 통치성의 형성」, 서울대학교대학원 사회학과 박사학위논문, 2007, 241쪽.
9) 위의 논문, 245쪽.

으로 명칭을 변경했다가 1946년 3월 군정법령 제64호에 의해 국(局)제를 부(部)제로 바꾸면서 정착되었다. 공보부는 관방정보과(官方情報課)를 1945년 11월 군정법령 32호에 의해 관방공보과로 이관했다가[10] 1946년 3월 공보국이 공보부로 승격되었고, 4월에는 각 도 내무국에 공보과를 신설하면서 그 업무가 확대되었다.[11]

보건후생부 생정국은 1946년 주소지를 중심으로 인구조사를 실시했는데, 인구조사의 결과를 다음과 같이 정리하고 있다.

> 조사는 1946년 8월 25일 오전 0시 현재 현주자에 대하여 각 부, 읍, 면 단위로 실시했다. 인구는 현주소별로 조사되었다. 실제조사는 인구조사표에 의한 도도 있고 호구조사표에 의하여 모집한 도도 있다. 조사결과는 "1. 전체적으로 22% 수자로는 3,490,160인의 증가. 2. 각 도의 인구증가가 현저한 예는 경성부와 경상남도. 3. 제주도를 제외한 각 도의 여자의 수자적 우세로부터 남자의 우세로에 전환, 남자수의 비교상의 수자는 각 도에 있어서 이전보다 고율"의 특징을 보이고 있다.[12]

보건후생부는 "1944년 인구조사는 지원병제도와 징용자공출정책의 개편을 의도한 것이며 분명히 이 목적을 위하여 실시된 것이다. 그런 고로 조선인들이 그 실수(實數)의 일부를 은폐"했을 것으로 추정하여 1944년 일제가 행한 조사를 신뢰할 수 없기 때문에 조사가 이루어졌다고 언급하고 있다.[13] 그리고 "보건후생의 시정자료를 얻기 위해서 행하는 것이니 국민은 오해 말고 정식 보고하도록" 지시했다.[14]

---

10) 김운태, 『미군정의 한국통치』, 박영사, 1992, 205쪽.
11) 허은, 『미국의 헤게모니와 한국 민족주의』, 고려대학교 민족문화연구원, 2008, 76쪽.
12) 재조선미군정청 보건후생부 생정국, 『남조선(38도이남)지역 및 성별 현주인구』, 1946, 1~2쪽.
13) 위의 책, 4~5쪽.

이 인구조사는 전국 군단위별, 성별 기준으로 조사되었는데 이 자료가 제헌국회의원선거 유권자투표자수와 국회의원수를 산출하는데 이용되었다.15) 그런데 해방 뒤 일본이나 만주에서 귀국하거나 월남한 인구유입이 많아 극심한 인구변동을 겪었는데도 불구하고16) 1946년 자료로 1948년도 제헌국회의원선거의 토대였다는 사실만으로도 실제 유권자투표수가 많이 누락되었음을 짐작하게 한다.

이밖에도 지방행정관청과 경찰, 중앙식량행정처에 의해 인구조사가 이루어졌다. 얼마나 빈번히 조사가 이루어졌는지 일부 신문에 발표된 서울의 사례를 보면 다음과 같다.

> (1946년) 2월 15일 오전 0시 현재로 서울시 상주자와 일시체재자 및 외국인의 수를 조사했는데, 그 조사수의 통계에 의하면……89만 6,957명이다.17)

---

14) 위의 책, 1~2쪽.

15) 국회선거위원회에서는 서울 인구 1,401,760명(의원 수 10명), 경기 인구 2,486,369명(의원 수 29명), 충북 인구 1,112,894명(의원 수 12명), 충남 인구 1,909,405명(의원 수 19명), 전북 인구 2,016,428명(의원 수 22명), 전남 인구 2,944,842명(의원 수 29명), 경북 인구 3,178,750명(의원 수 33명), 경남 인구 3,185,832명(의원 수 31명), 강원 인구 1,116,836명(의원 수 12명), 제주 인구 276,148명(의원 수 3명) 등으로 잡고 각 도와 서울시 인구의 46%를 만21세 이상의 선거투표유권자로 산정한 것이다. 전유권자 8,709,009명 중 등록자 수는 8,055,778명으로써 91%에 달하고 있다(『서울신문』, 1948.4.15-이하 신문자료는 국사편찬위원회 편, 『자료대한민국사』에서 인용했음).

16) 월남인구는 1946년 중 18만5천4백41이고, 1947년 중은 16만5천74인이다. 해방 후 1947년 12월 말까지의 월남동포의 총수는 80만3천4백34인에 달하고 있다(조선은행 조사부, 『조선경제년보』, 1948, 1~9). 38도선 이북에서 온 난민은 1946년 1월 1일부터 1950년 3월 31일에 690,922명이고, 1947년 4월 1일부터 1950년 3월 31일까지는 496,746명이다(RG 338, KMAG, Adjutant General, Decimal File, 1948~1953, Box 18, "Republic of Korea Statistical Summation (1)").

17) 『서울신문』, 1946.4.4.

군정청 식량행정처 조사에 의하면 (1947년) 12월 말일 현재의 서울시 인구는 137만 2,895명으로 공평한 양곡배급을 하기 위해서 도처에서는 이 숫자 속에 섞여 있는 많은 유령인구를 없애고자 각 구역소를 독려 중이라 한다.[18]

지난(1948년) 3월 18일부터 실시한 서울시 유령인구(幽靈人口) 조사는 4월 1일까지 끝났는데 그간 적발된 유령은 101,301명에 달하였다고 한다. 조사 전에 자발적으로 말소된 103,000명을 뺀 것으로 결국 서울시의 유령은 203,000명에 달하였고 현재의 서울시 인구는 1,272,669명밖에 안 된다고 한다.[19]

인구조사는 서울시 자체 조사뿐만 아니라 경찰, 식량행정처 등에서 빈번하게 진행되었다. 여하튼 미군정기에 시행된 전국의 인구조사는 1946년 보건사회부에서 진행되었고 그 밖에 지방행정기관이나 경찰, 식량행정처, 서무처, 외무처 등에서 특정지역을 대상으로 인구조사가 이루어졌다.[20]

2. 인구조사법의 제정과 1949년 총인구조사

대한민국정부가 수립된 뒤인 1949년 5월 총인구조사가 진행되었다. 인구조사는 중앙의 통계기구를 신설해 이루어진 것이 아니라 공보처 통계국이 인구조사를 수행했다. 공보처는 공보처직제(1948년 11월 4일)로 법령의 공포, 언론, 정보, 선전, 영화, 통계, 인쇄, 출판, 저작권 및 방송에 관한 업무를 수행했는데 미군정기보다 그 위상과 역할이 크게 확장되었다. 공보처 통계국에는 서무과, 기획과, 국세조사과 및 인구조사과가 있었는데 기획과는 각종통

---

18) 『조선일보』, 1947.1.26.

19) 『조선일보』, 1948.4.3.

20) 1947년 11월 과도정부 서무처 통계서에서는 서울, 시흥, 음성, 공주, 정읍, 보성, 장성, 영천, 창원, 남제주에 대한 연령별, 성별, 직업별, 결혼관계, 교육에 대한 조사를 했다.

계의 기획과 연구, 통계월보 및 인구통계표의 작성을 담당했고, 인구조사과는 인구동태통계를 담당했다.21)

공보처 업무가 결정되자 1948년 12월 13일 대통령령 제39호로 제1회 총인구조사시행령이 제정되었고 1949년 1월 27일에는 인구조사법이 제정되었다. 인구조사법은 정부가 제안한 것인데 법제사법위원회가 기초한 것이 없어 정부안으로 국회본회의에 상정되었다.

공보처장 김동성은 이 법안을 "일을 정확한 인구조사에 의지하여 행하여 하고, 세계가 모두 한결같이 인구조사를 하기" 때문에 이에 보조를 맞추는 의미를 갖는다고 설명했다.22) 국회본회의에서는 법안의 성격보다는 조사결과에 대한 이용과 처벌에 관련된 제4조와 제6조의 내용에 대한 질문과 답변이 진행되었다.

> 제4조 인구조사에 의하여 수집한 자료와 보고는 통계목적 이외에 사용치 못한다.……
> 제6조 본법에 의한 조사에 있어서 다음 각 호에 해당하는 자는 3개월 이하의 징역 또는 5만 원 이하의 벌금에 처한다.
>   1. 직무집행 중 知得한 사항을 이유 없이 외부에 누설한 자
>   2. 조사를 기피하며 신고를 거부하며 또는 고의로 부정한 신고를 한 자
>   3. 허위의 풍설을 유포하며 혹은 僞計 또는 威力으로 조사를 방해하는 자23)

공보처장은 제4조와 관련해 "개인의 비밀을 알아서 범죄사항에 쓴다든지 경찰에 이용을 시킨다든지 이런 것에 목적을 두자는 것이 아닙니다. 전 인구

---

21) 김학재, 「정부수립 후 국가감시체제의 형성과정」, 서울대학교 언론정보학과 석사학위논문, 2004, 85쪽.
22) 「제2회 8차 국회본회의」, 『제헌국회속기록 3』, 153쪽.
23) 「제2회 6차 국회본회의」, 『제헌국회속기록 3』, 130~131쪽.

의 동태는 완전히 숨김없이 국가에 알린다는 것이 목적입니다. 우리가 조사하는 것은 국가로서 조사하는 것"임을 강조해서 설명했다.24) 제6조와 관련해 일부 국회의원들이 법치국가로서 수치스러운 일, 권력남용의 우려, 자유의 구속 등을 이유로 삭제하자고 주장했지만 원안대로 통과되었다.

총인구조사 결과에 대한 이용의 문제는 인구조사 실시의 시점에서 다시 불거져 나왔다. 국무총리는 "국가의 시책 수립에 꾀하는 자료"로 "결과가 좋지 못하면 국제적으로 국가체면에 손상"이 온다는 내용의 대국민 라디오 방송을 했다. 공보처장은 "유숙계의 목적은 국내치안에 있고 조사대상도 부동인구의 동향이다. 이는 개인이 대상이 되는 것이며 치안교란자의 잠거하는 곳이라든가 범죄자의 수사 등등 치안확보에 완벽을 기하여 국민의 일상생활 안전을 도모하여서 범죄와 음모를 미연에 방지하는 데 있다"며 "5월 1일 총인구조사는 대한민국 영역 내에서 거주하는 현재 인구수를 확실히 살피자는 점에 그 근본목적이 있으므로 조사대상은 개인이 아니고 전국적인 인구통계를 내는 것이며 그 결과는 국가 제반 시정의 기초로 사용 된다"고 인구조사와 유숙계가 다르다고 거듭 강조했다.25)

정부의 공식 설명에도 불안했는지 여론도 이러한 취지에 맞춰 보도했다. "이 조사를 이용해서 유령인구를 들춰내려고 한다든가 세금을 할당한다든가 범죄자를 찾아낸다던가 하는 일은 절대로 없다."26)

여기에 사람들의 호응을 얻으려고 총인구조사 기념우표와 스탬프를 발행하고 추정인구수 맞추기 행사도 개최했다. 공보처는 '5월 1일은 인구조사 너도 나도 신고하자!' '우리의 많은 식구 인구조사로 알아보자!' '당당한 우리 한

---

24)「제2회 8차 국회본회의」, 『제헌국회속기록 3』, 153쪽.

25)『조선일보』, 1949.5.1.

26)『서울신문』, 1949.5.1. 총인구조사국장은 "이번 조사는 국가의 중요한 참고자료(로 이용되며)……발표조사도 아니요 범인수사의 조사도 아니므로 시민은 정부시책에 적극 협력할 것을 요망한다"고 발표했다(『동아일보』, 1949.3.3). 다른 신문에도 절대로 노무동원이나 징병 등의 자료가 되지 않을 것이라고 강조했다(『조선일보』, 1949.4.29).

국 정확인 인구로 자랑하자!' '부강한 국력에 번성하는 우리 인구!' '인구 수는 국력이다 내세우자 한국의 힘!' '많은 인구 강한 동족 정확히 기입하자!' 따위의 인구조사 표어도 내걸었다. 이밖에도 공보처는 『명심록』이라는 책과 포스터, 삐라 따위를 만들어 선전에 주력했다.27)

이렇게 인구조사법 제정과정에서 뿐만 아니라 그 뒤에도 관계당국자들이 통계 이외에 어떠한 목적도 사용하지 않겠다고 끊임없이 강조한 까닭이 무엇인가? 이는 일제 식민지시기 이래로 진행된 인구조사의 목적과 이용이 사찰조사, 노동력과 병력 동원조사, 식량배급과 관련된 유령인구조사에 있음을 알려주는 것이다. 곧 국민들은 인구조사가 자신들에게 정치적·경제적 피해로 돌아올 것을 우려했고 이전의 인구조사가 실제로 그러했다.

> '유령을 없애자'는 구호 아래 서울시 당국에서는 식량공사 및 경찰과 협력하여 유령인구 적발에 노력한 결과 지난번 조사에 있어 물경 23만 명이 유령으로서 말소되었다고 하는데……서울시당국에서는 150만 명 정도로 보고 있는 반면 농림부당국에서는 128만 명 정도밖에 없다는 것으로, 농림부당국의 계산에 의하면 서울시에는 아직도 20여만 명의 유령이 남아있는 것이 되는데 이런 차이로 약속된 3홉 배급은 차일피일 지연되어가고 있다.28)

허위 인구를 날조하여 대량의 식량을 수배하여 팔아먹는 부정행위는 배급소라는 지적처럼 관계당국자들의 부정부패를 시민들에게 떠넘김으로 인해 시민들이 겪는 불편과 부당함은 심해졌다. 가족 중에 부재자로 무직인 경우 유령인구로 취급당했으며 "당국지시에 의하여……어느 반에서 유령이 적발되는 때에는 그 반원 전체에 대하여 식량배급을 정지하겠다고 동민에게 통지한 일이 있어 이는 오히려 시민의 원한을 사게끔 되고 있다"고 동민들의 성

---

27) 『조선일보』, 1949.4.15.
28) 『조선중앙일보』, 1949.1.20.

쟁심을 부추겼고 그로 인한 고통은 동민들이 당했다.[29] 유령인구 조사는 "예고 없이 불의로 각 구에 출동하여 그 구내 각 가정을 개별적으로 방문하여 실제 인구와 쌀통장을 대조 검사"했고,[30] 이 조사는 수시로 진행되었다.

여하튼 1949년 5월 1일 오전 0시를 기준으로 총인구조사가 실시되었다. 조사항목에는 성명, 가구에어서의 지위, 출생연월일, 성별, 배우관계, 직업 및 특수기능, 학력, '1945년 8월 15일 오전 0시 현재 거주지', 본적지, 군사경험, 징용경험이 포함되었다.[31] 가구주 및 관리자는 조사사항을 신고할 의무가 있었고, 시장-구청장, 도지사-군수-읍면장의 행정계통으로 실시되었다.

1949년도 인구(20,166,756명)는 1946년(19,369,270명)에 비해 79만 명 정도 증가했다. 1946년도의 인구는 1944년에 비해 서울, 경상남도, 제주도의 인구가 증가했는데 1949년은 1946년에 비해 서울, 경기도, 충청남도의 인구가 증가했다. 제주도는 오히려 감소했다. 남녀의 비율은 1946년과 비슷하다.

1940년 조사사항과 비교해 학력, 징용, 현거주지 따위가 추가되었고, 출생지와 민적 또는 국적의 항목이 제외되었다. 이러한 차이는 일제식민지기는 식민지민인지 아닌지를 구별하는 민적과 국적이 중요했고, 식민지민의 학력은 중요하지 않았던데 비해 대한민국정부 수립 뒤 학력과 현거주지, 군사경험과 징용경험을 첨가한 것은 학력을 통한 인적자원의 동원과 어디에 거주하는지(출생지보다 현거주지를 강조) 그리고 병역과 긴밀한 관련 속에 나타났다. "총인구조사는 '3천만 우리 겨레, 2천만 남한동포'라는 막연한 셈이 아닌 우리나라에 사는 사람은 몇 사람이 되며, 그 사람들은 모두 무엇을 하고 있

---

29) 『조선중앙일보』, 1949. 1. 20.

30) 『조선일보』, 1949. 2. 25.

31) 『관보』 제22호 1948년 12월 13일(국사편찬위원회 편, 『자료대한민국사』에서 재인용). 1955년 9월 1일의 제1회 간이총인구조사 조사사항은 성명, 가구에 있어서의 지위, 생년월일, 성별, 배우관계, 직업, 학력, 불구상태, 전입자구분, 본적 또는 국적, 주거상황, 영농가·비농가 구분으로 12가지 항목이었다(내무부통계국, 『대한민국 제1회 간이총인구조사보고』, 1955년 9월 1일 현재 서울특별시편(6), 1959, 1쪽).

으며, 인구가 어떻게 변해가는가 하는 것을 조사하는 것이다. 이 조사의 결과, 글을 배워야 할 아이가 몇 사람이 되며, 나이가 많아서 일터에 못나갈 노인이 얼마나 있으며, 또 일할 수 있는 젊은 사람, 특별한 기술을 가진 사람, 선생이 될만한 학력을 가진 사람, 아이를 낳을 수 있는 부인의 수효, 우리나라의 산업과 경제면에서 가장 빈약한 점 (등을) 빨리 바로잡아서 힘써야 될 것이 무엇이며 얼마나 부족한가 또 얼마나 남는가를 샅샅이 알아낼 수 있기 때문이다."[32]

1949년 12월에 인구조사법 제1조에 의한 출생·사망·사산·혼인 및 이혼 사항을 조사하는 인구동태조사령이 제정되어 출생신고서, 사망신고서, 사산신고서, 혼인신고서, 잡혼신고서 등 서식이 마련되었다.

이외에 1949년 9월에는 호구조사규정이 제정되었고, 경찰서장이 정한 호구조사 담당구역을 외근 경찰관이 조사했다. 호구조사는 2개월마다 1회 이상 진행해야 하며 본적, 주소, 신분, 직업, 성명, 생년월일, 기타 경찰상 필요한 사항이 조사항목에 들어있다.[33]

III. 유엔민간원조사령부의 인구조사와 통제

한국전쟁기 한국정부에 의한 인구조사는 몇 차례에 걸쳐 진행되었지만 그 결과는 가시화되지 않았다. 반면 유엔민간원조사령부는 인구를 체계적으로 조사하지는 않았지만 피난민, 위생, 구호 정책을 수립하고 집행, 점검하는 데에 인구통계를 바탕으로 삼았다. 여기에서는 대한민국정부의 인구조사와 함께 유엔민간원조사령부의 인구통제는 어떻게 이루어졌는지 살펴보겠다.

---

32) 『서울신문』, 1945.5.1.
33) 김학재, 앞의 논문, 2004, 87쪽.

1. 1951년, 원주민과 피난민의 구분

유엔민간원조사령부가 본격적으로 활동했던 1951년부터 피난민과 관련된 인구조사가 이루어졌다. 유엔민간원조사령부는 도별로 주간과 격주 간 보고서를 생산했고 이 보고서에 피난민의 동태를 파악해 수록했다. 1951년 4월 미8군은 유엔민간원조사령부에 "1951년 5월 13일까지 남한의 모든 도내에서 인구통계 집계를 완료해서 보내달라"고 요구했다. 그 내용은 다음과 같다.

> 도의 인구는 도시와 시골로 구분하고 이를 다시 원주민과 피난민으로 구분한다. 각 지방 피난민 수용소의 위치와 그 수용인원을 파악하고, 각 도의 도시와 임시적인 도시 그리고 기타 큰 도시의 인구 등을 보고하라.[34]

또한 유엔민간원조사령부는 피난민과 전재민, 구호가 필요한 사람들에 대해 다음과 같이 분류했다.

> 피난민은 게릴라나 반게릴라 활동을 포함해 군대나 전쟁에 의해 집에서 추방된 사람들을 말한다. 월남민은……피난민으로 분류화될 것이다.
> 전재민은 집이 파괴된 것과 같은 전쟁으로 인한 직접적 결과로 고통을 당하는 사람들을 말한다. 그러나 원거주지의 근처에 거주해야 한다.
> 'residual needy'(요구호자)는 스스로 생활을 유지할 수 없는 사람들을 말한다. 전쟁이나 게릴라 활동과 직접적 연결이 없는 상황에서 거주가 완전히 파괴된 사람도 포함되고, 구호가 필요한 사람들이다.
> 한국의 사회부와 사령부(8군사령부)에 의해 공포되고 방침에 따라 구호가 필요한 사람들은 자유로운 구제 공급과 다른 구호 서비스를 받을 것이다.[35]

---

34) "Population Questionaire", RG 554, United Nations Command Adjutant General's Section, UN Civil Assistance Command, Korea (UNCACK) Adjutant General Section, Entry A-1 1303, Team Reports, 1951~1953, Box 71, Chulla Pukto (Letters) 1951~1952.

유엔민간원조사령부는 전쟁동안 인구를 원주민과 피난민으로 구분하고 피난민을 "전쟁에 의해 집에서 추방된 사람들"로, 한국정부는 "승리를 위한 일선의 희생자"로 규정했다.36) 유엔민간원조사령부는 피난민을 전쟁과 관련 없거나 피해자로 규정한 전재민과 요구호자(이들은 원주민이다)와 구별함으로써 감시와 통제의 대상으로 간주했다. 피난민들은 원주민이 아니기 때문에 자신들이 어디에서 왔는지, 사상이 온건한 자임을 증명해야 했다. 피난민을 분류, 심사하는 과정은 다음과 같은 형태로 이루어졌다.

> 피난민 유출입도
> 1. 기재―도시나 농촌의 기간도로 연락지나 지방으로 들어가는 항구, 철도의 종착지
> 2. 처리소―경찰의 심사를 받고 신분증을 발급받는다. 신분증을 발급받으면 예방주사나 DDT의 살포를 받고 할당된 집으로 이동
> 3. 지방숙소―처리소 근처나 친지의 집
> 4. (영구)피난민수용소―지방숙소를 이용할 수 없는 지역은 피난민수용소에 머문다.
> 5. (임시)피난민수용소―할당된 집을 기다리는 동안 짧은 시간 동안 머문다.37)

"사상이 온건한 피난민에 한하여 피난민 증명서를 교부"하고 피난민수용소에 수용되는 이들은 "피난민 증명서 소지자를 원칙으로 하며 사상 온건 여부

---

35) "Monthly Activities Report(1952.8.31)", RG 554, United Nations Command Adjutant General's Section, UN Civil Assistance Command, Korea (UNCACK) Adjutant General Section, Entry A-1 1303, Team Reports, 1951~1953, Box 76, SWAR-Kyonggi Do 1952~1952.
36) 『민주신보』, 1950.8.13.
37) "Standing operating procedure handling of refugees", RG 338, UN Civil Assistance Command, Korea (UNCACK), 1951, Box 17, HIST PROG FILES-WEEKLY ACT RPTS 1951 (2 of 2).

를 항상 심사 감시"했다.38) "그 신분이 분명치" 않다면 임시장소에 억류당하기도 했다.39)

따라서 피난민들은 자유롭게 이동할 수 없었는데 그들은 일단 지정된 장소로 옮겨졌다. 1950년 12월 사회부에서는 "38이북의 피난민은 충청남도 급 전라남북도, 서울과 경기도지구의 피난민은 이분하여 일반시민은 전라남북도, 기타 피난민은 경상남북도로 지정되었다. 피난민의 수용계획에 관하여서는 피난민을 약 200만으로 가정하고 피난 도중의 급식과 보건 계획"을 발표했다.40) 이 계획은 1952년도에 효과적으로 실행되었다.

이와 같이 1951년도 유엔민간원조사령부의 인구통제는 원주민과 피난민을 구분하여 주로 피난민을 통제하는 방식으로 이루어졌다. 피난민을 통제하는 방식은 모든 도에 일괄적으로 진행된 것이 아니라 지역에 따라 달랐다. 서울, 경기도와 강원도의 일부지역은 소개지역으로 묶어두어 이 지역의 접근을 금지하는 정책이 수행되었다. 충청남북도와 전라남북도는 피난민 수용지로 활용되었는데 피난민은 물론 여러 지역에서 온 경우도 많았지만 도내 피난이 많았다. 그리고 경상남북도는 가장 안정된 지역으로 간주되었으며 기타 피난민(주로 지배층에 해당)이 수용되었다. 여기에서는 1951년도 피난민과 지역의 특징에 따라 점령지역 접근금지(서울, 경기도, 강원도), 도내 피난 지역(충청남북도와 전라남북도), 안전지대 밖으로의 소개(경상남북도)라는 항목으로 유엔민간원조사령부의 인구통제를 살펴보겠다.

---

38) 대한민국국방부정훈군전사편찬위원회, 『한국전란 1년지』, 1951, 449~450쪽.
39) 『경향신문』, 1950.11.23.
40) 『조선일보』, 1950.12.18.

(1) 점령지역 접근금지

1950년 10월 중순 전쟁의 승리를 확신한 맥아더는 미8군에 유엔민간원조사령부를 설치하게 했다.[41] 유엔민간원조사령부는 미8군의 한 중요사령부이며 대한민국정부와 평행하는 한 본부를 설치했으며 또 대한민국의 도정부와 평행하는 도반(道班)을 설치했다.[42] 곧 유엔민간원조사령부는 한국의 행정부와 비슷한 권력을 행사했다. 1·4후퇴로 한국정부가 부산으로 수도를 옮긴 뒤 서울, 경기도 일부, 강원도 일부는 한국정부의 행정력이 미친 것이 아니라 유엔민간원조사령부의 통제 아래 있었다. 이들 점령지역은 1953년 또는 「수복지구임시행정조치법」(1954년 11월 17일)이 시행된 1954년에 이르러서야 민간인의 출입이 가능했다.

전쟁 초기 대다수의 서울시민은 피난을 가지 못했지만 1951년 서울은 텅 비어 있었다. 전쟁기 서울의 인구변화는 〈표 1〉와 같다.

〈표 1〉 전쟁기 서울의 인구변화(단위: 명)[43]

지역	1950년 10월 7일	1951년 4월 15일	1951년 6월 10일	1953년 1월 27일
중구	170,139	23,558	11,545	57,910
종로	212,523	30,847	16,912	90,151
동대문	134,999	24,632	37,034	79,131
성동	170,278	91,519	40,779	96,959
서대문	194,997	39,146	29,186	78,441
마포	157,342	59,144	23,266	72,331

41) 육군본부, 『유엔군전사-낙동강에서 압록강까지』, 1963, 360쪽.
42) 국회도서관 입법조사국, 『국제연합 한국통일부흥위원단보고서(1951·1952·1953)』, 1965, 89쪽.
43) 『동아일보』, 1950.10.7 ; 『서울신문』, 1951.4.19 ; 『서울신문』, 1951.6.13 ; RG 554, United Nations Command Adjutant General's Section, UN Civil Assistance Command, Korea (UNCACK) Adjutant General Section, Entry A-1 1303, Team Reports, 1951~1953, Box 78, Team Reports, 1-31 Jan. 53, Seoul City ; Kyonggi Do 1953~1953.

용산	147,926	22,537	11,728	47,432
영등포	144,680	113,661	120,482	167,373
성북	134,685	40,435	24,417	57,248
총계	1,467,569[44]	445,479	315,349	746,976

전쟁 초기 서울시민은 140만 명 또는 120만 명 정도였는데 서울철수령으로 1951년도에는 45만 명 정도로 유지되었다. 심지어 1951년 6월 10일 경찰국 산하 경찰서의 조사에 따르면 31만 명 정도였다. 이때 서울시 인구가 가장 적었던 까닭은 5월 말 서울재철수에 따른 것이다. 5월 30일 기자회견에서 서울시장 이기붕은 "27일까지 시민, 시 직원을 전부 철수시키고 나왔다. 경찰은 내가 나올 때까지도 시내에 머무르고 있었으며 시민 철수는 45만 중 잔류시민이 25만 명가량 있었다. 그리고 이번 철수는 시간적으로 여유가 있었던 관계로 나올 수 있는 시민은 전부가 나왔다"고 말했다.[45] 일방적인 철수령에 의해 생활터전에서 나온 서울시민들은 영등포나 인천, 수원 등지에 모여 복귀령을 기다렸다. "6월 10일 현재로 영등포구에만 집결되고 있는 피난민만 하여도 무려 20만이나 된다고 한다. 뿐만 아니라 인천, 수원 지구 등지에 모여 역시 복귀령을 기다리고 있는 서울 피난민 수효는 거의 5·60만으로 추상하고 있다 한다."[46] 이렇게 서울로 들어오려는 서울시민은 마포부터 광나루까지 한강 주변에서 도강을 대기하고 있었는데 이곳에 집결한 피난민들은 "대개가 부녀자라고 하며 뿐만 아니라 이들의 대부분은 식량 부족으로 극도로 영양이 불량"했다고 한다.[47]

---

44) 10월 1일 조사에 의한 것으로 전쟁전의 서울시 인구는 1,693,224명으로 서울시 인구는 대략 24만 명 정도 감소했다고 보도했다(『동아일보』, 1950.10.7). 『서울신문』, 1950년 11월 28일자에는 공보처가 조사한 서울시 인구피해상황을 전쟁 전 1,446,019명이 1,202,487명으로 20여만 명의 감소가 있었다고 언급했다.

45) 『동아일보』, 1951.5.1.

46) 『서울신문』, 1951.6.13.

47) 『서울신문』, 1951.4.10.

전쟁 전 성북동에서 살았던 한 여성은 '허가받지 않은' 서울복귀 과정과 서울에서의 생활을 다음과 같이 말했다.

> 또 전쟁이 쳐들어온다고 나가라고 그러는데 나갈 수가 없으니까 우리 친정에, 소사에 거기 가서.……거기서 살다가 살 수가 없어서 서울을 또 들어온다고……마포 한강을 들어오는데 그냥 강물을 걸어 들어와요 사람들이. 걸어들어오는데 (목을 가리키며) 여까지 물이 차더라구. 그렇게 걸어서 또, 지금 거기가 어딘가 생각을 해보면 거기가 마포더라구.……성북동서 을지로 같은 데 걸어서 다 댕기구. 종로 같은 데 걸어서 다니구, 그 산으로 맨날 걸어댕기구 그랬어. 산에 걸어댕기면은 산에서 송장 썩은 내가 생선 썩은 내 같이 나요. 그렇게 많았어요, 송장이. 송장이 그렇게 많고, 지금 거기가 어디지, 안국동, 안국동이라고 거기 그 큰 절이 있잖아요. 그 절 앞에 걸어오면 송장이 길에가 널비하게 드러눴어. 가마떼기 덮어놓은 게. 그렇게 많아요, 송장을 많이 봤어요. 산에도 맨 골짝골짝마다 송장이 있구(이희숙 구술, 2008년 1월 15일).

다른 곳에서 생활을 유지할 수 없었던 서울시민들은 한강남쪽에 머물러 있다가 강을 건너 생계터로 돌아왔지만 서울은 유령도시였다. 그런데도 서울시민은 끊임없이 북상하고자 했다. 이에 치안국장은 "1. 경기·충남북·강원 철경본대에서는 각 중요 도로 및 철도 요소에 검문 검색소를 증설한다. 1. 금후 군용도로 및 철로 등에는 일반인 통행을 일체 엄금한다. 1. 군용도로 이외에서는 왕래자를 철저 검문 검색하여 시·도민증과 주거증명서와 대조 및 조사하여 서울시민일 때에는 각자의 피난 거주지에서 일체 이동할 것을 금지한다. 1. 서울시 및 수원·천안·조치원·청주·충주 등 연선 도시에서는 금후 복귀자를 철저 단속함과 동시 금후 서울 복귀를 목표하여 동 지역에서 체재하는 자 등에 대하여서는 식량배급을 하지 않을 방법을 취한다."라는 담화를 발표했다.[48] 이러한 조치는 유엔민간원조사령부의 요구에 의한 것으로 이 상태는 1952년 초까지 지속되었다. 유엔민간원조사령부 서울·경기도 지부

사령관은 1952년 7월 26일부터 "시 직원 이외의 일부 시민의 복귀도 허용 한다"는 통첩을 서울시장에게 전달했고, "환도 후에 정부가 사용할 건물 26개소를 지정"했다.49)

서울과 비슷하게 경기도 일부 지역도 민간인의 출입이 자유롭지 못했다. 전쟁 전 북한지역이었던 지역은 오랫동안 한국정부의 행정력이 미치지 못했고 한강 이북지역도 서울과 마찬가지로 접근금지구역이었다. 그런 까닭에 경기도의 남쪽에는 서울 피난민과 북한에서 온 피난민(월남민) 그리고 경기도 내 피난민이 몰려 가장 유동인구가 많았다.

유엔민간원조사령부 경기도 지부는 '현 인구'를 원주민과 피난민으로 구분했으며 이들을 다시 구호의 여부에 따라 구분하고 있다. 1951년 3월 24일 보고에 따르면 피난민이 많은 지역은 화성, 평택, 시흥이다. 5월 27일 보고에서의 피난민은 881,370명에서 1,625,849명인 2배로 증가했고 화성, 옹진, 이천, 광주, 평택에 집중되었다. 5월에 피난민이 2배로 증가한 까닭은 서울철수령에 따른 서울 피난민 때문이다. 화성은 원주민 177,272명과 피난민 364,709명을 합한 541,981명으로 많은 사람들이 몰렸다.50) 6월 15일 보고에서 화성, 광주, 인천, 김포, 평택, 용인 등의 피난민 수는 10만 명이 넘었다.51) 7월 22일 보고에도 화성, 광주, 이천, 인천 등지에서 피난민이 증가했다. 특히 광주는 6월에 비해 10만 명 이상 증가했다. 화성, 광주, 용인 등의 지역에는 피난민수용소와 우유보급소가 설치되었다. 이들 지역 이외에 수원시와 인천시에도 피난민수용소와 우유보급소가 있었지만 인천시는 화성과 광주에 비해 적

---

48) 『대구매일신문』, 1951.7.6.

49) 『서울신문』, 1952.7.28.

50) RG 338, UN Civil Assistance Command, Korea (UNCACK), 1951, Entry UNCACK Unit 11110, Box 20, Weekly Activities Reports for the Month of May (2 of 4) 1951.

51) RG 338, UN Civil Assistance Command, Korea(UNCACK), 1951, Entry UNCACK Unit 11110, Box 21, Weekly Activities Report Month of June (1 of 3) 1951.

었고 수원시의 경우는 대개 징병가족들을 중심으로 수용소를 운용했다. 그리고 6·7월 이후에 김포, 옹진, 인천 등지로 피난민이 몰린 까닭은 강화나 옹진을 중심으로 한 섬에 피난민이 몰렸기 때문에 인근지역도 그 영향을 받았다. 12월 9일 보고에 따르면 강화도는 원주민이 12,400명인데 피난민이 10,687명이었고 강화도 인근 섬인 교동은 원주민은 10,505명인데 피난민이 19,259명이었다.52) 강화도보다 더 심한 지역은 옹진군에 속한 섬들이었다. 〈표 2〉에 따르면, 이 지역의 원주민은 22,049명인데 피난민은 무려 5배인 107,609명으로 모든 섬들이 피난민들로 넘쳐났다.53) 강화도와 옹진 인근 섬들은 피난민으로 포화 상태였고 이로 인한 식량, 주거 등의 일상적 문제와 이념의 문제가 발생했고 이는 원주민과 피난민 간의 갈등으로 나타나기도 했다.54)

〈표 2〉 강화도와 옹진군 섬(단위: 명)55)

지역	원주민	피난민	지역(옹진)	원주민	피난민	지역(옹진)	원주민	피난민
강화	12,400	10,687	어화도	1,152	3,425	자도	138	450
신월	6,756	1,837	비압도	112	212	영평도	2,216	13,802
불음	7,011	940	영호도	730	3,071	소영평도	160	1,239
길상	8,564	937	모도도	1,079	4,816	대이작도	949	8,520
화도	8,380	3,240	파도	308	318	소이작도	690	3,516

---

52) RG 338, UN Civil Assistance Command, Korea (UNCACK), 1951, Box 19, Investigations. File No.333.
53) RG 338, UN Civil Assistance Command, Korea (UNCACK), 1951, Box 19, Investigations. File No.333.
54) 교동의 월남인들은 1950년대 초·중반에는 한편으로는 타어거여단과 같은 군대를 등에 업고, 또 한편으로는 구호물자를 쥐고 원주민에 대해 거만한 태도를 보이기도 했다. 교동 원주민 입장에서 보면 그들이 총칼을 들고 섬에 들어와 식량을 손에 쥔 채 산하를 피로 물들였다는 인상은 깊은 상처로 내면화되었다(김귀옥, 「한국전쟁과 이산가족」, 『동아시아의 전쟁과 사람』, 한울, 2009, 100쪽).
55) RG 338, UN Civil Assistance Command, Korea (UNCACK), 1951, Box 19, Investigations. File No.333.

양도	8,565	2,376	신도	257	1,023	조도	117	1,167
내가	7,372	2,084	위도	115	3,236	육도	194	1,476
허정	9,899	5,253	주도	4	100	모도	572	2,001
양사	5,759	5,187	순위도	2,020	21,313	백령도	5,784	8,958
홍해	5,920	6,221	창린도	1,584	11,847	대청도	1,814	2,048
교동	10,505	19,259	기린도	841	5,865	소청도	934	438
삼사	7,445	6,900	마합도	279	4,782	muk doi		2,000
서도	3,745	4,562				wol nai		1,986
총계	102,321	69,483	총계			총계	22,049	107,609

강원도의 경우, 1951년 춘천, 춘성, 홍천 등의 인구는 모두 소개되었는데 6월 30일 보고에 의하면 울진, 삼척, 강릉에 피난민이 몰렸지만 모두 3만 명 이하였다. 피난민수용소가 많이 설치된 원주에는 제10군단 지령에 의해 강원도 일부 지역에서 소개된 피난민이 약 6만 7,000여 명 몰렸다.[56] 『한국전란1년지』에는 강원도의 4·5월 피난민을 726,350명과 687,160명으로 기록했는데 유엔민간원조사령부 1951년 5월 26일 보고에는 현재인구를 889,800명으로 추정하고 있다. 1952년에 강원도 피난민 수는 20만 명 내외였음을 고려한다면 『한국전란지』의 피난민 수는 과장된 것으로 추정된다.

이상과 같이 서울과 경기일부, 강원도 일부지역은 전선의 변동에 따라 자신들의 생활하는 공간에서 소개되었으며 그 기간은 1~2개월이 아닌 1년이 넘어서기도 했다.

(2) 도내 피난

도내피난과 인근지역에서 온 피난민이 많은 지역은 충청남북도와 전라남북도였다. 충청남북도는 1951년 초기에는 도내피난보다 다른 지역에서 온 피난민이 많았다. 특히 충청북도팀의 3월 17일 보고에 따르면 피난민은 음성, 청원, 제천, 괴산, 청주시에 몰렸고, 3월 31일 보고에 의하면 청원(64,370명),

---

56) 『부산일보』, 1951년 6월 16일.

음성(59,480명), 제천(57,870명), 청주시(56,290명), 괴산(53,180명) 등지에 몰렸다.[57] 그런데 4월 14일 보고의 피난민 수는 231,654명으로 청원군(35,815명), 청주시(33,182명), 제천(30,085명), 음성과 괴산이 각각 28,325명과 26,530명으로 감소했다.[58] 피난민과 원주민 그리고 구호의 여부를 묻던 충청북도팀의 인구조사는 1951년 5월부터 12월까지 피난민을 38이북과 이남으로 나누고 원주민은 공무원, 군인, 기관원, 빈농, 빈민 등으로 세세하게 구분하고 있다. 보고의 양식은 다음과 같다.

〈표 3〉 1951년 5~12월 충청북도 보고 사례(단위: 명)[59]

	피난민		공무원		수감인	빈농	군인가족	기관원	빈민	생계가능	총계	전재민
	38이북	38이남	공무원	가족								
5월	5,968	136,448	8,890	46,161	284	323,706	66,621	625	300,470	273,873	1,163,037	278,878
5/27	8,012	164,039	9,521	50,481	427	352,047	67,865	732	342,763	294,661	1,290,539	343,028

---

57) RG 338, UN Civil Assistance Command, Korea (UNCACK), 1951, Box 17, February, Weekly Reports

58) RG 338, UN Civil Assistance Command, Korea (UNCACK) 1951, Entry UNCACK Unit 11110, Box 20, Weekly Reports for the Month of April (1 of 2) 1951.

59) RG 338, UN Civil Assistance Command, Korea (UNCACK),1951, Entry UNCACK Unit 11110, Box 20, Weekly Reports from the Teams, May 1951 (3 of 5) 1951 ; RG 338, UN Civil Assistance Command, Korea (UNCACK), 1951, Entry UNCACK Unit 11110, Box 20, Weekly Activities Reports for the Month of May (4 of 4) 1951 ; RG 338, UN Civil Assistance Command, Korea (UNCACK),1951, Entry UNCACK Unit 11110, Box 20, Weekly Activities Reports (2 of 3) 1951~1951 ; RG 338, UN Civil Assistance Command, Korea (UNCACK), 1951, Entry UNCACK Unit 11110, Box 22, Weekly Activities Reports (2 of 8) 1951 ; RG 338, UN Civil Assistance Command, Korea (UNCACK), 1951, Entry UNCACK Unit 11110, Box 23, Semi-Monthly Activities Reports (3 of 4) 1951 ; RG 338, UN Civil Assistance Command, Korea (UNCACK), 1951, Entry UNCACK Unit 11110, Box 23, Semi-Monthly Activities Reports (5 of 7) 1951 ; RG 554, United Nations Command Adjutant General's Section, UN Civil Assistance Command, Korea (UNCACK) Adjutant General Section, Entry A-1 1303, Team Reports, 1951~1953, Box 77, Team Report, 15-30 Nov. 51 1951~1951.

6월	7,917	184,132	9,894	51,571	315	347,375	71,480	736	360,668	287,117	1,321,205	361,210
7월	7,296	170,432	10,566	53,163	358	348,383	74,505	726	347,458	286,587	1,299,564	376,928
8월	8,832	172,352	10,454	53,201	406	352,013	75,566	738	350,268	287,430	1,310,349	367,877
9월	8,930	168,806	10,321	54,642	465	348,053	86,649	779	345,461	293,334	1,317,660	369,933
10월	9,168	169,154	10,834	55,928	470	350,115	88,097	782	336,972	289,211	1,320,842	381,737
11월	9,661	111,841	10,648	55,891	470	350,443	89,343	776	347,908	280,353	1,256,334	360,127
12월	9,661	111,861	10,725	56,035	467	349,838	89,710	815	345,631	281,734	1,256,955	360,127

　　1951년 1월 921,000명이었던 피난민 수는 3월 530,920명, 5월 270,051명, 6월 192,049명으로 감소했다. 1월에서 3월까지 충청북도에 피난민이 많았던 까닭은 강원도와 경기도, 서울 등지에서 온 피난민 때문이다. 4~5월에 점차 피난민이 줄어든 것은 경기도와 강원도로 피난민이 이동했기 때문이기도 하지만 피난민의 "충청북도 도로의 유입"을 금지했기 때문이다.[60]

　　금지한 까닭은 처음부터 충청북도는 피난민 수용지에서 제외되었고, 중국인민지원군 3차 공세(1950.12.31~1951.1.15)의 영향인 듯하다. 이때 인민군 3군단 일부는 제천-단양 심지어 안동까지 내려왔다. 이에 충북지역은 소개령이 내려졌고, 초토화작전이 시행되었다. 이러한 정책은 전쟁동안 유지되었고 충청북도의 인구는 크게 변동이 없었다.

　　또한 이웃 면이나 이웃 군 또는 산간지역으로 피난 갔던 도내 피난민이 귀향했기 때문이다.[61] 5월 5일 이 지역 피난민은 5,968명을 제외하면 136,448명이 38이남에서 왔음을 확인할 수 있고, 청원, 청주시, 괴산 등지의 피난민 수도 5~6만 명이던 4월에 비해 1~2만 명 정도로 줄어들었다. 이러한 추이는 12월에도 확인되고 있다. 〈그림 1〉은 5월부터 12월까지 충청북도 피난민의 동태를 나타낸 그래프이다.

---

60) 『동아일보』, 1951.5.8.

61) 충북도민들은 도내 이웃 면으로 이동한 것이 37만 5천명, 이웃 군으로 이동한 것이 35만 명, 도외로 피난 간 것이 30만 명 정도로 주로 도내 피난했다(김양식, 앞의 글, 2006, 246쪽).

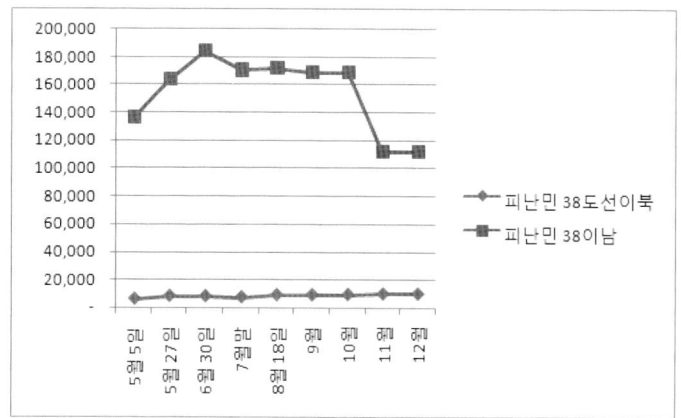

〈그림 1〉 1951년 충청북도 피난민

충청북도와 다르게 충청남도는 통제구역이 드물었고 전라북도와 함께 피난민 분산정책의 주요 지역이었기 때문에 2월에 515,702명이던 피난민이 5월에는 무려 935,270명으로 증가했다. 아산(129,651명), 공주(113,158명), 논산(109,835명), 천안(89,193명), 대전시(67,758명) 등에 몰렸다.[62] 11월에는 479,524명으로 감소했다.[63]

전라북도는 2~3월에는 다른 지역에 비해 피난민 수가 많지 않았지만 월남민이나 서울에서 온 피난민이나 다른 지역 피난민을 전라북도에 이송하면서 피난민이 증가했다. 1월 18일 사회부장관은 "격전지구, 경기도 오산지구에 피난민 약 30만 명이 있으므로 사회부에서는 이에 대한 긴급 구호책으로서 피난열차를 보내 하루 3회에 걸쳐 약 3,000명씩을 전북 방면으로 이송, 제주·거제도 등지로 수용한다"고 했고,[64] "평택에 수용되어 있는 이북에서 넘

---

62) RG 338, UN Civil Assistance Command, Korea (UNCACK), 1951, Entry UNCACK Unit 11110, Box 20, Weekly Reports from the Teams, May 1951 (1 of 5) 1951.

63) RG 554, United Nations Command Adjutant General's Section, UN Civil Assistance Command, Korea (UNCACK) Adjutant General Section, Entry A-1 1303, Team Reports, 1951~1953, Box 77, Team Report, 15-30 Nov. 51 1951~1951.

어온 30여 만 전재피난민 중 건강을 회복한 자를 모아 1만 5백여 명을 이리 방면으로 후송"했다.[65]

전라북도팀의 7월 29일 보고에서는 피난민을 월남민, 서울 또는 다른 지역에서 온 피난민과 도내 피난민으로 분류하고 있다. 그 내용은 〈표 4〉와 같다.

〈표 4〉 1951년 7월 29일 / 11월 15일 전라북도 피난민(단위: 명)[66]

시 군	1951년 7월 29일					1951년 11월 15일		
	월남민	서울	다른지역	도내	총계	다른지역	도내	총계
전주시	3,445	17,737	6,071	564	27,817	13,779	9,019	22,798
군산시	17,996	2,974	3,739	600	25,309	23,113	600	23,713
이리시	2,536	5,678	13,379	1,500	23,093	19,111	3,200	41,422
완주군	158	2,095	4,003	30,176	36,432	10,754	30,176	40,930
진안	317		4,193	14,140	18,650	1,833	17,696	19,529
금산	450	720	10,888	16,425	28,483	6,214	23,995	30,209
무주	1,675	879	5,761	32,052	40,367	2,716	36,568	39,284
장수	227		3,838	15,387	19,452	4,065	15,387	19,452
임실	56		529	27,940	28,525	1,008	42,304	43,312
남원	732	1,039	1,122	6,250	9,143	3,040	3,710	6,750
순창	547		1,987	43,778	46,312	1,830	43,778	45,608
정읍	676	1,651	1,937	45,693	49,957	7,750	45,693	53,443
고창	1,044		3,012	12,873	16,929	4,964	16,901	21,865
부안	60		9,123	932	10,115	9,557	34,590	44,147
김제	795	1,892	11,467	2,088	16,242	20,540	15,887	36,427
옥구	2,306	2,735	17,259		22,300	27,501		27501
익산	8,400	12,021	12,179	1,705	34,305	37,106	1,705	38,811
총계	41,420	49,421	110,487	252,103	453,431	194,881	341,209	536,090

---

64) 『민주신보』, 1951.1.19.

65) 『서울신문』, 1951.8.11.

66) RG 338, UN Civil Assistance Command, Korea(UNCACK), 1951, Entry UNCACK Unit 11110, Box 21, Weekly Activities Report Month of July (5 of 5) 1951 ; RG 338, UN Civil Assistance Command, Korea (UNCACK), 1951, Entry UNCACK Unit 11110, Box 23, Semi-Monthly Activities Reports (1 of 4) 1951.

1951년도 전라북도의 피난민 특징은 서울을 비롯한 다른 지역에서 온 피난민보다 '도내 피난민'이 많다. 이는 빨치산 때문에 소개되거나 농촌지역에서 도시나 읍내로 이동한 수가 많았기 때문이다. 이전 보고에 비해 11월 보고에는 군에서 전주시로 온 피난민은 8,455명, 금산군은 빨치산 활동으로 3,689명이, 임실은 40명이 증가했는데 남원은 35,500명이 빠져나갔다. 그리고 부안은 다른 군에서 만 명의 피난민이 들어왔다. 다른 지역에서 온 피난민들은 주로 전주, 군산, 이리 등의 도시와 충청남도 인접지역에 몰렸는데 반해 도내 피난민들은 순창, 임실, 정읍 무주 등 산 밑 지역에 몰려있다. 다른 지방에서 온 피난민의 변동은 1951년 내내 큰 변동이 없었다.

전라남도 1951년 5월 15일자 보고에 의하면 피난민은 583,373명이었다. 피난민이 많은 지역은 함평(65,491명), 장성(64,647명), 화순(61,477명), 영광(50,086명), 승주(54,364명)로 그 이외의 지역은 3만 명 내외이었다.[67] 7월과 9월의 보고에도 크게 다르지 않았다.

(3) '안전지대' 밖으로의 소개

경상남북도는 전쟁동안 최후의 보루로 여겨진 만큼 피난민에게 '안전지대'였다. 1951년 2월과 3월에는 서울과 다른 지역에서 밀려오는 피난민들로 피난민 수가 가장 많았다. 피난민 때문에 '안전지대'를 불안에 빠트릴 수는 없었다. 따라서 유엔민간원조사령부 경상북도팀은 다른 도에 비해 일찍부터 피난민 출입을 통제했고 매월 피난민의 추이를 면밀하게 조사했다. 특히 〈표 5〉의 1951년 3월 3일자 보고를 보면 경상북도로 밀려오는 피난민을 어떻게 통제했는지 잘 보여준다.

---

67) RG 338, UN Civil Assistance Command, Korea (UNCACK), 1951, Entry UNCACK Unit 11110, Box 20, Weekly Reports from the Teams, May 1951 (2 of 5) 1951.

〈표 5〉 1951년 경상북도 피난민 출입통계(단위: 명)[68]

	2월 5일 인구	3월 3일 피난민출입 유입	3월 3일 피난민출입 유출	3월 3일 피난민출입 현재	4월 14일	5월 5일	7월 1일	10월 16일
대구	313,705	194,195	14,045	180,150	175,821	175,666	177,286	169,921
포항	50,681	50,234	10,120	40,114	40,064	6,904	6,720	4,115
김천	51,328	373,253	344,937	28,316	29,347	14,601	7,595	7,053
달성	134,388	35,891	12,160	23,731	19,680	16,641	13,874	11,951
군위	70,533	23,034	10,464	12,570	5,803	3,750	3,210	2,409
의성	174,883	504,968	317,583	187,385	15,543	15,514	12,432	7,603
안동	205,757	171,954	123,876	48,078	46,857	28,792	30,579	30,485
청송	65,148	12,590	7,360	5,230	6,226	4,817	2,425	1,331
영강	50,417	1,137	311	826	1,198	11,204	1,281	1,230
영덕	92,124	116,002	190,156	35,846	38,907	39,302	23,050	18,140
영일	175,262	77,459	62,898	14,561	16,413	12,144	9,558	7,679
경주	236,316	104,068	59,127	44,941	47,781	47,781	26,592	10,611
영동	156,654	55,544	14,741	40,803	44,728	30,601	20,270	18,376
경산	125,830	17,971	5,020	12,591	13,447	11,755	11,902	9,666
청도	107,756	8,363	2,064	6,299	6,594	5,542	5,390	4,135
고령	66,415	354,884	346,052	8,832	8,924	8,565	15,312	10,017
성주	103,529	69,881	56,762	13,119	5,651	5,772	6,227	4,535
칠곡	93,594	198,858	116,801	82,057	29,826	20,069	9,128	6,734
금릉	137,440	685,558	638,428	47,130	19,872	13,797	12,221	9,099
선산	99,738	425,981	344,109	81,872	38,154	37,452	25,600	9,788
상주	220,970	366,615	214,508	152,107	69,820	69,820	40,488	39,824
문경	116,751	322,081	106,743	215,338	78,623	83,333	63,800	24,865
예천	135,405	82,274	214,508	26,748	39,642	35,345	13,897	8,375
영주	112,680	33,175	8,652	24,523	30,301	28,562	23,930	21,506
봉화	94,205	378,630	63,583	315,047	56,919	35,305	26,066	14,958
울릉	14,688	520	225	295			424	297
총계	3,206,197	4,665,120	3,285,233	1,648,869	886,187	762,854	589,257	454,703

---

68) RG 338, UN Civil Assistance Command, Korea (UNCACK), 1951, Box 17, February, Weekly Reports ; RG 338, UN Civil Assistance Command, Korea (UNCACK), 1951, Box 18, Supply Report, File No. 400, Box 18 (4 of 4) ; RG 338, UN Civil Assistance Command, Korea (UNCACK), 1951, Entry UNCACK Unit 11110, Box 20, Weekly Reports for the Month of April (2 of 2) 1951 ; RG 338, UN Civil Assistance Command, Korea (UNCACK), 1951, Entry UNCACK Unit 11110, Box 20, Weekly Activities Reports (2 of 5) 1951 ; RG 338, UN Civil

1951년 2월에 경상북도로 유입된 피난민은 경상북도 인구수를 넘는 4백 6십만 명 정도였는데 의성, 금릉, 선산, 상주, 김천, 문경, 봉화 등지로 30만에서 60만 명에 달하는 피난민이 몰렸다. 5만 명 정도 인구수를 가진 김천에 피난민은 6배에 달하는 37만 명이 몰려들었다. 경북지역으로 몰려든 피난민은 재빨리 도 밖으로 유출되어 2월 말에는 3백만 명이 도 밖으로 나갔다. 이들은 충청남도나 전라남북도로 보내졌거나 경기도에 몰렸다. 이러한 피난민의 유입과 유출은 매월 줄어들어 10월에는 46만 명 정도였다. 2월에 4백만이었던 피난민이 10월에는 46만 명으로 감소했던 것이다. 이를 그래프로 살펴보면 다음과 같다.

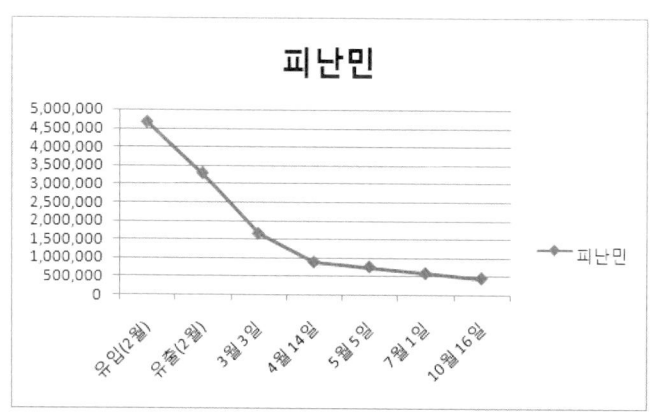

〈그림 2〉 1951년 경상북도 피난민동태

경상남도지역은 경상북도나 다른 지역에 비해 1951년도 피난민 수의 증감이 급격하게 나타나지 않고 전쟁동안 50만 명 내외의 수를 유지했다. 1951년

Assistance Command, Korea (UNCACK), 1951, Entry UNCACK Unit 11110, Box 20, Weekly Activities Reports (3 of 3) 1951~1951 ; RG 338, UN Civil Assistance Command, Korea (UNCACK), 1951, Entry UNCACK Unit 11110, Box 23, Semi-Monthly Activities Reports (7 of 7) 1951.

6월 17일 보고에 의하면 피난민 총수는 461,558명이고 부산(266,268명)을 제외하고 2만 명 또는 1만 명 미만인 지역이 많다. 비교적 안정적으로 피난민 수를 유지했던 것은 "전쟁에 모든 조건을 갖추고 있는 기지였던" 부산과 대구를 중심으로 한 지역에 더 이상 피난민이 몰려드는 것을 금지했기 때문이다.[69]

먼저 유엔군은 피난민을 통해 적이 침투할 것을 우려하여 남부 전선 내로의 진입을 더 이상 허용하지 않을 것이다.……어쨌든 피난민은 더 이상 유엔군 남부 전선으로 건너가지 않고 있다. 그 결과 서울―인천 및 춘천지역에서 유엔군이 갑자기 퇴각함으로 인해 이 곳에서 40~50만 가량의 피난민이 추가로 발생할 것으로 보인다. 위에서 언급한바 현 상황에서 이러한 피난민들은 전선을 넘어서 유엔군 후방에 안착할 수 없을 것이다.[70]

군경 및 공무원가족을 제외한 낙오자 및 집단수용소에 있는 수용피난민은 현재 사실상 부산지구서부터의 소개를 완료하였다고 許사회부장관은 29일 상오 기자와의 정례회견석상에서 언명하였다.[71]

부산에 온 피난민들은 대개 '일반시민'이 아닌 '기타'로 구분된 자들이었는데 '기타'의 분류에는 공무원이나 군인 그리고 경찰의 가족들이 다수 포함되었다. 부산에 있는 모든 피난민에 적용된 것은 아니지만 일부 피난민은 군인가족(A), 경찰가족(B), 공무원가족(C), 고아(D), 기타(E)로 구분되었다.[72] 군인가족에는 주로 육군이, 경찰가족에는 보안국 소속이, 공무원에는 내무부와

---

69) 『부산일보』, 1950년 12월 20일.
70) 대한민국 내정에 관한 미 국무부 문서 I(Records of the U.S. Department of State: Relating to the Internal of Korea) ; 『남북한관계 사료집』 16, 608~610쪽(국사편찬위원회 편, 『자료대한민국사』에서 재인용).
71) 『민주신보』, 1951년 1월 30일.
72) RG 338, UN Civil Assistance Command, Korea (UNCACK), 1951, Box 17, Public Health. File No. 720 (1 of 2).

교통부 소속 가족이 많았다.

1951년 1월 23일 대구에서 내무부, 사회부, 미8군 대표가 모여 회의를 개최했는데, 회의 결과 '분산계획'이 수립되었다. 이 계획의 목적은 미8군의 지위에 조응하여 부산시에서 상당한 수의 피난민들을 소개하는 것으로 이들은 제주도, 밀양, 마산, 김해지역으로 소개되었다. 소개의 범위는, 첫째 개인 거주지에 묶고 있는 자유난민, 둘째 핵심적이지 않은 공무원들과 가족, 셋째 부산지역에서는 임무가 없는 경찰과 군인 그리고 그들의 가족, 넷째 국회 사법 공무원, 미군에 고용된 한국인과 그들의 가족으로 분류했다. 분산계획은 라디오와 신문 등으로 알리고 우선적으로 자원자에 한하지만 효과적이지 않으면 강제적으로 집행한다는 것이다.[73]

거제도는 피난민의 분산수용정책에 따라 1951년 5월 12일 현재 77,565명이었고 이들의 80% 이상은 북한에서 내려온 피난민들로 함경남도 출신이 가장 많았다. 그 뒤 거제도는 큰 변화 없이 유지되었다. 제주도는 1951년 11월 15일 현재 24,739명의 피난민을 수용했다. 제주도는 월남민이 많기도 했지만 서울에서 피난 온 사람들은 거제도보다 더 많은 수를 차지했다.[74]

경상남북도지역은 초기에 가장 많은 피난민이 몰렸지만 이 지역에서 분산계획정책은 효과적으로 진행되었다. 2월 경북지역은 460만 명이 유입되었지만 곧바로 300만 명을 유출시켰다. 경상남북도는 군인, 경찰, 공무원, 교원, 언론계 종사자 등의 기타로 분리된 피난민들을 수용하는 곳이었으며 대구와 부산에서는 이런 분류들이 비교적 분명하게 실현되었다.

---

73) Annex A: Diversion Program, RG 338, UN Civil Assistance Command, Korea (UNCACK), 1951, Box 17, HIST PROG FILES-WEEKLY ACT RPTS 1951 (1 of 2).
74) 1953년 9월 서울에서 온 제주도 피난민은 3,592명인데 거제주 피난민은 1,305명(1951년 10월 3일)이었다.

2. 1952년, 피난민의 유형화

1951년 유엔민간원조사령부의 인구 조사는 지역과 팀의 특색에 따라 달랐지만 원주민과 피난민을 구분하는 방식은 모든 지역에서 일치했다. 그리고 1951년 피난민 조사는 전국의 군단위별로 이루어졌고 전국적인 통계를 작성하지 않았다. 반면 1952년도 인구조사는 군 단위 조사보다 매월 전국적인 통계로 그 추이를 살폈다. 피난민도 월남민, 서울과 다른 도에서 온 피난민과 도내 피난민으로 구분했다. 이러한 방식으로 피난민을 분류함으로써 유엔민간원조사령부는 여기저기에 몰려다니며 적인지 아군인지를 구분하지 못했던 피난민들을 가시화했다. 피난민은 월남민과 서울에서 온 피난민이 달랐으며 서울에서 온 피난민도 '일반'과 '군인, 경찰, 공무원'으로 분류함으로써 통제가 가능해졌다. 피난민에 대한 분류는 그들을 통제하는 데에 효과적으로 적용되었다.

다음 〈표 6〉을 보면 1949년 5월 인구를 기준으로 하여 원주민은 현재 거주하는 원주민과 다른 지역에 거주하는 원주민으로 구분하고, 피난민은 월남민, 서울에서 온 피난민, 다른 지방에서 온 피난민, 도내 피난민으로 자세하게 구분했다. 이 보고는 한달 간격으로 진행되었다.

〈표 6〉 1952년 1월 인구통계(단위: 명)[75]

지방	1949년 인구	원주민		피난민				피난민 총계	현재인구
		현재 거주	다른 지역 거주	월남민	서울	다른 지방	도내		
서울	1,640,000	632,640	1,007,360	23,722		27,175	29,943	80,890	683,587
경기도	2,740,594	2,076,038	514,556	212,944	299,608	69,066	99,230	680,848	2,657,656
충청북도	1,146,509	1,121,539	24,970	12,108	57,511	65,515	23,121	158,255	1,256,673
충청남도	2,028,118	2,028,118		103,346	192,099	183,270	218,563	697,278	2,506,833
전라북도	2,054,485	2,035,251	19,234	59,945	23,034	65,595	363,431	512,005	2,183,825
전라남도	3,042,442	3,025,349	17,093	30,689	30,043	51,598	423,509	535,838	3,137,678
경상북도	3,206,201	3,194,952	11,249	73,103	187,603	108,735	356,760	726,201	3,564,393
경상남도	3,124,829	3,124,829		126,233	206,375	82,556	187,342	602,506	3,539,993

강원도	1,138,784	1,052,708	86,076	65,317	4,216	2,087	347,224	418,844	1,124,328
제주도	254,589	254,589		3,615	6,872	17,581	26,805	54,873	282,657
거제도				64,648	5,087	5,691		71,426	
북쪽 섬				10,000				10,000	10,000
총계	20,376,551	18,546,013	1,680,538	721,072	1,007,360	673,178	2,075,928	4,477,538	20,947,623

〈표 6〉은 1952년 1월 16~31일간 보고된 현재 인구와 피난민의 이동 상황에 대한 내용이다. 이에 의하면 총인구는 20,947,623명이고 피난민은 4,548,964명이다. 피난민은 경상북도, 경기도, 충청남도, 경상남도, 전라남도, 전라북도, 강원도, 충청북도 등의 순서로 몰렸다. 북한에서 온 피난민이 가장 많이 몰린 지역은 경기도, 경상남도, 충청남도 그리고 강원도와 거제도이다. 서울에서 온 피난민이 가장 많이 몰린 지역도 경기도, 충청남도, 경상남도와 북도이다. 반면 도내 피난민이 많은 지역으로 전라남도와 전라북도, 강원도, 경상북도, 충청남도이고 다른 지방에서 온 피난민이 많은 지역으로는 충청남도와 경상북도이다. 전쟁으로 이동한 인원이 가장 많은 곳은 서울 백만 명, 경기도 50만 명, 강원도 8만 명 정도로 조사되었다.

2월 조사에서는 총인구 20,975,618명이고 피난민은 4,474,577명이다. 피난민이 많은 지역의 순서는 경상북도, 충청남도, 경기도, 경상남도, 전라남도, 전라북도, 강원도였다. 2월에 경상북도와 충청남도로 많이 몰렸음을 알 수 있다. 다른 사항은 1월과 크게 다르지 않다.

3월 조사에서는 현재 인구 20,988,088명이고 피난민은 4,225,163명으로 20만 명 정도 줄어들었다. 이는 전라남도의 도내 피난민이 423,509명에서 214,007명으로 대략 20만 명 감소했기 때문에 나타난 현상이다. 피난민이 많은 지역의 순서는 2월과 비슷하게 경상북도, 충청남도, 경기도, 전라북도, 경상남도, 강원도, 전라남도, 충청북도로 나타나고 있다. 다른 사항은 2월과 비

---

75) RG 338, UN Civil Assistance Command, Korea(UNCACK), 1952, Entry UNCACK, Box 5753, Classified Command Report Files(1 Jan.-30 Dec. 1952), Korea Civil Assistance Command (2 of 2) 1952~1952.

숫하다.

4월 조사는 총인구 20,991,461명이고 피난민은 전달에 비해 반으로 줄어든 2,617,529명이다. 피난민 수는 경기도, 경상남도, 충청남도, 전라북도, 경상북도, 충청북도, 전라남도, 강원도로 나타났고, 북한에서 온 피난민은 경기도와 경상남도, 충청남도와 전라북도에, 서울에서 온 피난민은 경기도와 경상남도, 충청남도, 경상북도에 몰렸다. 4월의 특징은 전라북도에 월남민과 서울에서 온 피난민이 많아졌는데 이는 피난민 분산정책과 관련 있다. 다른 지방에서 온 피난민은 서울과 경기도, 충청남도에 몰렸다. 피난민이 점차 귀향하고 있음을 알려준다. 도내 피난민이 가장 많은 지역은 경기도로 304,224명이었고, 214,007명이던 전라남도의 도내 피난민이 55,198명으로 감소했다.

5월부터 11월까지의 조사에서도 4월의 조사 내용과 큰 차이는 없다. 그런데 현재 인구수가 4월과 비교하면 70만 명가량 감소되었다. 6월 조사된 총인구는 20,282,439명이고 피난민은 2,670,198명이다.[76]

휴전협정이 이루어진 1953년 9월에도 피난민이 존재했다. 이 시기 각 지역의 피난민상황을 보면 1952년도와 조금 차이가 드러난다. 경기도는 월남민 263,068명, 서울에서 온 피난민 242,411명, 다른 지방에서 온 피난민 43,217명, 경기도 내 피난민 365,794명으로 1952년과 크게 다르지 않았다. 강원도도 월남민 64,844명, 서울시에서 온 피난민 5,034명, 도내 피난민 63,194명이었고, 충청남도는 월남민은 73,817명, 서울에서 온 피난민은 129,188명, 다른 지역에서 온 피난민 92,209명이었으며, 경상북도는 월남민 48,272명, 서울 100,240명, 다른 지역은 61,392명, 도내 18,871명이고 경상남도는 월남민 168,780명, 서울 142,214명, 다른 지역 106,091명, 도내 85,187명으로 총 피난민 수는 502,272명이었다. 다른 지역은 모두 피난민 수가 조금씩 줄어들었

---

[76] 1952년 6월의 조사 표 밑에는 이 기간 조사는 활용할 수 없다는 표기가 있다. 1952년 4월에 조사된 표에는 사회부에 의해 조사된 피난민 등록에 기초한 것으로 피난민의 추정하기에 활용할 수 있는 자료로 지방에서 올라온 것이라는 표기가 있다.

는데 오히려 경상남도는 피난민 수가 증가했다. 휴전협정이 끝난 1953년 9월 시점에서 피난민이 경상남도로 50만 명, 경기도 36만 명, 경북 28만 명, 강원도 13만 명으로 정도로 나타났다.

전쟁 동안(1951~1953년) 지역별 피난민 동태는 〈표 7〉과 같다.

〈표 7〉 전쟁기 피난민의 동태[77]

	1951년			1952년				1953년
	2월	5월	6~9월	1월	3월	4월	9월	9월
경기도	308,110	1,625,849	1,280,873	680,848	677,217	738,283	853,862	914,490
충청북도	763,830	147,755	177,736	158,255	154,102	176,005	153,044	
충청남도	515,702	935,270	479,524	697,278	681,711	322,963	333,555	294,214
전라북도	391,568	414,103	552,534	512,005	514,095	309,654	316,154	
전라남도	286,235	583,373	566,652	535,838	324,018	152,778	170,134	
경상북도	1,368,586	762,854	454,703	726,201	707,592	253,611	276,333	228,775
경상남도	530,708	514,270	461,558	602,506	596,513	466,475	433,388	502,272
강원도	192,785			418,844	427,891	124,201	140,723	133,112
제주도				54,873	53,552	27,752	25,167	19,502
거제도				71,426	75,637			

위의 표에 의하면 1951년 2월에 피난민이 가장 많이 몰린 지역은 경상북도와 충청북도이고 5월에는 경기도와 충청남도 그리고 전라남북도이다. 1952년 1월에는 경기도와 충청남도 그리고 경상남북도이고 4월에는 경기도 충청남도(전라북도), 경상남도이다. 1953년 9월에는 경기도, 경상남도 그리고 충청남도에 피난민이 집중되었음을 보여준다.

---

[77] 이 표는 1952년도의 수치를 제외하고 조사된 시점이 모두 다르기 때문에 정확하지 않다. 다만 추이정도를 파악하는 데에 목적이 있다(국방부정훈국전사편찬위원회, 앞의 책, D33쪽).

3. 전쟁기 인구이동과 인구조사

유엔민간원조사령부는 전쟁기 중요한 업무였던 피난민, 위생, 원조와 관련해 전국인구통계를 필요로 했다. 피난민은 유동인구였기 때문에 원주민에 비해 어느 정도 차지하는지 파악해야 했고 전염병을 예방하고 "군사목적을 완수"하기 위해 예방 접종을 받은 인구수도 정확해야 했다. 그리고 "원조행정의 주안점은 원조가 너무 적게 또는 너무 많게 주어지는 것이 아닌 원조가 필요한 사람들에게 적격하게 이루어졌는지 정확한 수를 알아내는 것이다"고 지적하는 것처럼 얼마나 적절하게 집행되었는가의 문제와 노동력에 대한 집계도 함께 이루어졌다.[78]

따라서 유엔민간원조사령부는 사회부나 공보처에 인구조사와 통계를 요구했고, 좀 더 정확하게 처리할 것을 요구했다. 전쟁기 한국정부에 의해 행해진 인구조사는 (비)공식적으로 여러 차례 있었지만 그 결과는 거의 발표되지 않았다.

> 사변 후 처음으로 1952년 12월 말일 현재의 전국 인구조사를 실시한다. 총인구는 2천 백만이고 사변으로 인한 인명피해는 백만으로 추산된다.[79]

> 우리나라 인구조사는 대한민국이 수립된 후로는 1949년 5월 1일 현재의 숫자가 있고 그 다음에는 1951년 8월 31일 임시로 조사한 숫자가 있다. 전체인구가 2,016만에서 2,052만으로……우리 짐작에는 유엔군이 북한에서 후퇴할 적에도 수백만의 피난민이 월남하였고 보는 즉 조사 숫자에는 36만 명밖에 늘지 않았다는 것은 이상한 일이다.[80]

---

78) RG 554, United Nations Command Adjutant General's Section, UN Civil Assistance Command, Korea (UNCACK) Adjutant General Section, Entry A-1 1303, Team Reports, 1951~1953, Box 74, Team Records Misc (2 of 3) 1951~1951.
79) 『조선일보』, 1953.4.13.
80) 『동아일보』, 1952.12.28.

위의 기사를 정리하면 인구조사는 1951년 8월 31일, 1952년 12월 31일에 행해졌다. 특히 1952년 12월 31일에 치룬 인구조사는 "31일은 전국인구조사일 국가시책의 근간이 되는 인구조사에 협력하자"고 선전되었다. 그러나 인구조사가 이루어진 뒤 그 결과는 모호했다. 한 신문에는 "공보처에서는 금년 1월 1일 자정을 기하여 전국적으로 총인구조사를 실시한 바 있는데 동 인구조사는 각 도로부터 집계되어 최후적 숫자가 파악되어 국무회의 심의를 거쳐 대통령의 결재를 기다려 불원간 발표한다. 금번 실시한 인구조사는 대통령 결재가 있을 때까지는 대외적인 관계를 고려하여 엄비에 부치고 있는데 남한 전체 인구는 2천 1만 내외이며 여자가 남자보다 약 40만이 더 많다는 것이다."라고[81] 언급이 있을 뿐 더 이상의 내용은 찾아볼 수 없었다.

이 조사와 관련된 내용이 유엔민간원조사령부가 생산한 정치비망록 첨부문서에는 다음과 같이 설명되어 있다.

> 각 기간 중의 정치 동향에 대한 분석 중 인구조사결과를 발표하지 않는다는 결정이 내려졌다. 백두진 국무총리는 4월 16일 유엔민간원조사령부의 재무담당 자문에게 1952년 12월 31일 행해진 센서스 결과를 발표하지 말라고 언급했다. 숫자가 믿을만하지 못하다는 이유이다. 한국 신문들은 센서스 결과를 최근에 발표했으나 공보부 장관은 직후에 뉴스보도는 비공식이며 부정확하다고 언급했다.[82]

이 보고와 함께 전국의 인구는 19,427,306명이라고 언급되었다. 이 인구수

---

81) 『동아일보』, 1953년 4월 12일.

82) "Recent Political Development in the Republic of Korea(1953.4.20)", RG 338, UN Civil Assistance Command, Korea (UNCACK), 1951, Entry UNCACK UNIT 11028, Box 76, Defendent+Civilian Data, 300.4 ; Radio, 311.23 ; Military Histories, 314.7 ; Use or Utilization, 313.5 ; Monthly Summary Civil Affairs, 319.1 ; Indigenous Personnel, 230.1 ; Civilian Employees, 230 1950~1954 recent political development in the republic of korea.

는 1949년 5월 조사된 인구(20,166,756명)에 비해 739,450명이 감소되었다. 이 통계가 신뢰할 만한 것인지 다른 자료와 비교해 추측할 수밖에 없다.

〈표 8〉 1952년도 현재인구[83]

지역	1월	2월	3월	4월*	6월**	7월	9월***	11월
서울	683,587	717,627	734,129	789,692	715,985	725,321	733,562	762,109
경기도	2,657,656	2,658,110	2,675,697	2,931,966	2,654,158	2,683,767	2,688,458	2,690,169
충청북도	1,256,673	1,255,870	1,257,586	1,273,044	1,262,657	1,274,359	1,274,277	1,276,860
충청남도	2,506,833	2,510,486	2,497,053	2,308,079	2,207,721	2,203,191	2,202,721	2,203,691
전라북도	2,183,825	2,185,188	2,181,994	2,240,840	2,249,184	2,249,184	2,249,184	2,249,184
전라남도	3,137,678	3,138,776	3,137,458	3,120,925	3,061,363	3,061,363	3,073,232	3,078,725
경상북도	3,564,393	3,559,907	3,549,270	3,415,440	3,169,103	3,169,103	3,169,103	3,169,103
경상남도	3,539,993	3,539,993	3,536,793	3,536,893	3,492,886	3,492,886	3,492,886	3,540,843
강원도	1,124,328	1,127,328	1,136,772	1,095,755	1,190,555	1,190,555	1,190,535	1,190,555
제주도	282,657	282,333	281,336	278,827	278,827	278,747	278,847	266,419
총계	20,947,623	20,975,618	20,988,088	20,991,461	20,282,439	20,328,576	20,352,805	20,427,658

* 4월 통계는 1952년 4월 15일 사회부가 작성한 피난민등록에 기초한 것이다.
** 활용할 수 없는 자료라는 명시가 있다.
*** 1952년 4월 센서스 자료를 기초로 하고 있다는 언급이 있다.

유엔민간원조사령부의 1952년도 매월 현재 인구는 〈표 8〉과 같다. 이에 의하면 1월부터 4월까지의 인구는 2천 90만 정도로 피난민등록에 기초한 것으로 주로 사회부가 제공한 것이었다. 2천 90만 명은 1952년 1~4월에 이용된 자료인데 피난의 이동이 잦고 원주민에 피난민을 더해서 현재 인구를 냈

---

83) RG 338, UN Civil Assistance Command, Korea(UNCACK), 1952, Entry UNCACK, Box 5753, Classified Command Report Files(1 Jan.-30 Dec. 1952), Korea Civil Assistance Command (2 of 2) 1952~1952 ; RG 338, UN Civil Assistance Command, Korea(UNCACK), 1952, Entry UNCACK, Box 5753, Staff Section Report, Public Works, for Month of January 1952 (3 of 3) 1952 ; RG 338, UN Civil Assistance Command, Korea(UNCACK), 1952, Entry UNCACK, Box 5753, Staff Section Report, Public Information Section, 1 March 1952 ot 31 March 1952 ; RG550, Military Historian's office, Organizational History Files, E1 Box75.

기 때문에 중복될 가능성이 많아 이 숫자는 신뢰할 수 없다.

4월 이후의 통계가 더 신뢰할만하다고 생각된다. 9월 인구는 4월 센세스에 의한 것으로 2천 35만여 명이었다. 1949년 5월에 조사된 인구가 2천 16만 정도이기 때문에 이와 비교하면 19만 명 정도의 증가가 있을 뿐이다.

1952년 12월 31일 전국 인구수 1천 9백만 명이 1949년도보다 인구수가 감소해 신뢰할 수 없지만 여기에 포함되지 않았던 70만 명의 군인 수를 포함한다면 대략 2천 10만 명가량이다. 이 수는 신문보도나 유엔민간원조사령부의 자료(〈표 8〉) 등을 통해 볼 때 10~20만 명 정도의 차이를 나타낸다.

자연증가를 고려하지 않더라도 월남한 인구수를 고려한다면 1949년에 비해 1952년의 인구증가가 10~30만 명 정도에 불과하다는 것은 전쟁기에 사람들이 얼마나 많이 사라졌는지 짐작하게 하는 대목이다.

Ⅳ. 맺음말

한국전쟁기 인구조사와 통계는 국방부전사편찬위원회가 이용한 단편적인 자료와 공보처 통계국이 발행한 1952년도 자료로 짐작하고 있을 뿐이다. 이들 자료는 한국정부가 왜 어떻게 인구조사를 했고 이용했는지 알 수는 없다.

한편 유엔민간원조사령부는 한국정부와 비슷한 위상을 가지며 행정의 전반적인 것을 장악해 나갔다. 당연히 한국전쟁기 인구조사와 통계 그리고 그 결과의 이용도 유엔민간원조사령부의 요구에 따랐다. 유엔민간원조사령부의 인구조사와 통제는 피난민, 위생, 원조와 관련되어 이루어졌다. 유엔민간원조사령부는 전쟁 때문에 원거주지에 벗어난 피난민을 전쟁피해자로 간주하지 않았고, 한편에선 적과 구분되지 않는 이들로, 다른 한편에서 전쟁수행에 방해되는 자들로 규정했다. 따라서 유동인구였던 피난민에 이들에 대한 격리와 통제가 필요했다. 1951년에 유엔민간원조사령부는 전국인구를 원주민과 피난민으로 구분했고, 전국을 접근금지(서울, 경기도와 강원도의 일부), 도내 피난(충청남북도와 전라남북도), '안전지대'로의 소개(경상남북도) 등의 지역으로 구분했고 이의 취지에 맞게 피난민을 분리하고 격리했다. 1952년에 피난민은 월남민, 서울과 다른 지역에서 온 피난민, 도내 피난민으로 유형화되어 전국적인 조사가 이루어졌고 매달 이들이 어떻게 이동하는지 보고되었다.

　이 조사에서 그동안 막연하게 알려진 피난민의 이동을 알 수 있다. 이들의 조사에 따른 피난민의 이동은 유엔민간원조사령부의 정책에 따라 시기별로 지역별로 달랐음을 알 수 있다. 1951년 초에 피난민이 가장 몰린 지역은 경상북도와 충청북도이고 5월에는 경기도와 충청남도 그리고 전라남북도였다. 충청북도는 4월 이래 전쟁이 끝날 때까지 피난민 수가 일정하게 유지되었고, 경상남도도 피난민 수가 일정하게 유지되었다. 그 까닭은 충청북도의 경우 중국인민지원군의 3월 공세로 인민군이 제천과 단양까지 진출하면서 충청북도 소개령과 초토화작전 때문이었고, 경상남도는 전쟁 초기부터 피난민이 몰렸지만 일정정도 수를 유지했다. 경상남도 특히 부산에 들어갈 수 있었던 피난민은 '대한민국 국민'이라면 누구나 들어갔던 것이 아니라 '기타'로 분류된 군인, 경찰, 공무원 등이었다. 소위 대한민국의 지배층을 차지하는 부류들이 여기에 속했다. 1952년 초기에는 귀향민들로 경기도와 피난민 수용지로 예정된 충청남도와 전라북도 그리고 경상남북도에 몰렸고, 휴전협정이 이루어진 1953년 9월에도 피난민은 경기도, 경상남도 그리고 충청남도에 집중되어 있었다.

　원주민 가운데 유동인구인 피난민의 분포를 알기 위해서는 전국 인구통계가 필요했다. 따라서 피난민통계와 함께 유엔민간원조사령부는 정확한 전국 인구통계를 사회부와 내무부에 요구했다. 이런 요구에 따라 한국정부는 전쟁 동안 몇 차례에 걸쳐 인구조사를 했다. 그러나 인구조사의 결과는 한번도 제대로 발표된 적이 없었고, '극비'로 다루어졌다.

　유엔민간원조사령부가 생산한 자료에 의해서도 전국인구수는 2천 90만 명에서 1천 9백만 명으로 거의 백만 명에 가까운 편차를 보이고 있다. 1952년 12월 31일 조사된 인구수는 1천 9백만 명 정도로 1949년 조사 인구수보다 무려 73만 명이 줄어들었다. 조사에 누락된 수가 많다고 가정하더라도 월남민 수를 고려한다면 이 감소를 어떻게 설명할 수 있겠는가. 이런 까닭에 몇 차례에 걸쳐 인구조사가 이루어졌지만 그 결과는 알려지지 않았다.

이에 대한 해답은 이 글에서도 밝히지 못했다. 다만 1952년 전국 인구수가 2천 30만 명 또는 2천 40만 명이라고 하더라도 1949년에 비해 겨우 15만 명에서 26만 명 정도 증가했을 뿐이다. 이를 분명하기 밝히기 위해서는 한국전쟁기 지역의 인구이동과 변동에 대한 연구들이 결합되어야 할 것이다.

한국전쟁기 한국정부와 유엔군의 피난민 인식과 정책[*]

강성현

I. 한국전쟁의 성격과 피난의 의미

이 땅의 민중들은 크고 작은 난리가 생길 때마다 피난을 떠났다. 전쟁 때의 안전한 피난처로 '십승지(十勝地)'를 찾아낼 정도로 산전수전을 다 겪으면서 '살 길'을 찾았다. 그러나 한국전쟁기 피난은 이전의 그것과는 질적으로 다른 것이었다. 피난은 한국전쟁의 복합적인 성격과 연동되어 단순히 난리를 피하는 행위 이상의 것이었다.

한국전쟁은 김일성 정권이 통일국가의 권력을 쟁취하기 위해 대한민국을 남침하면서 시작된 이승만과 김일성 정권 간의 '내전'이었다. 동시에 유엔군과 중국인민지원군(이하 중국군)이 참전한 '국제전'이었으며, 세계의 '자유진영'과 '공산진영'이 대결한 '이념전'이었다. 그리고 한반도의 민중들이 처음으

---

[*] 이 논문은 2008년 정부(교육과학기술부)의 재원으로 학술진흥재단의 지원을 받아 수행된 연구임(KRF-2008-321-A00012). 이 글은 「한국전쟁기 유엔군의 피난민 인식과 정책」, 『사림』 제33호, 2009를 수정한 글임.

로 겪었던 총력전 양상의 '현대전'이자 전선의 이동이 극심한 '톱질전쟁' 혹은 '피스톤전쟁'이었다.

이러한 전쟁에서 남한의 민중들에게 남의 일인 양 '내전'을 관조하듯 방관적인 태도를 취하는 것은 허락되지 않았으며, '중도'를 유지하는 것도 불가능했다. 양 정권으로부터 '我'가 될 것인지 '敵'이 될 것인지를 강요받았고, 전시 병사와 노동력의 '자발적' 동원이 '강제'되었다. 즉 전쟁은 그 어떤 국가사업보다도 강력한 '국민 만들기' 작업의 결정판이었다.

개전 초기 약 150만 명의 서울시민 중 약 40만 명이 '도강'했지만, 나머지는 '잔류'하게 되었다. '잔류'한 사람들 중에는 북한군의 서울 '점령'을 고대하면서 적극적으로 '잔류'한 사람들도 없지 않지만, 대부분은 피난할 때를 놓친 사람들이었다. 실제 전황과 괴리된 허위 방송, 정부의 피난·소개 무계획과 무대책, 군경 수뇌부의 무능력, 한강교 조기 폭파 등의 상황들이 복합적으로 작용한 결과였다. 그리고 이승만의 정적(政敵)이라는 정치적 입지 때문에 고뇌 끝에 '잔류'한 정치인과 국회의원도 있었다. 확고한 반공주의자였지만 정치가로서의 도덕적 책임의식 때문에 '잔류'한 사람도 있었다. 중간의 입장에서 있던 지식인들도 대체로 '잔류'했다. 2년 가까이 폭력에 의해 지탱된 채 실정을 거듭하고 있던 이승만 정권이 개전 직후 보여준 모습에서 상당히 실망했기 때문이다. 북한의 '민주개혁'을 피해 월남한 인사, 친일 경력자, 군경 가족, 대한민국 정부에서 일정한 지위를 갖고 있었던 지배층이나 우파 지식인을 제외한 상당수의 서울시민들이 서울에 '잔류'했던 것이다.

그러나 '잔류파'는 이승만 정권과 '도강파'에 의해 '부역자' 혹은 '기회주의자'의 낙인이 찍힌 채 심판받는 고초를 겪어야 했다. 김일성 정권의 '점령'하에서 '반동분자' 심판과 전시 동원의 고초를 겪으며 방관과 중도가 불가능하다는 것을 뼈저리게 체험했던 잔류파에게 이승만 정권의 '수복'은 결코 해방이 아니었다. 무계획과 무대책으로 자신들을 버리고 도주한 정부에게 책임을 따져 묻기는커녕, 자신이 '赤治下' 지하에 숨었거나 공산주의자에게 부역하지 않았음을 입증해야 했다. 반공 사상검사였던 정희택 검사는 수복 후 이인 법무부장관에게 "배신과 기만으로 애국 시민들을 유기하고 도망친 자들이 무슨 염치로 잔류파를 재판한다고 하는 겁니까"라고 항변했지만, 그것은 개인적 울분을 터뜨리는 것 이상이 될 수 없었다.[1]

이러한 극단적인 경험 속에서 피난은 국민의 자격을 인정받을 수 있는 가장 중요한 징표가 되어갔다. 그리고 사람들은 이 징표를 획득하기 위해 한쪽 편에 서서 전시 강제되는 자발적 동원에 적극적으로 응했다.

국제적인 차원에서 보면 한국전쟁기 '피난'의 문제는 2차 세계대전 이후 수립된 전시 난민(refugee)을 포함한 민간인에 대한 대우를 다루는 국제법, 즉 1949년 네 번째 제네바협약의 인도주의적 기준이 이상적으로 작동할 수 있는지를 시험하는 리트머스지이기도 했다.[2] 1940년대 중후반 세계는 나치를 위시한 주축국들의 점령으로 민간인들이 유례없는 고통을 겪은 당시의 상황이 다시는 반복되지 말아야 한다는 문제의식을 어느 때보다도 강렬하게 공유하고 있었다. 제네바협약이 제노사이드협약, 세계인권선언과 몇 개월 터울로 채택됐던 것은 결코 우연한 일이 아니다. 이 협약들은 압도적으로 조직된 무력으로부터 난민을 포함한 비무장 민간인을 보호해야 한다는 요청이 깔려 있는 것이었다.[3]

그러나 이러한 인도주의적 이상은 전쟁 상황에서 현실주의적인 군사적 기준과 갈등할 수밖에 없었다. 실제 피난민 정책과 소개 대책에서 인도주의적 고려는 후순위로 밀려났으며, 거의 항상 전쟁 상황 논리에 압도되었다. 피난민 처리에 대한 '민사'와 '원조' 역시 '자유세계'와 '공산세계' 간의 이데올로기적 우월성을 확증하는 싸움과 연계되어 있었다. DDT 살포 광경은 자유진영

---

1) 중앙일보사 편, 『민족의 증언』 3, 중앙일보사, 1983, 132~134쪽.
2) Conway-Lanz, Sahr, "Beyond No Gun Ri: Refugees and the United States Military in the Korean War," *Diplomatic History, Vol. 29 No. 1*, 2005.
3) Shaw, Martin, *What is Genocide?*, Polity, 2007, pp.118~119.

의 우월성을 드러내는 상징이었으며, 한반도 전장 어느 곳에서 안도하고 있는 피난민의 '몸'은 양 진영 간의 국제적 전장이 되었다.

한국전쟁기 피난에 대한 체계적인 연구는 손에 꼽을 정도로 드물지만, 주목할 만한 선행 연구들이 있으며, 대표적으로 김동춘, 양영조, 콘웨이-란츠 Conway-Lanz, 정구도·김구현의 연구가 있다.[4]

김동춘은 개전 직후의 무대책과 대혼란 속에서 대통령과 정부의 핵심 관료들이 국민을 '버리고' 어떻게 '도망'쳤는지, 피난과 잔류의 기로에서 국민들은 누가 어떻게 남게 되었고 떠났는지를 잘 분석하고 있다. 그리고 그는 '1차 피난'을 정치적·계급적 성격의 피난이라고 결론짓는다. 그리고 국군과 유엔군이 후퇴하는 과정에서 나타났던 피난을 '2차 피난'이라 부르면서, 이는 생존을 위한 피난이었다고 규정한다. 피난에 대한 학계의 본격적인 선행 연구가 없는 상황에서 그의 논의는 상당히 선구적이라 할 수 있다. 특히 피난을 통해 얼핏 자명해 보이는 국가와 국민의 관계를 새로 묻고 더 나아가 한국전쟁의 복잡한 성격의 한 단면을 보여준 것은 현재 뿐만 아니라 앞으로도 유효한 문제의식이라고 생각한다. 그러나 그의 연구는 전쟁 발발 직후 약 4일간의 상황에 한정되어 있을 뿐 생존을 위한 '2차 피난'에 대해 본격적으로 다루지 않고 있다. 국군과 유엔군이 후퇴하면서 부산 교두보를 확보할 시간을 벌기 위해 '지연전'을 벌이고 그 과정에서 전쟁의 한복판으로 '소개'되어 내몰린 피난의 실상은 '생존을 위한 피난'으로 한 칼에 정리되지도 않고, 정리될 수도 없다. 인도적 차원이 아닌 군사작전의 차원에서 피난민 문제가 부각되면서 수립한 한국정부와 유엔군의 피난민 정책과 그 인식을 살펴볼 필요가 있다.

---

4) 김동춘, 『전쟁과 사회: 우리에게 한국전쟁은 무엇이었나?』, 돌베개, 2000 ; Conway-Lanz, Sahr, "Ibid", 2005 ; Conway-Lanz, Sahr, *Collateral Damage*, Rouledge, 2006 ; 양영조, 「남북한 피난민 상황과 피난민 대책」, 『한국전쟁과 동북아국가정책』, 선인, 2007 ; 정구도·김구현, 「한국전쟁기의 미8군의 피난민 통제정책」, 노근리평화연구소, 〈제1회 노근리 국제평화학술대회〉(2007년 8월, 서울)가 있다.

이 빈 곳을 양영조(2007)의 연구가 어느 정도 메우고 있다. 그는 당시 피난민 정책, 동향, 소개 작전, 통계, 구호 정책 등을 담고 있는 당시 미군 보고서들을 부분적으로 활용하고 있다. 이를 통해 그는 '1차 피난' 즉, 지연전 시기 피난민 문제가 부각된 이후의 한국정부 및 미군의 대책, 특히 피난민에 대한 미군의 인식과 통제지침을 검토하고 후방지역의 피난민 실상과 구호 상황을 살펴보고 있다. 그는 이 틀을 '2차 피난' 분석에도 적용해 중공군의 참전 이후 유엔군의 후퇴과정에서 수립된 피난민 정책과 피난민 이동 및 실상, 구호 상황을 분석하고 있다. 그러나 그의 연구는 피난민 문제를 주로 군사작전의 차원에서 고려하고 조명한 나머지 피난민의 시선과 입장이 거의 배제되어 있다. 물론 피난민에 대한 정부의 무대책으로 '불가항력적'으로 잔류하게 되어 '혹독한 시련'을 겪은 일부의 서울시민과 보도연맹원들, 그리고 유엔군의 피난민 이동 제한 지침으로 낙동강을 건너지 못한 피난민들의 '진퇴양난'을 짧게 서술하고는 있지만, 거의 대개는 피난민 문제를 전투력의 효율적 운용이라는 군사적 차원에서 평가하고 있다. 정부의 전무한 피난민 대책, 특히 군경 지휘부의 피난민에 대한 효과적 통제의 실패를 전쟁 초기 인력관리의 실패의 차원에서 평가하고 있는 대목이나, 유엔군의 피난민 이동 제한 지침과 그 배경을 이루는 엄격한 통제 정책을 부득이한 것이었으며 낙동강 방어 작전의 중요한 성공 요인 중 하나로 평가하는 대목은 군의 전형적인 관점이며, 그것 자체로 그의 연구에 내재되어 있는 군과 민의 관계에 대한 '외눈박이' 시선을 확인할 수 있다.5)

당시 피난민 문제, 특히 유엔군의 피난민 대책에 대한 군의 관점(혹은 공식전사의 시각)을 비판적으로 검토하는 것이 콘웨이-란츠와 정구도·김구현의 글이다. 콘웨이-란츠는 한국전쟁 초기 민간인 희생 사건들의 배경으로 미8군의 피난민 통제 정책을 검토해 이의 문제점을 지적하고 있다. 특히 노

---

5) 양영조, 위의 책, 184~185·198~199쪽.

근리 사건에 대해 의도적 학살 명령이 없었다는 미 국방부의 결론을 반박하기 위해 여러 증거 자료들을 통해 미군 수뇌부가 '발포'와 같은 '치명적 무력'의 사용을 승인했음을 밝히고 있다. 그리고 이러한 명령이 7월 말에는 '숨겨진 명령(blanket order)'이었지만, 8월에 이르러서는, 특히 1950~1951년 겨울의 소개 작전에서는 '분명한 명령(clear order)'이었음을 서술하고 있다.6) 그러나 그는 미국이 제2차 세계대전의 교훈으로 제네바협약, 특히 전시 피난민을 포함한 민간인에 대한 대우를 다루는 국제법의 표준을 앞장 서 세웠고, 미군이 이 인도주의적 기준을 저버리지 않고 한국전쟁에 적용하려 했지만 수세에 몰린 전체 전쟁 상황으로 인해 불가피하게 엄격한 피난민 이동 제한 정책을 수립하지 않았는지 두둔하고 있다. 이에 대해 정구도·김구현은 콘웨이—란츠의 기여에 대해 많은 부분 인정하지만, 위의 국제법을 위반하는 무리한 피난민 정책이 군사적 필요로 정당화될 수 있는지 의문을 제기한다. 그러면서 그는 피난민에 대한 발포 명령이 피난민 통제를 위한 군사작전의 일환이 되도록 몰아간 것은 후퇴기 미군의 무리하고 과잉으로 점철된 피난민 통제정책 그 자체였다고 주장한다. 그리고 그는 피난민 이동에 대한 미군의 통제수단이 인적·물적으로 부족한 상황이고 피아간 식별 곤란이 인정된다 하더라도 이 상황적 요소를 지나치게 강조해 일반화하는 것은 한국전쟁기 민간인 희생 전체를 현대전 일반의 '부수적 피해'의 일종으로 치부해버리는 우를 범할 우려가 있다고 비판한다.

그런데 기존의 선행 연구들은 피난을 '1차 피난'과 '2차 피난'으로 구분하는 경향이 있다. 이는 대체로 개전 초기 북한군의 '6·25 남침'에 따른 국군과 유엔군의 '지연전'으로서의 후퇴와 피난, 그리고 1951년 1월 중국군 '신정공세'에 따른 '1·4후퇴'와 피난을 구분하고 있는 것이다. 그러한 구분이 틀렸다고 할 수는 없지만, 구분에 전제된 관점을 고려하면 다소 문제가 있다고 생

---

6) Conway-Lanz, Sahr, "No Gun Ri and the Issue of Orders," 노근리평화연구소, 〈제1회 노근리 국제평화학술대회〉(2007년 8월, 서울), pp.25~26.

각한다. 피난 연구는 전쟁과 군의 관점을 배제할 수는 없겠지만, 무엇보다도 피난과 피난민의 관점에서 볼 필요가 있다. 그렇게 본다면 한국전쟁에서 두 번의 후퇴와 두 번의 피난만 부각되어서는 안 된다고 생각한다. 한국전쟁은 톱질전쟁으로 표현되듯이, 갑자기 밀고 밀리는 전쟁이어서 사람들은 한 번이 아니라 여러 번 피난을 떠나야 했다. 그중에는 유엔군의 전선에 가로막혀 유엔군의 피난민 '발포'에 간신히 살아남고 유엔군 소속의 비행기에 기총소사와 폭격을 간신히 피해 피난길을 되돌아가 '귀향'하기도 했다. 그러다가 또 '수복'되고 다시 후퇴하게 되면 소개 정책으로 피난길에 올라야 했다. 따라서 어떤 사람들에게 전쟁에서의 삶은 피난과 귀향이 여러 번 반복되는 '피난살이' 그 자체였다. 예컨대 충청북도 사람들은 서너 차례씩 피난길에 오르기도 했다.[7]

무엇보다 이 구분 방식은 이데올로기적 차원에서 피난의 반공주의적 신화 쓰기라는 기억의 정치를 일정 부분 반영하고 동시에 강화한다고 생각한다. 두 번의 피난 모두 북한군의 남침과 중국군의 공세를 피해 발생했다는 인식은, 피난이 생사를 무릅쓰고 자유를 찾아 떠난 이념적인 선택이자 숭고한 행동이라는 의미로 연결되면서 공산주의가 아닌 전장의 '난리' 그 자체를 피해 목숨을 부지하고자 했던 여러 차례의 피난들과 유엔군의 유혈적인 소개정책으로서의 피난들을 보지 못하게 하는 효과가 있다. 두 번의 '엑소더스'에 대한 신화와 역사쓰기가 한국사회의 반공주의를 떠받치는 중요한 한 축이었음은 분명하다.

거의 모든 공식전사에서는 당연히 피난이 언급된다. 그러나 피난의 고통과 참상 같은 피난의 실상은 매우 단편적으로 서술되는데 그치고 있다. 그마저도 반공주의에 포획되어 제 목소리를 못내는 상황이 태반이다. 군사가인 양영조는 "피난민 대책이 인도주의적 차원뿐만 아니라 국민들의 사기 유지와

---

7) 서중석, 『조봉암과 1950년대(하)』, 2000, 786쪽.

군사작전에 중요하며, 따라서 피난민 연구는 피난 자체의 문제뿐만 아니라 군사적인 측면에서 필요"[8]하다고 말했고 그 의도가 이해 안 가는 것은 아니지만, 나는 오히려 피난 자체에 대한 연구가 매우 절실하다고 생각한다.

이 글에서는 한국전쟁기 한국정부와 유엔군의 피난민 인식과 정책에 대해 분석할 것이다. 우선 개전 초기 한국정부가 '피난민 문제'를 어떻게 인식하고 대처했는지 살펴볼 것이다. 한국정부의 피난민 문제에 대한 인식과 대응이 유엔군의 피난민 인식과 정책을 이해하는데 하나의 배경이 되기 때문에 매우 중요하다. 그 다음으로 본격적으로 유엔군의 피난민 인식과 정책을 다룰 것이다. 당시 유엔군의 피난민 정책은 크게 이동 제한 정책과 소개 및 유도·분산 정책, 구호 정책, 그리고 재정착 정책으로 구분할 수 있다. 물론 이들 정책은 각각 개전 초기와 1950~1951년 겨울의 피난민 정책의 성격을 드러내 주는 정책이기도 했지만, 이는 어디까지나 분석적 구분일 뿐 어떤 국면에서는 뒤섞여 나타나기도 했다. 이 글에서는 이들 정책에 대한 구체적인 내용과 함께 정책에 전제된 피난민 인식과 태도를 분석적으로 살펴볼 것이다. 동시에 이 정책에 대한 피난민의 피난 체험의 시각에서, 더 나아가 전시 일반 민중들의 처지에서 유엔군의 피난민 인식과 정책을 비판적으로 검토할 것이다.

II. 한국정부의 개전 초기 대처와 피난민 정책

1. 혼란 속의 '도강'과 '잔류'

기존의 한국군 공식전사와 한국전쟁사 연구들은 이구동성 25일 새벽 북한군 '전면 남침'과 이에 대한 개전 직전 육군본부의 불가사의한 대응,[9] 그리고

---

8) 양영조, 앞의 책, 2007, 170쪽.
9) 첫째로 전면전 가능성에 대한 여러 차례의 보고를 육군 수뇌부가 묵살한 점, 둘째로 전쟁 발발 2주 전에 사단장과 연대장 급 인사이동을 대규모로 단행한 점, 셋째로 6월

개전 직후의 느러터지고 혼란스러운 대응으로 시작한다. 한 연구자는 이를 두고 한국군 수뇌부가 "허를 찔렸다"고 표현했으며,[10] 또 다른 연구자는 마치 "역사의 결정 순간에 나타나는 어떤 진공상태를 연상케 한다."[11]고 말한 바 있다. 둘 다 숙취 상태에서 전쟁을 맞이했던 장면을 포착하고 있다. 북한군 남침에 대한 숱한 정보는 전쟁 이전부터 감지되어 수차례 보고되었지만, 남침 위협 위험을 정치적으로 이용하는데 동원한 이승만 정부의 전략으로 인해 임박한 공격가능성에 대한 신뢰를 오히려 떨어뜨렸고, 그 결과는 '불가사의한 대응'으로 표현되듯이 이승만 정부와 육군본부의 속수무책 상황이었다. 양치기 소년 우화의 한국전쟁 판이었다.

그런데 이런 상황에서 이승만 정부의 대응은 더욱 이해하기 어려운 것이었다. 이승만 대통령이 최초로 보고받고 인지한 정확한 시간은 관련 증언들이 엇갈리고 있기는 하지만, 아침 일찍 경무대에서 남침 소식을 보고받은 것은 틀림없는 사실로 보인다. 그의 첫 대응 행동은 임시 국무회의 소집 지시와 함께 그 전인 오전 11시 35분에 무쵸(John Muccio) 미대사를 만나 상황을 논의하는 것이었다. 그는 그 자리에서 서울에 계엄령 선포를 고려하고 있다고 말하면서 자신이 사람들에게 오래 전부터 경고해왔기 때문에 그렇게 놀랍고 당황스러운 일은 아니라는 듯 반응했다. 이어서 그는 무초에게 남한이 제2의 사라예보가 되는 것은 원치 않으나 어쩌면 지금의 위기가 한국문제를 일거에 해결하기 위한 최선의 기회일 수도 있다고 말했다.[12] 이를 두고 박명림

13~20일 사이에 전후방 부대를 대규모로 교체한 점, 넷째로 6월 24일 0시를 기해 비상경계명령(작명 78호)을 해제한 점, 다섯째로 6월 24일부터 전 장병의 약 1/3에게 휴가와 외출을 실시한 점, 여섯째로 6월 24일에 남침가능성이 제기되는 상황에서 육군장교클럽의 개관식 파티를 심야까지 벌인 점.

10) 김동춘, 앞의 책, 2000, 67쪽.
11) 박명림, 『한국 1950, 전쟁과 평화』, 나남, 2002, 144쪽.
12) 군사편찬연구소, 『미국무부 한국 국내상황 관련문서 I: 한국전쟁 자료총서 39』, 1999, 272~273쪽.

은 "이 노련한 현실주의자의 머리 속에는 북한의 기습이 통일의 절대적 호기로 다가왔음에 틀림없었다."고 평가한다.13) 즉 허를 찔려 당황한 한국군 수뇌부와 대비되는 이승만 대통령의 침착한 모습, 이것은 '남침'이라는 비상사태가 비극적 사태라기보다는 승리의 가능성만 있다면 오히려 기회였기 때문에 나올 수 있었던 것이다.14) 그래서 이승만 대통령의 첫 대응 행동은 무초 대사를 만나 '공산침략'에 맞서 미국에 개입을 촉구했던 것이다. 이승만에게 미군의 참전은 북진통일을 보장하는 절대적 물리력으로 생각했을 것이고, 이를 통해 1950년의 '5·30선거' 참패에서 비롯된 정치적 위기를 일거에 만회하려 했을 것이다.15) 그러나 그것은 매혹적이지만 위험이 도사리고 있는 말 그대로 '도박'이었다.

이승만 대통령의 이 같은 정치적 계산과 침착한 태도는 하루도 가지 않았다. 26일 내내 보고되었던 군과 경찰 계통에서 올라오는 전황 소식은 예상했던 것보다 최악의 상황으로 치닫고 있었다. 믿었던 미국의 군사적 개입은 아직 감감무소식이었다. 이 대통령은 26일 오후에 직접 치안국에 들러 전황을 보고받을 정도로 초조해 있었다.16) 그때는 이미 의정부가 "적의 수중에 들어간 후였다." 그리고 그날 밤 김태선 서울시경 국장이 경무대에 들어가 전황 보고와 함께 서대문형무소에 수감되어 있는 '좌익수'들의 잠재적 위험 요소를 언급하며 피난을 권했다.17) 27일 새벽 신성모 국방장관 역시 황급한 피신을

---

13) 박명림, 앞의 책, 2002, 146쪽.
14) 김동춘, 앞의 책, 2000, 76쪽.
15) 사실 이승만 대통령의 이러한 태도는 이번이 처음이 아니었다. '여순사건'이 터졌을 때 보여주었던 그의 태도 역시 대통령으로서 비상사태의 발생에 대해 사과하거나 국민의 피해를 최소화하는 방향으로 수습하기 위해 움직이는 모습이 아니었다. 오히려 이를 기회 삼아 정적인 김구와 한독당세력, 더 나아가 단정반대세력을 제거하려 했고, '친일파정국'과 '통일정국'을 '반공정국'으로 반전시키고 정치권력을 보다 확고하게 장악해나갔다.
16) 장석윤, 「풍상 끝에 얻은 섭리」, 『격랑반세기 1』, 강원일보사, 1988, 318~319쪽.

권유하자 이승만 대통령은 새벽 1시에 예정된 비상 국무회의를 뒤로 하고 새벽 3시 30분, 프란체스카 영부인과 김장흥 경무대 경찰서장, 황규면 비서, 경호경찰 1명 등 6명만을 대동한 채 3등 열차에 탑승해 황급히 서울을 빠져나가 '남행'했다. 그리고 대구까지 내려갔다가 다시 북상해 오후 4시 30분경 대전에 도착했다. 이 '급작스러운 탈출'은 극비상황이어서 신성모 장관을 비롯한 2~3명의 고위관리와 경무대 직원 일부를 제외하고 어느 누구도 알 수 없었다.[18] 피난 시기가 적절했는지에 대한 논란은 차치하더라도 국가 원수의 피난이라고 하기에는 너무나 위험천만하고 즉흥적인 말 그대로의 '피신'이었다.

정부의 전쟁 대응 조치와 피난 시기, 방식 역시 대통령과 별반 다르지 않았다. 특히 국가의 안전에 책임 있는 장관, 국방장관과 내무장관의 행동과 태도는 근거 없는 낙관론과 무대책으로 일관하고 있었다. 신성모 장관은 25~26일 채병덕 육군총참모장과 함께 반격과 격퇴, 평양 함락을 자신했다. 국무회의는 물론 26일 국회 본회의에서 허위 전황을 보고한 것이었다. 북한군이 창동과 미아리 방어선으로 다가오고 있는 상황에서도 신 장관은 27일 새벽 1시에 열린 비상 국무회의에서조차 안일하고 낙관적인 전황 보고로 일관했다. 다른 장관들도 무대책이었다는 점에서 별반 다를 것이 없었다. 이범석 전 국무총리만이 나름 현실을 직시하고 있었다. 그는 서울 사수와 서울 철수를 제시하면서, 현 전세로 보아 서울 철수는 불가피하며 문제는 서울시민에 대한 조치라고 말했다. 회의에서 수도 사수(장기영 체신부장관)와 철수(이윤영 사회부장관)의 견해가 갈리기도 했지만, 대부분은 이 엄청난 사태 앞에 발언도 하지 못한 채 멍하니 있을 뿐이었다. 결국 수원 천도로 결정되었지만, 시민 철수 문제는 논의조차 하지 못하고 폐회했다.[19] 그리고 나서 그들은 열차와

---

17) 중앙일보사 편, 『민족의 증언』 1, 중앙일보사, 1983, 103~104쪽.
18) 박명림, 앞의 책, 2002, 162~165쪽.
19) 위의 책, 152~154쪽 ; 중앙일보사 편, 『민족의 증언』 1, 1983, 14~17쪽.

자동차를 이용해 서울을 빠져나갔다. 27일 오전 7시와 12시 열차가 서울역을 출발했다. 그것이 서울을 떠난 마지막 열차였다.[20]

서울에 남겨질 시민들을 위해 고민하는 국무위원은 소수에 불과했다. 오로지 자신들의 일신상의 안위만을 도모할 뿐이었다. 책임 있는 각료 및 핵심 인사들은 "슬슬 다 도망치고 국민보고만 싸우라고 한 형국"이 되었다. 모 인사는 트럭에 가재도구, 심지어 개까지 싣고 남쪽으로 갔다.[21]

군 역시 27일 아침 일찍 수뇌부 회의를 갖고 서울을 포기하고 육군본부를 시흥으로 철수하기로 결정했다. 채병덕 총참모장은 군의 서울 철수를 시민들에게 극비에 부치도록 지시했다. 그리고 창동과 미아리 등 서울 북방에서 방어하며 후퇴하는 부대에 대한 수습책도 특별히 지시하지 않았다.[22] 그리고 군 최고사령관이 그 와중에 미리 극비에 준비했던 것은 한강교 폭파였다. 26일 저녁 한국군이 의정부에서 창동으로 후퇴했을 때 채병덕은 공병감인 최창식 대령에게 폭파 준비를 지시했다. 이에 최창식 대령은 27일 오전 9시에 공병학교장인 엄홍섭 중령에 준비를 명령했고 폭파는 27일 오후 4시에 예정되었다. 북한군이 아직 수유리 북쪽에 있는 상황에서 왜 오후 4시인가도 미스터리이지만, 한강교 폭파 명령을 아는 육군 지휘부도 명령을 내리고 받은 당사자인 총참모장과 공병감, 그리고 실제 폭파관계 장교, 여기에 참모부장인 김백일 대령에 불과했다. 수도사단장인 이종찬 대령조차 이 사실을 전혀 통고받지 못한다고 증언한 바 있다.[23] 그런데 이 폭파는 미군의 참전과 맥아더 전방지휘소 설치가 확정되어 육군본부가 다시 서울로 돌아오게 되면서 취소되었다. 그러나 그날 바로 한국군의 미아리 방어전선이 붕괴되면서 채병덕 총참모장은 다시 폭파 준비를 지시했고 28일 새벽 1시 40분 주변 참모들의

---

20) 해롤드 노블, 박실 옮김, 『전화 속의 대사관』, 한섬사, 1982, 47쪽.
21) 김석원, 『노병의 한』, 육법사, 1977, 261·300쪽.
22) 중앙일보사 편, 『민족의 증언』 1, 1983, 130~134쪽.
23) 위의 책, 151~153쪽.

'강권'으로 피신을 위해 육군본부를 떠나기 직전에 폭파 명령을 내렸다. 이런 상황에서 채병덕이 한강교를 건너자마자 최창식 대령은 새벽 2시 30분 한강교(3개의 철교와 1개의 인도교로 구성)를 폭파하고, 10분 후에 인도교를 재차 폭파시켰다. 그 결과 상당수의 군 병력 퇴로가 차단되었고 중화기 및 보급품이 한강 이북에 고스란히 남겨졌다.[24] 군은 걷잡을 수 없이 붕괴되었고, 퇴로가 차단된 수많은 병사들이 피난민의 대열 속으로 사라져버렸다.[25] 서울 북방 전선에 '축차 투입'된 한국군 병력 9만 8,000명 중 한강을 건너온 수가 약 2만 4,000명에 불과한 것으로 집계되었다.[26]

군과 민간의 소통 부재 정도가 아니라 군 내부 소통 자체에 심각한 문제가 있는 것이었다. 적정 보고의 무시와 과소평가, 근거 없는 전황 낙관으로 일관하더니, 사태가 돌이킬 수 없는 상황이 되자 한강교 조기 폭파 명령을 내리고 이렇게 중요한 군사작전을 시민들에게는 물론 군 내부에까지 극비에 부친 것이다. 그리고 그 결과는 군사적인 차원에서도 참담한 것이었다.

그렇다면 개전 초기 경찰 수뇌부의 대응은 어떠했을까? 경찰은 군과 마찬가지로 독자적인 전황 정보 수집이 가능한 조직이었다. 개전 직후부터 38선 부근 일선 경찰서와 말단 지서에서 정보가 보고되고 있었다. 25일 새벽 5시에 무초 대사가 정보를 교환하기 위해 직통전화로 김태선 서울시경 국장에게 전화를 걸 정도였다. 그럼에도 불구하고 개전 직후 3일 동안 경찰 수뇌부의 대응 행태는 전시 자기 역할과 임무를 망각한 듯한 모습을 보여주었다. 서울시경에 한정해서 살펴보자.

서울시경 수뇌부는 25일 오전 10시 과장·경찰서장 회의를 김태선 국장이 직접 주재했다. 이 회의에서 개전 직후 전황 정보를 분석하고 북한군의 전면 남침이라는 결론을 내렸다. 이후 서울시경의 취한 '모든 조치'는 전투와 전투

---

24) 육군사관학교, 『한국전쟁사 부도(수정판)』, 2005, 24쪽.
25) 양영조, 앞의 책, 2007, 181쪽.
26) 김동춘 재인용, 앞의 책, 2000, 91쪽.

보조였다.27) 당시 경찰력은 7,195명, 카빈과 약간의 경기관총, 132대 차량을 가진 전투훈련이 되어 있지 않은 조직에 불과했다.28) 서울시경은 3개 대대에 해당하는 경찰력 1,000명을 의정부 태릉 방면에 조직적으로 투입했지만, 결과는 압도적인 화력 앞에 깨졌다.29) 이런 상황은 한편으로는 전시 사태의 급박함을 보여주는 것으로 이해할 수도 있지만, 다른 한편으로는 전시 반드시 수행되어야 하는 자기 임무를 잊고 있음을 보여주는 것이었다. 상식적으로 전시 전투는 군의 역할이고, 후방의 질서 확립과 함께 피난민과 민간인 소개는 경찰의 역할이다. 서울시경은 27일 아침 일찍부터 자연발생적으로 모든 도로를 덮고 있는 피난민 대열을 통제하기 위한 어떤 특별 지시도 내리지 않았다. 경찰 조직의 통제 자체도 여의치 않은 상황이었다. 코앞에서 급박하게 악화되는 전황과 혼란 속에서 명령계통이 무너져 상당수의 경찰 병력이 분산된 채 민간인·피난민 대열에 뒤섞여 남쪽으로 '후퇴'했다. 서울시민을 조직적으로 소개하기 위한 특별 조치 같은 것은 없었다.30)

27일 저녁 7시 서울시경 국장실에서 다시 관할서장 회의가 열렸고, 28일 새벽 1시 서울시경 간부회의가 열렸지만, 아무런 조치도 취하지 못한 채 서울 철수를 결정하고 새벽 2시부터 철수하기 시작했다. 그러나 서울시경의 후퇴 결정도 너무 늦은 것이었다. 김태선 국장을 태운 차량은 한강인도교 폭파

---

27) 중앙일보사 편, 『민족의 증언』 1, 1983, 53~54쪽.
28) 서울시경 Security Section Operation Chief. 이종기 경위 인터뷰(1953.6.9), 8086th AU Military History Detachment, "Evacuation of Refugees and Civilians from Seoul June 1950 and December 1950 to January 1951."
29) 중앙일보사 편, 『민족의 증언』 1, 1983, 56쪽.
30) 성북경찰서는 "부녀자를 동원해서 돈암국민학교에 피난민대책본부를 마련"하기도 했지만, 이는 "사회부가 서울시에 지시하여 서울대 문리대, 돈암초등학교, 무학초등학교 등 시내 6개소에 설치한 피난민 수용소"에 운영 및 인력을 제공한 정도로 보인다. 그리고 27일 저녁 늦게부터 관내 시민에게 피난하도록 가두방송 조치를 취했지만, 너무나 늦은 유명무실한 조치로 보인다. 위의 책, 54·58쪽 ; 국방부 전사편찬위원회, 『한국전쟁사』 1(개정판), 1977, 633쪽.

직전에 겨우 건넜지만, 뒤따라오던 경찰병력을 태운 차량들은 폭사되었다. 당시 여러 증언들에 따르면, 종로경찰서 병력을 태운 트럭들과 함께 최운하 서울시경 부국장을 태운 차량도 폭파 속에서 사라졌다.31) 한강 이남으로 '후퇴'한 경찰 병력은 4,500명에 불과했다.32)

이렇듯 대통령과 정부의 책임 있는 지도층 인사들이 달아나듯 서울을 빠져나가고, 군경 역시 조직 간·조직 내 소통의 부재로 명령계통이 무너져 병력과 장비를 고스란히 북한군에 '내주는' 상황 속에서 서울시민과 피난민들은 무사히 소개되거나 피난갈 수가 없었다.

서울시민들은 전쟁이 터진 소식은 알았지만 초기에는 종종 있었던 북한의 국지전적 도발로 이해하는 경향이 있었다. 군인들의 전면 복귀 방송이 나오고 곧 '전면 남침'이라는 사실을 알게 되었지만, 실제 전황과는 괴리된 낙관적인 전황 보도로 크게 동요하지 않았다. 26일부터 중앙방송국은 국방부 정훈국 보도과가 장악했고, 모든 뉴스들이 검열되고 있었다.33) 그리고 '국민의 사기 고무'라는 미명하에 전황과 완전히 다른 허위 방송을 보도했다. 이러한 허위 방송은 27일 밤 10시부터 3~4차례 반복된 이승만 대통령의 '녹음방송'으로 절정에 달했다. 전쟁 발발 66시간 만에, 적이 서울시내에 들어오기 4시간 전 대전에서 이승만 대통령은 서울에 있는 것처럼 '안심하라'는 요지의 첫 방송을 했다. 그러나 이미 방송의 목소리가 원거리 전화임을 짐작한 상당수의 사람들은 대통령이 서울을 떠났다는 것을 알아차렸다.34)

의정부가 북한군에 점령된 26일 오후부터 서울 북쪽에서 내려오는 피난민 대열에 서울시민들 일부가 가세하면서 피난이 시작되었다. 27일 오전에는 정부 요인들이 서울을 빠져나가고 피난민과 부상병이 시내로 계속 밀려 내려

---

31) 위의 책, 55~57쪽.
32) 김동춘 재인용, 앞의 책, 2000, 91쪽.
33) 중앙일보사 편, 『민족의 증언』 1, 1983, 31쪽.
34) 위의 책, 35쪽.

는 것을 목도한 서울시민들은 피난을 떠나기 시작했다. 핵심 지배층은 아니지만, "북한의 '민주개혁'을 피해 월남한 인사들, 친일 경력을 가진 사람들, 군인과 경찰 가족들, 대한민국 정부하에서 일정한 지위를 갖고 있었던 지배층이나 우파 지식인들은 가장 일차적으로 피난을 떠났다. 기록을 보면 144만 6,000명의 서울시민 중에서 40만 명이 남쪽으로 피난을 갔다고 한다. 그 가운데 8할이 월남민이었다고 추정된다."35) 이렇게 보면 3일 동안 서울에서의 '엑소더스'는 김동춘이 말한 대로 정치적·계급적 성격의 피난을 띤다고 볼 수 있다.

국회의원 일부와 중도파 정치인들은 피난을 떠나지 않았다. 피난을 택할 수도 있었지만 정치적 입지 때문에 고뇌 끝에 잔류한 정치인과 국회의원들도 있고, 확고한 반공주의자임에도 정치가로서의 도덕적 책임의식 때문에 '잔류'한 사람도 있었다. 중도파 정치인 안재홍을 포함해 이승만의 '정적'이라는 위치 때문에 피난을 떠나든 그렇지 않든 생명의 위협은 마찬가지라고 느낀 사람들은 남을 수밖에 없었다. 조헌영 의원은 "국회는 일백만 애국시민과 같이 수도를 사수한다"는 결의를 지키기 위해 남았다. 지배층이었지만 이승만정권과 거리감을 갖고 있던 사람들은 피난을 떠날 수 없었던 것이다.36) 국회부의장으로서 부족하나마 책임을 다하고 간신히 탈출한 조봉암을 두고 이승만 대통령이 대전에서 만나 한 첫 마디가 "서울에 남아 인민위원장이 됐다더니…"

---

35) 김동춘, 앞의 책, 2000, 98쪽. 서울시민 144만 6,000명의 수는 『조선중앙일보』(1949. 5.29)에 실린 1949년 5월 1일의 인구조사 결과가 1,446,000명으로 보도된 데서 비롯한 것으로 생각된다. 『자유신문』(1949.6.16)은 1,446,019명으로 표기했는데, 이것이 정확한 수치이다. 한편 미군보고서는 1950년 6월 피난과 관련해 당시 서울에는 한강 이북에 175만 명, 거기에 영등포와 그 근교에 25만 명이 있었다고 추정한다. 이 중 피난을 떠난 수는 약 100만 명이었고, 나머지 100만 명에 의정부 등 전방에서 피난 온 주민들을 합해 서울 주변의 인파는 약 150만 명이었다고 추정하고 있다. 8086th AU Military History Detachment, "Evacuation of Refugees and Civilians from Seoul June 1950 and December 1950 to January 1951" 초고.

36) 김동춘, 앞의 책, 2000, 100~102쪽.

이지 않았던가? 남아서 뒤처리를 한 사람들을 포함해 정부와 함께 시민을 버리고 황급히 도망치지 않은 사람들을 적반하장 격으로 친북 공산주의자로 보았던 것이다.[37]

중간의 입장에 서 있던 지식인들도 대체로 서울에 잔류했다. 피난할 때를 놓치기도 했지만, 이승만정권의 지난 2년과 개전 직후 보여준 모습에서도 상당히 실망했기 때문이다. 그리고 "이승만이나 김일성이나 그게 그거"로 보이는 상황에서 자신에게 특별한 해가 없을 것이라고 생각했다. 특별히 '북쪽 공산당 정권'이 자신을 해치지 않을 것이라고 생각했던 기업가와 자영업자들 역시 떠나지 않았다. 이들의 이런 생각은 미처 피난하지 못해 스스로를 위안하기 위한 믿음과 같은 것으로 보인다.

당시 정세를 파악할 수 있는 소위 '배운 자'들의 상황이 이러했는데, 서울의 대다수 일반 시민들의 생각은 어떠했겠는가? "그래도 설마 서울이야"하며 "애써 정부를 믿기로 하고서" 있다가 피난할 때를 놓치기도 했지만, 아무리 생각해봐도 '큰 죄'를 짓지 않은 상황에서 가족을 이끌고 변이 있을지도 모를 피난길을 떠나는 것은 위험천만한 일이었다. 농사철에 농사일을 버리고 가는 것도 큰 부담이었다. 상황이 이렇게 잔류로 강제되다보니 포성과 총소리만 그치고 빨리 일상으로 돌아갔으면 좋겠다는 마음이 커져간 것으로 보인다. "이왕 힘이 모자랄 바엔 무고한 시민의 희생을 내지 말고 선선히 물러서야만 할 것이 아닌가"[38]라는 반응도 이런 마음에서 나왔을 것이다.

이와 달리 북한군의 서울 점령을 고대하면서 적극적으로 잔류한 사람들도 있었다. 1945년 이후 좌익활동에 가담했던 사람들이나 1949년 이후 '지하운동'을 했던 사람들에게 전쟁은 북에서 말하는 것처럼 '조국해방전쟁'이었고 개인적으로는 극심한 탄압과 고통으로부터의 해방이었으며 지하생활의 청산을 의미하는 것이었다. 이들은 "더없는 기쁨으로 마음속에 환호를 외치면서

---

37) 박명림, 앞의 책, 2002, 157쪽.
38) 김성칠, 『역사 앞에서』, 창작과비평사, 1993, 68쪽.

만세를 불렀다." 그러나 이러한 핵심 활동가의 수는 많지 않았던 것으로 보인다. 1949년 '남로당 박멸작전' 이후 남로당의 지하조직은 거의 파괴되었고, 1950년 3월 27일 남한의 당 조직을 지도하던 김삼룡과 이주하가 체포되면서 지하조직은 궤멸 상태나 다름없었다.[39] 대다수의 남로당원과 산하 단체의 구성원들이 전향해 국민보도연맹(이하 보도연맹)[40]에 가입해 있었다. 보도연맹원을 배신자로 차별한 김일성정권이 남한에서의 '당 건설'에 어려움을 겪었던 이유도 이 때문이었다.

당시 서울에 잔류해 있던 보도연맹원은 약 2만 명이었다. 전쟁이 터졌을 때 이들은 상부의 지시로 서울에 쏟아져 들어오는 피난민 안내, 구호사업, 포스터 작업 등의 일을 하면서 정부를 지원했다. 정희택 검사는 당시 보도연맹원들이 상부 명령에 따라 일사불란하게 자리를 지키고 있었다고 증언한 바 있다.[41] 그럼에도 당시 서울지역 보도연맹원이 '인민군'의 앞잡이 노릇을 하고 있다는 소문이 퍼져나갔다. 그렇잖아도 경찰이 '불순분자'를 구속·검거한다는 명목으로 전국의 보도연맹들을 대상으로 한 '예비검속'이 진행되는 상황이었다.[42] 이 소문으로 경찰과 군 기관, 특히 헌병대와 CIC(방첩대)에 의

---

39) 김동춘, 앞의 책, 2000, 104·138쪽 ; 소정자, 『내가 반역자냐 – 전향 여간첩의 수기』, 방아문화사, 1966, 69~70쪽.

40) 보도연맹은 1949년 4월 20일 좌익 전향자를 포섭해 대한민국 국민으로 육성하고 남아 있는 좌익세력을 섬멸하기 위해 만들어진 단체였다. 좌익전향자 단체를 표방했지만, 검찰과 경찰 등 모든 권력기관이 참여한 관변단체였다. 전쟁 직전 보도연맹원은 전국 약 30만 명에 달했고, 서울만 해도 2만여 명이었다.

41) 중앙일보사 편, 『민족의 증언』 3, 중앙일보사, 1983, 132~134쪽. 서울이 '수복'된 후 이인 법무장관이 정희택 검사에게 잔류파에 대한 부역수사와 재판이 있을 것이라고 말하자, 정 검사는 화가 폭발해 다음과 같이 말했다. "1개 사단 규모의 전향자들을 책임지고 있는 정보검사에게까지도, 그것도 최후의 순간에 (국방부 차관실과 육군 총참모장실에) 전화 문의까지 했는데도 거짓말을 하고 저희들만 도망치지 않았습니까. 그러니 일반 시민들은 말해 무엇 합니까. 정부가 수도를 사수하니 시민은 안심하라는 방송을 하지 않았어요. 이렇게 배신과 기만으로 애국 시민들을 유기하고 도망친 자들인데 무슨 염치로 잔류파를 재판한다고 하는 겁니까."

한 보도연맹 학살이 대규모로 자행되었다.[43] 서울에 잔류하는 상황에 처하게 되었던 보도연맹원들의 신세도 그리 좋은 것은 아니었다. 그들은 북한의 입장에서 보면 전향한 배신자들이었고, 그렇기에 당연히 당원이 될 수 없었다. 그런 이유로 이들은 열악한 상황에 노무 동원되었거나 '의용군'으로 소집되어 '총알받이'가 되었다. 보도연맹원은 남북 양쪽에서 버림받은 '비국민'이자 '난민'이었고, 보호받지 않았기 때문에 가장 우선적으로 죽음에 내몰리게 되었던 것이다. 이렇게 보면 보도연맹원은 앞으로의 피난민의 처지와 운명을 가장 극단적으로 보여준 사례였다.

2. 때 늦은, 그리고 유명무실한 정부 대책

수원에 이르는 피난민 행렬에 대해 정부는 아무런 조치를 취할 수 없었다.[44] 피난민들은 수원으로 가 열차를 이용하거나 걸어서 안전지대를 찾아 남쪽으로 이동했다. 앞서 언급했듯이 일정한 지위에 있었던 공무원이나 군경 가족, 친일 경력자, 월남자들은 최대한 남쪽으로 이동했다. 그리고 수원-오산-평택-천안-대전으로 이어지는 국도 근방에 살고 있던 대부분의 사람들은 '난리'를 피하기 위해 일단 인근 산촌이나 산막, 동굴 같은 곳으로 '살

---

42) 치안국은 치안국장 명의로 「불순분자 구속의 건」(1950.6.29), 「불순분자 구속처리의 건」(6.30), 「불순분자 검거의 건」(7.11) 통첩을 하달했고, 이는 보도연맹 학살로 이어졌다.

43) 이 소문과 관련해 주한미대사관의 부영사였던 핸더슨과 3등 서기관 맥도널드의 비망록을 주목할 필요가 있다. 두 비망록의 '정보 소스'는 주한미대사관이나 KMAG에서 독자적으로 확인 수집된 것이 아니라 한국정부 관계 인사들로부터 얻은 것이었다. 맥도널드는 사회부장관 비서였던 임태정에게, 핸더슨은 윤치영, 윤보선, 김성수, 그리고 상공회의소 회장 천용순과 동아일보 편집인 최두선에게서 제공받은 것이었다. 사실 이들도 직접 눈으로 확인한 것은 아니었다. 누구보다도 먼저 '도강'해서 피난 내려온 사람들이었다. 이들은 독자적으로 운용하고 있는 정보라인을 가지고 있지 않았기 때문에, 전해들은 소문을 확실한 것처럼 말한 것으로 추정된다.

44) 군사편찬연구소, 『미국무부 한국 국내상황 관련문서 Ⅲ: 한국전쟁 자료총서 41』, 1999, 7~8쪽.

길'을 찾아 나섰다.

　이런 상황에서도 정부는 7월 초순까지도 피난민 문제에 대해 적극적인 대응 조치를 내놓지 못하고 있었다. 수원 이남지역의 민간인들을 소개하기 위한 조직적인 조치는 말할 것도 없었다. 지방에서는 지방행정기관과 유지 등을 중심으로 '시국대책위원회'가 구성되어 서울에서부터 밀려오는 피난민들에게 구호활동을 펼쳤지만, 명목적인 것에 불과했다. 그나마 그 '시국대책'이라는 것도 일찍부터 '도강'한 중앙의 고급 관료와 국회의원의 가족들, 고위 군경가족들의 '총 든 강도짓'에 식량과 숙소를 제공하고 알선하는 것이었다.[45] 이에 비하면 경북도의 전시대책위원회나 경남도의 비상사태대책위원회는 각각 7월 1일과 6월 28일 구성되어 보다 조직적인 전시행정과 피난민 구호활동을 펼쳤다고 평가할 수 있지만, 사태는 지방정부가 감당할 수 있는 것이 아니었다.

　이승만 정부는 서울시민과 국민을 버리고 탈출했던 행태를 대전에서 다시 한 번 반복했다. 7월 1일 새벽 잘못된 정보와 헛소문으로 이승만 대통령 이하 핵심 정부 요인들이 탈출했던 것이다. 이승만 대통령은 그 길로 소수 인원만을 대동한 채 대전에서 이리, 목포를 거쳐 부산으로 가는 위험천만한 의문투성이의 행적을 보여주었다. 정부 요인들은 헛소문으로 판명되자 다시 대전으로 돌아갔다. 이승만의 입만을 바라보고 그의 행적만 추적하는 정부 각료들이 정부 기능을 정상적으로 회복하는 것은 너무나 요원한 일이었다.

　7월 8일 정부는 새로 교체된 정일권 육군총참모장 명의로 비상계엄령을 공포하고, 9일에는 육군본부에 민사부(민사부장 이지형 법무감)를 설치했다. 민사부의 역할은 계엄령하의 민사관계, 즉 전투지역으로부터의 민간인의 철수 또는 복귀와 피난민 및 이재민의 구호, 군사재판 및 일반 사법사무의 감독, 지방행정 및 치안기관에 대한 감독을 담당하는 것이었다.[46] 그러나 당시

---

45) 서덕순, 「피난실기」(미간행수고), 1950 ; 지수걸, 『한국의 근대와 공주사람들』, 공주문화원, 1999, 390~391쪽.

급격히 밀리며 '지연전'을 치루는 상황에서 민사부 중심의 민간인 소개나 피난민 구호 같은 활동이 실질적으로 이루어지기는 어려웠다.

정부가 피난민 문제에 대해 그나마 실질적인 조치를 취한 것은 7월 10일 충청남북·전라남북·경상남북도 지사 앞으로 '피난민 분산에 관한 통첩'을 하달하면서부터였다. 이 조치는 대전에 몰려든 피난민을 분산 수용시키기 위해 사회부·농림부·국방부·내무부·교통부·보건부에서 하달한 계획 요령을 담고 있다. 그 내용을 보면, 피난민 수용소를 각 도에 설치하고 '사상이 온건한 피난민'에 한하여 피난민 증명서를 교부해 이들만을 각 도(의 특정 목적지)로 수송·수용하고 급식·무료치료를 제공하도록 하고 있다.47)

그러나 급박한 전황 속에서 각 도에서 담당자를 대전에 파견해 피난민들을 해당지역으로 수송하여 수용한다는 것은 상당한 시간이 요구되는 일이었다. 그리고 무엇보다도 이 통첩이 목적하는 것은 피난민에 대한 구호 대책이라기보다는 피난민 내에 '사상불온자의 개입을 방지'하기 위한 조치였다. 즉 피난민을 가장한 '적 오열 침투'와 이들의 선동을 방지하기 위한 것이었다. 이를 위해 사회부는 국방부와 내무부의 협조를 얻어 피난민의 신분을 조사하고 '사상 온건 여부'의 심사를 통해 피난민 증명서를 교부했다. 그리고 수용소 내에서는 증명서를 갖고 있더라도 항상 다시 심사·감시하도록 하고 있다. 이는 '제주4·3사건' 때 "군에서 조사한 결과 완전히 양민이라고 인정되면 증명서(양민증)를 교부"48)했던 경험과 연속해 있는 것으로 보인다. '여순사건' 때도 '반란'과 '진압'의 난리를 피해 있다가 집으로 돌아오고 있던 '피난민 귀환자들'에게 양민증을 교부했다. 이는 '반란군'이 '인민증'을 발행하고 이를 소지하고 있던 자에게 쌀을 배급했던 것으로 알려진 당시 상황에 대한 군사작전상의 대응이기도 했다.49)

---

46) 국방부, 『한국전란 1년지』, 1951, C49쪽 ; 『경제신문』, 1950.7.15.
47) 국방부, 앞의 책, 1951, C49~50쪽.
48) 『조선일보』, 『서울신문』, 1948.6.4.

피난민 양민증(견본)

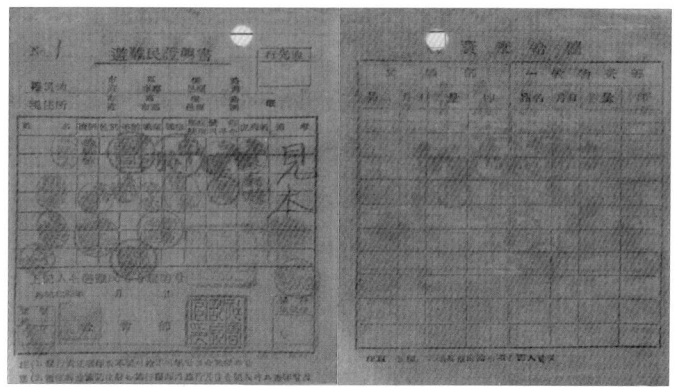

출처: NARA, RG 338, E A1-118, 8th Army G-2 Action File, Box 57.

이러한 증명서나 신분증은 군사적 목적의 효율적 통제를 위해 도입되었다. 국가가 영토를 관리하기 위해서는, 특히 군이 공간을 통제하기 위해서는 한편으로 이동을 제한하고 다른 한편으로 증명서나 신분증을 발행한다. 이런 경우 그것들은 이동의 자유를 의미했고, 더 나아가 '삶' 자체를 의미하기도 했다. 그것이 없으면 이동이 제한되었고, 심지어 죽는 경우도 있었다. 즉 증명서와 신분증이 물신화되어 삶과 죽음을 관장하는 것이었다. 따라서 그것들을 소지하고 있는 것은 특권을 갖고 있음을 의미했고, 이 때문에 위조와 사기 같은 사건들이 빈번했다. 피난민증도 마찬가지였다. 8월 2일 사회부장관은 피난민증 폐지 통첩을 각 시도 사회과에 하달했는데, 피난민증이 "피난민임을 증명하는 것뿐임에도 불구하고 왕왕 신분증명서로서 오용되는 경향이 있으며 막대한 지장을 야기"하고 있다는 것이 그 이유였다.[50]

그리고 이 조치의 문제는 무엇보다도 사상 '온건자'와 '불온자'를 가리는 것

---

49) 『동아일보』, 1948.11.14 ; 김학재, 「정부수립 후 국가감시체제의 형성과정」, 서울대 언론정보학석사학위논문, 2004, 89~90쪽.

50) 『민주신보』, 1950.8.13.

이 진짜 외부의 적 침투를 감시하고 방지하는 것보다 매우 자의적으로 '내부의 적'으로 낙인찍힌 사람들에게 무차별적으로 적용되는데 있었다. 예컨대 당시 군과 경찰은 피난민 검문과 통제활동을 통해 보도연맹원 및 '의심되는 사람'을 색출하고 학살했다.51) 청주시장을 역임했던 홍원길은 보은으로 피난을 가는 도중 목격했던 것을 다음과 같이 회고한다.

> 느닷없이 군 정보기관원들이 와서는 피난민 속에 5열이 끼어 있지나 않나 해서일까, 면밀한 수색을 하는 것이었다. 이 바람에 홍관의군 양복주머니에서 보련 간사장이던 신형식 명함이 나오고 메모용지(32절 편지)가 발견되자 보련맹원으로 단정하고서는 총살해야겠다고 하면서 연행하려고 하는데도 많은 사람 중 누구 하나 참견하는 사람이 없었다.……"생사람 잡지 마시오. 이 사람은 신문기자라서 신분고하를 막론하고 접촉할 수 있는 사람이니 누구의 명함인들 없겠소"하고 다지며 신원을 책임지겠다고 하는데도 부득부득 조사하겠다고 하며 연행하여 갈 때,……대위 계급의 책임자가 와서 대화가 되었다. "귀관은 전시하 언론의 사명을 몰라서 보련 숙청에 혈안이 되었다하기로서니 옥석구분을 못하는 게냐……난세라 해서 이성을 잃어서야 되겠느냐"고 항변하였었다.52)

남의 명함을 갖고 있어 생긴 일이 이 정도라면, 보도연맹원증 소지자는 소명할 기회도 없이 바로 처형되었을 것이다. 전쟁 전 보도연맹원증은 보도연맹원에게 대한민국의 충성스러운 국민이며 새로운 '삶'을 의미하는 신분증이었지만, 전시에는 군경에 의해 '골'로 가는 증명서로 바뀌었다.

---

51) 7월 8일 24사단 CIC분견대는 조치원 서쪽 5마일 부근에 검문소를 설치하고 있는데, 그 지방경찰이 의심되는 사람은 모두 사살해도 좋다는 지시를 받았다고 주장했다. CIC Team, 34th Infantry Redgiment, 24th Infantry Division, "Memorandum to AC of S, G-2, 24th Infantry Division," RG 407, Box 3473. 〈노근리파일〉 8511-00-00475.

52) 홍원길, 『청곡회고록』, 태양출판사, 1978 ; 진실화해를위한과거사정리위원회·공주대학교 참여문화연구소, 『2008 피해자현황조사 용역사업 충북 영동군 최종결과보고서』, 162~163쪽 재인용.

이후의 피난민에 대한 정부 조치들 역시 피난민 속에 적이 침투해 있고 따라서 모두를 '잠재적인 적'으로 의심하고 계속 감시 확인해야 한다는 인식에 바탕을 두고 있었다. "괴뢰군이 피난으로 가장"하여 "민심 교란을 목적으로 배회 중"이니 "국민반을 단위로 책임지고 상호단속"할 것이며 "학생 또는 무지한 여성층을 이용하여 유언비어를 유포하는 자는 엄중 처단한다"는 경찰의 담화 발표도 이를 뒷받침한다.53)

7월 20일 미24사단이 방어하고 있던 대전이 함락되고 전황이 더욱 악화되어 피난민 대열은 대구와 부산을 향해 계속 남쪽으로 밀려갔다. 이렇게 되자 정부는 피난민 구호를 위한 보다 실질적인 조치들을 강구해야 했다. 게다가 피난민 수의 급증으로 인한 대구와 부산의 포화상태를 해결해야 했다. 대구와 부산은 각각 미8군 전방사령부와 제2병참사령부가 설치되어 도시의 많은 공간을 군이 차지했기 때문에 도시로 집중된 피난민을 분산시켜야 한다는 요구가 강력하게 대두되었다. 7월 동안 시·도 행정기관과 구호본부 차원에서 수립·실행되었던 피난민 분산과 구호대책은 8월 들어 전시행정기능을 안정적으로 복구한 중앙정부가 '컨트롤 타워'로서 챙기기 시작했다. 국회는 8월 1일 사태를 수습하기 위해 제2차 비상경비예산안 43억 4,800만 6,300원을 통과시켰다.

국방부	3,209,417,500	내무부	371,450,000
공보처	9,600,000	사회부	637,200,000
보건부	9,321,800	체신부	61,017,000
예비비	50,000,000	총액	4,348,006,300

내역을 보면 제1차 비상예산 28억 1만 원에 비해 1.5배 이상 늘었고, 피난

---

53) 『경제신문』, 1950.7.11.

민 구호 관련 사회부와 보건부 예산이 별도로 책정되어 있음을 알 수 있다.

또한 하루 전인 7월 31일 국회에서는 8월 1일부로 시행되는 '피난민수용에 관한임시조치법[법률 제145호, 8.4 공포]'(이하 임시조치법)을 통과시켰다.[54] 이에 따라 정부의 귀속재산에 해당하는 모든 건물에 피난민을 수용할 수 있게 되었으며, 관리인은 이를 거부하거나 임대료를 징수할 수 없게 되었다.[55] 정부는 이 임시조치법에 근거해 각 시·도에 피난민 수용소를 마련하도록 지시했으며, 이를 통해 대구와 부산으로의 집중을 막고 각 지방으로 분산시키고자 했다. 이러한 정부의 피난민 대책은 8월 24일 국무회의가 결정한 '피난민 구호대책 요강'[56]에서 보다 종합적으로 정리된다.

1. 원칙
   1) 피난민은……정부와 민간은 협력하여 피난민 구호에 만전을 기하여야 한다.
   2) 당분간의 정부행정은 작전수행을 제한 외 피난민 구호에 중점을 둔다.
   3) 각 부처의 遊閑 공무원을 구호사업에 전용한다.
   4) 관계기관으로부터 오는 구호물자는 엄정 공평하게 분배함에 만전을 기한다.
   5) 대구-영천-경주-포항 등 지점을 통한 직선의 이남 及 대구-경산-청도-밀양-창원의 諸지점을 통한 선 以東의 지역 기타 완전한 지역 及 제주도 내에 피난민을 수용한다.
2. 조직: 피난민 수용소 설치
   1) 각 가정의 분포
   2) 집단적 수용을 하는 경우에는 매 수용소의 정원은 최하 1만 명 최고 2만 명으로 함

---

54) 대한민국 국회사무저, 『국회사-제헌국회·2대국회·3대국회』, 1971, 350쪽.
55) 국방부, 앞의 책, 1951, C56쪽.
56) 『민주신보』, 1950.8.26.

3) 제1항 5)의 시역에 피난민 전체 수효에 해당하는 수용소를 설치
4. 피난민수용소 운영
   1) 중앙에 중앙피난민구호위원회 구성
      (1) 구성: 사회부 · 보건부 · 농림부 · 내무부
      (2) 직능: A. 구호사업의 감독 감찰 B. 구호대책의 수립 C. 구호물자의 제1차 분배
   2) 지방에 지방피난민구호위원회 구성
      (1) 구성: 군수, 지방 유력인사 3명 내지 5명의 피난민 대표
      (2) 직능: A. 당 구역 간 수용소 운영계획 수립 B. 수용소 생활의 개선책 수립 C. 구호물자의 제2차 분배
      (3) 매 수용소는 서울특별시 · 도 · 군 · 면 · 동 혹은 리 · 통 · 반으로 縱的 조직을 함

그러나 이 같은 정부의 피난민 정책이 실제 상황에 얼마나 적절하고 효과적이었는지는 상당히 의문스럽다. 피난민이 110만 5,000명이 발생한 상황[57]에서 사회부 6억 3,720만 원과 보건부 932만 1,800원의 예산으로는 본격적인 피난민 구호활동을 기대할 수 없었다. 틈만 나면 사회부와 보건부 관계자들은 경제협력처(ECA) 등 외부 원조를 언급했는데, 이는 외부 원조 없는 정부의 구호대책만으로는 도저히 어떻게 해볼 수 없었음을 반증한다고 생각한다. 110만 5,000명 중 74만 5,000명은 정부의 구호 없이 알아서 개별적으로 살아남아야 했다. '연고자에 기탁되었다'는 말은 정부가 전혀 도움을 주지 못하고 책임질 수 없었음을 의미하는 것으로 이해될 수 있다. 그리고 수용된 36만 명의 피난민에 대해서도 충분한 구호가 이루어졌다고 생각하지 않는다. 분명한 것은 책정된 사회부 예산으로는 필요한 식량을 대기에도 턱 없이 부족한

---

57) 이 수치는 7월 24일 이윤영 사회부장관의 기자 담화에서 발표되었던 7월 20일 기준 집계이며, 그중 36만 명이 수용되었고, 나머지는 연고자에 기탁하는 상황이었다. 이 통계는 지역별 단순 합산도 맞지 않는 여러 면에서 볼 때 전적으로 신뢰하기 힘들지만, 대략적인 상황 파악 차원에서 고려하면 될 것 같다. 『부산일보』, 1950.7.25.

것이었다. 당시 정부는 표면적으로는 피난민들에게 1일 양곡 2홉 무상 배급이라는 원칙을 세웠다. 1950년은 전쟁에도 불구하고 천후조건이 워낙 좋아 보리류 생산은 해방 후 최고의 수확을, 미곡의 경우도 비교적 풍작을 거두었기 때문에 가능한 원칙이었다. 그리고 정부는 '곡가파동'이 발생하자 쌀, 보리, 밀가루 10,555톤을 수입했다. 해외 잉여농산물의 원조도 급증했다. 이렇게 외부에서 수입·원조된 양곡은 국내 부족량을 메우고 남는 양이었다.[58] 그럼에도 실제로는 피난민에게 돌아가는 식량은 매우 부족했다. 당시 구호미 횡령 등 각종 부정부패가 만연했고 말단행정조직의 미비로 배급의 왜곡이 발생했다. 게다가 양곡 1일 2홉이 배급되었더라도 대개가 잡곡이었고 양이 적어 죽으로만 먹을 수 있었다. 이마저도 피난민증을 소지해야 얻을 수 있는 혜택이었다. 이런 맥락에서 '피난민 구호대책 요강'에 "관계기관으로부터 오는 구호물자는 엄정 공평하게 분배함에 만전을 기한다"는 원칙이 강조된 이유를 역으로 생각해 볼 수 있다.

그리고 수용소 자체도 태부족이었다. 또한 '임시조치법'으로 정부의 귀속재산 건물을 수용소나 숙소로 사용할 수 있게 했음에도 불구하고 관리인이 이에 불응하거나 높은 임대료를 받는 일들이 발생했다. 사회부장관과 관재처장이 계속해서 귀속주택 징발에 대한 담화를 발표해 비협력자에게 강권을 발동하겠다고 언명한 것도 이런 상황이 자주 발생했기 때문이다. 정부는 9월 8일 이런 상황을 해결하고자 '임시조치법'을 개정해 종래의 귀속재산 이외의 일반주택 등에도 피난민을 수용하게 하고 사회부장관으로부터 피난민 수용을 명령받은 자는 피수용인으로부터 임대료 및 기타 보수를 받을 수 없도록 개정했지만, 너무나 때 늦은 조치였다.

---

58) 신오성, 「한국전쟁 전후의 보건의료에 대한 연구: 1945~1959 한국전쟁기를 중심으로」, 서울대 보건학석사학위논문, 13~15쪽.

III. 유엔군의 피난민 인식과 정책

1. 피난민 이동 제한과 '치명적 무력' 사용

7월 5일 미24보병사단의 '스미스특수임무부대'가 북한군과의 오산 전투에서 일방적으로 패퇴한 이래 미군은 평택, 천안, 대전에서 연전연패했다. 그리고 7월 20일 24보병사단은 상당한 병력 손실을 입고 대전에서 후퇴했고, 사단장인 딘(William F. Dean) 소장이 행방불명되었다가 포로로 잡히는 수모를 당했다. 이러한 수세적인 전황에서 미군 지휘부는 피난민을 가장한 적 게릴라의 후방 침투를 허용한 것이 결정적 패인이라고 판단했다. 비슷한 외모에 같은 언어를 쓰는 적이 흰 옷을 입고 침투하는 것을 막지 못했다는 것이다.[59] 민간인 복장뿐만 아니라 종종 국군이나 미군 복장을 하고 침투하고 있다는 정보가 보고되기도 했다.[60]

그러나 미24사단의 진짜 패인은 참전한 병력 수와 전투 경력 및 훈련, 중화기의 부족에 있었고 '치안활동'차 왔다는 안이한 태도와 인종주의적 교만함에 있었다. 특히 24사단은 넓고 견고한 방어선을 구축하기에는 병력이 턱없이 부족해서 주로 도로 주변에 진지를 구축했다. 예컨대 2,000명도 채 안 되는 1개 연대병력이 무려 50km 방어선에 흩어져 있다 보니 어떤 곳은 방어선이 3km씩이나 뚫려 있었다. 따라서 북한군은 구태여 피난민 속에 섞여 침투할 필요 없이 얼마든지 미군을 우회해서 공격할 수 있었다.[61] 그리고 딘 사단장을 비롯해 일부 유능하고 전투 경험이 풍부한 지휘관들도 있었지만, 대다수 병사들은 20세 전후의 전쟁 경험이 전혀 없는 '초짜'들이었다. 그들은

---

59) 25th Infantry Division, "Historical Report(Narrative Report)," RG 407, Box 3746, 〈NoGunRi File〉 9123-00-00239.

60) 24th Infantry Division, "Enemy Information," RG 407, Box 3532, 〈NoGunRi File〉 9123-99-00165.

61) 최상훈 외, 남원준 역, 『노근리 다리』, 잉걸, 2003, 121~125쪽.

주일미군으로 안락한 생활을 하다 파견되었는데, 밑도 끝도 없는 '군사적 우월 콤플렉스'에 빠져 자신들을 보면 '훈련받은 원숭이들'(북한군)이 달아날 것이라고 생각했다. 무기도 형편없었다. 북한군 주력 T-34전차를 저지할 무기가 없었다. 소총조차 사용불능인 경우가 많았고, 무전기는 자주 고장이 났다.[62] 이렇게 총체적인 난국 속에서 미군은 도로를 봉쇄하고 있어도 산을 타고 우회해 측면과 후방을 공격하는 동시에 포격과 탱크로 전방을 공격하는 북한군의 양면 전술에 패닉상태가 되었다. 이런 상황임에도 불구하고 패전의 변명거리를 찾으려는 듯 미군 지휘관들은 민간인·피난민을 가장한 적의 침투만을 심각하고 중대한 문제로 여겼다. 24사단 CIC분건대는 조치원(7.8), 대전(7.7~7.16), 옥천(7.16~7.18), 영동(7.18~7.21), 김천(7.21~7.23), 영천(7.23~7.26), 합천(7.27~7.31), 창녕·밀양(7.31~8.10)에서 지방경찰과 함께 검문소를 설치해 피난민을 검문하고 보도연맹원 및 기타 적 오열로 '의심가는 사람들'을 색출하는 활동을 했다.[63] 이러한 인식과 활동은 한국의 모든 민간인을 불신하고 의심하는 것이었다. 당시 피난민 문제와 관련해 한국 담당 국무부 고문은 뉴욕타임즈에 여름의 지연전 시기 미군이 전투지역 내 모든 한국의 민간인들을 적으로 간주하는 경향이 있었다고 말했다.[64]

뒤이어 영동과 상주에 각각 투입된 미1기병사단과 미25보병사단 역시 미24보병사단과 거의 똑같은 상황을 반복했다. 특히 1기병사단과 25사단은 작전지역으로 투입되는 과정과 후퇴하는 과정에서에서 피난민으로 가득 메워져 정체된 도로에서 심각한 군사작전의 방해를 받았다고 생각했다. 게다가

---

62) 위의 책, 51·116~117·120쪽.

63) 24th CIC Detachment, "Memorandum to AC of S, G-2, 24th Infantry Division," RG 407, Box 3473, 〈NoGunRi File〉 8511-00-00475 ; 24소 CIC Detachment, "24th CIC Detachment War Diary," RG 407, Box 3511, 〈NoGunRi File〉 9123-99-00144.

64) Conway-Lanz, Sahr, "NoGunRi and Issues of Orders," 노근리평화연구소. 〈제1회 노근리 국제평화학술대회〉(서울 프라자호텔, 2007년 8월 1일), 27쪽 ; *New York Times*, 1950.9.1.

민간인·피난민을 가장한 게릴라의 후방 침투도 여간 신경 쓰이는 게 아니었다.

7월 22일 미24사단을 대신해 영동전선에 배치된 1기병사단의 5기병연대와 8기병연대는 게이(Hobart R. Gay) 사단장의 지시로 전투지역의 민간인을 검문소까지 '통제된 이동'을 통해 소개시켰다.[65] 그런데 정작 게이 사단장은 영동군 내 모든 민간인에 대한 소개령을 내리는 한편 1기병사단 관할지역 내 모든 한국 경찰을 소개시켜버려 피난민 통제를 더욱 복잡하게 만들었다.[66] 소개령이 떨어지자 사람들은 살 길을 찾아 근방의 산 속 마을로 들어갔다. 예컨대 임계리가 그런 마을이었다. 임진왜란 때 농민들이 난을 피해 깊은 산 속으로 숨어들었는데, 이때 형성된 마을이 임계리라고 말할 정도였다.[67] 월남자, 군경가족, 우익인사 등 반드시 피난을 가야 했던 사람들은 이미 그 전에 떠났다. 그런데 미군은 사단 작전지역 내 피난해 있는 민간인들을 소개한답시고 마을(혹은 피난지)에서 끌어내 '전쟁터 한복판'으로 내몰았다. 이는 사람들이 스스로 찾아낸 '살 길'을 박탈하고 '황천길'을 강요한 무책임한 살육 행위나 다름없었다.[68]

그리고 1기병사단 본부는 피난민 통제를 놓고 혼란이 있었다. 7월 24일 새벽 2시 각 사단에 피난민 처리상황을 보고하라는 미8군의 명령에, 1기병사단은 오전 10시 15분에 미8군에 전화를 걸어 "처음에는 피난민들을 모아서 남쪽으로 보내고 있다고 했다가 다음에는 피난민들에게 남쪽으로 오지 말고 북쪽으로 가라고 했으며, 그렇지 않고 전투지역에 남아 있으면 '적으로 간주할

---

65) 최상훈 외, 앞의 책, 2003, 90쪽.
66) 영동경찰서도 왜관으로 철수할 것을 지시받았는데, 철수일이 21일이었는지, 24일이었는지 엇갈리고 있다. 진실화해를위한과거사정리위원회·공주대학교 참여문화연구소, 앞의 책, 181쪽 ; 위의 책, 128쪽.
67) 위의 책, 91쪽.
68) 진실화해를위한과거사정리위원회·공주대학교 참여문화연구소, 앞의 책, 186~187쪽.

것'이라는 전단을 소규모 촌락들에 뿌리고 있다"고 보고했다. 이에 미8군은 본부의 승인을 받은 전단이 나올 때까지 전단 배포를 중단하라는 지시를 내려 문제를 더욱 복잡하게 했다.[69] 이때는 이미 아군의 전선을 넘으려는 자를 사살하라는 지시가 내려진 상태였다. 8기병연대의 통신일지에 따르면, 1기병사단 사령부는 전선을 넘으려는 자는 모두 사살하되 여자와 아이들의 경우 재량에 맡긴다고 지시했다.[70] 25사단도 마찬가지였다. 19일 25사단 작전 부관참모실은 "적이 여성과 아이를 동반해 아군의 후방을 침투하기 때문에 전투지역에 있는 모든 한국인들을 적으로 간주하고 '적절한 행동'을 해야 한다"고 보고했으며,[71] 이에 킨(William B. Kean) 사단장은 26일 밤 10시 "전투지역 내에서 이동하는 모든 민간인을 적으로 간주하여 사살할 것"이라고 경찰서장에게 통보했다. 그리고 27일에는 각 지휘관들에게 전투지역으로 민간인이 들어오는 것을 막기 위해 적으로 간주 '철저한 수단'을 취하도록 명령했다[72]

당시 피난민에게 발포·사살하라는 지시는 명백한 국제법 위반이었다. 제네바협약은 물론 일반적인 전쟁법·전쟁관습법을 위반하는 것이었다. 동맹국 국민, 특히 비전투원인 민간인을 공격 목표로 삼지 않는 것은 너무나 상식적인 원칙이었다. 7월 25일 대구에 설치된 제5공군 전방지휘본부의 작전참모부장 로저스(Turner C. Rogers) 대령은 이를 우려하는 메모를 제5공군 사령관 대리였던 팀버레이크(Edward L. Timberlake) 준장에게 보냈다. 제목은 '민간인·피난민 기총공격에 대한 정책'이었는데, 내용을 보면 "육군이 아군

---

69) 최상훈 외, 앞의 책, 2003, 134~135쪽.

70) 8th Cavalry regiment, "Operational Report(1950.7.19~7.30)," RG 338, Box 65, 〈NoGunRi File〉 9123-00-00441.

71) Hqs. 25th Infantry Division, Office of Assistant Chief of Staff G-3, "Activities Report(1950.7.19)," RG 407, Box 3746, 〈NoGunRi File〉 9123-00-00251.

72) Hqs. 25th Infantry Division, "G-1 Journal, 1950.7.26" 〈NoGunRi File〉 9123-00-00262 ; 25th Infantry Division, "War Diary" 〈NoGunRi File〉 9123-00-00240. 둘 다 RG 407, Box 3746.

위치로 접근하는 모든 민간인·피난민들을 향해 기총소사할 것을 공군에게 요청했고, 지금까지 공군은 이 같은 요청에 응했다"고 보고하면서 "이 문제는 미공군과 미국정부를 곤혹스럽게 할 소지가 크기 때문에 북한군이 피난민 행렬에 포함되어 있거나 피난민이 적대적 행위를 했다는 명확한 증거가 없는 한 피난민에 대한 공중공격을 금지하는 정책을 수립"할 것을 제안하고 있다.[73)]

이렇게 볼 때 지연전 시기 유엔군(미군)의 피난민 정책은 소개와 같은 '통제된 이동'과 '이동 제한'을 혼란스럽게 사용하는 통제정책이었으며, 필요하다면 피난민에 대해 '치명적 무력'을 허용하는 것이었다. 이러한 피난민 통제정책은 원래 제2차 세계 당시의 훈련과 경험을 살린 것이었다. 1943년 가을 이탈리아에서 연합군은 지역의 수많은 피난민들로 인해 군사작전에 방해를 받았고, 적의 첩자가 피난민 대열에 섞여 있을 수도 있다는 가능성 하나로 극단적으로 대응한 바 있었다. 즉 적의 전선을 통과해 내려오는 민간인 이동을 금하고 불복할 때에는 사살 명령을 내렸던 것이다. 연합군은 검문소를 설치하고 민간인들을 검색해 통과시 신분증을 발급했다. 이러한 과정 속에서 연합군은 전투지역에 있는 지역 주민들을 통제할 때 이동 제한 정책을 선호하게 되었다. 여기서 '이동 제한'이란 지역 주민들을 제자리에 잔류하게 하는 것이었고, 사람들이 굶주리지 않고 병에 걸리지 않도록 하는 것이었다. 민사부(G-5)를 창설해 이를 담당하게 했다. 이러한 피난민 처리 경험이 한국전쟁에서 유사한 형태로 답습되어 피난민들에 대해 이동 제한을 실행하고 '치명적 무력'을 사용했던 것이다.[74)]

---

73) 5AF Advance Headquarters Turner C. Rogers, "Policy on Strafing Civilian Refugees," RG 342, Entry 5AF, Box 3541, 〈NoGunRi File〉 342.093.

74) Conway-Lanz, Sahr, 앞의 글, 2005, pp.52~53. 그리고 이를 입증하는 중요한 문서가 있다. 당시 1기병사단의 G-3(작전부)에 근무했던 포히다(J. P. Powhida) 중령은 '한국에서의 민간인 통제'라는 글에서 다음과 같이 기술했다. "피난민 무리가 우리 지역으로 쏟아져 내려왔다. 이는 민사 문제였지만, 우리 사단에는 민사부 참모가 없었다. 나는 제2차 세계대전 당시의 훈련과 경험을 살려 민간인을 통제하기 위한 계획을 세웠다.

그런데 2006년 미국방부는 이 피난민 통제정책과 관련해 발생한 '노근리사건'에 대한 조사결과보고서를 내면서 이 같은 사실을 부인했다. 당시 미국방부 대변인은 7월 25일 한미 간 피난민 대책회의의 내용과 그 다음날인 26일 회의 결과에 근거한 미8군의 명령을 근거로 내세웠다. 26일 미8군의 피난민 대책 관련 명령이 최종명령이었으며, 다른 증거들보다 우선한다는 것이었다.75)

미국방부가 주장하는 7월 25일 회의는 현재까지 알려진 바로는 최초의 공식적인 피난민 대책회의였다. 회의는 오후 6시 대구의 한국정부청사에서 개최되었는데, 이 자리에는 노블 미대사관 1등서기관(Harold J. Noble), 쉐바허(Marcus W. Scherbacher) 한국정부 복지담당 유엔고문관, 미8군 헌병사령부 삭스(Sachs) 대령, 미8군 첩보부 타키스톤(Tarkinston) 대령, 미8군 CIC 플래허티(Flaherty) 소령, 미8군 인사부 맥거번(McGovern) 소령, 그리고 김갑수 내무부차관, 최창순 사회부차관, 김태선 치안국장 등이 참석했으며, 그중 맥거번 소령이 피난민 통제와 이동에 관한 문제들을 설명했고, 다음의 계획을 모든 참석자들이 만장일치로 합의했다.76)

1. 극동사령관은 도시나 마을의 주민들의 소개에 관한 정책을 설명하는 삐라를 준비한다.
2. 한국경찰의 소규모 연락단이 모든 피난민의 이동 및 흐름 통제에 관해 지휘관을 지원하기 위해 미8군사령부와 각 사단 사령부에 배속된다.
3. 집단이나 개인별로 도시, 마을 그리고 지역으로부터의 이동은 권한

나의 계획은 승인되었고, 나는 피난민 통제의 임무를 부여받았다. 준비된 계획의 모든 단계들이 즉각적인 효과를 발휘했다. 1주 동안 약 5만 명의 피난민을 검문했다." RG 389, Entry 433, Box 221, 〈NoGunRi File〉 9123-00-00945.

75) US Department of the Army, Inspector General, No Gun Ri Review, January 2001, 〈http://www.army.mil/nogunri/〉.
76) Hqs. EUSAK, "Informal Check Slip: Control of Refugees, 26 July, 1950," RG 338, Box 729, 〈NoGunRi File〉 8511-00-00250.

을 가진 지휘관의 허락 없이는 금지된다.
4. 피난민의 이동(도시 소개)은 미8군사령관이나 사단장의 명령에 따라 실시된다. 이러한 이동은 다음과 같이 실시된다.
   1) 한국경찰 연락관실과 접촉하고, 그 지역 사무실(경찰서)에 소개를 통보하며, 소개부대, 시기, 지역을 분명하게 한다.
   2) 한국경찰 연락장교는 경찰채널을 통해 정보를 제공해 피난민의 이동을 원활하게 한다. 사전에 선택된 집결지로 향하는 도로상의 피난민을 통제하고 검문소도 설치한다.
   3) 사회부장관은 식수, 식량 및 편의품을 모든 피난민들에게 제공한다.
   4) 모든 피난민의 이동은 일출과 일몰 사이에 실시한다.
   5) 밤 시간 동안(저녁-새벽)에는 모든 한국인의 이동을 중지한다.
   6) 행정, 소개, 숙소 제공, 심문을 위한 격리 및 조사 등을 포함하여 피난민 통제에 대한 모든 책임은 한국에 귀속된다.
   7) 군사정보나 전복적인 요소를 소지한 각 개인은 심문을 위해 가장 가까운 헌병감이나 정보기관에 바로 처리한다.

워커(Walton H. Walker) 미8군사령관은 이 합의사항을 승인하고 한국정부의 신성모 국무총리에게 서한을 보내 공식적 협력을 요청했으며,[77] 극동사령부 맥아더 사령관에게 피난민에 관한 한미간 지원 협조가 이루어졌음을 보고했다.[78] 그리고 26일 군사고문단(KMAG)을 포함해 각 부대 지휘관에게 피난민 대책을 지시했는데, 그 내용은 "어떠한 피난민도 전선을 통과하는 것을 허용하지 말라. 각 사단은 성공적인 군사작전에 방해가 되는 민간인 주민들을 비우기 위해 해당 지방경찰을 이용하고 검문소를 설치한다. 그리고 조직

---

77) Office of the Commanding General EUSA, "Letter to Honorable Mr. Shin Sung Mo, Prime Minister(1950.7.26)," RG 338, Box 27, 〈NoGunRi File〉 9123-00-00463.

78) "CG EUSAK to CINCFE, Message, 261200K July, 1950," RG 338, Box 729, 〈NoGunRi File〉 8511-00-00250.

된 피난민들을 일출과 일몰 사이에 미리 정한 길, 정한 지역으로 '통제된 이동'을 시킨다. 마지막으로 이를 알리는 삐라가 뿌려질 것이고, 경찰은 이 정보를 라디오와 언론을 통해 모든 한국인들에게 알려야 한다."는 것이었다.[79] 분명 25일 대책회의와 26일 미8군의 명령만을 보면, 민간인과 피난민에 대한 사살 권한을 명시적으로 부여하지 않은 것처럼 보인다.

민간인에게 해를 입히는 것은 민감한 사안이기 때문에 피난민 통제를 위해 치명적인 무력을 사용하라는 정식 서면 지령은 확실히 존재하지 않을 수도 있다. 위에서 언급했던 '로저스 메모'와 같은 것들이 더 존재할 것이라 생각하는 것은 희망일 것이다. 그러나 다행스럽게도 아키비스트 콘웨이-란츠가 발굴한 무쵸 대사의 7월 26일 서한은 통제를 위해 민간인·피난민에 대한 발포가 필요할 수도 있다는 합의가 당시 군인들에게 공공연히 퍼져 있었다는 사실을 뒷받침하고 있다고 생각한다. 이 서한은 무쵸 대사가 러스크(Dean Rusk) 국무부 동북아차관보에게 보내는 것으로 7월 25일의 피난민 대책회의의 내용을 다음과 같이 보고하고 있다.

> 미군전선 북쪽에 삐라를 뿌려 남쪽으로의 진행을 경고하고 혹 접근할 경우 발포할 위험이 있다는 것을 알린다. 만일 피난민들이 미군전선의 북쪽에서 나타난다면, 위협사격을 할 것이며, 그래도 계속 이동한다면 피난민에게 사격한다.[80]

대책회의에 대한 무쵸의 판단이 오해일 수도 있으며, 자신이 직접 참석한 것이 아닌 해롤드 1등 서기관으로부터 보고를 받았던 것으로 생각되지만, 분명한 것은 콘웨이-란츠가 강조한 것처럼 대책회의는 미대사관에게 피난민

---

79) CG EUSAK, "Incoming Message," RG 338, Series KMAG, Box 23, 〈NoGunRi File〉 9123-00-00943.

80) "Muccio to Rusk, July 26, 1950," NARA RG 59, Central Decimal Files 1950~1954, Box 4266.

은 절대 사살되어서는 안 된다는 것을 분명히 하지 않았다는 사실이다. 회의 결과인 문서에는 나오지 않지만, 무쵸 대사는 회의에서 어떤 언급들 때문에 전선에 접근하는 피난민은 사살될 수 있다는 묵계가 존재했음을 판단했을 것이다.[81]

이렇듯 미8군의 피난민 처리에 대한 방침은 바로 '노근리사건' 발생의 배경을 이룬다. '살 길'을 찾아 산속 깊은 마을인 임계리로 피난을 갔던 주곡리 주민들은 1기병사단의 '통제된 이동' 정책으로 소개되었지만, 정작 소개시킨 미군은 사라졌다. 피난민들은 황간을 향해 남쪽으로 이동 중이었고, 그 과정에서 기총소사와 폭격을 당했고, 그 후 전투에서 패한 7기병연대 소속 병사들을 만났다. 결과는 비무장 민간인·피난민에 대한 일방적 학살이었다.

피난민 사살과 관련된 명령은 민감한 사안이기 때문에 미군 장교들은 이 명령의 기록을 꺼려했을 것이다. 미군은 이 정책이 가혹하고 혐오스러운 전략이라는 것을 알고 있었다. 무쵸 대사 역시 이 문제의 민감성과 이 문제가 일으킬 수 있는 파장을 이해했다.[82]

8월에 이르러서는 피난민에 대한 발포 명령이 보편화되었다. 얼마나 많은 민간인과 피난민들이 미8군의 피난민 통제정책으로 학살되었는지 알 수 없지만, 상당한 피해를 입었던 것은 틀림없는 사실이다. 게다가 미군은 지연전을 수행하는 과정에서 적의 도강을 막기 위해 크고 작은 수많은 다리들을 폭파하거나 폭격으로 파괴했다. 그중 낙동강에 위치한 득성교와 왜관교 폭파는 개전 초기 한강교 폭파를 연상시키는 것이었다.

당시 미군은 낙동강 방어선으로 후퇴하면서 영동과 상주, 김천, 왜관에서 소개령을 내렸다. 미군은 마을과 눈에 띄는 모든 것들을 초토화하라는 명령을 받았던 때였다. 인구 5만 명의 김천시는 8월 2일 1기병사단 공병대가 불태웠는데, 밤이면 그 불길이 몇 km 떨어진 곳에서도 보일 정도였다. 남은 것

---

81) Conway-Lanz, Sahr, 앞의 글, 2007, 31쪽.
82) 위의 글, 34쪽.

은 낙동강 방어선 안으로 향하는 피난민 대열이었다.[83] 피난민들이 낙동강을 건너기 위해서는 칠곡군 왜관읍의 왜관교와 고령군 성산면 득성리에 위치한 득성교를 건너야 했다. 그런데 미8군사령부는 8월 3일까지 모든 부대가 낙동강을 건너 철수하도록 하고, 적의 도강을 막기 위해 다리들을 폭파할 것을 명령했다. 14공병대대가 득성교 폭파 임무를 맡았다. 미군 24보병연대와 국군 17연대가 다리를 건너 철수를 완료했지만, 약 200m 길이의 다리에는 피난민들이 계속 건너오고 있었다. 이런 상황에서 오전 7시 01분 다리는 폭파되었고 다리 위에 있던 수백 명의 피난민들이 죽었다. 북한군은 아직 득성교 강가에 도달하지 않았던 때였다.[84] 득성교 40km 상류에 있던 왜관교는 그 때까지도 아직 폭파되지 않은 상태였다. 8월 3일 해가 저물 때까지도 1기병사단의 도강이 진행되고 있었다. 철수가 완료되자 게이 사단장은 부대의 후위를 쫓아 다리로 밀려드는 수천 명의 피난민들을 저지하고 폭파할 것을 명령했다. 그러나 피난민들도 필사적이었다. 결국 게이 사단장의 폭파 명령에 수백 명의 피난민들이 폭사당했다. 게이 사단장은 『낙동에서 압록까지』의 저자인 애플만(Roy E. Appleman)과 교환한 서신에서 "벌써 어둑어둑했다. 다른 수가 없었다. 다리 폭파 명령을 내렸다. 어려운 결정이었다. 폭파 때 다리와 함께 수백 명의 피난민이 하늘로 치솟았다."고 회고한 바 있는데, 득성교와 마찬가지로 폭파시기가 너무 빨랐다. 북한군의 주력부대가 적어도 24km는 떨어져 있을 때였다.[85]

---

83) 최상훈 외, 앞의 책, 2003, 195쪽.
84) 위의 책, 191~192쪽.
85) 위의 책, 196쪽. 그런데 육전사연구보급회가 쓴 『한국전쟁』 2권에는 북한군의 사격이 시작되어 게이 사단장이 폭파 명령을 내렸다고 서술되어 있다. 양영조 재인용, 앞의 책, 2007, 199쪽.

1950년 8월 왜관교 근처 남쪽으로 도강하는 피난민과 미 14공병대대의 득성교 폭파 준비

　폭파를 피했지만, 낙동강 서안에는 약 20만 명으로 추산되는 사람들이 북한군과 미군 사이에서 오도 가도 못하고 있었다. 피난민들은 얕은 곳을 찾아 도강을 시도했다. 그리고 미군은 이들을 향해 발포했고, 수많은 피난민들이 강 속에서 죽었지만, 그럼에도 이들을 막을 수 없었다. 결국 미군은 여성과 아이들에 한해 도강을 허용하는 명령을 내렸다.86) 그 때도 아직 북한군은 1기병사단이 맡고 있는 지역의 강가에 도달하지 않은 상태였다. 그러나 8월 9일 게이 사단장은 마음을 바꾸어 "강을 건너오는 피난민들을 모두 사살하라"는 명령을 내렸다.87) 그리고 8월 29일 제61포병대대 통신일지에도 도강하는 피난민에 대한 사살 명령을 기록하고 있는데, 게이 사단장은 피난민들을 '사냥감(fair game)'이라고 말했다.88)

　강력한 피난민 이동 제한 정책과 '치명적 무력' 사용은 1950년 여름으로 끝

---

86) J. P. Powhida, "Civilian Control in South Korea," RG 389, Entry 433, Box 221, 〈NoGunRi File〉 9123-00-00945.

87) 8th Cavalry Regiment, "Battalion Journal," RG 338, Box 63, 〈NoGunRi File〉 9123-00-00438.

88) 61st Field Artillery Battalion, "Unit Journal," RG 228, Box 109, 〈NoGunRi File〉 9123-00-00421.

난 것이 아니었다. 중국군의 개입으로 추운 겨울에 수많은 피난민들이 미군을 따라 남쪽으로 이동했다. 유엔군 지휘관들은 다시 한 번 강력한 민간인·피난민 통제정책을 수립·운용했다. 유엔군은 부대의 안전과 군사작전의 효율성을 확보하려고 했고, 피난민들은 난리를 피해 최대한 빨리 안전한 남쪽으로 피하고자 했다. 주요 도로와 다리, 전선 주변에서 심한 충돌이 발생했다. 이런 상황에서 미8군사령부는 피난민에 대한 발포와 사살을 허용하는 명령을 분명히 내렸다. 피난민 사살 명령은 더 이상 '숨겨진 명령'이 아니게 되었다. 유엔군의 '반공 인도주의'의 맨살이 드러나는 순간이었다.

2. '성공적인' 서울 소개와 피난민의 '부수적 피해'(?)

유엔군은 10월 1일 38선을 돌파하고 10월 하순 대부분의 북한지역을 석권했다. 그러나 매서운 겨울 이전에 종전될 것이라는 희망은 중국군의 참전으로 깨졌다. 서부전선에서는 미8군이 '청천강 전투'를, 동부전선에서는 10군단이 '장진호 전투'를 치루고 큰 타격을 받아 후퇴하기 시작했다. 워커 미8군사령관은 퇴로를 차단당해 포위되지 않도록 신속한 후퇴를 명령했고, 아몬드(Edward E. Almond) 10군단장 역시 흥남 집결을 명령했다.[89]

결국 12월 3일 유엔군은 평양을 포기하고 철수를 결정했다. 당시 평양에는 북쪽에서 내려온 피난민만 해도 약 20만 명이 있었다.[90] 그러나 미8군은 피난민의 이동이 아군의 군사작전과 철수에 방해가 된다는 이유로 이들을 소개시키기 위한 계획을 마련하지도 않았다. 김종원 평양지구 헌병사령관은 같은 이유로 민간인 소개 자체를 막았다. 대동강 이남의 지역 주민들은 후퇴하는 유엔군을 따라 피난을 떠났다.[91] 그간의 전쟁 경험 속에서 곧 폭격과 총알이

---

89) Mossman, Billy C, 백선진 역, 『밀물과 썰물』, 대륙연구소출판부, 1995, 4~7장.
90) 부산일보사 편, 『임시수도 천일』(하), 1984, 217쪽.
91) 중앙일보사 편, 『민족의 증언』 4, 중앙일보사, 1983, 50~56쪽.

난무하는 전장이 될 것임을 직감하고 움직였던 것이다. 정치적 보복을 피해 피난을 떠나는 사람들 역시 상당히 기민했다. 대동강 북쪽에서는 철교가 피폭되어 끊어져 있었기 때문에 강을 건너기가 쉽지 않은 상황이었다. 4~5일 동안 약 5만 명의 피난민들이 강을 건넜다.92) 게다가 12월 5일부터 유엔군은 평양을 적성지대로 선포하고 강을 건너는 사람들을 적으로 간주해 폭격과 기총소사를 가했다.93) 개전 초기의 서울 잔류 상황의 오류를 반복하는 상황이 연출되었던 것이다.

그나마 도강한 피난민들은 후퇴하는 유엔군이 이용하는 큰 길로 이동할 수 없었다. 산길, 들길, 철길을 따라 무작정 남하했지만, 사리원에서 해주 방면으로 유도되었다. 사리원은 개성으로 이어지는 유엔군의 주요 후퇴로이자 보급로였기 때문에 유엔군은 피난민 이동을 통제했다. 그 시기에 사리원과 그 근방에 있는 신막에서 발생했던 민간인 학살은 이러한 정책의 결과물이었던 것으로 보인다. 당시 로이터-AP 특파원인 콜리스(John Colles)는 한국 경찰이 민간인 죄수들(civilian prisoners)을 사리원과 신막에서 처형했다고 송고했고, 이는 12월 9일 일본뉴스에 보도되었다. 사리원에서의 처형은 미군 헌병이 목격했고, 신막은 영국군이 목격하고 이를 저지했지만 진행되고 있었다고 한다.94) 여기서 주목할 점은 '민간인 죄수들'이라는 표현이다. 이들은 남자, 여자, 아이들이었는데, '죄수들'이 아니라 피난민들이었던 것으로 보인다.95) 그리고 유엔군은 단지 목격하거나 저지했다는 식의 제3자적인 입장을

---

92) 양영조, 앞의 책, 2007, 215쪽.
93) 중앙일보사 편, 『민족의 증언』 4, 1983, 57쪽.
94) 나는 사리원과 신막 학살과 관련해 세 건의 문서를 확인했는데, 모두 발신기관은 유엔군사령관(CINCUNC) 혹은 극동사령관(CINCFE), 즉 도쿄의 맥아더 사령관이었으며, 수신은 미8군 사령관으로 되어 있다. 문서 제목은 "ROK Police shoot civil prisoners in mass execution", "Execution in Korea at Gunpoint", "Outcoming Message"이다. 〈NoGunRi File〉 1820-00-00058, 1820-00-00109, 8511-00-00316. 사리원 학살과 관련해 당시 주한 미대사관은 조사 결과 한국 경찰이 아니라 미국 민간지원팀으로 고용된 북한의 반공치안대원들이 '사리원처형'을 실행했다고 보고한 바 있다.

취하고 있지만, 이 학살의 배경은 유엔군의 피난민 인식과 정책과 결코 무관한 것이 아니다. 즉 피난민 대열에 적 오열이 침투해 있거나 피난민들이 적 전술부대나 게릴라의 이동을 숨기는데 이용되고 있다는 인식 속에서 이루어진 엄격한 이동 제한 정책은 민간인·피난민에 대한 학살을 배태할 수밖에 없었다. 유엔군의 피난민 이동 제한 정책으로 상당수 피난민들이 진남포-해주 라인의 서쪽으로 내몰렸다.96) 사회부 당국자의 말에 따르면, 당시 60만 명으로 추산되는 피난민 중 약 30만 명이 해주지구로, 20만 명 정도가 개성지구로 집단 수용되었다.97) 진남포에도 약 10만 명의 피난민들이 집결한 상태였다. 12월 4일부터 유엔군 철수작전이 시작되었고, 군의 승선이 끝난 후 피난민들을 LST에 승선시켰다. 그러나 LST는 4척에 불과했고, 8,000명 정도만이 승선해 피난할 수 있었다. 4일 오후 2시 이후 유엔군은 부두에 미처 선적하지 못한 군수물자와 진남포 전 시가지에 대대적인 함포사격을 가했는데, 그곳에 운집해 있던 피난민들의 피해는 상상할 수 없는 것이었다.98) 이는 미군이 평가하고 있는 것처럼 '가장 멋진 군수작전'이지만, 약 30만 명의 피난민 중 약 8만 6,000명만이 승선해 실패한 피난민 소개 작전이라 할 수 있는 '흥남철수'의 예고편이었다.99)

북한 전역에서의 유엔군 철수 방침이 알려지자 서울도 동요하기 시작했다.

---

95) 민간인 학살을 보고하고 있는 당시 미군 문서들은 거의 항상 처형 대상을 'civilian prisoner'이라고 썼다. 왜 그런지에 대한 여러 해석들이 가능할 것이다.

96) 8086 MHD, "Evacuation of Refugees and Civilians from Seoul June 1950 and December 1950 to January 1951," p.8. NARA RG 550, Entry A-1 Organizational Files, Box 80.

97) 『동아일보』, 1950.12.13. 해주에 수용된 대다수 피난민은 해상길이 막혀 결국 이남으로 들어오지 못했다. 중앙일보사 편, 앞의 책, 57쪽.

98) 부산일보사 편, 앞의 책, 1984, 220쪽.

99) 모스맨에 따르면, 12월 11일 이후 흥남에서 철수한 피난민이 약 86,000명이 넘었고, 원산과 성진에서 후송된 피난민을 포함하면 총 피난민 수는 98,100명에 도달했다. Mossman, Billy C, 앞의 책, 1995, 213쪽.

12월 12일 미8군사령부는 '작전계획 19호'를 통해 만일 적의 압력이 아군의 전술적 통합성을 위협하면 유엔군을 서울 이남으로 후퇴한다는 작전을 세웠다.[100] 이에 따라 2개의 방어선, 즉 C선과 D선이 설정되었다.[101] 이는 12월 10일 미8군사령부에서 서울 사수의 언질을 한 적이 없다는 담화 발표와 맥을 같이 하는 것이었다.[102]

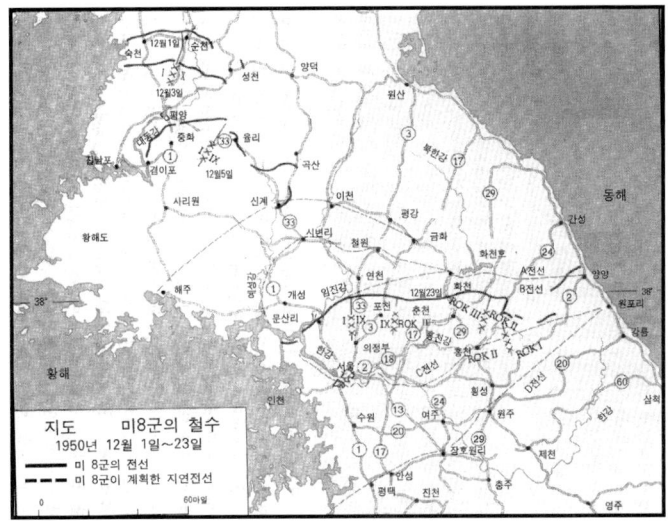

지도　미8군의 철수
1950년 12월 1일~23일

그런데 서울에는 '수복' 이후 '환도'가 이루어져 대부분의 정부기관과 함께 수많은 피난민들이 귀환한 상태였다. 서울시 인구도 10월 1일 기준 146만

---

100) 8086 MHD, Ibid, p.8.
101) C선은 서울 남쪽 한강의 하류 제방으로부터 동북쪽으로 굽어 화천 남쪽 30마일에 있는 홍천에 이르며 양양 남쪽 15마일 지점에 있는 원포리로 이어져 거의 정 동쪽을 가르는 선. D선은 그 남쪽에 위치해 있는데, 서울 남쪽 45마일 지점의 서해안을 기점으로 평택을 통과하여 북동쪽으로 안성, 장호원과 원주를 거쳐 C선의 종점인 동해안의 원포리에 이르는 선이다. Mossman, Billy C, 앞의 책, 1995, 201쪽.
102) 중앙일보사 편, 『민족의 증언』 4, 1983, 92쪽.

7,569명으로 전쟁 이전의 수준에 거의 도달한 수준이었다.[103] 이런 대도시를 두고 지난 여름처럼 아무런 소개 조치를 취하지 않는 것은 유엔군으로서는 군사적 차원에서도 있을 수 없는 일이었을 것이다. 평양과 달리 12월 13일 1군단 사령부는 '작전명령 32호'를 통해 군단의 민간원조 장교(Civil Assistance Officer) 멜처(A. W. Melchoir) 대령에게 서울의 민간인 소개에 필요한 계획을 준비하라고 지시했다. 그는 즉시 서울에서 유엔민간원조 사령관(UN Civil Assistance Commander)과 미8군사령부의 힐(Francis Hill) 대령과 함께 본부를 세웠다. 계획이 진행되는 동안 군단지역을 통과하는 북한의 피난민 흐름을 통제하기 위해 1군단 민간원조 부관인 멜턴(Melton) 소령이 1군단 통제소(CP)에 배치되었다. 12월 15일 1군단 공병대는 철도와 부교의 안전과 유지를 맡겼는데, 이때 14공병대 대대장은 부교의 제거와 철교의 폭파를 준비하도록 지시받았다. 그리고 1군단 헌병은 한강을 건너 서울을 통과하는 교통통제를 맡았다.[104]

한편 한국정부는 사회부를 중심으로 보건부·국방부·내무부와의 협력 아래 소개 계획을 포함한 전반적인 피난민 대책을 준비·발표했다. 허정 사회부장관은 12월 7일 기자회견을 통해 앞으로 진행될 긴급사태에 대비해 구호사무에 집중하는 전시체제로 전환한다고 발표했다.[105] 그리고 12월 13일 비전투원 소개 및 월남한 피난민의 원활한 수송을 위해 광나루, 마포, 서빙고 세 지점에 인도가교를 신설하기로 했다고 발표했다. 이때 발표된 방침에서도 군사작전에 방해되지 않도록 국도(주도로) 통행금지와 적 오열과 불순분자 적발에 서로 협력할 것을 강조하고 있다.[106] 12월 15일에는 오한영 보건부장관이 피난민 의료구호 실태와 방침을 발표하면서 남하한 피난민에 대해 전염

---

103) 『동아일보』, 1950.10.7.
104) 8086 MHD, *Ibid*, pp.8~9.
105) 『동아일보』, 1950.12.7.
106) 『서울신문』, 1950.12.13.

병 예방주사와 DDT소독이 이루어지고 있으며, 50개 의료구호반을 구성해 요소요소에 피난민 의료구호소를 설치하는 방법을 강구하고 있다고 밝혔다.107) 이 같은 의료지원 및 구호계획은 1군단 민간원조팀이 86개의 의료지원팀을 신설해 12월 내내 피난길을 따라 중요한 곳에 배치해 의료구호의 임무를 맡기면서 실현되었다.108)

미8군과 1군단 사령부의 민간원조관들은 피난민 이동의 흐름을 서울 주변의 군사작전을 방해하지 않는 지역으로, 그리고 전라남북도로 유도하기 위해 주한유엔민간원조사령부(이하 UNCACK) 및 한국정부와 함께 일했다. 그러나 남쪽으로 향하는 모든 열차에는 피난민들이 가득 찼고 대구, 부산처럼 이미 포화상태의 도시들로 내려갔다. 이러한 상황에 대처하기 위해 민간원조팀은 피난장소를 확대하기로 했다.109) 이와 관련해 사회부는 국방부·내무부와 협의해 각 지방의 소개민을 이재지에 따라 지정된 피난장소로 소개시키는 계획을 마련했다. 즉 38이북의 피난민은 충청남도 및 전라남북도로, 서울과 경기도의 피난민은 이분하여 일반 시민은 전라남북도, 기타 피난민은 경상남북도로 소개하도록 지정했다.110)

12월 22일 1군단 사령부는 '서울 소개 행정계획'을 발표했다. 그것은 미8군과 1군단의 민간원조팀, 1군단 헌병대와 공병대, 유엔민간원조 사령관, 한국경찰이 공조한 합동계획의 산물이었다. 중앙정부와 서울시 관료들, 1군단 사령부와 주한미대사관, 그리고 해외 여러 기관들과의 협조와 연락이 유지되었다. 서울 소개는 1군단 참모부장의 지시를 따르면서 진행되었다. 1군단 민간원조사령부는 각 기관·기구에 12월 31일까지 소개를 완료하도록 요청했다.111) 이에 한국정부도 구체적으로 소개 계획을 실행하고 피난을 명령했다.

---

107) 『동아일보』, 1950.12.17.
108) 8086 MHD, *Ibid*, pp.10.
109) 8086 MHD, *Ibid*, pp.9~10.
110) 『조선일보』, 1950.12.16.

12월 24일 이승만 대통령이 공식으로 서울시민들에게 피난을 명령했고, 12월 27일 조병옥 내무부장관이 보다 분명하고 근본적인 철수정책을 제시했다.112) 수많은 사람들이 다시 서울을 떠나 한강 이남의 작은 마을에 자리 잡거나 계속 남쪽으로 내려갔다. 피난민들은 모든 가용한 교통수단들, 예컨대 걷거나, 수레와 마차를 이용하거나, 혹은 인천에서 배나 서울과 영등포를 떠나는 화물열차를 이용해 이동했다. 이 인구의 밀물과 썰물을 통제하기 위해 미8군은 국도상의 주보급로의 중요 지점들에 바리케이드와 검문소를 세웠고, 피난민을 보조도로로 돌렸다.113)

서울의 피난민들은 소개될 때 짐을 이거나 싣고 남쪽으로 갔다.

---

111) 8086 MHD, *Ibid*, p.14.
112) 중앙일보사 편, 『민족의 증언』 4, 1983, 92쪽 ; 『남북한관계 사료집』 16, 569~571쪽.
113) 8086 MHD, *Ibid*, p.15.

1950년 12월 27일 서울의 피난민들이 인천에서 일본 배를 타고 부산에 도착하고 있다.

1951년 1월 1일 리지웨이(Matthew B. Ridgway) 미8군사령관은 '작전계획 19호'에 따라 밀번(Frank W. Milburn) 1군단장과 콜터(John V. Coultor) 9군단장에게 서울 교두보를 포함하는 C선으로 강력한 지연작전을 동반한 후퇴를 실시하도록 명령했다.[114] 그리고 그날 저녁 9시 미8군사령부 '행정명령 32호'가 공포되었다. 그 내용의 일부를 보면, 다음과 같다.[115]

 g. 민사
 (2) 모든 부대의 지휘관은 군사작전에 지역주민들이 방해가 되는 것을 막기 위해, 군부대의 안전을 보장하기 위해, 전염병을 막기 위해, 명령을 지키기 위해, 군사목적에 도움이 되는 지역자원들을 동원하기 위해, 그리

---

114) Mossman, Billy C, 앞의 책, 1995, 237쪽.
115) 8086 MHD, *Ibid*, pp.15~17.

고 국제법에 의해 지휘관에게 부과된 인도주의적 의무를 충족시키기 위해 각 지역 내의 통제 행사에 대한 책임을 갖는다.

(7) 민간용 공급품의 비축을 유지하고 라디오, 전화, 전신설비를 포함하는 군사적 가치의 공공설비들은 소개하거나 파괴한다. 군사적 가치가 없으며 민간의 고통을 가중시킬 수 있는 민간건물, 발전소와 수도설비는 폭파하지 않는다.

(8) 민간원조사령부는 군 지역 내의 민간정부 및 기관들을 도와 피난민 통제와 구호, 민간인 죄수들의 소개, 비축된 통화 및 민간용 공급품과 공공기록의 소개, 질병, 기아, 그리고 민간인 주민들 사이의 불안을 방지하기 위한 적절한 계획과 작전을 세운다.……

h. 민간인 통제

(1) 지휘관은 아군 전선의 후방이나 유엔의 임무 완수에 방해가 되는 여타의 지역을 통과하거나 안으로 들어오는 피난민 이동을 허용하지 않는다. 피난민은 주보급로를 따라 이동하는 것이 허락되지 않는다. 아군전선에 도착하기 전에 피난민 무리들은 긍정적 조치들을 통해 분산될 것이다.

(2) 군과 군 시설에 위험이 되지 않거나 방해되지 않는 민간인 이동은 낮 동안에 한해 허락된다. 밤 시간의 이동은 허가되지 않는다.

(3) 지휘관은 이동을 군사적으로 금하기 전까지 민간인들이 서울과 인천지역을 소개하도록 허락한다. 피난민은 군용도로와 철교로 한강을 건너는 것이, 주보급로를 따라 이동하는 것이, 밤에 이동하는 것이 허락되지 않는다. 피난민은 오직 나루터, 서울 동쪽과 서쪽에 있는 두 개의 인도교만을 이용한다. 피난민은 가능한 서쪽의 해안길이나 서울-김양장리-안성 길을 따라 군산지역으로 이동한다.

(4) 한국정부, 경찰, 지방 민간정부들은 피난민 통제와 보호에 대한 책임이 있다. 지휘관은 군사적으로 필요한 정도에서 지휘하고 보충해준다.

(5) 1군단 사령관은 적당하다고 생각하는 시점에 민간정부로 하여금 남쪽으로 서울의 민간인 소개를 금하도록 포고한다. 이 점에 있어서는 9군단 사령관과의 긴요한 협력이 이루어져야 한다.……

그리고 1일 저녁 10시 1군단은 지난 12월 13일의 '작전명령 32호' 이행을 지시했다. 이 명령으로 그다지 효과를 보지 못하고 있던 22일의 '서울 소개 행정계획'에 나와 있는 작전 방침들이 완전하게 이행되었다. 그리고 소개 진행을 확신하기 위해 민간원조 요원들은 형무소와 유치장, 병원, 피난민수용소, 미대사관과 군사고문단, 한국정부와 서울시 관리들의 소개 상황을 체크했다.116) 문제는 시간이었다. 서울 교두보에 대한 불신이 증대되고 있었기 때문이다. 피난민들이 걸어서 강을 건널 수 있을 만큼 강이 얼었다는 보고가 들어왔다. 미8군사령관은 동쪽의 적군에 의해 포위당할 가능성과 교두보 측면 바로 밖에서 얼어붙은 한강을 건너온 적군에 의해 함정에 빠질 가능성을 우려했다. 유엔군 75,000명과 장비 및 군수품들을 도강시켜 강 이남으로 이동시키는 것이 주요 관건이었다. 그러나 한강에는 1군단 후방에 두 개의 혼합 조립된 M4-M4A2 부교, 50톤급 철교가 가설되어 있었고, 9군단 후방에 서울 동쪽 4마일 지점에 도강용으로 1개의 50톤급 M2 부교와 5개의 도보용 부교가 가설되어 있었을 뿐이었다. 이런 상황에서 미8군과 1군단은, 한편으로 다리를 군사적 목적으로만 사용할 수 있도록 민간인과 피난민을 배제할 극단적인 통제정책을 세웠고, 다른 한편으로 다리를 신속하게 파괴하는 방법을 강구했다.117)

1월 3일 중국군이 1번 국도를 따라 서울 교두보를 공격하기 시작하자 리지웨이 미8군 사령관은 D선으로의 후퇴를 명령했다. 그리고 교두보에서 빠져나오기 위해 밀번 1군단장에게 한강다리의 교통통제의 책임을 맡겼고 1기병사단의 포병사령관 파머(Charles D. Palmer) 준장에게 밀번 밑에서 이 특별 임무를 수행하도록 했다. 사실 한강다리에 대한 통제체계는 1월 2일 아침부터 다리 남쪽의 한강 모래사장에 개설된 주통제소에서 1군단 참모부장인 웅가(C. H. Unger) 대령의 명령하에 작전이 진행되고 있었다. 그리고 도강을

---

116) 8086 MHD, *Ibid*, pp.17~18.
117) Mossman, Billy C, 앞의 책, 1995, 244~245쪽.

적절히 통제하기 위해 경찰과 서울시경을 서울 시내 주요 지점에 배치해 교통통제소를 설치하도록 했다. 경찰은 한강 남쪽 1번 국도로 민간인과 피난민이 들어오지 못하도록 영등포와 1번 국도를 따라 배치되었고, 서울 남쪽 교외의 보조도로에도 배치되었다. 그리고 1번 국도를 사용할 수 있는 특권이 허락된 민간인들은 시내 두 곳으로 모이도록 했고, 그곳에서 1군단 민사장교와 헌병, 경찰이 그들을 검문했다. 전체 통제 책임자인 파머 준장이 3일 아침에 군단 주통제소에 도착했을 때 민간인과 피난민 후송이 진행되고 있었다. 민간인·피난민이 이 일부의 다리들을 이용할 수 있는 최종 시간은 3일 오후 3시였다. 미8군이 승인한 구체적인 예외를 제외하고는 그 시간 이후부터 군사 이동 외에 접근로나 출구용 도로는 전면 폐쇄되었다. 리지웨이 사령관은 1번 국도와 작전지역에서 모든 민간인·피난민 흐름을 완전히 중단시키되 필요하다면 접근하는 피난민들에 대한 발포와 폭격을 승인했다. 또한 그는 한국정부가 서울시민에게 모든 가용한 통신수단을 통해 이 사실을 알리고 가능하면 자기 자리를 지키도록 알릴 것을 요청했다. 이와 관련해 그는 무쵸 대사에게 이러한 조치가 "민간인 주민들을 응징하는 것이 아니라 오히려 생명을 구하는 것"이라고 말했는데, 왜냐하면 이 지시로 민간인·피난민 이동이 점진적으로 멈춰지면 적이 전진을 엄호하기 위해 피난민 대열을 이용하지 못하게 되므로 결과적으로는 생명을 구하게 될 것이라는 설명이었다. 이 논리를 입증하려는 듯 그는 "남한에서의 폭파나 군사적 목적으로 필요한 파괴는 적에게 큰 손해를 주되 민간인에게 최소한의 손해를 끼치는 것이어야 한다"고 천명하면서 앞으로는 '초토화작전'의 채택을 절대 용납할 수 없다고 강조했다.[118]

　3일 오후 4시부터 전술부대가 후퇴하기 시작했다. 그 시간에도 남쪽으로 향하는 피난민의 이동은 멈추지 않았다. 4일 낮까지도 민간인 부교와 나루터

---

[118] 위의 책, 243~249쪽 ; 8086 MHD, *Ibid*, p.19.

의 얼어붙은 얼음 위로 피난민 대열이 이어졌다. 3일 오후 5시와 4일 오전 8시에 민간인은 제자리에 잔류하라고 알리는 항공 삐라들이 떨어졌다. 심리전을 수행하는 확성기 비행기 또한 이 메시지를 전달하는데 투입되었다.[119]

1951년 1월 3~4일 서울의 수천 명의 피난민들이 얼어붙은 한강을 건너고 있다.

[119] "한강을 건너는 것을 금지한다. 도강을 시도하는 사람들에게 발포할 것이다. 유엔군총사령관."

4일 이른 아침에 한강 부교는 파괴되었다. 9군단 영역의 한강에 있던 M2 강철 인도용 부교는 강이 얼어 제거가 힘들어지자 대낮에 폭파시켰다. 이제 한강에는 M4-M4A2 다리와 '슈플라이'(철도가 가설된 부교)만이 남게 되었다. 이 다리들은 군의 후퇴 용도로 완전히 점거되었으며, 민간의 교통은 금지되었다. 4일 오전 동안 1군단 민사장교 및 미국인 비군사요원은 한강 이남으로 후퇴했다. 그리고 12시 30분에 '슈플라이' 다리도 폭파되었다. M4-M4A2 다리의 철거는 11시 50분에 시작되었다. 오후 3시에 다리의 25% 정도가 해체되었을 때, 너무 지체되자 리지웨이 사령관이 직접 확인하고 나머지 부분을 폭파하도록 명령했다. 미8군은 이 다리의 파괴로 '서울 소개'를 '완료'시켰다.[120]

M4-M4A2 다리에서 확인하는 리지웨이 장군(왼쪽 앞)과 1군단 공병대 이츠너 대령

---

120) 8086 MHD, *Ibid*, p.22.

1월 4일 오후 3시 폭파되는 M4-M4A2 다리

'1·4후퇴'로 약 120만 명의 서울시민이 피난을 떠난 것으로 추정되고 있다. 미8군 커맨드리포트는 12월 30일까지 40만 명, 1월 1일에서 4일 동안 70만 명이 서울을 떠난 것으로 보고하고 있다.[121] 그러나 이 시기 피난 통계치는 총 피난 수는 비슷하지만 시기별 피난 수는 자료들마다 상이하다. 예컨대 12월 30일까지의 피난 수만 해도 미8군이 약 40만 명으로 추산한데 반해 서울시장은 약 60만 명, 치안국장은 80만 명으로 추산했다.[122]

이렇게 진행되었던 한겨울의 서울 소개·피난은 지난 여름의 피난과 비교할 때 큰 차이가 있다. 그것은 바로 서울과 대전에서 국가가 무계획·무대책으로 일관하면서 국민을 버리고 도망갔던 경험을 되풀이하지 않았다는 점이다. 유엔군은 미8군과 1군단의 민사, 그리고 UNCACK의 담당 장교들이 12월 13일부터 서울 소개를 체계적으로 준비해 실행했고, 한국정부 역시 사회부를

---

121) EUSAK Command Report Dec 50, Sec III. p.5와 EUSAK Command Report Jan 51, Sec III. pp.113~114. 둘 다 8086 MHD, *Ibid*, p.14와 22에서 재인용.

122) 『남북한관계 사료집』 16, 569~571쪽 ; 국사편찬위원회, 『자료대한민국사』 19, 704쪽.

중심으로 국방·내무·보건·서울시와 지방정부와 협력하면서 소개 정책의 실행을 뒷받침했다. 그러나 나는 군의 대민 인식, 특히 피난민 인식이 지난 여름과 비교할 때 근본적인 변화가 없었으며, 어떤 부분은 오히려 악화된 것도 있었다고 생각한다. 이러한 점 때문에 조직적이고 체계적인 소개 정책의 수립과 실행이라는 극적인 변화에도 불구하고 소개된 민간인과 피난민의 입장에서는 지난 여름과 마찬가지로 지극히 불행한 것이었고, 그들이 겪어야 했던 고초와 피해는 상당한 것이었다.

우선 피난민 인식과 정책에서 여전히 피난민 대열 속의 적 오열 침투와 불순분자를 경계하는 것이 실제 위험에 비해 지나치게 강조되고 있다. 지난 여름에도 그랬지만 피난민 대열에 적 오열 침투는 그렇게 위협적이지 않았다. 물론 침투한 오열이 전황에 대한 유언비어를 유포하고 선동했던 것도 사실이지만, 자의적으로 휘둘러지는 '불순분자 낙인'과 그로 인한 막대한 민간인·피난민 피해를 고려할 때, 위험을 과도하게 강조하는 것 자체가 군사적 관점에 서 있다고 생각한다. 피난민 무리에 '불순물'이 섞여 있을 수 있다는 잠재적 가능성 하나만으로 전체 피난민 대열에 지나친 이동 제한 정책이 실행되고 그로 인해 죽음으로 동원된다면, 이것은 유엔군이 그토록 강조하던 "국제법에 의해 지휘관에게 부과된 인도주의적 의무"를 지키지 않는 것이 된다. 지난 여름과 달리 '살 길'을 찾아 이동 제한을 위반하게 된 피난민들에게 발포 명령을 '숨겨진 명령'이 아닌 '분명한 명령'으로 하달하지 않았던가? 이러한 피난민 인식은 이동 제한 정책뿐만 아니라 의료구호에도 일정 정도 반영되어 있다. 표면적으로 전자는 목숨을 앗아가는 정책이고, 후자는 생명을 구하는 정책으로 보인다. 당시 풍토병과 법정 전염병을 예방하기 위해 유엔군은 피난민에 대해 엄청난 수의 예방접종과 DDT 살포를 실시했다. 그런데 그 목적이 피난민을 위한 의료구호에도 있었지만, 그 배후에는 피난민들이 풍토병과 전염병 발병지역으로부터 왔다는 것이었고, 이들로부터 유엔군을 보호해야 한다는 목적도 크게 작용했다. 그러나 이것은 명백히 위험이 과장된 것으로 보인다. 실제 전염병 발병이 보고된 사례는 소수에 불과했다. 이렇게 볼 때 나는 인도주의적인 의료구호로 보이는 보건예방 조치들에 피난민 대열 안에 질병을 유발하고 옮기는 존재, 즉 위생적 차원의 '불순분자'가 있고 이들을 위생처리(박멸)해야 한다는 인식이 전제되어 있었다고 생각한다. 더 나아가 이러한 인식은 불순분자의 박멸이 적 오열의 선동을 통한 공산주의의 전염을 차단하고 유엔군과 자유세계를 수호한다는 담론구성물을 만들어냈다. 미8군사령부 '행정명령 32호'에는 전염병을 막는 것이 "군사작전에 지역주민들이 방해가 되는 것을 막는 것과 군부대의 안전을 보장하는 것, 군사목적에 도움이 되는 지역자원들을 동원하는 것"과 동일한 수준에서 다루어지고 있고, 지휘관은 이를 위해 각 지역을 통제할 수 있다고 명시하고 있다.

민간인 소개는 단지 도시 소개로 끝나는 것이 아니었다. 이들은 각자가 알아서 대열을 이루고 정부가 지정한 피난지로 이동해야 했다. 그러나 피난 대열은 대부분 노인과 여성, 아이들로 구성되어 있어서 이동이 상당히 더딜 수밖에 없었다. 일가족의 피난을 책임져야할 '장정들' 상당수가 제2국민역으로 국민방위군에 소집되었기 때문이었다. 게다가 피난길은 국도가 유엔군에 의해 통제되고 있어서 보조도로나 산길 등을 이용해야 했다. 피난민 가족들은 최악의 식량사정과 추위 속에서 아사자와 동사자가 발생했고, 여러 고초를 겪으며 흩어지게 되는 경우도 다반사였다. 어쩌다 국도로 접근하면 헌병의 발포에 노출되는 위험천만한 상황을 겪기도 했다. 밤에는 잃어버리거나 버림받은 아이들이 많이 발생했다.[123]

그럼에도 유엔군은 피난민의 입장에 선 인도주의적 조치들을 이행하지 않았다. 군 지휘관들은 군 이동의 방해를 막는 피난민들에 대한 가혹한 조치가 피난민에게 취해야 하는 인도주의적 조치들과 화해하기 어렵다는 사실을 너무나 잘 알고 있었다. 결국 그들은 인도주의적 의무보다는 군사적 편의성과

---

123) 8086 MHD, *Ibid*, pp.22~24.

효율성을 택했다.124)

이렇게 볼 때 이 시기 유엔군의 피난민 인식은 지난 여름의 그것과 대동소이했고, 민간인 소개정책과 지역별 분산·관리정책이 잘 계획되고 실행되는 것처럼 보였지만, 근본적으로 지난 여름의 이동 제한정책의 연장에 있었다. 즉 '강력하고 성공적인' 서울 소개와 지역별 분산정책은 피난민 이동 제한정책의 제약 속에서 진행되었던 것이다. 지난 여름과 달라진 것이 있다면, 오히려 아군의 전선이나 주보급로에 접근하는 피난민들에 대해 발포를 명백하게 명령했다는 것이다. 심지어 1기병사단은 병사들이 아군의 작전지역이나 전선을 통과하는 민간인을 허용할 경우, 100달러 상당의 벌금을 물게 했다. 그리고 2보병사단의 정보장교들은 1951년 6월에 피난민, 특히 노인과 여성, 아이들에 대해서는 발포하지 않도록 통제정책을 수정하는 제안하기도 했는데, 이는 이들에 대한 발포가 빈번하게 발생했음을 반증하는 것이다.125) 그리고 리지웨이 미8군사령관이 금지했던 '초토화작전' 역시 아몬드 10군단장에 의해 다시 채택되었다. 삐라가 지시한대로 자기 마을, 자기 집에 은신했던 사람들은 적의 은신처로 사용되거나 또는 사용될 것으로 의심되어 '무차별 조직적 파괴(methodical destruction)'의 대상이 되었다. 그것은 전쟁 상황에서 어쩔 수 없이 발생하는 '부수적 피해'가 아니었다.

3. 피난민의 '유도'와 '분산' 그리고 구호활동

1월 4일 저녁 8시 미8군사령관은 1군단, 9군단에 한강 이남의 강기슭에서 후퇴해 수원 북쪽의 위치를 방어하라고 지시했다. 이런 상황에서 1, 9군단은 도로와 철도를 따라 우측통행으로 이동하는 피난민을 만났고, 이는 작전에 방해가 되는 문제로 발전했다. 1월 5일 10만 명이 넘는 피난민들이 수원역

---

124) 8086 MHD, *Ibid*, p.24.
125) Conway-Lanz, Sahr, 앞의 글, 2007, 36쪽.

철도조차장에 들어가 열차 이동을 막는 사태도 발생했다. 1월 7일에는 주보급로에 있는 피난민들이 너무 많아 영연방 27여단의 정찰대가 오산으로 이동하기 어려운 상황이 발생했으며, 다음날 8일에는 27보병연대 1대대가 마찬가지 이유로 평택 서쪽으로 이동하기 어려운 상황이 발생했다.

이러한 상황들은 미8군이 피난민 문제를 군사작전의 방해물로만 인식하도록 가속화시켰다. 미8군은 이러한 상황에 대처하기 위해 헌병과 경찰을 중요 도로와 철로 교차지점에 배치해 바리케이드와 우회소를 설치했고, 여기에서 피난민들을 남서쪽과 전라도지역으로 '유도'했다.[126]

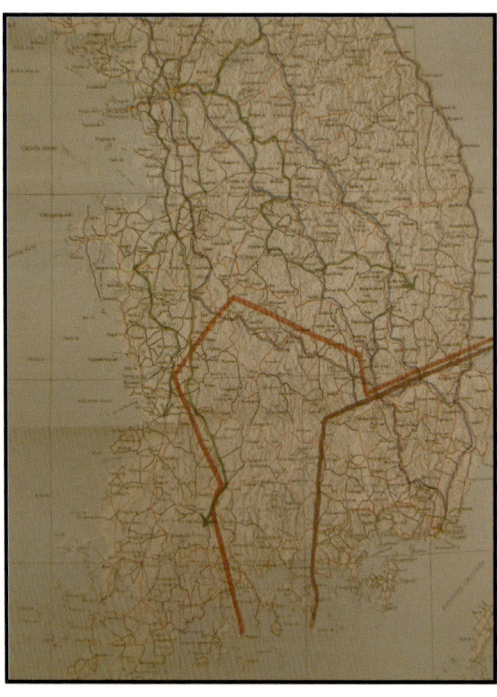

파란선: 주보급로
초록선: 허용된 피난길
빨간선: 가능하면 최대한 이 지역 밖으로 피난민을 내보낸다. 대전에서 피난민 이동은 없다.
갈색선: 모든 피난민들을 이 지역 밖으로 내보낸다. 대구의 피난민들은 전라도로 이동시킨다. 부산의 피난민들은 거제도와 제주도로 이동시킨다.

〈기타 지시사항〉
1. 대전 이남의 주보급로에는 어떠한 민간용 차량도 금한다.
2. 대전 이남의 차량에는 민간인 자체를 금한다.
3. 대전 이남의 열차에는 이리를 제외하고는 어떠한 피난민도 금한다.
4. 헌병은 피난민 통제에 책임이 있으며, 경찰 및 한국군 헌병과 협력한다.

출처: NARA, RG 550, Entry A-1, Box 80.

---

126) 8086 MHD, *Ibid*, p.24.

이렇게 허용된 피난길을 따라서 지정된 피난지(point of entry)에 도착하면, 피난민들은 도(province)의 진입지점, 즉 중요 도로 교차점, 항구, 열차 터미널을 통해 처리소(processing station)로 가 경찰로부터 심사, 신분증 발행, DDT 살포 및 전염병 예방조치를 받아야 했다. 그리고 난 후 피난민들은 친구나 친척집에 수용되거나 상설 혹은 임시 피난민 수용소에 수용되었다.127) 아래 그림은 이와 같은 내용을 전라북도 민간원조팀이 보고한 피난민 처리 표준작전절차(SOP)를 보여준다.

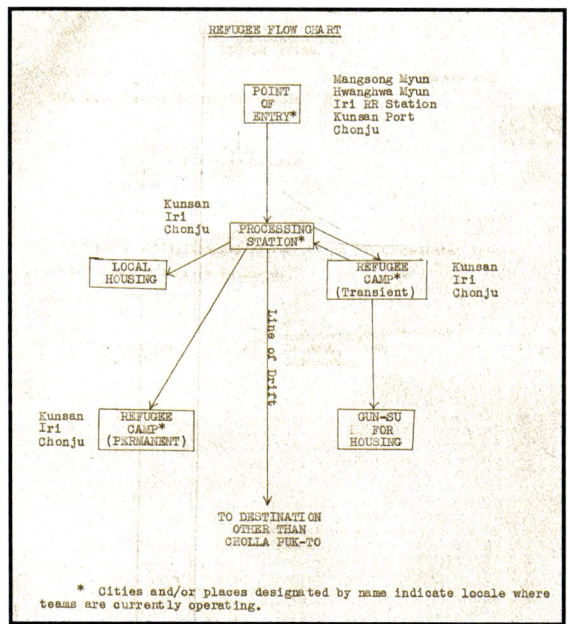

출처: NARA, RG 338, UN Civil Assistance Command, Korea(UNCACK), 1951, Box 17.

---

127) CHOLLA PUK-TO CIVIL ASSISTANCE TEAM, Chonju, Korea, "Standing Operating Procedure Handling of Refugees," NARA RG 338 UN Civil Assistance Command, Korea(UNCACK), 1951, Box 17, HIST PROG FILES-WEEKLY ACT RPTS 1951(2 of 2).

뿐만 아니라 미8군은 한국정부와의 협조 아래 대구와 부산에 이미 들어와 있던 피난민들을 이리 등 전라도의 주요 도시로 매일 2회 실어 날랐다. 이는 대구와 부산지역의 피난민들을 거의 완전히 '치우는' 정책이었다.[128] 1월 16일 조병옥 내무부장관이 군의 지시로 대구와 부산에 집중된 피난민을 각 도 내 시군으로 분산 거주시킨다는 피난민 분산대책에 대한 담화도 이러한 맥락에서 발표된 것이었다.[129] 그리고 1월 23일 미8군은 대구에서 내무부, 사회부와 함께 피난민 분산 계획 수립을 위한 회의를 가졌다. 이 회의의 목적은 부산에 거주하는 일반 피난민들, 즉 중요 군인·경찰·공무원 등의 가족을 제외한 '기타 피난민'의 범주에 해당하는 피난민들을 제주도나 인근의 밀양, 마산, 김해지역으로 소개하기 위한 것이었다. 그리고 이를 라디오와 신문 등으로 알려 우선적으로 자원자에 한해 실시하되 효과적이지 않을 경우 강제 집행할 것을 결정했다.[130] 이와 같은 조직적인 피난민 분산정책은 경상도에 유입되었던 상당수의 피난민들을 상당 부분 유출시키면서 일정한 피난민 수를 유지하면서 점차 줄여나갔다. 아래의 표는 UNCACK 경상북도팀이 보고한 피난민 유출입 수와 현재 거주하고 있는 피난민 통계이다.[131]

---

128) 8086 MHD, *Ibid*, p.24.
129) 『민주신보』, 1951.1.16.
130) "Annex A: Diversion Program," RG 338, UN Civil Assistance Command, Korea (UNCACK), 1951, Box 17, HIST PROG FILES-WEEKLY ACT RPTS 1951 (1 of 2).
131) "Annex C: Refugees in Kyongsang-Pukto Province, 3 Feb. 1951"과 "Annex B: Number of Refugees Entering, Leaving and Staying in Cities and Counties of Kyongsang Pukto"와 "Annex C: Refugee Report in Kyongsang-Pukto Province," **NARA, RG 338, UN Civil Assistance Command, Korea (UNCACK), 1951, Box 17** ; "Refugee Report-Kyongsang-Pukto Province, 15 March 1951"과 "Refugee Report in Kyongsang Pukto," **NARA, RG 338, UN Civil Assistance Command, Korea (UNCACK), 1951, Box 18**.

피난민 수	대구			경상북도		
	IN	OUT	REMAINING	IN	OUT	REMAINING
1월 19일	160,762	6,958	153,804	975,912	419,751	556,161
1월 31일	185,238	9,822	175,416	3,355,766	2,992,717	1,363,049
2월 27일	194,195	14,045	180,150	4,775,120	3,126,251	1,648,869
3월 15일	200,118	21,668	176,450	5,003,467	3,657,286	1,346,181
3월 21일	200,118	24,061	176,057	5,152,158	3,770,101	1,382,057

* 날짜는 보고일 기준.

이렇게 분산된 피난민을 지역별로 수용하고 관리하는 것은 한국정부가 주도했지만, 피난민 구호를 위한 식량·의복·담요 등의 물자 원조와 의료지원, 수용소 건설을 위한 건축자재의 공급은 UNCACK에 의해 이루어졌다. 그리고 이러한 원조물자의 분배는 피난민 이동의 관점에서 이루어졌다. 당시 관계 문서들을 살펴보면, UNCACK과 한국정부 사이에는 긴밀한 연락관계가 구축되어 있었으며, 경제안정위원회(Economic Stabilization Committee)가 유엔군과 한국정부의 합동정책과 계획을 세웠다.[132] 이와 관련해 유엔한국통일부흥위원단(이하 UNCURK) 보고서에 따르면, 원조물자의 공급 및 분배 계획을 조정하기 위해 경제안정위원회 외에도 중앙구호위원회(Central Welfare Committee)가 구성되어 활동하고 있었으며, 원조물자의 분배는 UNCACK의 보급부 요원들의 자문과 도움을 받아 한국 중앙정부기관 및 지방정부의 관련 기관이 담당했다.[133] 경제안정위원회가 문서상 명목상의 것인지 실질적인 기능과 활동을 다했던 조직인지는 정확히 알 수 없지만, 피난민·전재민 구

---

132) HQ, UNCACK, "Special Report, UNCACK Civil Relief Activities in Korea," NARA, RG 554, United Nations Command Adjutant General's Section, UN Civil Assistance Command, Korea(UNCACK) Adjutant General Section, Entry A-1 1303, Team Reports, 1951~1953, Box 69, p.4.

133) 국회도서관 입법조사국, 『국제연합 한국통일부흥위원단 보고서(1951·1952·1953)』, 1965, 90쪽.

호사업을 두고 사회부·보건부가 주도하는 한국정부의 구호당국과 UNCACK이 긴밀히 협력하면서 동시에 갈등했던 것은 사실로 보인다. 아래의 그림은 위의 구호활동과 관련해 한국정부와 UNCACK의 관계 및 지방정부의 피난민 구호본부의 조직 구성134)을 보여준다.

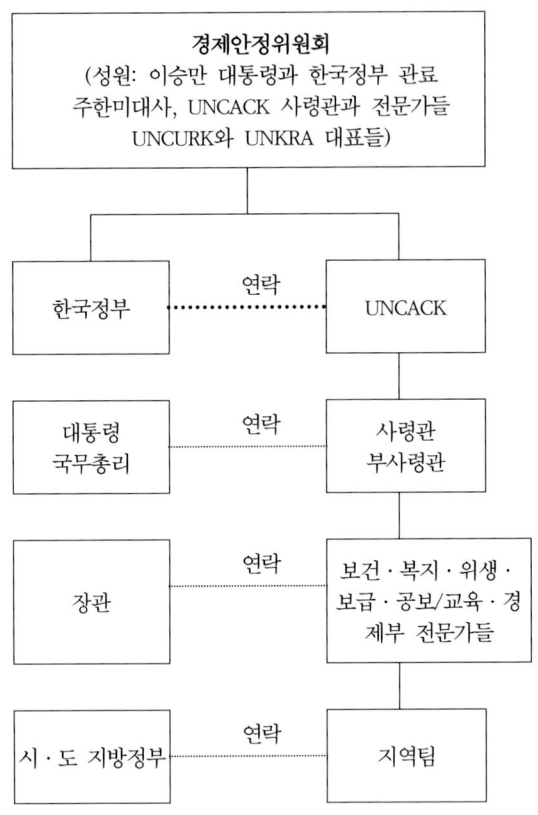

---

134) "Annex A: Organization of Provincial Government, Relief Headquarters for Refugees," RG 338, UN Civil Assistance Command, Korea (UNCACK), 1951, Box 17, HIST PROG FILES-WEEKLY ACT RPTS 1951 (1 of 2).

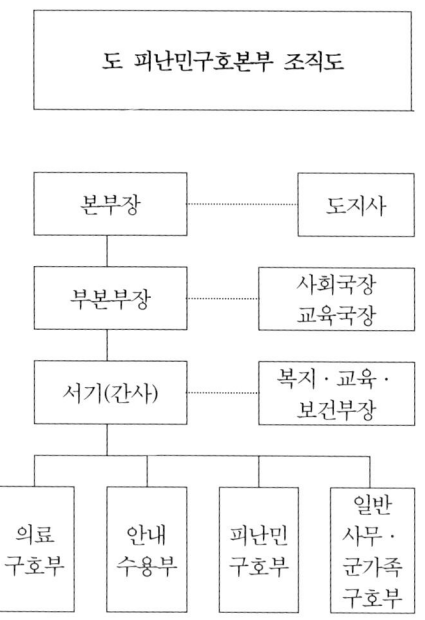

지금까지 설명한 미8군의 피난민 유도, 분산, 구호 정책과 활동을 군의 입장에서 보면, 매우 잘 만들어진 전시대책에 근거해 이루어진 최선의 대 민간인·피난민 군사작전으로 평가할 수도 있을 것이다. 그러나 피난민의 입장에서 보면, 미8군의 유도 및 분산정책은 '안전지대'라는 '살 길'을 막거나 그곳으로부터 끌어내는 것이었다. 이와 관련해 1월 20일 국회는 본회의에서는 피난민 강제소개에 대한 논의가 있었는데, "박승하 의원은 부산 내 각 수용소와 시설에 있는 피난민들을 강제 이송시켜 가족을 잃는 등 대혼란이 발생했다고 지적했고, 곽의영 의원은 지난 8일 전선에서 떨어져 있는 충북 일대의 주민들에게 소개명령을 내려 남녀노소 약 100만 명이 한파 속에서 방황하고 있다"고 질의했다. 이에 최창순 사회부차관은 부산 피난민 소개가 미8군의 요청으로 국방·내무·사회부가 사무를 분담해 실시했다고 대답하고 있다.135)

---

135) 『동아일보』, 1951.1.21.

당시 미8군은 중국군의 신정공세에 밀려 서울교두보에서 C선, 그리고 D선으로 후퇴하면서 미합동참모본부와 유엔군사령부는 한국 철수를 심각하게 고려하기까지 했다.136) 1월 20일 전황을 부정적으로 보고 철수를 고려하던 맥아더가 대구의 미8군사령부에 방문해 군사적 차원에서 철수하지 않는다고 선언했지만, 이미 유엔군의 한국 철수 풍문이 강하게 나돌았던 상태였다. 이런 상황에서 설령 유엔군이 철수하지 않더라도 낙동강선까지 다시 밀리게 되면 충청도와 전라도 쪽으로 강제 유도·분산된 월남민과 일반 피난민들은 풍전등화의 신세가 될 것이 명약관화했다.137) 이에 반해 정관계·경제계·교육문화계 주요 인사들과 그 가족, 군과 경찰 가족, 그리고 일부 전문직 기술자들과 그 가족에 해당하는 피난민들 대부분은 '안전지대'인 대구·부산과 그 인근지역으로 소개되어 있었고, 최악의 경우 유엔군은 이들을 철수시킬 계획을 갖고 있었다.138) 이렇게 보면 개전 초기 서울 피난의 계급적 성격이 두드러진 것처럼, 피난민의 유도·분산정책의 결과 역시 마찬가지였다고 볼 수 있다.

그리고 이렇게 유도·분산계획에 따라 지정된 피난지에 도착한 피난민들은 여전히 항상 '사상 온건성'을 심사받고 자신이 '불온한 자'가 아님을 끊임없이 증명해야 했다. 원주민이 아니었기 때문이다. 이 과정을 거쳐 신분증을 교부받으면 상설 피난민 수용소에 수용되었지만, 시설을 포함해 원조가 턱없

---

136) 미합참은 12월 30일 훈령에 이어 1월 9일 맥아더 유엔군 사령관에게 최대한 지연전을 펼치되, 필요하면 일본으로 철수하라는 지시를 내렸다. 이런 상황에서 리지웨이 미8군 사령관은 8일 D선에서 약 25마일 떨어진 E선과 60마일 떨어진 F선을 서정했고, 11일에는 부산시 주변의 레이더선, 부산시 북방을 둘러친 피터선(일명 부산선), 낙동강선이었던 데이비드선을 설정했다. Mossman, Billy C, 앞의 책, 1995, 282~286쪽.
137) 실제 이후의 전황은 미8군이 번개(Thunderbolt)작전과 몰아붙이기(Roundup)작전에 성공하면서 반전시키는데 성공했다. 그러나 이 성공은 이후 계속되었던 공방전의 전초전에 불과했다.
138) 군사편찬연구소,『미국무부 한국 국내상황 관련문서 XV: 한국전쟁 자료총서 53』, 1999, 624~631쪽 ; Mossman, Billy C, 앞의 책, 1995, 286쪽.

이 부족했고, 무엇보다 원조물자의 배급체계에 결함이 있었다. 일부 지역에서는 피난민 기아상황이 심각했고 무수한 병사자가 발생했다. 1월 17일 국회 8차 회의에서 이진수 의원은 "어제 보고한 사회부장관의 말은 거짓말이다. 나는 오산지방을 순회하고 와서 피난민이 기아에 떨고 있음을 보고 정부시책에 안심할 수 없었다.……최긴요사인 피난민 구제사업을 시급히 요하고 있다. 피아노와 강아지까지 싣고 피난하는 권력층의 가족이 있었으니 이런 분자들은 단호히 숙청하여야 할 것이며, 이런 분자일수록 피난민 구제사업을 뻔뻔스럽게 방해하는 자들이다."라고 발언했다.139) 그리고 UNCACK의 한 민사장교는 1951년 초에 충청남도지역의 기아상황에 대처하기 위해 UNCACK 본부에 쌀 보급을 요청했는데, 5주가 지나도 쌀이 수송되지 않았다고 보고하고 있다. 이에 크게 실망한 그는 기다리던 쌀 대신에 상관으로부터 "UNCACK의 최우선의 목적이 기아를 막는 것인데, 한국인들이 기아상태에 있다는 말은 조직의 실패를 의미하는 것이기 때문에 '기아(starvation)'라는 단어를 절대 사용하지 말라"는 말을 들어야 했다.140) 앞의 그림상으로는 UNCACK과 한국정부가 긴밀한 공조·연락체계를 갖추고 구호활동을 '성공적으로 완수' 했을 것으로 보이지만, 실상은 그렇지 못했음을 의미한다.

미8군과 UNCACK의 유도, 분산, 구호정책은 전쟁에서 이기기 위한 군사적 관점에서 수립된 것이었다. 미8군 사령부는 피난민과 전재민을 보호하기 위해 국제법이 규정하는 완전한 책임을 이행할 생각이 없었다. "다른 어떤 것보다도 전쟁은 반드시 승리해야" 했기 때문에 피난민 유도, 분산, 구호활동은 군사작전과 그 지원에 결코 방해되지 않아야 했으며, 만약 그 둘이 충돌하는 상황이 발생한다면 우선되는 사항은 명약관화한 것이었다. 이는 피난민 '귀향', 재정착, 피난이 반복되는 1951년 상황에서 더욱 극명하게 나타났다.

---

139) 서숭석, 앞의 책, 2000, 786~787쪽 ; 『민주신보』, 1951.1.18.
140) Conway-Lanz, Sahr, Collateral Damage: Americans, Noncombatant Immunity, and Atrocity after World War II, 2006, p.166.

4. '귀향'과 재정착

피난이 있으면 귀환도 있다. 피난민들은 자의·타의로 소개되거나 피난을 떠났지만 유엔군의 전선에 막혀 살던 곳으로 돌아가는 일도 적지 않았다. 전선을 무사히 통과했더라도 타향에서 극심한 고초를 겪으며 피난살이를 했던 피난민들은 전황이 호전되어 귀향할 수 있기만을 바랬다. 그런데 귀향길은 피난길만큼이나 생사를 오가는 어려움들이 도사리는 길이었다. 그렇기 때문에 피난민 구호대책만큼이나 피난민 귀향대책이 상당히 중요하며, 피난과 소개시기를 결정하는 것만큼 귀향시기의 결정에도 상당한 신중이 요구된다.

정부의 귀향대책은 1950년 10월 초의 '귀향조처'와 1951년 2월 중순의 '귀환대책'에서 구체적으로 확인할 수 있다.[141] 주요 내용은 출발지의 행정기관(시장·군수)이 발행하고 군경 당국으로부터 인정된 귀향증과 방역증(예방주사증)을 반드시 소지해야 하며, 지정된 '귀향도로'를 따라 도보로 집단 귀향해야 한다는 것이다. 여기에서 귀향증과 방역증은 기존의 신분증, 예컨대 시민증이나 도민증, 이재민증 등의 이면에 날인한 형태인 것으로 보이는데, 특히 예방접종 완료의 기재 여부는 상당히 중요했다. 유엔군에게 한 피난민이 방역을 완료했다는 것은 전염병을 매개하는 불순분자가 아니며 군의 안전에 위협을 가하지 않는다는 의미로 받아들여졌기 때문이다. 방역 기피자를 "매국노인 공산당 이상 악독한 자"[142]라고 말하는 시선은 당시 방역이 군사적 차원에서 진행되었음을 보여준다. 그리고 귀향도로는 군사적 용도로 통제되고 있는 주보급로를 피해 지정되었으며, 대체로 미8군이 유도했던 피난길과 일치한다.[143] 이렇게 볼 때 전반적으로 귀향대책 역시 피난민 통제정책의 연

---

141) 『부산일보』, 1950.10.5 ; 『동아일보』, 1951.2.14.
142) 『부산일보』, 1951.3.6.
143) 부산-서울 간은 부산-김해-진영-창녕-현풍-고령-성주-김천이었고, 김천에서는 2로가 있었는데, 하나는 김천-상주-보은-괴산-충주-이천-광주-서울이었고, 다른 하나는 김천-무주-금산-논산-공주-온양-평택 발수리-소사-서울이

장선상에 있음을 알 수 있다.

그런데 귀향시기가 문제가 되었다. 한국정부는 '귀경'이 시기상조라는 입장을 피력하면서도 실상은 38선 이남지역의 비전투지구이면서 행정·치안기관이 어느 정도 복귀한 지역에 대해서는 귀향을 사실상 종용하고 있었다. 이는 당시 미8군의 입장과 정면으로 배치되는 것이었다. 미8군은 '번개작전'과 '몰아붙이기 작전'으로 반격에 성공해 D선에서 한강 이남까지 밀고 올라갔지만, 언제든 다시 밀릴 수 있는 것이 미8군이 처한 전황이었다. 이런 상황에서 미8군은 "충북일대만 하여도 무려 250만 명에 달하는 피난민들의 북상"[144]을 군사작전상 상당한 부담으로 인식하고 있었다. 이에 미8군은 2월 14일 9군단장 콜터 장군의 명의로 이승만 대통령과 조병옥 내무부장관에게 귀환하는 피난민들을 반드시 막아야 한다는 서한을 보냈다. 이는 군사고문단 경찰고문이었던 험비(Humby) 대령과 대구시장, 헌병사령관에게도 전달되었다. 이에 조병옥 내무부장관은 피난민들의 북상을 엄금한다는 내용을 라디오와 신문을 통해 알렸고, 시장·도지사·경찰서장에게 피난민들의 귀환 이동을 중지시킬 것을 명령했다. 그리고 미8군은 피난민의 귀환 이동을 막기 위해 각 군단에 10만 장의 삐라를 할당했는데, 상주와 청주 사이에만 약 30만 장의 삐라를 뿌렸다. 이것으로도 부족했

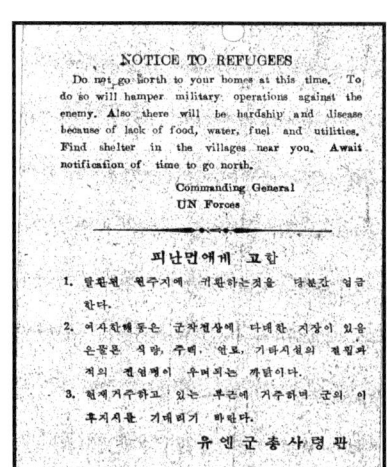

출처: "Notice to Refugees," NARA, RG 338, UN Civil Assistance Command, Korea (UNCACK), 1951, Box 17.

었다. 그리고 호남지구-서울 간 역시 2로였는데, 하나는 이리-논산-공주-온양-서울이었고, 다른 하나는 이리-논산-부여-청양-예산-온양-평택-서울이었다.

144) 『동아일보』, 1951.2.14.

지, 미8군은 공보원(USIS)과 UNCACK을 동원해 신문사들에게 귀환을 단념시키도록 하는 기사도 쓰게 했다. 이 조치들의 결과 미8군 사령부의 민사부는 1, 9군단으로부터 피난민 이동이 거의 중단되었다고 보고받았고, 10군단으로부터는 작전지역 이남에 3,000명 정도의 피난민이 있지만 이동이 중단되었다고 보고받았다.145)

그러나 실상은 그렇지 못했다. "아군이 완전히 한강선에 도달했다는 보도를 도처에서 들은 수십만의 피난민은 북쪽으로 방향을 돌리고 있었다. 이 피난민들은 신발도 없이, 돈도 없이, 남편도 없이 흡사 걸인이 된 채 서울을 향해 기아행진을 하고 있었다."146) 그리고 천안 이북의 수원, 안양, 시흥, 영등포까지 북상한 피난민들은 식량 사정이 극도로 악화된 상태였고, 주변의 거의 모든 집들이 초토화되어 지낼 곳도 변변치 않은 상황이었다. 2월 27일 사회부장관은 피난민 북상이 급증하고 있는 상황을 기정사실로 인정하는 기자회견을 통해 피난민 귀환시 주의사항을 발표했다. 내용은 귀향증 소지, 10일분 식량의 선급, 군용로를 피해 도보 귀향, 도중 숙식 제공, 원주지에 귀환한 피난민들 중 생활능력 없는 자는 집단수용 및 구호를 실시한다는 것이었고, 마지막으로 귀향에 최선을 다하라는 것이었다.147)

한국정부가 미8군의 피난민 통제 방침에 대해 이처럼 '이중플레이'를 한 것은 두 가지 이유 때문인 것으로 보인다. 하나는 춘경기를 앞두고 농민들을 빨리 귀향시켜 농사짓게 해 앞으로의 식량 수급 사정에 대비할 필요가 있었고, 다른 하나는 피난민들을 원주지에 귀환시켜 수용소에 배급되었던 구호식량을 줄이고 원주지를 복구시킬 필요가 있었기 때문이었다. 그러나 귀향시기를 최대한 빠르게 잡고 종용했던 한국정부의 결정은 너무 무책임한 것이었

---

145) "Informational Report-Refugee Control(1951.2.18)," NARA, RG 338, UN Civil Assistance Command, Korea (UNCACK), 1951, Box 17.

146) 『경향신문』, 1951.2.18.

147) 『동아일보』, 1951.2.28.

다. 귀향대책은 계획상으로만 그럴듯했지 실행할 수 있는 것들이 아니었다. 식량선급도 군용도로를 피해 올라가는 먼 귀향길을 감안할 때 태부족한 것이었고, "급수·급식·숙박 및 구급치료"가 준비되어 있는 '귀향민중계수용소'[148]는 명목에 불과했던 것으로 보인다. 사회부장관은 "밀양·대구·김천·영동·대전·공주·부안·아산·평택·수원·영월에 본부 직원 및 구호반을 파견해 도중 구호를 철저히 시행"[149]하고 있다고 발표했지만, 실상은 "당국의 언명과 너무나 동떨어진 상태"였다. 특히 수송난으로 귀향 피난민들에 대한 식량 배급이 거의 이루어지지 않았다. 이런 상황에서 귀향길의 모든 어려움과 고통은 귀향민들이 알아서 해결해야 하는 것이었고, 말 그대로 기아의 행진 속에서 많은 사람들이 죽어나갔다.

원주지에 도착해서도 문제였다. 1번 국도에 인접한 수원, 안양, 김양장리, 시흥 등은 거의 완전히 폐허화된 상태였다.[150] 주거지가 완전히 파괴된 상태에서 당장 먹고 살 식량까지 없는 상황에서는 원주지로 귀향했다하더라도 피난살이를 벗어날 수 없었다. 이들은 생활능력이 없는 '요구호자'로 분류되어 다시 피난민 수용소에 집단 수용되었다. 사회부 보고에 따르면 1951년 5월 31일 기준으로 피난민 총수가 575만 8,435명인데, 요구호자 수는 612만 4,278명이었다.[151]

---

148) 『동아일보』, 1951.2.14.
149) 『부산일보』, 1951.3.11.
150) 『동아일보』, 1951.3.2.
151) 대한민국국방부정훈국전사편찬위원회, 『한국전란 1년지』, 1951, D37쪽.

폐허가 된 도시의 피난민·전재민, 1951년 8월 서울의 피난민 집단수용소 모습, 같은 시기 영등포 피난민 집단수용소 내의 아이들

피난민 집단수용소 상황도 최악이었다. 식량, 물, 연료, 천막 등 모든 것이 태부족했다. 그 시기 신문에서 가끔 보도되었던 피난민 집단수용소 답사기들은 참상에 가까운 당시 피난민 수용 및 허울에 불과한 구호 상황을 잘 보여준다. 봄이었다고는 하지만 천막이 부족해 가마니 한 겹으로 겨우 땅바닥을 면한 피난민들이 많았다. 피난민 가족의 어른들은 대개 노약자와 부녀자였다. 이들은 닥치는 대로 일거리를 찾아 일을 했다. 한 때의 호구를 해결하기 위해 '몸을 파는' 일도 다반사였다. 수용소에 남아 있는 아이들은 어른들을 대신해 석탄 코크스 등 연료가 될 만한 것들을 주워오거나 더 어린 아이들을 돌보았다. 당국은 틈나면 피난민들이 "결코 관습적인 사회적 천대를 받아야 하는 거지가 아니라 공산주의에 반대한 비극의 주인공이며 운명의 수난자들"이라고 언명했지만, 실상은 피난민들 스스로 말하고 있듯이 깡통으로 모든 것을 해결하는 거지였거나 그와 다름없는 생활고에 시달리고 있었다. 연기군에 있는 한 피난민 수용소에는 목조창고 4동에 1,088명의 난민이 수용되어 있었는데, 그 수용소의 구호물자 배급 목록(1951년 4월 2일 기준)을 보면 담요 4개, 점퍼 2개, 광목 4필, 양말 54개, 비누 51개, 로션 1상자였다. 이것이 사회부 당국의 구호사업의 실체였다. 피난민 집단수용소에 아사자, 병사자들이 속출했던 이런 상황과 무관하지 않을 것이다.[152] 이런 상황임에도 불구하

---

152) 『민주신보』, 1951.4.3 ; 『동아일보』, 1951.4.13 ; 『조선일보』, 1951.5.8.

고 구호 당국은 전시 구호의 장기화에 따른 양곡 수급 사정이 여의치 못하다는 이유로 구호대상자의 기준을 강화했는데, 그 기준에 따르면 피난민·전재민이라할지라도 근로가능자는 구호대상에서 제외되어 무상배급을 받지 못하게 되었다.[153] 구호당국 일부 관리의 부정부패와 구호물자 배급체계의 왜곡으로 인한 문제는 외면하고 구호대상자의 범위를 엄격하게 줄이는 방식으로 해결하려 했던 것이다.

그런데 흥미로운 점은 수용소 현장의 목소리들이 사회부 당국의 무능력과 대비시켜 UNCACK의 활동상을 말한다는 점이다.

> (발안수용소장은) 사회, 보건 양 당국을 가리켜 허울 좋은 그림의 떡이라고 하였다. 18명이란 아사자가 그것을 여실히 증명하고도 남는 것이 있거니와 지난 2월, 3월의 구호사업이란 정말 유명무실한 것이었다 한다. ……도지히 사회부만 믿고 있을 수가 없어 CAC 당국과 직접 교섭하여 그 후부터는 하루도 어김없이 CAC 손수 구호미를 운반하여 주기 때문에 사망자는 물론 없고 당시보다 얼굴이 모두들 나아졌다 한다.[154]

실제 귀향했던 피난민들의 기억 속에서 유엔군의 인도주의적 이미지가 각인된 것은 UNCACK의 활약상이 크게 작용한 것이었다. 당시 UNCACK은 미 8군 소속 군부대(8201부대)로서, 세계건강기구(WHO), 국제난민기구(IRO), 각국의 적십자사(RC), 유엔의 파견 직원들과 미군들로 구성된 다국적 혼성 부대였다. UNCACK의 역할은 앞서 설명했던 대로 대체로 민간인을 안전지역으로 소개하고, 원조·구호물자의 통관, 운송, 보관, 배분을 관리했을 뿐만 아니라, 피난민·전재민을 위한 구호활동과 귀향 및 재정착 사업을 벌이는 것이었다. 피난민·전재민들에게 DDT를 살포하고 예방접종을 시키며, 식량

---

153) 『동아일보』, 1951.5.16.
154) 『조선일보』, 1951.5.8.

(쌀)을 배급하고 천막수용소, 고아원, 학교, 집을 짓는 수많은 사진들, 그리고 전쟁고아, 전쟁미망인, 노인들의 변하는 표정(특히 웃는 표정)을 포착하고 반응을 살피는 사진과 기사들. 이런 것들은 반공 인도주의의 차원에서 프로파간다로 활용되기 위해 생산된 측면도 없지 않지만, 그 부대의 기능과 역할을 전적으로 프로파간다 차원에서만 설명하거나 군사작전과 갈등하지 않는 제한된 범위 안에서 인도주의적 실천을 이행하고자 하는 부대원들의 활동 및 그 노력들을 폄하할 필요는 없을 것이다. 무엇보다 이들과 직접 대면하고 접촉한 경험이 있던 대부분의 피난민·전재민 및 기자들의 시선도 한국의 무능한 구호당국에 보내는 싸늘한 시선과 대조되는 호의적인 것이었다.

그럼에도 나는 UNCACK의 피난민·전재민 구호업무와 재정착을 위한 여러 사업들과 활동의 내용과 성격을 정확하게 평가하고 그 한계를 명백하게 지적할 필요가 있다고 생각한다.

DDT 살포, 예방접종, 식량(쌀배급), 집수리·짓기사업(시계방향순)

우선은 이들의 사업과 활동이 군사작전의 지원 차원에서 수행되었거나 혹은 군사작전과 갈등하지 않는 범위에서 이루어졌다는 점을 지적할 수 있다.

즉 식량 및 의료 구호, 피난민·전재민 재정착을 위한 '하우징 프로젝트' 등 이른바 '민간 원조(civilian relief)'는 총력전체제하 '후방'을 관리하는 군사작전의 관점에서 경제 원조(economic aid)와 함께 연동해 입안되고 이행된 것이다. 당시 국제적으로는 제2차 세계대전의 결과들을 반성하고 교훈으로 삼아 전쟁 포로와 함께 피난민과 민간인을 보호하기 위한 제네바협약이 발효 중에 있었다. 한국전쟁은 그 국제협약 발효 이후의 첫 국제전이었으며, 따라서 협약이 견지하는 인도주의적 기준이 얼마나 지켜질지가 주요한 국제적 관심사였다. 그럼에도 이런 인도주의적 기준은 군사상 전술적 목적과 방법에 상충될 때 후순위로 밀렸다. 개인보다 국민이, 국민보다 국가가 우선한다는 국가 안보 논리가 전쟁 상황 논리와 결합되면서 인도주의는 '자유세계'의 이데올로기적 우월성을 선전할 때나 언급될 뿐이었다. 더 나아가 인도주의는 반공 인도주의로 변형되었는데, 이 반공 인도주의는 '자유세계'를 선택해 남하했고 스스로 적의 '불순분자'가 아님을 입증할 수 있는 사람들만을 보호받을 수 있는 피난민이자 민간인으로 '처리'했다. 스스로를 입증할 수 있었던 피난민·전재민·민간인들이 구호 받고 있을 때, 그럴 수 없었던 그 나머지들은 희생되었다. UNCACK은 그런 국제정치를 배경으로 군사작전의 차원에서 탄생했으며, 따라서 그 사업과 활동을 순수하게 인도주의적으로 평가하기에는 현실과 거리가 있다.

다음으로 UNCACK 조직 기능은 상당히 비효율적이고 중복적이었으며, 성원의 수준(자질과 전문성 등) 또한 문제적이고 논란이 많았으며, 무엇보다 활동을 두고 평가할 때 매우 중요한 사항인 한국정부와의 공조 문제는 특히 갈등적이었다는 점이다. 당시 UNCACK은 각도 주요 도시에 하부 지역팀을 두고 각 지역을 담당하는 형태로 활동했으며, 기본적으로 한국정부의 지방 행정기관과 연계해 활동하기로 되어 있었다. 그러나 이 둘 간의 긴밀한 연락과 공조는 명목적인 것으로 보일 정도로 갈등 상황이 자주 연출되었다. 한국의 구호당국의 관료들은 이들이 내정에 간섭하고, 통역관에 너무 의존적이며,

무례하고 참을성이 없고, 한국 상황을 제대로 이해하고 있지 못하며, 교육수준이 낮고 미숙하고 제멋대로일 때가 많다고 불만을 표출했다. 이에 대해 UNCACK 요원들은 자신들의 역할이 자문과 감독임에도 한국정부의 말단 행정조직의 미비로 자신들이 직접 배급에 나서 업무가 폭주 상태에 있는 실정이며, 무엇보다 한국 측의 배급 왜곡과 횡령이 발생하고 있다고 토로했다. 이 때문에 한국정부도 UNCACK도 피난민·전재민 구호에 대한 전적인 책임을 서로에게 떠넘기는 상황도 발생하곤 했다. 그리고 유엔군 내부에서 UNCACK 조직의 비효율성과 다른 유사 기구들과의 업무 중복에 대한 지적이 나오기도 했다. 이를 해결하기 위해 유엔군은 G-5(민사)를 신설하고 민사 담당 기구들 간의 지휘·협조 계통을 수차례 재조정했다. UNCURK, UNKRA를 비롯해 미8군의 지휘 계통에 있는 UNCACK와 각 군단·사단 민사부, 제2병참사령부의 민사부 등 전황의 국면에 따라 업무 중복을 해결하고 일원화하기 위한 시도를 했지만, 쉽게 해결되지는 않았던 것으로 보인다.155)

UNCACK은 한국정부 뿐만 아니라 해외 여러 공적·사적 원조기구와도 갈등적이었다. 유엔군 사령부는 인도주의보다 군사적인 고려를 최우선에 두었기 때문에 각종 국제기구와 민간단체에 의한 자율적인 지원과 기부를 반드시 UNCACK를 통하도록 제한했다. 군사작전 방해를 방지한다는 명분을 세워 구호물자를 수송하기 위한 선박이나 하역을 위한 항구 사용, 수송과 배급 등 구호사업과 활동의 전 과정을 군의 지휘와 감독에 따르도록 강제했던 것이다. 당연히 반발이 컸고 일부 국제기구와 민간단체는 구호사업을 중단·포기했다. 그리고 UNCACK의 독점적 활동이 오히려 피난민·전재민 구호에 방해가 되는 측면도 있음을 지적하기도 했다.156)

---

155) ORO(Operation Research Office) Report, "Civil Affairs in Korea, 1950~1951"; GHQ and UNC, "Civil Relief and Economic Aid-Korea 1950.7.7~1951.9.30"; G-5 UNC, "Civil Assistance and Economic Affairs-Korea 1951.10~1952.6"; G-5 UNC, "Civil Assistance and Economic Affairs-Korea 1952.7.1~1953.6" NARA RG 550, E.1, Box 74.

Ⅳ. 나오며

전쟁 발발 66시간 만에, 북한군이 서울 시내에 들어오기 4시간 전에, 대전에 있던 이승만 대통령은 마치 서울에 있는 것처럼 '안심하라'는 요지의 대국민 첫 방송을 했다. '국민의 사기 고무'라는 미명하에 국방부 정훈국 보도과의 검열 아래 거짓 전황을 전했던 '허위 방송'의 절정판이었다. 그랬던 이승만 대통령은 7월 15일 비상계엄 선포에 대한 담화를 선포하며 대국민 경고를 했다. 즉 지난날 정부와 국군의 실수를 가지고 시비를 가리며 민심을 선동하는 사람은 애국자가 아니며 "복리를 잡거나, 명예를 내거나, 사람을 보복하자는 등의 의도를 가지고 있음에 지나지 않는" 사람이라는 것이다. "제갈량이 국무총리가 되었다면 공산군의 장포·대포와 전차를" 막을 수 있었겠냐고 역지사지로 되묻는 그는 "극력 부탁하여 바라는 바"라고 담화를 마무리 짓고 있지만,[157] 사실상 그 일을 거론하지 말라는 협박에 가까운 것이었다. 국가에 의해 버림받았던 국민들에게 하는 말치고는 너무나 당당한 경고였다.

버림받은 국민은 곧 피난민의 처지였다. 피난민은 국민이었지만, 국가로부터 보호받기는커녕 '불순분자'가 아닌가 하는 의심의 눈초리 속에서 끊임없이 자신의 무고함을 증명해야 했다. 끊임없는 감시 속에서 사상적으로 그리고 보건학적으로 자신을 증명한 피난민들은 구호의 대상이 되었다. 피난민이 '반공 국민'으로, 배제된 채 포섭되는 과정이었다. 국가가 보기에 아직은 부유하는 존재라 병력으로 동원할 수도 없고 세금을 징수하기에도 어려움이 많은 반쪽짜리 국민이었지만, 아쉬운 대로 노무동원을 할 수 있었고, 무엇보다 피난민들이 '귀향'하면 명실상부하게 국가가 기대하는 국민으로서 제 역할을 할 터였다.

---

156) Conway-Lanz, Sahr, Ibid, p.166 ; 양영조, 앞의 책, 2007, 209쪽.
157) 국방부, 앞의 책, 1951, C5~6쪽.

그러나 자신을 증명하지 못하면, '골'로 갈 수도 있었다. 당시 국가는 피난민을 '승리를 위한 일선의 희생자'라고 표현한 바 있는데, 반공주의 전쟁의 승리와 정권의 유지를 위해서라면 그 무엇이든 희생시켰던 이승만 정권의 인식과 태도를 볼 때, 그것이 무엇을 의미하는지는 명약관화했다.

유엔군도 별반 다를 바 없었다. 유엔군은 피난민을 전쟁으로 고향을 떠나거나 추방된 자들이라고 정의하면서 원주민과 구별했다. 그렇기에 피난민은 단순한 전재민과 요구호자가 아니었다. 피난민은 원주민이 아니었기 때문에 감시와 통제의 대상이 되었고 언제나 자신을 증명해야 했다. 그리고 군사작전상 방해가 된다고 판단되면, 그것이 소개가 되었든, 이동 금지가 되었든 언제든 '치명적 무력' 행사의 대상이 되었다. 유엔군의 인도주의적 기준의 준수는 언제든 군사적 상황과 요구와 갈등할 때 포기될 수 있는 것이었다. 피난민에 대한 인도주의적 구호활동이 지속될 수 있었던 것은 그것 자체가 군사적 요청에 부합되거나 최소한 같이 갈 수 있었기 때문이었다. 그것은 유엔군 상부의 명령이었다. 이러한 상황에서 발생하는 피난민의 피해와 희생은 유엔군이 주장하는 것처럼 '부수적 피해'가 아니라 '무차별 조직적 파괴'였다.

여러 이유로 '귀향'하지 못하거나 할 수 없었던 피난민들은 도시 주변의 공터에 '바라크'를 지어 지냈다. 휴전이 논의되면서 전선이 안정화 되어가는 상황에서 피난민들의 삶의 터전은 도시 미관과 보건이라는 명목하에 끊임없이 시도되는 강제 철거에 갖은 고초를 당했다. 그들은 계속 주변으로 밀려가면서 정착했다. 그들 중 일부는 산동네를 이루었고 도시 빈민이 되었다.

현재 한국 사회는 1950년대 전쟁 사회와 비교할 수 없을 만큼 경제적으로 발전하고 정치·사회적으로 상당 수준의 민주화가 이루어져 있다. 그러나 국가로부터 보호받지 못한 채 철거 대상이 되는 도시 빈민들의 '난민적' 상황은 일정 정도는 변하지 않는 듯하다. 피난민의 문제는 주권국가와 민주주의 이론이 자명하게 전제하는 국가와 국민 관계의 본질을 다시 한 번 생각하게 한다.

* 이 글에 사용된 사진의 출처는 미국 NARA RG 80-G, RG 111-SC, RG 306-PS-D, RG 550임을 밝혀둔다.

한국전쟁기 제주지역사회의 변동[*]

양 정 심

I. 머리말

한국전쟁은 한국사회의 지형을 크게 바꾸어 놓았으며 지역사회에도 큰 영향을 미쳤다. 전쟁은 기존의 사회와 권력관계를 바꾸어 놓았다. 특히 권력은 군·경 중심의 극우세력으로 편제되었는데 이는 지방에서도 마찬가지였다. 국가권력이 외부로부터 이식되어 지방 사회를 재편하였다. 하지만 이 시기는 지방권력을 장악한 세력 내부에서도 경쟁 구조가 본격화된 시기이며, 역사적 경험이 지역적 특수성과 결합하여 다르게 나타나기도 했다.

한국전쟁이 지역사회구조나 지방정치에 미친 영향이나, 지방사회에서 사회적 갈등의 형성과 전개과정에 대한 초기 연구로는 정근식의 글이 있다.[1] 최근 들어서는 구술사의 활용과 함께 지역단위의 전쟁경험을 발굴하는 연구

---

[*] 이 논문은 2008년 정부(교육과학기술부)의 재원으로 한국학술진흥재단의 지원을 받아 수행된 연구임(KRF-2008-321-A00012). 이 글은 『사림』 제33호, 2009에 게재된 글임.

[1] 정근식, 「한국전쟁과 지방사회의 갈등」, 한국사회학회 편, 『한국전쟁과 한국사회변동』, 풀빛, 1992.

가 나오면서 연구의 지평이 넓어지고 있다.[2] 이들 연구는 주로 미시적으로 마을단위에서 전개되는 갈등과 투쟁을 분석하거나 전쟁의 경험에 초점을 맞추었기 때문에, 지방 차원에서의 정치·사회 변화를 보여주는 연구로 확장될 필요가 있다.[3]

이 연구에서는 유엔민간원조사령부(United Nations Civil Assistance Command, Korea, 이하 UNCACK) 자료를 통해 제주지역을 중심으로 한국전쟁 전후 지역사회의 변화 과정을 살펴보고자 한다.[4] 유엔민간원조사령부 자료는 기본적으로 지역팀의 보고 형식으로 작성되었기 때문에 중앙의 지방장악 과정과 지역 정치의 중요사항, 경찰활동, 지방행정의 특이사항, 사법, 인구 변동 같은 지역 정치에 관한 내용을 포함하고 있다. UNCACK 제주팀도 1951년 초부터 제주에서 구호활동 체계를 세우고 감독하면서 활동하였다.

제주는 주지하다시피 4·3항쟁 이후 기존의 사회와 권력관계가 바뀌었을

---

[2] 박찬승, 「한국전쟁과 진도 동족마을 세등리의 비극」, 『역사와 현실』 38호, 2000 ; 이용기, 「마을에서의 한국전쟁 경험과 그 기억-경기도 '모스크바' 마을 사례를 중심으로」, 『역사문제연구』 6호, 2001 ; 윤택림, 『인류학자의 과거여행-한 빨갱이 마을을 찾아서』, 역사비평사, 2004 ; 정근식, 「한국전쟁경험과 공동체적 기억-영암 구림권을 중심으로」, 역사문화학회 편, 『지방사와 지방문화』 5권 2호, 2002 ; 정근식, 「지역정체성, 신분 투쟁, 그리고 전쟁기억: 장성에서 전쟁경험을 중심으로」, 역사문화학회 편, 『지방사와 지방문화』 7권 1호 2004 ; 표인주 외, 『전쟁과 사람들-아래로부터의 한국전쟁연구』, 한울, 2003 ; 김경학 외, 『전쟁과 기억-마을 공동체의 생애사』, 한울, 2005 ; 최정기 외, 『전쟁과 재현-마을 공동체의 고통과 그 대면』, 한울, 2008. 박찬승은 한국전쟁기 한 마을에서 일어난 대량학살의 원인을 살펴보았고, 이용기는 한 지역마을을 대상으로 전쟁경험을 재구성했으며, 윤택림은 '빨갱이' 마을의 경험에 대한 기억을 구술사로 재구성했다. 염미경·박정석 등도 전쟁에 대한 개별사례를 연구했다. 정근식은 한국전쟁 경험사례와 관련해서는 전남지역에서의 전쟁경험과 기억을 다루었다.

[3] 최근에는 진주를 중심으로 지역단위의 전쟁경험과 변화를 연구한 김경현의 글이 있다 (김경현, 『민중과 전쟁기억-1950년 진주』, 선인, 2007.

[4] 한국전쟁을 전후해서 제주도지역의 변화상을 다룬 연구는 거의 없다. 이영권은 해방이후 4·19전까지의 제주도 지배 엘리트의 변화와 정치적 성격을 다루었다(이영권, 「제주도 유력자 집단의 정치사회적 성격: 1945~1960」, 제주대 사회학과 석사학위논문, 2000).

뿐만 아니라, 지역공동체가 파괴되면서 도민의식이 크게 변화, 왜곡되기 시작했다. 여기에다가 한국전쟁이 발발하면서 피난민 수용소와 군사훈련장인 육군훈련소가 설치됨에 따라 전쟁의 후방 역할을 담당하면서 그 변화는 가속화되었다

특히 피난민의 유입은 경제적 문제뿐만 아니라 제주도민과의 정치적·사회적 충돌을 가져왔다. 외적으로는 구호품을 둘러싼 갈등으로 표출되었지만 제주도민을 빨갱이로 보는 일부 피난민의 인식은 제주도 지방 정치를 장악하려는 시도로 나타나기도 했다. 이는 육지 출신 도지사와 지방법원장 임명으로 이어졌고 제주지역 출신 엘리트들은 몰락해갔다. 중앙 정부가 이 갈등을 조정할 주체로 토착인보다 외지인을 선호했던 것은 제주도민을 불신했거나 혹은 피난민의 영향력이 중앙정부에 미치고 있다고 볼 수 있다. 4·3시기 이미 군경토벌대라는 외지인의 억압을 경험한 제주도민에게 있어서도 피난민은 그 자체로 인식되기보다는 이질적이고 불안한 존재들로 여겨졌다.

제주도민에게 있어서 전쟁은 역설적이게도 4·3의 빨갱이 멍에를 벗고 대한민국 국민으로 거듭나는 기회이기도 했다. 이승만 정권은 이제 제주는 잊혀진 섬이 아니라면서 후방으로서의 제주를 독려했고 제주도민은 군 입대와 학도병 지원, 반공전선으로서의 제주 만들기를 통해 국민으로 인정받기 위한 노력을 해야만 했다.

한편 4·3의 주된 한 축이기도 했던 미국은 유엔민간원조사령부의 구호활동을 통해 미국의 이미지를 바꾸어나갔다. 행정을 주도하면서 한편으로는 지역민들에게 지속적인 영향을 행사할 수 있는 매체를 통해 미국에 우호적인 여론을 조성해나갔다. UNCACK을 통한 위생·방역과 구호물자 분배는 지방 관료들에 대한 영향력을 확대하는 한편 지방민에게는 시혜의 형태로 다가가면서 자비로운 미국의 상을 만들어나갔던 것이다.[5] 이는 제주에서도 마찬가

---

5) 전선이 고착되면서 후방의 대민 구호와 복구 작업이 차지하는 비중이 확대되었다. 이에 심리전 부대, 유엔민사처, 미공보원 삼자는 긴밀한 관계를 유지하며, 미국 및 유엔

지었다.

여기에서는 위와 같은 문제의식을 바탕으로 다음과 같은 내용을 다루고자 한다.

첫째, 전쟁 직후 이승만정권과 미 국무부, 그리고 유엔군의 제주에 대한 인식을 통해 전쟁 속에서 제주의 위상이 어떻게 변화하는지 살펴보고자 한다.

둘째, 유엔민간원조사령부에 나타난 한국전쟁기 제주지역의 구호활동과 주민 관리를 통해 정치·사회·인구 변화상을 다루고자 한다,

셋째, 한국전쟁 전후 일어난 제주지역사회의 정치·사회 변화를 살펴보고자 한다. 이른바 '지역엘리트'에 주목해서 전쟁 이후 새롭게 떠오르는 집단을 고찰함으로써 그 사회의 특징을 파악하고자 한다. 이는 지역 사회를 주도하는 세력의 성격에 따라 그 사회의 특징이 달라지기 때문이다. 그리고 전쟁을 전후해서 반공국민으로 거듭나는 제주도민의 상황을 다루고자 한다.

II. 전쟁 발발과 제주도

한국전쟁이 일어나자 제주도는 피난민과 포로수용소, 군사훈련장이라는 후방의 역할을 담당하였다. 전쟁 발발 직후인 1950년 7월 16일 제주도에 육군 제5훈련소가 설치되었으며, 전황이 불리하자 대구에서 창설되었던 육군 제1훈련소가 1951년 1월 22일에 제주도 모슬포로 이동되었다. 1월 25일 모슬포공군기지 및 제주공군기지로 이동한 공군 및 각 부대는 공군사관학교장 최용덕 장군이 통합, 지휘 하에 교육 훈련이 시작되었다. 그리고 국방부 제2조병창, 무선통신중계소 등이 설치되었고, 제주와 모슬포 등 2개소에 중공군 포로수용소도 시설되는 등 많은 군사시설이 제주도에 설치·운용되었다.[6]

의 군사 및 사회 경제적 지원에 대한 선전 공보활동을 효과적으로 펼쳤다(허은, 『미국의 헤게모니와 한국 민족주의』, 고려대 민족문화연구원, 2008, 179쪽).

그리고 전국 각지로부터 피난민들이 몰려들었다. 많을 때는 제주도 원래 인구의 절반 이상이 넘어선 적도 있을 정도로 피난민의 유입이 두드러졌다.

이처럼 제주는 피난처로서 전선에서 한 발 떨어진 지역이었다. 그런데 한국전쟁 직후 전황이 불리해지면서 정부의 철수 문제가 논의되면서 제주도에 대한 관심이 전면에 떠오르기 시작했다. 전쟁 초기 주한미대사관과 미 국무부를 중심으로 남한에서 철군이 이루어질 경우 "한국정부를 제주도로 옮기자"는 주장이 제기되었던 것이다.

1950년 7월 26일 미 국무부는 "유엔군이 남한으로부터 철군할 경우 유엔군이 한반도에 재진입한다는 가정 하에 가장 처음으로 다루어야 할 문제는 누구를 소개시키고, 또 어디로 정할 것인가의 문제이다. 이 문제와 관련해서 가능하다면 '한국정부는 제주도'로 이전 한다"고 주장했다.[7]

이 시기에 많은 제주도민이 학살당했다. 정부 이전 지역으로 논의된 제주는 여전히 무장대의 공격이 이루어지는 지역이었다. 이에 대한 대비책이었는지, 정부 이전 논의와 제주에서의 예비검속과의 관계는 정확히 알 수 없지만, 제주에서는 한국전쟁 발발 이후 8월 중순까지 보도연맹원 700여 명을 검거했다고 경찰은 주장했다.[8] 7월 말부터 8월 하순에 이르기까지 제주읍과 서귀포·모슬포 경찰서에 검속된 자들에 대한 군 당국의 총살 집행이 이루어졌다. 이 시기의 대표적인 대량 학살은 모슬포 섯알오름에서 자행되었던 소위

---

6) 특히 육군 제1훈련소는 한때는 8개 신병연대와 2개 교도연대 및 1개 하사관학교와 수송학교, 1개 육군병원 등을 거느린 제주도에서는 최대부대로서, 1954년 8월에 폐쇄될 때까지 3년 반 동안 많은 신병을 양성했다. 그리고 재산무장대의 토벌작전에는 직접 참여하지 않았지만, 제1훈련소장이 제주지구위수사령관을 겸임하므로 필요할 때는 작전지시를 내리거나 경계지시를 내렸다(제주4·3사건진상규명 및 희생자명예복원위원회, 『제주4·3사건진상조사보고서』, 2003, 338~339쪽).

7) FRUS 1950, 445~448쪽.

8) 『제주신보』, 1950.8.26. 이외에 다른 주장이 있는데, 경찰문서에 따르면 1950년 8월 4일 당시 제주도 각 경찰서에 예비검속된 인원은 840명이라고 밝히고 있다(이도영, 『죽음의 예비검속』, 말, 2000, 43쪽).

'백조일손지지' 사건이다. 제주 계엄사령부의 지시에 의해 1950년 8월 20일 새벽 2시와 5시경 두 차례에 걸쳐 예비검속자 61명과 149명이 모슬포 동남쪽 속칭 섯알오름이라 불리는 일본군이 만들어 놓은 폭파된 탄약고 언덕에서 총살당했고 구덩이에 넣어져 매장되었다. 전쟁 발발 당시 제주에서 이송된 4·3사건 관련 재소자는 일반 재판 수형인 200여 명과 군법회의 대상자 중에 만기출소한 사람을 제외한 2,350여 명이 형무소에 수감되어 있었다. 이들 대부분은 제주로 돌아오지 못하고 행방불명되었다.9)

하지만 인천상륙작전이 성공하고 서울이 탈환됨에 따라 제주도로의 철수 논의는 가라앉았는데, 중국군이 참전하면서 전황이 불리해짐에 따라 12월부터 본격적으로 다시 검토되기 시작했다.

1950년 12월 7일 미 육군부 작전참모장교들은 한국인들의 철수 가능성에 대해 논의했다. 이 자리에서 한국인들이 철수될 장소가 제기되었고 바람직한 순서대로 3곳의 가능성이 언급되었다. "첫 번째는 제주, 그곳은 정치적으로 매우 유리하고도 또 장래 군사작전의 기지로 사용될 수 있을 것이다. 두 번째는 오끼나와, 세 번째는 일본이다. 하지만 이는 가능성이 매우 낮다. 수많은 한국인들이 일본으로 들어가는 것은 심각한 정치적 문제를 야기하며, 일본인들은 무장한 한국군의 존재를 환영하지 않을 것"이라고 판단했다.10)

1950년 12월 29일 미 국무부에서도 유엔군의 전면 철수 후 제주도를 수도로 사용하는 문제를 검토했다.11) 이와 관련해서 1951년 1월 3일 애치슨(Acheson) 미 국무장관은 장면 주한 미 대사에게 철수시킬 한국인들에 대해 다음과 같이 구체적으로 언급했다.

---

9) 위의 책, 70쪽. 백조일손지지(百祖一孫之地)는 이때의 희생자 공동 묘역이다. 1957년에야 시체를 수습할 수 있었기 때문에 신원을 구별하기 힘들어서 공동묘역을 만들었다.
10) 국방군사연구소, 『미 국무부 한국 국내상황 관련문서 XIV(Records of the U.S. Department of the State, Relating to the Internal Affairs of Korea): 한국전쟁 자료총서』 52, 1999, 256~258쪽.
11) 위의 책 53, 406~411쪽.

"국무부와 국방부는 유엔군의 철수가 필요할 경우 어떤 한국인들을 철수시킬 수 있는지의 문제를 고려하고 있다. (중략)

철수시킬 한국인들의 우선순위가 정확하지는 않지만 철수에 포함될 예상인원은 아래와 같다.

1) 국회의원, 도 및 중앙경찰의 고위직 등을 포함한 한국정부의 주요인사(한국정부의 최고위급 지도자가 아니라) 및 그들의 가족(3,500여 명)
2) 대한민국의 고급장교(영관급 가운데에서)와 고급기술인력, 가족 제외(1,000명)
3) 민간분야의 저명한 지도자들, 기독교인사, 교육자 등 향후 공산주의자들과의 대결에서 유용할 것으로 예상되는 인사들(3,000명)
4) 가능한 많은 한국군인들(대략 5만명 가량)
5) 정보수집 및 심리전 수행에 필요한 북한 측 포로들(200명)
6) 유엔군사령부는 민간인들의 철수를 지원할 수 없다.

(중략)

한국정부가 탈출하여 활동을 계속할 수 있는 가능한 지역을 고려하고 있다. 여러 측면을 볼 때 제주도가 가장 적합한데, 한국정부는 여전히 한국의 영토에서 기능할 수 있으며 한국군대 역시 수비대의 형태로 주둔시킬 수 있다. 하지만 불리한 측면도 있는데 예를 들어 방어와 물자 공급에서의 어려움 등과 같이 섬을 활용할 때에 생기는 곤란이 따를 것이다. 이 문제와 관련해서 국무부나 우리 정부는 어떠한 결정도 내린 바 없다.[12]

이와 같이 미 국무부는 유엔군이 전면 철수할 경우 한국정부의 제주도의 이전에 대해 긍정적이었다.

철수 문제와 관련해서 당사자이지만 주체적인 발언을 하기 힘든 위치였던 한국정부 또한 미국의 입장을 살필 수밖에 없었다. 장면 주한 미대사는 한국에서 철수할 것인지 혹은 계속 주둔할 것인지에 대한 미국의 정책을 알아내려고 노력했다. 장면은 여러 차례 국무부 관계자들을 만나 한국정부의 입장을 이야기했다. 장면은 만약 전면철수가 이뤄지는 경우 한국정부에게 근거지

---

12) 위의 책, 471~473쪽.

를 제공하는 점이 매우 중요하다는 사실을 지적했다. 그리고 제주도가 장점을 갖고 있지만 공산측이 한반도 전체를 장악하는 경우, 러시아가 부산 근처에 대규모의 기지를 구축하는 것은 시간문제라고 우려를 표하면서, 오키나와가 안전한 지점일 것이라고 지적했다. 그리고 이 문제를 맥아더와 협의해 줄 것을 요청했다.

하지만 미 국무부는 아직 군부의 의도를 알 수 없다는 점과 아울러 그 문제는 알 수 없는 일급 기밀사항이라고 답변했다. 지금 현재 주도권을 장악하고 있는 공산군대가 얼마나 효과적으로 밀어붙이는가 하는 점이 가장 중요한 변수이며 아울러 예상할 수 없는 다양한 변수에 달린 것이라는 점도 덧붙였다.13)

1951년 1월 4일 유엔군이 서울에서 철수한 상황에서 미 국무부와 주한 미 대사관은 유엔군이 전면 철수할 경우 정부를 제주도로 옮긴다는 입장을 확고히 하기 시작했다.14)

1950년 1월 9일 미 국무부는 '유엔군 철수 및 한국에서 저항을 계속하는 문제'에 대해 미 합참과 논의했다. 그 가운데 철수문제가 주요하게 다루어졌다. "철수에 관한 문제는 대규모 철수인원(80~100만)을 제주도로 옮기느냐 혹은 소규모의 인원을 철수 가능한 세계의 각 지역으로 분산수용 하느냐의

---

13) 위의 책, 500~501쪽.

14) 철수와 관련해서 1951년 1월 18일 무쵸 주한 미대사는 국무부에 제주도 시찰보고서를 제출했다. 여기에서도 제주도 철수에 대한 긍정적인 평가가 이루어졌다. "대사관 대표들의 방문 결과 제주도는 긴급상황 시 대한민국 정부와 몇 십만 정도의 피난민들에게 피난처를 제공해줄 것으로 보인다. 물론 그 같은 상황이 초래될 경우 간이 주거시설이 구축되어야 하면 식량 특히 쌀의 대부분을 제공해야할 것이다. 이 문제는 군당국자와 아직 논의되지 못했는데, 중국군의 해군 및 상륙부대들이 전면 공격을 가해오지 않는다면 섬을 방어하는 문제도 어렵지 않을 것으로 보인다. 대한민국 해군이 섬의 방어를 수행할 수 있을 것이다. 다른 유엔 해군부대가 제주의 방어를 담당한다면 적군이 섬을 점령할 수 있는 가능성이 거의 없어 보인다"(국방군사연구소, 『미 국무부 한국 국내상황 관련문서 XVI(The U.S. Department of the State Relating to the Internal Affairs of Korea): 한국전쟁 자료 총서』 54, 1999, 223~225쪽).

선택 문제라 할 수 있다"면서, "제주도로 철수할 경우의 이점과 단점, 구체적인 철수 인원과 대상, 대한민국 군대, 망명정부의 문제" 등 구체적 사안들이 논의되었다.15)

결국 1951년 1월 12일 트루먼 미 대통령은 한국에서의 저항지속 문제 등에 관해 참모들과 논의했다. 이 자리에는 대통령, 국무장관 애치슨(Acheson), 국방장관 마샬(Marshal), 합참의 4인 브래들리(Bradley), 콜린스(Collins), 셔먼(Sherman), 반덴버그(Vandenberg), 러스크(Rusk), 사이밍턴(Symington), 제섭(Jessup) 등이 참석하였다. 국방부의 콜린스장군과 브래들리 장군은 제주도 활용을 포함하여, 한국군의 철수와 전쟁포로들에 대해 이들이 생각하고 있던 제안들을 요약 제시했다.16) 1950년 1월 13일 트루먼 미 대통령은 맥아더 극동총사령관에게 "연안지역의 도서들, 특히 제주도와 같은 도서에서 저항을 계속하는 것은 앞서 언급했던 우리들의 목표들을 달성하는 데에 도움을 줄 수 있을 것이다"라는 메시지를 하달했다.17)

그러나 유엔군의 입장은 미 국무부의 인식과 차이가 있었다. 1월 9일의 국무부와 합참과의 논의 과정에서도 일본만큼이나 이 지역의 지원 중요성을 인정하고 또 80만의 인구를 보호하고 지원하기 위한 물자의 후송 및 군대 파견에 대해 국방부가 동의할 수 있을 지에 대한 의문이 제기되었다. 1951년 1월 19일 헤네시(Hennessey) 대령은 유엔군사령부에게 제주도의 상황을 보고했다. 헤네시 대령은 G-4와 연합국 사령부의 연구를 바탕으로 한 제주도 관련 보고서에서 제주도는 기껏해야 45만 명을 수용할 수 있을 것이라고 주장했다. "항만 시설은 열악하다. 거룻배 운반은 바람 때문에 불가능하다. 용수 상황은 45만 명 이상에게 공급유지하기에 충분하지 않고, 전력은 없으며 도로시설은 열악하다. 대한민국은 8백 명의 해병대원을 제주도에 보내어 산간지

---

15) 국방군사연구소, 앞의 책 53, 1999, 624~631쪽.
16) FRUS 1951, 68~70쪽.
17) 국방군사연구소, 앞의 책 54, 1999, 107~110쪽.

대에 거주하고 있는 게릴라를 소탕하도록 했다"면서, 헤네시 대령은 제주도가 대한민국 군대를 훈련시킬 기지로 사용되고 있기 때문에 대만과 같은 고려대상이 아니라고 보고했다.[18]

　유엔군의 전면 철수 후 정부를 제주도로 옮기자는 미 국무부의 입장과는 달리 유엔군의 견해는 부정적이었다. 이 과정에서 적극적인 의견을 개진할 수는 없었지만 한국정부 또한 제주도로의 철수에 대해서는 부정적이었다. 더욱이 철수 소식이 퍼져나가면서 한국정부의 입장은 더욱 곤혹스러울 수밖에 없었다. 한국정부는 1951년 1월 9일 포로수용소·전재민 문제 등에 관한 대책을 수립하는 각의 자리에서 철군 자체를 부인하기도 했다.[19] 1951년 1월 14일 허정 사회부 장관은 제주도 최대 수용인원 65만 명 수준이라고 단언하였다.[20]

　유엔군의 전면 철수 이후 문제에 대한 논의는 2월 19일 중부전선에서 중국군이 철수하고 3월 14일 국군이 서울을 재탈환하는 등 전황이 변하면서 가라앉았다. 정전회담이 열리고 전선이 고착화되면서 1951년 8월 30일 극동군사령관의 입장이 공식화되었다. "한반도로부터의 완전한 철수가 실행되지 않는다 할지라도, 제주도를 남한정부의 정착지로 활용하는 것에 반대한다"는 내용이었다.[21]

---

[18] 국사편찬위원회, 『대한민국 내정에 관한 미 국무부 문서(Records of the U.S. Department of the State, Relating to the Internal Affairs of Korea): 남북한관계 사료집 16』, 1995, 617~618쪽.

[19] "항간에는 정부가 제주도로 가느니 어디로 가느니 유언비어를 제조하여 민심을 불안케 하는 자가 많은 모양인데 이러한 무한의 낭설을 유포하는 자는 철저히 단속한다. 정부는 끝까지 이곳에 있을 것이며 제주도나 다른 어느 곳에도 이동할 계획은 절대 없는 것이다"(『민주신보』, 1951.1.11).

[20] 『민주신보』, 1951.1.15.

[21] 이와 관련된 자세한 사항은 다음과 같다. "c. 비록 한반도로부터 완전한 철수가 실행되지 않는다 할지라도, 제주도는 남한정부의 정착지로 활용하기에는 공격과 강탈에 너무나 유약하다. 제주도는 36만 7,000여 명의 인구에 대한 자급자족이 가능하지만, 여타

1950년 상반기 전황이 변하면서 한국정부의 제주도로의 이전 논의는 거의 막을 내린다. 결국 제주는 한국전쟁 기간 내내 피난민과 포로수용소라는 후방의 역할에 충실했다. 하지만 대규모로 이주한 피난민들은 외지인 세력으로서 제주도민과 갈등하면서 제주사회의 변화를 가속화시켰다.

Ⅲ. 인구변동과 피난민의 섬

한국전쟁이 발발하자 제주에는 전국 각지로부터 피난민들이 밀려들었다. 전쟁 20일 만인 7월 16일부터 제주・한림・성산・화순 항을 통해 1만여 명이 들어왔다. 1951년 1・4후퇴 뒤 북한 주민들을 주축으로 수만 명의 피난민이 제주로 왔다. 4・3의 피해를 복구하기도 전에 밀어 닥친 피난민의 급격한 증가로 인해 제주사회의 주택난・식량난 문제가 심각해졌다. 이에 대한 대책이 절실해졌다.

전쟁 발발 직후부터 철수와 피난민 문제와 관련해서 이미 1950년 8월 9일 무쵸(Muccio) 주한 미국대사는 제주도의 급속한 복구와 경제회복을 미 국무부에 건의했다.[22] 특히 본토에서 대량의 피난민이 제주도로 이주할 경우를

의 부분에 있어서는 대부분 결핍상태에 있다. 노출된 병참선을 따라 외부의 완벽한 공급이 유지된다 할지라도 초대 40만 명에 달하는 추가적 민간인과 군사병력의 체류, 물 부족이라는 결정적 요소, 제한적 항구 이용 등이 예상된다. 나는 제주도를 위와 같은 용도로 활용하는 것에 반대한다. d. 모든 한국의 영토로부터 완전 철수할 경우 망명 한국정부의 위치는 반드시 정부 수준의 결정이어야만 한다. 과거의 역사와 최근 일본과의 협상 등 정치적 요소들을 중심으로 판단할 때 일본은 그 위치로 완전히 수용 불가능할 것이다. 따라서 한국 망명정부의 위치로는 그 선호도에 따라 (1) 사이판 (2) 티니암(Tiniam) (3) 괌(Guam)이 적절할 것이다"(RG 554, Records of General HQ, FEC, SCAP and UNC, Military History Section, Command & Staff Section Reports, 19/47052, General HQ Far East Command, Entry Secret 1952 Chief of Staff, Box 348).

22) 국방군사연구소, 『미국 국무부 정책연구과 문서 Korea Project File Vol.Ⅳ: 한국전쟁

대비해야 한다고 지적했다. 11월에는 한국 ECA 사절단이 제주도에 시찰단을 파견하고 소규모의 미공보원 사무소(USIS center)가 설치되었다.

유엔민간원조사령부(UNCACK)는 1951년 초 이미 제주도에서 활동을 시작했다. 보건 및 피난민 문제를 다루고 있으며, 주로 본토로부터 병원 시설을 이전시키는 일을 도와주는 활동을 했다.[23]

한국전쟁 초기 UNCACK의 가장 큰 관심사는 피난민 문제였다. UNCACK 지역팀 보고서에는 피난민 통계나 각 도별, 시군별 이동상황이 매우 상세하게 기록되어 있다. 피난민 수용소의 위치와 각 수용소를 시찰하고 돌아와 작성한 조사보고서들이 다수 있다. 피난민들은 각 지역에 만들어진 피난민 수용소에 수용되며 그 이동과 수가 체계적으로 파악되었다. 뿐만 아니라 방역과 구호 사업을 위해 인구 통계도 자세히 다루고 있다.[24]

1951년 1월 7일, 허정(許政) 사회부장관은, 앞으로 제주도에 약 100만 피난민을 이주시킬 계획에 관하여 그 실현 여부를 확인하기 위해 제주를 방문했다.[25] 1951년 1월 19일 사회부는 장관 및 각 도지사, 시장을 비롯한 관계자 등 군·관·민 대표들이 참석해서 피난민 구호대책회의를 열었다. 회의 내용은 각 도별로 피난민 등록을 조속 실시하여 자치적으로 구호책임을 질 것과 집단수용소 이용에 관하여 국방 당국에 협조를 구하는 것과 또한 사회

자료 총서 29』, 1998, 318쪽.

23) 국방군사연구소, 앞의 책 54, 1999, 223~225쪽.

24) 예컨대 1951년 11월 15일자 제주도 반월간 보고서에는 「제주도 面別 인구 현황(1951.2.22~10.31)」이 정리되어 있다. 특히 제주도 서귀면 상효리 거주자의 이름, 개인별 직업, 연간 수입, 소유 부동산 가치 등의 사항을 도표로 정리하고 있고, 이를 통해 상효리 거주 전주민의 인적 사항을 파악할 수 있다. 제주도 전체 인구 자료도 있으며, 당시 제주도 전체 인구수는 266,419명(피난민 24,749명 포함)이었다(RG 554, UN Command Adjutant General's Section, UN Civil Assistance Command, Korea(UNCACK) Adjutant General's Section, Entry A-1 1303, Team Reports, 1951~1953, Box 77, Team Report, 15-30 Nov. 51).

25) 『민주신보』, 1951.1.9.

부에서 내보낸 각 도별 구호물자를 중점적으로 적기에 분배할 것에 관한 것이었다.

피난민 소개와 관련해서는 "이송피난민은 수송 전까지 적기 수용소에 이송 대기케 한다. 제주도행 피난민은 당일 永庫 후방 지정장소에 집결한다. 제주도행 피난민은 예비로 사회부 장관의 승선 허가를 얻어야 하며 하물표 급 승선권의 교부를 받아야 한다"고 규정했다.[26]

1월 16일 사회부가 발표한 남한 각 도의 피난민 통계 발표에 따르면 제주도의 피난민은 8만 7,000명이고 그 가운데 5개 수용소에 집단 거주하는 피난민은 6만 7,000명에 달했다.[27] 1월 20일에는 미군과 협의하여 제1차로 20일 출항하는 미선 몬태트호로 5,000여 명을 수송하기도 했다.[28] 1951년 2월 7일과 8일에 작성된 G-4 등 유엔군 사령부 소속 군인들이 제주를 시찰한 보고서에 따르면 "병원, 항만시설, 장비 수송 문제 고아들 문제, 피난민 문제를 점검했다. 현재 55,000여 명이 피난민이 왔다. 피난민의 계속되는 증가는 집단 수용시설을 필요로 한다. 그리고 구호물자를 공급할 수 있는 시설이 필요하다"고 파악했다.[29]

제주로 온 피난민은 1951년 1월 3일까지 16,000여 명에 불과했으나, 1월 16일에는 87,000여 명, 5월 20일에는 148,000여 명에 이르렀다. 많게는 피난민이 제주도 인구의 절반을 넘어선 적도 있었지만 1951년 중반 정전협정이 시작되고 전선이 고착화됨에 따라 피난민의 유입은 더 이상 늘어나지 않고 3만 명 전후를 유지한다. UNCACK 제주팀의 조사를 토대로 피난민과 인구 통계를 살펴보면 다음과 같다.

---

26) 『민주신보』, 1951.1.20.
27) 『민주신보』, 1951.1.17.
28) 『민주신보』, 1951.1.21.
29) 「GHQ Staff Visit Gheju-do(1951.3.1)」, NARA, RG 338, UN Civil Assistance Command, Korea(UNCACK), 1951, Box 17, Statistical Records, File.

시기	제주도민	피난민	총계
1951.1.16	248,867	87,000	335,867
1951.4.8	248,867	71,228	320,095
1951.5.20	248,867	148,000	396,897
1951.8.25	299,715	53,040	352,755
1951.10.15	299,715	31,344	331,059

육지로부터 이송된 피난민은 주로 집단 수용되었고 제주읍에 가장 많은 인원이 거주하였다. 1951년 4월에는 북제주군 52,197명, 남제주군 12,209명으로 총 64,606명이 피난민이 거주했지만 그 가운데 42,409명이 제주읍에 모여 있었다. 이는 처음 하선이 제주읍에서 이루어지고 게릴라들의 공격이 위협적이기 때문에 상대적으로 제주읍이 안전하다고 보았기 때문이었다.30)

그러나 피난민의 급격한 증가로 인해 주택난이 가중되었고 식량을 비롯한 구호물자의 부족, 식수난으로 인해 제주는 포화 상태였다.

1월 25일 현재 남북 제주군 13면 전역에 분산 수용한 피난민의 정확한 숫자를 보면 총수가 5만 7,294명인바 제주읍 4만 506명, 한림·추자 두 면을 제외한 10개면에 평균 1,600명 정도 피난민이 제주 전역에 수용되고 있으며 제주읍 같은 곳은 군경가족의 대거 피난으로 말미암아 이 이상 수용할 수 없다. 피난민의 주택에 있어서는 原住집에 의무적으로 입주케 하고 있으면 자유피난민은 보통 한 칸을 1개월에 4,000원 내지 5,000원의 先貸로 들고 있다. 원칙적으로 피난민에게는 1일 3合 배급, 부식대 50원을 당국에서 주기로 되어 있다. 사회부 당국의 계획인 가주택 800동 건축은 아직 실질적으로 손댄 흔적이 없다.31)

---

30) 「Weekly Activites Report, Gheju-Do Team(1951.4.20)」, NARA, RG 338, UN Civil Assistance Command, Korea(UNCACK) 1951, Entry. UNCACK Unit 11110, Box 20, Weekly Reports for the Month of April.

UNCACK 제주팀도 이를 명확히 판단하고 있었다. "민간기구는 현재 섬의 피난민들의 수는 현재 주거시설에서 다룰 수 있는 최대한의 인원이라고 보았다. 피난민 수용소 주로 학교 건물을 이용하는 것으로 보완되었다. 하지만 한국정부에 의해 이 상황은 변화되었다. 이 건물들은 훈련장으로 변해서 피난민들은 쫓겨났다. 이것은 커다란 문제를 낳고 있다. 매일 상황은 악화되고 있다. 피난민의 주거지를 위한 즉각적인 해결은 즉각적인 텐트의 조달이다"고 지적했다.[32]

　뿐만 아니라 집단 거주함에 따라 각 피난민수용소에서 천연두 환자가 대대적으로 발생하고 있어 방역대책이 절실히 요구되었다.[33] 1951년 1월 현재 15,007명의 섬 주민들이 구호물자의 수령자들이었고, 3만여 명의 군인 훈련원들이 지역 경제에 완전히 의존해서 살고 있었다.[34]

　1950년대 중반 이후 피난민의 유입은 거의 이루어지지 않았지만 고아, 군인훈련원들, 포로들이 제주로 이송되어 상황은 나아지지 않았다. 1950년 12월 27일 미군목 브라이젤과 헤스 미공군 대령이 UN군 사령부로부터 수송기 7대로 16편에 걸쳐 서울 거리에서 방황하는 전쟁고아 1천여 명을 제주로 수송하여 왔다. 이들은 제주농업학교의 천막과 교실에 연령별로 수용되어 사무실, 의무실, 창고, 취사장 등을 임시로 마련했다. 이어서 1951년 4월, 黃溫順은 이들을 보육하기 위해 제주농업학교 운동장에 한국보육원을 설립하였다. 1951년에 황온순의 한국보육원, 1952년에 김정하의 제주모자원, 1953년에

---

31) 『민주신보』, 1951.1.26.

32) 「Weekly Activities Report(1951.1.19)」, NARA, RG 338, UN Civil Assistance Command, Korea(UNCACK), 1951, Box 17, Hist PROG Flies-Weekly Activity Reports 1951.

33) 『제주신보』, 1951.2.10.

34) 「Weekly Activities Report(1951.1.19)」, NARA, RG 338, UN Civil Assistance Command, Korea(UNCACK), 1951, Box 17, Hist PROG Flies-Weekly Activity Reports 1951.

고수선의 송죽보육원 등 도내 보육원 9개소, 모자원 1개소에 수용인원은 1,412명이었다.35)

1951년 11월 7일 제주도 제1훈련소 확장 계획에 따라 훈련병은 더욱 늘어났다.36) 이와 함께 포로들이 제주로 이송되었다. 1952년 6월부터 포로들을 친공포로와 반공포로로 분리하여 분산·수용하였는데 북한군 포로는 육지에, 중공군 포로는 제주도에 수용했다. 이들 중 본국송환을 원하는 '친공'포로는 제주비행장에, 송환을 원하지 않는 '반공포로'는 모슬포비행장에 수용했는데, 1953년 2월 1일이 수용인원은 제주가 5,809명, 모슬포가 14,314명이었다.37)

특히 피난민의 유입으로 제주사회에는 제주도민과 피난민 사이에 잦은 분쟁이 발생했다. 피난민과 4·3이재민간의 구호물자를 둘러싼 대립이 대표적이다. 하지만 그 이면에는 피난민들의 섬사람 멸시 풍조, 제주도민의 배타성이 갈등의 근본적인 원인으로 자리잡고 있다. 특히 4·3 때 토벌대에 의한 제주도민의 피해 의식 속에서 피난민은 이질적인 세력이었다. 이는 제주도를 빨갱이의 섬으로 보는 일부 피난민에게도 마찬가지였다.

제주에 이주한 피난민들은 적극적으로 자신들의 처지를 개선하고자 했다. 그 결과 1951년 6월 6일 피난민협회가 결성되어 회장에는 金活彬이 선출되었다. 이날 김충희 지사는 축사에서 "본도 주민들도 생계유지가 어려운 실정이지만 본도로서는 여러분에 대한 구호사업을 적극 펼 것이며 피난 온 여러분도 도정에 협조하여 달라"고 당부하였다. 이어 최승만 사회부 분실장은 격려사에서 "자신이 있는 동안에 피난민 중에 한 사람이라도 먹지 못하여 죽은 일은 결코 없을 것이며 그런 일이 있다면 내가 책임지겠다"고 안심시켰다. 이때 제주에 온 피난 온 사람들은 5월 20일 현재 14만 8천 7백 94명으로 집

---

35) 제주도, 『제주도지』 II, 1993, 1275쪽.
36) NARA, RG 338 Records of U. S. Army Operational, Tactical and Support Organizations, KMAG, Adjutant General, Decimal File, 1948~1953, Box 44).
37) 『제주4·3사건진상조사보고서』, 339~340쪽.

계되었다. 전국적으로 피난민은 5백 71만 97명이고 그중 지난 3월 14일 서울 수복 이후 복귀한 사람은 1백 92만 8천58명이라고 발표했다.[38]

피난민 대표들은 UNCACK 제주팀에게도 자신들의 요구 사안을 개진했다. 교회 조직의 일원인 피난민 대표들은 피난민을 거제도로 이동하도록 허용해주고 수송해줄 것을 요구했다. 그 이유는 거제도가 구호 할당량이 더 많고 구호물자를 더 잘 입수할 수 있고, 다른 하나는 거제도가 육지에 더 가깝기 때문이라고 주장했다.[39] 피난민의 이동은 제한되었기 때문에 이들의 요구는 관철되지 못했지만, 제주를 떠나고자 하는 피난민들의 불만은 구호물자 배급에 대한 불신과 더불어 커져갔다.

더욱이 1952년 가을부터 다음 해 봄까지 이어진 절량(絶糧)사태는 제주사회를 위기로 몰아넣었다. 북제주군 지역에서만 3만 명이 끼니를 잇지 못하는 것으로 조사되었다. 정부의 구호곡이 배정되었지만 이를 둘러싸고 피난민과 4·3사건 이재민 사이에 심각한 쟁탈전이 벌어지기도 했다. 피난민들과 섬 주민들간의 긴장은 UNCACK에서도 주목했던 사안이었다. 제주팀 복지 책임자는 구호품 부족이 제주도의 책임이 아니라는 것을 피난민 대표들에게 몇 번이나 설명해야 했다.[40]

한국전쟁 기간 동안 제주도는 피난민과 고아의 섬이라고 불릴 정도로 피난민의 유입이 두드러졌다. 하지만 4·3시기 외지인인 군경토벌대의 억압을 경험한 제주도민과 영향력을 확대해가던 피난민들의 관계는 구호품 배급을

---

38) 제주도지방의정연구소, 『도백열전』 1, 2006, 30쪽.
39) 「Semi-Monthly Activities Reports, Cheju-Do Team(1951.10.15)」, NARA, RG 338, UN Civil Assistance Command, Korea(UNCACK) 1951, Entry. UNCACK Unit 11110, Box 23, Semi-Monthly Activities Reports.
40) 「Monthly Activities Report(1953.2.28)」, NARA, RG 554, UN Command Adjutant General's Section, UN Civil Assistance Command, Korea(UNCACK) Adjutant General's Section, Entry A-1 1303, Team Reports, 1951~1953, Box 78, Cheju Do Team Report.

넘어서 사회적 갈등으로 표출되었다.

Ⅳ. 구호활동과 주민 관리

전선 교착과 함께 전시 상황에서 가장 큰 현안은 대규모 피난민과 전재민에 대한 구호 문제였다. 제주도 또한 급증한 피난민과 4·3이재민에 대한 구호활동이 시급했다.

효율적인 피난민 구호를 위해 1951년 4월 '제주도 피난민 구호위원회'가 조직되었다. 위원회는 김충희 도지사, 최승만 사회부 제주도 분실장, 민간인 대표 이효빈 목사 등 6명과 UNCACK 제주팀 대표자로 구성되었다. 구호위원회는 최승만 사회부 분실장을 임시 의장으로 삼고, 정규적인 회의를 통해 구호활동을 총괄했다. 구호위원회의 주된 활동은 식량을 비롯한 구호물자 배급과 주택 건설, 그리고 방역과 위생이었다.

UNCACK 제주팀은 자문 역할을 한다고 했지만 실제적으로는 구호활동의 기준과 방법 등 구체적 사안들을 세우는 데 깊숙이 관여했다. 제주팀은 우선적으로 사회부 분실장의 지시를 통해 이루어지는 물자 배분 방침을 수정하고 모든 활동은 구회위원회를 통해서 이루어져야 한다고 충고했다. 사회부에서 북제주군, 남제주군, 군과 경찰로 이관되는 구호물자의 배분과 수송 과정은 구호 정책의 질을 떨어뜨릴 뿐 아니라 한국 복지후생법에 반대된다고 문제를 제기했다. 이는 사회부의 구호 책임감이 평가 절하되기 때문이다. 제주도 구호위원회가 활동할 때까지 더 이상 쌀과 소금 그 밖의 구호물자들을 배분하거나 수송해서는 안 된다고 지적했다.[41]

---

41) 「Weekly Activities Report, Gheju-Do Team(1951.4.20)」, NARA, RG 338, UN Civil Assistance Command, Korea(UNCACK) 1951, Entry. UNCACK Unit 11110, Box 20, Weekly Reports for the Month of April.

제주도 구호위원회가 조직되기 이전의 구호활동은 사회부 제주도분실이 관장하고 있었다. 1951년 1월 최승만은 사회부장관 허정의 추천으로 제주도에 온 피난민 구호 사업을 돕기 위해 마련된 사회부 제주도분실장에 임명되었다. 사회부 제주도분실은 직원 6명과 함께 제주 남국민학교에 사무실을 두어 피난민구호사업 일체를 관장하였다. 이때 구호양곡 및 부식비 등은 도에서 보관하되 지출은 반드시 사회부 분실장의 허가를 받도록 되어 있었다. 이런 이중의 감독 관계 때문에 김충희 도지사와 최승만 분실장 간에 불편한 사안이 발생하곤 했던 것이다.[42]

제주도 구호위원회는 1951년 4월 28일에 열린 첫 번째 회의에서 UNCACK 제주팀의 자문을 토대로 구호활동의 구체적 내용들을 마련했다. 제주팀 보고서를 바탕으로 그 내용을 살펴보면 다음과 같다.[43]

〈공공복지〉
 a. 제주구호위원회는 첫 번째 회의에서 두 가지 근본적인 기준을 채택하고 회의를 끝냈다. (1) 구호물자는 개인 가족의 필요에 기초해서 할당해야 한다. (2) 구호물자는 공식적인 지방 정부 채널을 통해서 할당되고 배분해야 한다. 즉 지방정부로부터 군-면-리-동-반-최종 이용자들에게까지. 구호물자의 실제 수송은 가장 간략하고 가장 신속한 루트를 통해 이루어져야 한다.
 b. 이 정책은 관찰자로 참여한 일부 특수한 그룹 대표들의 뚜렷한 목적을 가지고 채택되었다.[44] 그들은 동, 리, 반 대표자들에 의해 개인 가족들을 배려하는 그룹으로 받아들여진다. 위원회는 그들에게 제출된 개인적인 가족 보고서들을 참고할 것이라고 보증했다. 상부의 결정들이 도착하면서

---

42) 제주도, 『제주도지』 II, 1275쪽.
43) 「Weekly Activities Report, Gheju-Do Team(1951.5.10)」, NARA, RG 338, UN Civil Assistance Command, Korea(UNCACK) 1951, Entry. UNCACK Unit 11110, Box 20, Weekly Reports for the Month of MAY.
44) 여기에서 특별한 관찰자란 민간인 대표를 의미한다.

위원회는 반복적으로 민간원조사령부팀 자문관들에게 UN 구호정책과 한국 복지 후생법을 설명해줄 것을 요청했다.

　c. 공식적인 적격한 구호 기준을 결정하는 데 있어서 1048년 4월 공산주의자 봉기와 게릴라들에 의해 현재도 고통 받는 제주도민을 고려해야 한다. 그들은 1950년 침공의 결과로서 제주도로 피난한 사람들과 마찬가지이다.

　d. 제주 사회부가 조사한 구호 적격자 수치는 피난민과 게릴라 행동으로 고통 받는 토착민을 합해서 154,318명이다.

　e. 위원회의 첫 번째 기능은 최소한 복지 후생 정책의 기능을 세우고, 군·면 위원회 직원들의 도움이 필요한 실제 개인들의 수치를 세우는 것이다.

　f. 위원회는 현재 적격 인원에 대한 기준을 인가했다. 대략적으로 60%는 피난민들에게, 40%는 게릴라들에게 고통받는 토착민들에게 할당하기로 정했다. (이미 CAC 스텝들이 자문관으로서 참여한 가운데 조직되어 현재 활동하는) 군·면 위원회에게 보내졌다.

　g. 상부의 원칙들이 채택되었지만 반면에 좋은 후생복지 행정을 획득하기 위해 유엔민사처의 끊임없는 조언들과 함께 지방정부 관료들의 역할에 대한 노력들이 있어야 한다.

"구호위원회가 구호활동을 총괄해야 하고, 구호 대상은 피난민뿐만 아니라 4·3피해자도 포함되어야 한다. 그리고 구호 대상자에 대한 정확한 인원 수치를 파악해야 한다"는 사안을 토대로 한 활동 원칙들이 정해진 것이다. 이에 따라 구호위원회는 물자 배급에 앞서 우선적으로 적격성 여부를 검토해서 구호 수령자의 정확한 수치를 파악하고자 했다. UNCACK 제주팀은 식량을 비롯한 구호물자와 피난민을 수용할 주택 건설 등을 둘러싼 비리들이 이어지는 제주도 행정의 문제점에 주목했다. 실제적으로 강성익, 양성호 남제주군 군수 등 제주도 고위 관료들이 구호 물품 착복 죄목으로 법정에 서기도 했다.[45] 나아가 민사처 제주팀의 현장 점검 결과 피난민 구호 과정에서 도지사에 대한 불신이 제기되었다.[46]

제주팀(제주 CAC)은 "도지사가 제출한 주택 건설 과정 보고서와 CAC팀의 현장 점검－각 면에 이르기까지 집 형태 등 세밀히 점검－을 비교해볼 때 도지사가 완전히 그 계획 과정에 대한 정보를 주지 않았다. 그 결과 사회부 장관 또한 부정확한 정보를 가지게 되었다. 공공건물이 필요하지라도 거기에 복지 자금이 쓰여서는 안 된다. 장관은 개인 가구를 위한 기준 계획을 고안하고 나머지 예산에 대해 지방 정부에 대한 정밀한 조사를 해야 한다"고 지적했다. 이 보고서는 UNCACK 공공복지 책임자와 한국 사회부 장관에게 제출되었다. 결국 피난민 구호 문제의 잡음을 계기로 김충희 도지사가 해임되고 1951년 8월 최승만 사회부 제주도분실장이 도지사에 임명되었다.

  구호 대상자 적격 수치와 관련해서 9월 15일 제주도 간이 인구 조사가 실시되었다. 그 결과 5만 4천41호에 인구 26만 6천4백19명으로 발표되었다.(피난민 제외) 이는 최승만 지사가 사회부 제주도분실장으로 있었을 때, 사회·산업·서무과 3과장이 합석한 자리에서 제주도 인구가 얼마냐는 미CAC 대표의 질의에 세 과장이 각각 숫자를 다르게 말했으므로 지사로 부임하면서 곧 인구조사를 실시한 것이다.[47]

  하지만 적격한 구호수령자 인원에 대한 불신은 여전히 구호 기간 내내 큰 문제점으로 지적되었다. 1953년 1, 2월에 섬에 있는 제주도의 총괄적인 구호 도구들을 평가하기 위해 섬을 순회했던, UNCACK 사령관에 의해 임명된 위원회의 보고에서도 이 문제가 주요하게 언급되었다. 여기에서는 "각 면의 일부 가구들을 인터뷰한 후 구호 곡물이 잘못 분배된 경우를 발견했다. 각 면

---

45) 「Weekly Activities Report, Gheju-Do Team(1951.4.1)」, NARA, RG 338, UN Civil Assistance Command, Korea(UNCACK) 1951, Entry. UNCACK Unit 11110, Box 20, Weekly Reports for the Month of April.

46) 「Weekly Activities Report, Gheju-Do Team(1951.5.25)」, NARA, RG 338, UN Civil Assistance Command, Korea(UNCACK) 1951, Entry. UNCACK Unit 11110, Box 20, Weekly Activities Reports.

47) 제주도지방의정연구소, 『도백열전』 1, 2006, 33쪽.

에서 지속되는 이 현상은 군·면 관리들을 믿지 못하게 한다. 지방정부 사회과장은 이를 확신했다. 도지사는 제주 CAC 대표에게서 새로운 구호 인구 조사를 위한 논의와 계획을 위해 각 군·면 기관장들과의 회의를 열 것을 충고받았다"고 보고했다. 48)

1953년 5월 UNCACK 제주팀은 도지사에게 적격한 구호수령자 수치를 제주CAC가 점검한 숫자에 근접하도록 축소할 것을 촉구했다. 제주CAC는 제주도가 1953년 4월 7,172명의 부적격 구호수령자들을 덧붙였다고 파악했다. 49)

UNCACK 제주팀이 보고한 1953년 5월 피난민 보고서,
전쟁 피해자와 토착민 피해자

원래 지역	피난민			전쟁 피해자			기관 밖에서 곤궁한 토착민 적격자	적격자 합계
	구호 적격	구호부적격	합계	구호 적격	구호부적격	합계		
북한	9,687	408	10,095					9,687
서울	5,356	406	5,762					5,356
여타 지역	3,333	2,612	5,945					3,333
토착민	281	1,736	2,017				39,897	40,178
합계	18,657	5,162	23,819				39,897	58,554
현재 제주도 인구	266,419							
1949년 봄 인구	253,580							

---

48) 「Monthly Activities Report(1953.2.28)」, NARA, RG 554, UN Command Adjutant General's Section, UN Civil Assistance Command, Korea(UNCACK) Adjutant General's Section, Entry A-1 1303, Team Reports, 1951~1953, Box 78, Cheju Do Team Report.

49) 「Narrative Report for Month of May(1953.5)」, NARA, RG 554, UN Command Adjutant General's Section, UN Civil Assistance Command, Korea(UNCACK) Adjutant General's Section, Entry A-1 1303, Team Reports, 1951~1953, Box 78, Cheju Do Team Report.

UNCACK 제주팀은 제주읍 일도리를 비롯해 각 면의 최종 구호수령자들 일부를 조사했다. 5월까지 피난민 364가구가 점검되었는데 이들 중 7%가 부적격하다고 나타났다. 토착민 21개 가구가 점검받았는데 28%가 부적격했다. 이 점검 결과는 육지로부터 피난민들은 정확하나 게릴라 활동으로부터 고통받는 토착민의 숫자는 크게 과장되었음을 보여준다. 육지로부터의 피난민들은 오직 지난 3개월 동안 구호품들을 받았다.

4·3이재민이 많은 상황에서 피난민까지 급증한 제주도의 식량난과 주택난은 심각했다. 게다가 8월과 9월 태풍으로 인해 상황은 더욱 악화되었다. 농작물 5할이 감소되었고, 가옥·가축·교량·선박 등의 피해가 심했다.[50] 공공 건물의 부족으로 인해 천막에 집단 수용된 피난민들만 2만여 명이 넘었다. 이들은 UNCACK 수송팀의 도움으로 공공 건물로 피신했지만 여전히 피난민들을 위한 주택 건설은 미비했다. 또 다른 피난민들과 집을 공유하고 있었던 제주도민의 불만도 상당한 수위에 이르렀다.

UNCACK 제주팀은 제주도 지방정부가 세운 25평 규모 병영 타입의 주거 계획이 타당하지 않다고 지적했다. "병영형 주택은 작을지라도 개인 가구를 원하는 한국인들의 기호에 맞게 않는다. 병영형 주택을 점검한 후에 그것들 가운데 오직 2개만이 꽉 차 있다는 것을 알았다. 25평 규모의 병영형 주택을 짓는 모든 계획이 즉각적으로 중지되어야 한다"고 충고했다.[51]

구호위원회의 또 하나의 주요 사업은 위생과 방역이었다. 피난민이 대거 이주하고 집단 거주함에 따라 말라리아와 같은 전염병을 예방하고 의약품 보급, 병원 운영 등을 돕는 데 주의를 기울였다. 제주팀에서도 접종 인원 수치를 비롯해 방역 프로그램을 위한 통계 조사를 매 달 점검했다. 구호 조직과 운영에 대한 자문도 주요한 임무였다. 유엔민간원조사령부에서도 공공복지 기관들과 연계해서 구호 작업에 종사하는 병원들, 건강 센터들, 그리고 약국

---

50) 『경향신문』, 1951.9.18.
51) 「Weekly Activities Report, Gheju-Do Team」(1951.5.25), 앞의 문서.

들을 점검하고, 구체적인 부족품목들을 확인하는 인력을 파견하였다.52)

구호위원회가 당면한 주요 사안 가운데 하나는 교육 문제였다. 예산 부족으로 인해 교사 부지 확보가 어렵고 교사 부족이 심각했는데 특히 북제주군이 더했다. 더욱이 피난민 유입으로 학생 수는 더욱 늘어난 처지였다. 1951년 10월 문덕수 북제주군 교육 책임자는 2,000여 명의 피난민 아이들이 지금 제주도 초등학교에 다닌다. 정부가 부산에 29개의 학교를 세운 것처럼 최소한 3개 학교 33개 반을 제주도에 건립해야 한다고 주장했다.53)

제주CAC 또한 교육 사업에 많은 관심을 기울였는데 1952년에 들어서면서 일정 정도 성과를 거두게 된다.54) 1952년 3월 31일 대정고등학교, 5월 21일 단국중학교가 하귀리에 설립되었다. 그러나 1953년 봄에 서울로 이설하였으므로 동년 3월 7일 귀일중학교가 설립 인가되었다.55)

5월 27일 도립 제주초급대학이 설립 인가되었다. 문교부는 「문교 제423호」로 축산과·법과·국문과·영문과 등 4개 학과에 학생 정원 360명, 모집인원 130명으로 하는 도립 제주초급대학 설립을 인가하였다. 동년 6월 1일자로

---

52) 「Field Trip made th the Island of Cheju Do-Oct 30-Nov 2. 1952. by Dr. M.C.H. Smith」, NARA, RG 338, UN Civil Assistance Command, Korea(UNCACK) 1952, Entry. UNCACK, Box 5764, Command Report, RCS CSGPO-28, UNCACK, for Nov.1952(1 of 2).

53) 「Semi-Monthly Activities Reports, Cheju-Do Team」(1951.10.15), NARA, RG 338, UN Civil Assistance Command, Korea(UNCACK) 1951, Entry. UNCACK Unit 11110, Box 23, Semi-Monthly Activities Reports.

54) 민사처 보고서에도 이와 같은 내용이 종종 실렸다. "학교 건물 짓기는 오현고등학교의 안정적인 형태의 두 개의 완성된 교실과 제주여자중학교 임시 7개의 교실 완성은 두드러진 진전을 보여준다. 애월면 귀일중학교는 4개 교실의 안정적인 건축을, 중문중학교 4개의 교실의 임시 학교를 완성했다. 매년 웅변대회가 열린다. 마지막은 제주시 관덕정에서 열렸다. 피난민 중·고등학교를 위한 텐트가 지붕이 새기 시작했다. 텐트를 수선하거나 대체해주기를 바라고 있다. 세 개 학교와 제주초급대학을 위한 시멘트 구입을 요청하는 서류가 유엔민사처 사령부에게 제출되었다. 이것이 주의 깊게 받아들여지기를 바란다"(「Narrative Report for Month of May(1953.5)」, 앞의 문서).

55) 제주도교육위원회, 『제주교육연혁지』I, 1987, 754쪽.

최승만 지사가 임시로 학장 사무 취급을 맡아 전임교원 8명과 사무직원 2명이 발령되었다.56) 1953년 4월 7일 재릉초등학교, 이후 재릉초등학교 비양도 분교장 설립, 애월상업고등학교, 함덕농업고등학교, 한림공업고등학교, 남원중학교, 안덕중학교 등이 설립되었다.57)

한국전쟁기 제주에서의 구호활동은 구호위원회를 통해서 이루어졌지만 유엔민간원조사령부 제주팀의 자문과 감독 속에서 진행되었다. 제주도에 분배된 구호물자는 UNCACK 제주팀이 참여하는 도 구호위원회의 결정을 거쳐 군으로 분배되었다. 군에서도 마찬가지로 읍-면-리로 분배되었다. 구호물자 관리와 구호 대상자에 대한 정확한 파악은 UNCACK의 주요한 업무였다. UNCACK의 위상이 관리감독자였지만 긴급 구호문자를 거의 미국에 의존하는 전시 상황에서 UNCACK의 영향력은 클 수밖에 없었다.

요컨대, UNCACK 전시 구호물자 배급 목표는 구호물자의 효율적인 배급에만 한정되지 않았다. UNCACK에게 구호물자 분배는 대중과 '시혜와 수혜'의 관계를, 담당 공무원들과 '관리 감독과 수행'의 관계를 수립하는 계기였다.58) 이는 제주에서도 마찬가지였다.

다음의 제주팀 보고서는 이를 잘 보여준다.59)

> 다음은 753명의 고아들이 있고 농업학교 일부를 사용 중인 한국고아원 원아 대표로 선출된 김창운이 민사처 제주팀 복지 담당자인 Ellis Rickey에게 한 말이다.
> "미국 항공기가 지난 12월 공산주의자들이 서울로 오기 전에 우리를 여

---

56) 제주대학교, 『제주대학교 40년사』, 1993, 70~71쪽.
57) 제주도교육위원회, 앞의 책, 1987, 755쪽.
58) 허은, 앞의 책, 2008, 156~157쪽.
59) 「Semi-Monthly Activities Reports, Cheju-Do Team」(1951.11.15), NARA, RG 338, UN Civil Assistance Command, Korea(UNCACK) 1951, Entry. UNCACK Unit 11110, Box 23, Semi-Monthly Activities Reports.

기로 데려다주었다. 마미는 적들을 피해 다른 14개의 조그만 고아원들도 이 섬으로 옮겨왔다. 유엔은 제주도를 "작은 고아의 섬(Little Orphan Island)"라고 부른다. 하루는 마미가 우리에게 유엔의 많은 나라로부터 온 사람들을, 우리와 집으로부터 쫓겨난 수백만의 한국인들을 도우려고 방문할 것이라고 말했다. 마미는 그 사람은 유엔민간원조사령부 직원이고 함께 나는 시 위원회를 방문했다. 유엔민간원조사령부는 정부가 우리에게 쌀과 더운 의복을 가져오는 것 도와준다. 유엔구호품에 감사한다.

마미는 Care Packages가 미국 사람들로부터 온다. 미국에서 어린 소년들과 소녀로부터 선물이 온다. 매일 저녁 우리는 기도한다."

"신이 유엔을 축복하기를, 신이 미국을 축복하기를 그리고 신이 특히 CARE(미국 대외 원조물자 발송 협회)를 축복하기를."[60]

미국의 구호활동에 대한 감사의 기도를 매일 하는 고아원의 풍경은 미국의 원조 덕분에 전쟁 속에서도 생존할 수 있었다는 어른들의 사고와 더불어 UNCACK의 활동이 미국의 이미지를 어떻게 바꾸어 놓았는지 알 수 있게 한다.

V. 전쟁과 제주지역사회의 변화

제주4·3의 진압 과정에서 군·경 중심의 극우세력이 보여준 억압 정책은 법의 테두리를 넘어선 절대적인 것이었으며, 한국전쟁을 거치면서 더욱 확대되었다. 특히 한국전쟁 기간 동안 유입된 피난민들과의 갈등, 그리고 육지 출신이 제주도 행정, 사법, 경찰 등을 장악하면서 제주도지역 엘리트들은 몰락해갔다. 이 시기 이 과정에 작용한 변화의 동인은 내부적 요인보다는 중앙권력이라는 외부적 영향력이었다.[61]

---

60) 강조는 필자.

제주도 출신 엘리트들의 세력 약화는 전쟁 발발 직후 일어났던 소위 '제주도 유지사건'에서도 잘 드러난다. 이 사건은 제주도 전역이 홍수처럼 밀려드는 피난민으로 몸살을 앓고 있을 때인 1950년 8월 1일에 발생하였다. 사건은 이 날 토착 유력자 12명이 전격 구속되면서 시작되었다. 이들의 혐의는 인민군의 제주도 상륙에 대비해 '인민군 상륙 환영준비회'를 조직했다는 것이었다. 이때 구속된 사람은 제주지방법원장 김재천, 제주지방검찰청검사장 원복범, 도총무국장 홍순원, 도서무과장 전인홍, 변호사 최원순, 변호사, 김무근, 사업가 김영희, 사업가 이윤희, 제주화물 사장 백형석, 도상공과장 이인구, 제주읍장 김차봉, 도립병원 과장 김대홍 등이었다.[62]

구속된 이들 대부분은 혹독한 고문으로 혐의 사실을 거짓 시인할 수밖에 없었다. 신현준 제주계엄사령관의 결재로 8월 21일 이들은 모두 처형될 운명이었다. 김충희 지사는 이 사건의 특정인을 구속하기 위한 모함으로 보고 이성주 경찰국장과 협의하여 진상을 밝혀달라는 내용의 진정서를 조병옥 내무부장관과 신성모 국방부장관에게 보내었다. 또 공병순 제주특무대장도 이 사건이 사실과는 다르다는 내용의 보고서를 국방부에 제출하였다.

조병옥 내무부장관은 현지 조사를 위해 선우종원 치안국 수사지도과장을 급파했다. 8월 21일 내도해서 조사한 결과 신인철 대위가 행패를 심하게 부려 도내 기관장 및 유지들과 사이가 나빠지자 그들을 음해하기 위하여 조작한 사실을 밝혀냈다. 이를 조병옥 장관에게 보고하는 한편 합동조사의 필요성을 제기했다. 이에 따라 8월 25일 법무부 소속 검사와 해군본부 법무관이 제주에 와서 조사하였으며, 치안국 이만홍 총경도 파견되어 외곽수사를 했다. 조사 결과 이 사건은 신인철 대위 등이 조작한 사건임이 밝혀져 신인철 대위, 박서상, 유효선 등이 직권남용 혐의로 구속되고, 강계돈, 이응화는 무

---

61) 이영권, 앞의 글, 2000, 33쪽. 지역엘리트의 변화에 대해서는 이영권의 주장에 시사한 바 크다.
62) 강용삼·이경수, 『대하실록 제주백년』, 태광문화사, 1984, 790~850쪽.

고혐의로 구속되었다. 12명의 유지들은 9월 4일 석방되었다. 신인철 대위는 군법회의에 회부되어 3년이나 계속되고 다른 사람들은 다음해 4월에 부산지방법원에서 이웅화는 징역 5년, 강계돈·박서상·유효선은 각각 징역 2년이 선고되었다. 강계돈은 동년 11월 대구고등법원에 공소하여 1952년 1월 15일에 무죄가 되었다.[63]

다행히 구명운동과 진상조사가 급히 이루어져 9월 4일에 석방됨으로써 이들은 모두 살아날 수 있었지만 35일간 이들의 겪은 고초와 제주지역 사회에 던진 파장은 결코 작은 것이 아니었다. 결국 이 사건은 지방 유지들과 사이가 좋지 않았던 제주주둔 군 정보과장 신인철 대위의 모략으로 밝혀지면서 종결되었다.

이 사건은 외지 출신의 군사 유력자가 토착 유력자를 억압한 경우이다. 제주지방법원장과 제주지방검찰청검사장 수준이 고위 유력자조차 일개 군 정보과장의 영향력에 의해 사형 직전까지 갈 수 있었던 것이 당시의 시대 상황이었다. 그만큼 군·경 중심의 극우세력이 이 시기의 핵심 유력자임을 보여준다.[64]

중앙에서 파견된 외지인 세력이 이 시기의 제주사회를 주도했음은 군·경 수뇌부의 자리뿐만 아니라 그동안 제주 출신의 토착 인물이 임명되어 왔던 도지사·법원장·검사장의 자리에도 모두 외지 출신자가 부임해왔다는 데서도 알 수 있다. 도지사에는 1951년 8월에 경기 출신 최승만이, 법원장에는 1952년 4월에 경기 출신 김세완이 그리고 검사장에는 같은 해 7월에 경남 출신 허만호가 임명되었다.

1952년 5월 20일 제주도의회가 출범함에 따라 행정부를 견제한 제주도 출신의 엘리트들의 조직되었지만 애초에 지방의회가 이승만의 영구집권을 위한 방안의 하나로 만들어졌기 때문에 실제적으로는 중앙 권력의 대행자인 행

---

63) 제주도경찰국, 『제주경찰사』, 1990, 78~79쪽.
64) 이영권, 앞의 글, 2000, 23~24쪽.

정력과 맞서기는 힘들었다. 육자 출신의 총무국장과 제주도의회와의 갈등이 일어났을 때도 도의회에서 '도총무국장 파면결의안'이 채택되었지만, 이 사건 역시 "총무국장은 내무부장관만이 책임을 물을 수 있을 뿐이지 지방의회가 책임을 추궁할 수 있는 것은 아니다"라고 맞선 총무국장의 입장이 내무부에 받아들여져 파면안은 무효가 되었다.[65] 당시 총무국장은 평북 출신의 길성운이었는데, 그는 최승만 지사의 뒤를 이어 1953년 11월에 제주도지사에 임명되었다.

유엔민간원조사령부(UNCACK) 제주팀에서도 제주도 행정이 육지 출신으로 채워지는 되는 데 우려를 표시 했다. "1951년 10월 21일 제주도 구호물자 담당자였던 길성운이 총무국장에 임명되었는데 길성운의 개인적 능력은 뛰어나지만 제주도 토착민의 입장을 위해 임명이 재고될 것이라고 예측했었다. 이 임명에 대한 유일한 우려는 모든 원칙들이 다른 지방으로부터 온 현재의 행정이 이 섬사람들에게 쉽사리 받아들여질지 여부이다"라고 보고했다.[66] 왜냐하면 도지사 최승만과 마찬가지로 길성운도 육지에서 왔기 때문이다.[67] 제주지역민을 위해 그 자리가 보류된다면 최승만의 행정부는 더욱 대중적이 될 것이라고 설득되었지만 이는 무시되었다.

한편 국회의원은 현지 주민에 의해 선출되기 때문에 해당 지역 출신자일 경우가 대부분이어서 제주지역 출신인 인물들이 국회의원이 되었다. 하지만 모두 극우적인 인사들이 당선되었기 때문에 육지 출신의 행정가들과 차이는 거의 없었다. 제2대 국회의원이었던 김인선, 강창용, 강경옥은 대한청년단, 국민회, 자유당과 관계된 인물들이었다. 이들의 권력 기반은 상당 부분 중앙

---

[65] 제주도의회, 『제주도의회사』, 1998, 134쪽.

[66] 길성운은 평안북도 출신이다.

[67] 「Semi-Monthly Activities Reports, Cheju-Do Team」(1951.10.15), NARA, RG 338, UN Civil Assistance Command, Korea(UNCACK) 1951, Entry. UNCACK Unit 11110, Box 23, Semi-Monthly Activities Reports.

권력에 의지해서 형성된 것이었다.

　유엔민간원조사령부가 주목했던 또 하나의 세력은 기독교 교회들이었다. 제주팀은 제주지역의 세 개의 정치 세력을 주목했다. 첫째는 국민회, 둘째는 청년조직(대한청년단), 셋째는 서구 문명과 이상의 수출 매개체로서의 교회를 들고 있다. "교회들은 다시 정치적 관심을 공언할 뿐만 아니라 나아가 그들의 이상을 정치적 선까지 확장할 수 있을 것이다. 그것은 아마도 중요하다. 두 명의 제주도 국회의원들은 교회의 지원을 받고 있다. 강창용은 38세로 기독교 대학에서 교육받았고, FFA의 매니저로서 일했다. 강경옥은 45세로 남제주군의 사업가이다. 그는 장로교회의 장로이다"라고 파악했다.[68]

　4·3 진압 과정을 거치면서 집권 세력 외에 다른 정치 세력이 있을 여지는 사라졌다. 제주도 정치 세력의 대부분이 외부의 중앙 권력과 밀접한 관계를 통해 확장되었다. 이는 한국전쟁을 거치면서 가속화되었다. 특히 피난민들이 급증하면서 제주도민과 피난민의 갈등 관계 속에서 오히려 제주도 출신들이 배제되는 경우가 나타났다. 사회부 제주분실장으로서 구호활동의 책임자였던 최승만이 도지사에 임명된 배경에는 제주 출신 김충희 지사와의 갈등이 있었다. 피난민 구호 과정 속에서 대립하다가 결국 김충희가 해임되고 경기 출신의 최승만이 도지사에 임명된 것이었다.

　1951년 8월 17일 이승만 대통령은 제주도민 환영식장에서 "최지사는 오래 전부터 내가 아는 분이오. 나쁜 일을 아니하는 분이니 성심껏 협의해서 일을 하도록 하기 바란다"면서 지지를 표명하기도 했다.[69]

　전쟁으로 급증한 피난민들도 조직화하면서 제주도내에서 영향력을 발휘해 나갔다. 구호물자를 둘러싼 불만을 표출하기도 하였고, 그 과정에서 제주도

---

68) 「Weekly Activities Reports, Cheju-Do Team(1951.7.7)」, NARA, RG 338, UN Civil Assistance Command, Korea(UNCACK) 1951, Entry. UNCACK Unit 11110, Box 21, Weekly Activities Reports.

69) 『부산일보』, 1951.8.20.

민과의 갈등을 빚기도 했다

 그 대표적 사건이 1953년 2월 10일에 있었던 소위 '피난민 설화사건'이다. 1952년 2월 10일 관덕정 광장에서 피난민대회가 개최되었는데 구호식량대책을 등을 논의하다가 피난민 설화사건이 발생했다.

 이 날 피난민 김명수는 2천여 명의 피난민 앞에서 "전인홍 도의회의장이 신문에 발표한 민정 시찰 보고내용은 사상이 의심되었다. 또한 행정기관은 피난민들에게 여러 가지로 차별대우를 하고 있다. 우리를 육지부로 실어다 주거나, 그렇지 않으면 제주도에 계엄령을 선포하도록 대통령과 국방부장관에 건의하자"고 말했다. 이에 경찰은 이 사건을 조사해서 엄단하겠다고 나섰고 국민회 등 4개 단체는 다음날 11일에 연석회의를 가지고 "피난민대회에서의 문제 발언은 도민을 협박하는 망발이다"는 요지의 성명을 발표했다. 최승만 지사는 12일에 "불미한 언동을 하여 안온한 민심을 동요케 한 것은 매우 유감된 일이다"고 담화를 발표했다. 또 13일에는 이경진 경찰국장은 "원주민과 피난민의 대립을 선동하는 사람은 엄단하겠다"는 담화를 발표했다. 14일에는 도의회가 긴급 소집되어 불온발언 문제를 정식 안건으로 다루었다. 이 무렵에 자유당 도당부는 성명서에서 "이번 사건은 모당계열의 조작이라고 주장하고 도의회의 결의를 지지한다"고 밝혔었다.

 이같이 불온발언사건에 대해 도민의 분노와 파문이 커지자 경찰은 13일에 발언자 김명수를 구속했다. 조사 결과 문제의 발언은 개인의 의사일 뿐 피난민 전체의 견해가 아니었던 것으로 판명되었다. 며칠 후 도민과 피난민 대표 간담회를 개최하여 "이번 일을 계기로 더욱 친목을 다져나가자"고 결의했다. 검찰은 도의회, 피난민대회 지역유지 등의 건의를 받아들여 김명수에 대해서는 기소유예 결정하여 석방했다.[70]

 이 피난민 설화 사건은 피난민들의 인식이 드러난 한 예였지만 이전에 이

---

70) 제주지방검찰청, 『제주검찰사』, 1992, 81쪽 ; 「Weekly Activities Reports, Cheju-Do Team(1951.9.8)」, 앞의 문서.

미 피난민들의 조직적 활동은 이루어지고 있었다. 피난민들은 피난민 통·반을 따로 만들고 '피난민대회'라는 대규모 집회를 열어 행정부를 압박하기도 했으며 김상흡을 1952년 도의회 의원으로 진출시켜 영향력을 확대시켜나갔다.71)

그동안 표면적으로는 구호물자를 둘러싼 갈등이 피난민 설화 사건으로 나타났지만 그 이면에는 제주도와 외지인이라 이질적인 두 세력 간의 불신과 갈등이 있었다.72) 그리고 그 갈등 관계 속에서 이를 조정할 세력으로 중앙정부는 제주도민이 아니라 육지 출신인 외지인을 선택한 것이다. 이는 육지 출신의 도지사와 기관장의 임명으로 나타났다.

한국전쟁기 제주도 행정, 사법, 경찰 수뇌부 출신들의 출신지를 보면 다음과 같다.

도지사(출신지)	지방법원장(출신지)	경찰국장(출신지)
김충희(제주)	김재천(제주)	이성주(평남)
최승만(경기)	김세원(경기)	이종극(서울)
길성운(평북)	김헌섭(경북)	윤명운·조준영·윤석렬(경북)

이러한 변화는 지방민의 여론보다는 중앙권력의 의지가 보다 우선 우선시된 데에서 나온 것으로 예전에 비해 중앙권력의 지배력이 제주지역에 보다 강하게 관철되었음을 의미한다. 그리고 이 변화의 시점이 한국전쟁기였다는 것은 전쟁이 권력 강화에 좋은 배경이 되고 있음을 시사하고 있다.73)

---

71) 제주도선거관리위원회, 『제주선거사』, 1981, 387·496쪽.
72) 제주사람들의 통속적인 개념에서 '육지'라는 용어는 '섬'에 대한 반대 의미보다 '제주도를 제외한 지역'의 의미로 더 자주 쓰이고 있다. 이것은 제주 원주민과 외지인의 구분을 강조하는 제주사회의 특징이며 외지인에 대한 제주사람들의 배타적인 태도를 보여주는 것이다(유철인, 「제주사람들의 문화적 정체감」, 신행철 외, 『제주사회론』, 한울, 1995, 378쪽).

제주도 출신 엘리트들이 몰락해가고 있는 가운데 일반 제주도민도 반공전선으로 모여들었다. 한국전쟁이 일어나자 전국적으로 국민을 반공 전선으로 동원하려는 작업이 강화됨에 따라 아직도 무장대의 토벌이 종결되지 않은 제주도는 상황이 그 정도가 더욱 심했다.

1950년 7월 30일 청년방위대 제주도추진위원회 결성식에 이어 8월1일 국민회 도위원장, 대한부인회 도회장, 한청 도단부 단장, 도 문교사회과장, 북제주군수 등이 발기하여 도지사, 법원장, 검찰청장, 도 총무국장 등을 비롯하여 읍내 민간 유지 참석한 가운데 '군경 및 청방 원호 추진'을 목적으로 제주도 銃後報國會(회장 강지수)가 결성되었다.[74]

이 빨갱이 폭도에서 벗어나기 위한 제주도민의 몸부림은 한국전쟁이 일어나자 군 입대와 학도병 지원이라는 군 동원으로 이어졌다. 한국전쟁이 일어나자 제주도에서는 입대 선풍이 일어났다.[75] 해병대 사령부가 4·3진압을 위해 제주도로 이동해 있는 동안 한국전쟁이 발발하였기 때문에 이때 모병한 해병3기와 4기는 대부분 제주 출신이다.[76] 그들은 인천상륙작전의 주역이 되었다.

해병대에 지원한 많은 사람들은 당시까지도 계속되는 학살을 피하기 위해 혹은 유격대 가족이거나 연루의 혐의로 인한 보복학살을 모면하기 위해 입대한 경우가 대부분이었다. 예비검속의 두려움은 입대한 이후에도 여전했다. 훈련받다가 헌병이 와서 이름을 불러서 데려간 사람들은 다시는 돌아오지 못했다.[77] 언젠가는 자신의 이름이 불려져서 학살당하지 않을까하는 불안 속

---

73) 이영권, 앞의 글, 2000, 46쪽.
74) 『제주신보』, 1950.8.2.
75) 『제주신보』, 1950.8.5. 1950년 8월 5일 해병대 모병에 응한 신병 입영식을 모슬포와 제주북민학교 교정에서 거행하였다.
76) 1949년 12월 28일에 제주에 진주한 해병대는 한국전쟁이 일어나자 제주도지구 계엄사령관을 겸임하였다.
77) 제주4·3연구소, 『이제는 말햄수다』 1, 한울, 1989, 151쪽.

에서 전쟁터 일선으로 가겠다는 사람들이 줄을 이었다.

한편 학생들의 학도병 지원도 이어졌다. 한림수산중학교 교사, 학생들 129명,[78] 1950년 8월 5일 오현중학교 4백여 학생 등이 학도병 지원을 하였다[79] 8월 3일 중고생으로 조직된 학도돌격대가 결성되었다. 대장에는 金浩山이 추대되어 8월 16일에 출정식을 가졌다. 이들은 (1) 학도돌격부대의 명칭으로 독립부대를 유지시켜 줄 것, (2) 학생간부들에 의한 지휘통솔, 신병훈련 후 곧 전선에 투입시켜 줄 것, (3) 통일 후 지체 없이 복학시켜줄 것 등을 신현준 사령관에게 요구하였다. 신 사령관은 요구조건을 모두 들어주겠다고 약속하며 학생들의 해병대 입대를 허가했다.[80] 『제주신보』에는 해병대의 육지로의 이동을 앞둔 시점에서는 "해병대가 도민에게 군에 대한 근본적인 인식의 개혁을 가져왔고", "신병으로 입대하는 본도 출신들을 키워서 배전의 찬연한 성과와 승전의 소식을 기원"한다는 사설을 싣기도 했다.[81]

1951년 7월 5일 停戰 반대 국토통일 도민총궐기대회가 개최되었고, 9월 23일에는 예비검속자 48명의 석방자가 대한민국에 충성을 하는 선서,[82] 10월 26일에는 '평양탈환 경축 제주도민대회'를 열고 신 국방장관에게 감사의 메시지를 전달하기도 하였다.[83]

국민방위군 향토방위대의 해산으로 민간방위 태세가 약화되자 전국적으로 의용경찰대, 의용소방대, 민간방공대 등을 대한청년단에 통합하여 특동대를 조직함에 따라 제주도에서도 1952년 1월 25일에 대한청년단 특동대가 발족되어 향토방위와 공비소탕을 위하여 경찰과 보조를 취하고 대공투쟁의 전위

---

78) 『제주신보』, 1950.8.1.
79) 『제주신보』, 1950.8.9.
80) 제주도지방의정연구소, 앞의 책, 2006, 28쪽.
81) 『제주신보』, 1950.9.1.
82) 『제주신보』, 1948.9.23.
83) 『서울신문』, 1950.10.27.

대가 될 것을 결의했다.[84] 1953년 4월 26일에는 제2회 휴전결사반대 도민궐기대회,[85] 6월 11일에는 북진통일투쟁위원회 주최로 휴전 문제 정부대안 지지 총궐기대회가 이어졌다.[86]

1951년 8월 16일, 17일 이 대통령은 제주를 방문하고 환영식에서, "방을 전재민에게 내놓아주고 그들을 구호해 가면서 지내는데 대해서는 외국 사람들까지 칭찬을 하고 있다. 이 도에서 국군을 양성하는 일을 시작한 이후 강한 나라를 만들겠다고 해서 자원해서 국군장병으로 나오는 고로 외국 사람들이 동양에서 강병을 이룰 수 있을 것이라고 감탄하는 고로 공산군이 백만이 있다 할지라도 염려가 없는 것도 여기에 이유가 있는 것이다"라고 치하했다.[87] 1951년 11월 2일 이승만 두 번째 방문은, 밴 플리트 8군사령관, 크리스트 UNCACK 사령관, 린 KMAG 사령관과 함께 이루어졌다. UNCACK 제주팀은 이승만의 두 번째 방문을, "제주는 '더 이상 잊어진 지역이 아니다'라는 걸 제주도민에게 확신시켜주었다"고 평가했다.[88]

한국전쟁 기간 동안 중앙에서 파견된 외지인 출신들이 행정, 사법, 경찰 등을 장악하면서 제주 출신 엘리트들은 영향력을 잃어갔다. 피난민과 제주도민의 갈등은 표면적으로는 구호물자를 둘러싸고 일어났지만 실제적으로는 서로에 대한 이질감과 불신이 자리 잡고 있었다. 이 과정에서 두 세력의 갈등을 조정할 세력으로 중앙 정부가 선택한 인사들은 육지 출신이었다. 중앙권력의 대행자가 지역 엘리트들을 제압해 나갔다. 이 시기 토착 세력의 약화와 외지 출신의 세력 강화는 외부 규정력이 주요하게 작용했던 것이다. 물론 토착 엘리트 중에서도 여전히 영향력을 행사하는 사람들도 있었지만 그들은

---

84) 『제주신보』, 1950.1.26.
85) 『제주신보』, 1953.4.27.
86) 『제주신보』, 1953.6.12.
87) 『부산일보』, 1951.8.20.
88) 「Semi-Monthly Activities Reports, Cheju-Do Team(1951.11.15)」, 앞의 문서.

중앙의 극우 정권에 종속된 형태로 존재하였다. 이와 함께 일반 제주도민은 4·3의 멍에를 벗고 반공전선으로 달려갈 수밖에 없었다.

Ⅵ. 맺음말

한국전쟁은 한국사회의 지형을 크게 바꾸어 놓았으며 지역사회에도 큰 영향을 미쳤다. 지역적 특수성과 더불어 다르게 나타났지만 전쟁 경험은 지방의 사회적 갈등과 변화를 가속화시켰다. 이는 제주에서도 마찬가지였다. 그런데 이시기 변화상은 국가권력이 외부로부터 이식되어 사회 재편을 주도하는 모습이었다.

한국전쟁 기간 동안 제주는 피난민과 포로수용소, 그리고 육군훈련소라는 후방의 역할을 담당하였다. 전쟁 초기 전황이 불리해지면서 정부의 철수지역으로 제주도가 부각되기도 했지만 전쟁 속의 제주는 피난처로서의 섬일 뿐이었다. 하지만 대규모로 유입된 피난민들은 제주도민과의 정치적·사회적 충돌을 가져오면서 제주사회의 변화를 가속화시켰다. 4·3시기 이미 외지인인 군경토벌대의 억압을 경험한 제주도민과 영향력을 확대해가던 피난민들의 관계는 사회적 갈등으로 표출되었다. 피난민과 제주도민의 갈등은 표면적으로는 구호물자를 둘러싸고 일어났지만 실제적으로는 서로에 대한 이질감과 불신이 자리잡고 있었다. 이는 제주도민을 빨갱이로 보는 일부 피난민의 인식과 더불어 제주도 지방 정치를 장악하려는 시도로 나타났다. 이 과정에서 두 세력의 갈등을 조정할 세력으로 중앙 정부가 선택한 인사들은 육지 출신이었다. 육지 출신이 제주도 행정, 사법, 경찰 등을 장악하면서 제주도지역 엘리트들은 몰락해갔다.

이 과정에서 작용한 변화의 동인은 내부적 요인보다는 중앙권력이라는 외부적 영향력이었다. 중앙권력의 대행자가 지역 엘리트들을 제압해 나갔다.

이 시기 토착 세력의 약화와 외지 출신의 세력 강화는 외부 규정력이 주요하게 작용했던 것이다. 물론 토착 엘리트 중에서도 여전히 영향력을 행사하는 사람들도 있었지만 그들은 중앙의 극우 정권에 종속된 형태로 존재했다.

제주 출신 엘리트들이 몰락해가는 속에서 전쟁은 일반 제주도민에게는 4·3의 빨갱이 멍에를 벗고 대한민국 국민으로 거듭나는 기회이기도 했다. 이승만 정권은 후방으로서의 제주를 독려했고 제주도민은 군 입대와 학도병 지원, 피난처로서의 제주 만들기를 통해 국민으로 인정받기 위한 노력을 해야만 했다. 제주도민은 반공전선으로 달려갈 수밖에 없었다.

한국전쟁 전후 정치범 관련 법제의 성립과 운용*

김 득 중

I. 머리말

1948년 제헌헌법과 각종 법률의 제정은 대한민국이 법치 국가로 나아갈 수 있는 기초였다. 공개적이고 분명한 법 제정과 시행을 통해 통치 행위는 예측가능하고 안정적으로 유지될 수 있다.

그러나 정부 수립 전후에 발생한 제주4·3사건, 여순사건은 이승만 정권의 정당성과 존립에 의문을 제기했다. 이북의 사회주의 정권과 대결하고 있던 이승만 정부는 반이승만·반정부 행위들을 '공산주의적' 행동으로 규정하고, 군·경을 동원한 국가 폭력으로 강력히 대응했다. 대한민국 정부의 시책에 충실히 따르지 않거나 반대하는 국민은 '정치범'으로 간주되었다.

'정치범(political prisoner)'이란 보통 강도·상해·살인 같은 일반 형사범과는 구분되는 정치적 성격을 갖는 범죄자로 취급된다. 하지만 과연 어떤 행

---

* 이 논문은 2008년 정부(교육과학기술부)의 재원으로 학술진흥재단의 지원을 받아 수행된 연구임(KRF-2008-321-A00012). 이 글은「한국전쟁 전후 정치범 관련 법제의 성립과 운용」,『사림』제33호, 2009를 수정한 글임.

위(사상)를 수행한 사람이 '정치범'인가를 규정하는 기준은 매우 유동적이다.[1] 정치범을 지칭하는 용어로 '반정부 사범', '반국가 사범', '사상범', '반역죄인', '반란자' 등의 다양한 용어가 사용되고 있는 점에서도 알 수 있듯이, 어떤 행위가 정치적인지 아닌지를 판단하는 기준은 시대적 상황에 따라 변화를 보인다.

사법적 국가 기구를 장악한 당대의 지배 권력은 누가 정치범인지를 규정한다. 지배 권력은 정치적 반대자들이 있다는 점을 공식적으로 인정하고 싶지 않기 때문에 정치범의 존재 자체를 인정하지 않으려 한다. 따라서 대부분의 통치자들은 정치적 반대자들에게 '정치범' 같이 그 성격을 명확히 드러내는 명칭을 부여하기보다는, 이들을 일반 형사 범죄자로 취급하려는 경향이 있다.

그러나 다른 한편, 권력은 정치적 반대자들을 억압하기 위해 형법보다 훨씬 무거운 형벌을 부과함으로써 정치범을 양산하는 법제를 마련한다. 이승만 정부에게 여순사건, 제주4·3사건 같은 내쟁과 뒤이은 한국전쟁은 정권을 무너뜨릴 수 있는 위기 상황으로 인식되었다. 이에 따라 지배 권력은 일반 형사범이나 사소한 범법 행위조차도 체제를 위협하는 요소로 간주하여, 이를 통제하기 위한 법제적 장치들을 다양하게 창출했다. 이는 이승만 정권이 인민을 국민으로 통일시키려는 '통합의 정치'보다는 적과 아를 분명히 구별하는 '배제의 정치'를 추구하면서 더욱 심화되었다.

이승만 정권하에서는 국가보안법 제정 이래 급속하게 정치범이 양산되었고, 한국전쟁은 체제의 위기의식을 더욱 높여 일반 형사범까지도 정치범으로 간주되었다. 이와 같이 정치범 규정은 일반 형사범과의 관계를 어떻게 설정하느냐와 밀접한 관련이 있다.

---

1) 한국 사회에서 정치범의 분류와 그 변화 양상에 대해서는 최정기, 「정치적 민주화와 정치범에 대한 처벌의 변화」, 『법과 사회』 Vol.22, 2002 ; 최정기, 「근현대 정치범의 다양한 이름들」, 『역사비평』 겨울호(통권 73호), 2005를 참조할 수 있다.

사회 질서를 유지하고 재생산에 방해가 되는 요소를 통제하는 감옥은 정치범으로 규정된 죄수들로 포화 상태였다. 이승만 정권 수립 초기에는 국가보안법 위반 사범으로, 한국전쟁 기간에는 '비상사태하의 범죄처벌에 관한 특별조치령' 위반 사범으로 전국의 감옥은 적정 수용 인원을 초과하고 있었다.

제정·공포일의 불명, 법이 없는 상태에서의 사전 실행, 법 조문과는 다른 집행, 자의적 해석을 통한 관례의 창출 등은 한국전쟁을 전후로 한 시기의 법 시행 과정에서 자주 나타났던 현상이었다. 법 제정과 집행이 자의적이고 불안정할 때, 법은 폭력의 다른 모습에 불과한 것으로 나타난다.

이 글은 이승만 정권 수립 초기부터 한국전쟁기에 이르는 시기까지 어떤 법제적 장치들을 통해 정치범이 양산되었는지를 살펴보고자 한다.

제1공화국 초기, 법이 가지는 진정한 의미와 효과는 법 조문에 의해서가 아니라 그 실시 과정에서 발현된 경우가 많았다. 따라서 법의 적용 실태를 통해 어떻게 법 효력이 '발생'하는가라는 측면에서 분석할 필요가 있다. 법률의 형식적 정당성 측면뿐만 아니라, 법률이 작동시키는 여러 과정들을 역사적으로 살펴보아야만 법이 가지는 내용과 효과가 드러난다.

한국전쟁을 전후로 정치범이 어떻게 얼마나 탄생되었는지를 살펴보고자 하는 이 논문은 한국전쟁 시기의 사법·행형에 대한 풍부한 정보를 담고 있는 주한유엔민간원조사령부(United Nation Civil Assistance Command, Korea, UNCACK)의 문서를 이용하여, 전쟁 직후 법률 시행을 '정치범' 양산이라는 점에 초점을 맞추어 분석하고자 한다. 주한유엔민간원조사령부의 주간·반월간·월간보고서는 군 작전을 원활하게 하려는 목적에서 작성되었다.[2] 당시에는 정확한 통계 등이 제대로 만들어지기 어려웠기 때문에, 주한유엔민간원조사령부 문서 또한 지속적이고 통일적인 통계자료로서는 부족한 점이 없지 않다. 그러나 현재의 시점에서 볼 때, 주한유엔민간원조사령부의

---

2) 주한유엔민간원조사령부의 조직과 활동에 대한 상세한 연구는 이 책의 김학재, 「한국전쟁과 '인도주의적 구원'의 신화」를 참조.

문서들은 기존에 알지 못했던 사법과 행형에 대한 데이터를 풍부하게 제공해주고 있다.

이 글에서는 일반 형사범을 정치범화 하고 국민의 생사를 좌우했던 국방경비법, 계엄법, 국가보안법, 대통령 긴급명령 등의 법률 집행 과정에 주목하고자 한다. 먼저 이들 법이 만들어지는 역사적 과정과 법의 주요 내용을 살펴보자.

II. 정치범 관련 법제의 내용과 문제점

1. 한국전쟁 발발 전 정치범 관련 법제

〈국방경비법〉[3]

군 형법으로 만들어진 국방경비법은 제정, 공포된 시기가 불명확하고 공포의 증거가 없어 무효이고 유령법이라는 비판이 제기되어 왔다.[4] 여순사건 이후부터 민간인들은 국방경비법 제32조(이적죄), 제33조(간첩죄) 위반 등의 혐의로 군법회의에 회부되어 중형을 선고 받았다.[5]

---

3) 정확히 말하자면 '국방경비법'은 올바른 명칭이 아니다. 이는 '조선경비대'라고 불러야 할 'Korean Constabulary'를 '국방경비대'라고 번역하면서 생긴 오류이다. 1946년 '조선국방경비법'이 만들어질 당시는 '(남)조선국방경비대'가 아닌 '조선경비대'가 존재했다. 따라서 당시 상황에 따르면 '조선경비법(Articles for the Government of Korean Constabulary)'이라고 부르는 것이 맞지만, 이는 당시에 '조선국방경비법'으로 번역되었다. 또 1948년에 미군정이 선포한 법의 명칭은 Articles for the Government of Korean Constabulary인데, 이는 당시나 지금이나 '국방경비법'으로 불리고 있다. 이 글에서는 기존 문헌과의 혼동을 피하기 위해 '국방경비법'이라는 용어를 그대로 사용한다.

4) 유현석, 「책에 없는 시시한 이야기」, 『민주사회를 위한 변론』 창간호, 1993 ; 조용환, 「성문화된 관습형법?-국방경비법의 인권문제」, 『21세기의 인권 II』, 한길사, 2000.

5) 제민일보4·3취재반, 『4·3은 말한다』 4, 전예원, 1997 ; 이재승, 「제주4·3군사재판의 처리방향」, 민주주의법학연구회, 『민주법학』 제23호, 2003 ; 이재승, 「법 효력의 계속과 차단」, 한국법철학회, 『법철학연구』 6권 1호, 2003을 참고.

1946년 6월 15일, 총 9장으로 만들어진 '조선국방경비법'[6]은 미국 전시법을 번역한 수준이었고, 실제 적용을 위해 만들어진 법령이 아니었기 때문에 공포되지 않았다. '조선국방경비법'은 상위법(군정법령 제86호)에 기반 하여 작성된 것이 아니라, 장차 법을 제정하기 위한 기초 자료였다.[7]

조선국방경비법이 내부에서 만들어지고도 제정·공포되지 못한 이유는 남북을 미·소가 분단 점령하고 있던 당시의 정치적 상황 때문이었다. 38선을 경계로 남북을 점령한 미국과 소련은 치안 유지를 위해 경찰을 재조직하고 운영할 수는 있었지만, 물리력을 가진 군대를 양성할 수 없었다. 창군(創軍)은 미·소가 각기 독자적인 정부를 수립하겠다는 신호로 간주되었으며, 이는 제2차 세계대전 후에 형성된 미·소 협력을 완전히 깨뜨리는 것이었기 때문이다. 제1차 미·소공동위원회에서 소련 대표는 미군이 군대 역할을 하는 남조선국방경비대를 창설하고 국방사령부(국방부)를 조직한 것에 대해 항의하였고, 이 때문에 미군은 미군정 법률 제86호를 제정하여 국방부를 국내경비부로 개칭하고 경찰의 치안유지활동을 보조하는 조직으로서 조선경비대를 두게 되었다.

문제는 조선경비대가 표면적·법률적으로는 경찰예비대(constabulary)였지만, 인적 구성이나 정책에서는 실질적으로는 군대(army)였다는 점이다. '실질적으로는 군대이지만 공식적으로는 군대일수 없는 조직'이 바로 조선경비대였다.

---

6) "Articles for the Government of Korean Constabulary", RG 407, Administrative Services Division Operations Branch, Foreign(Occupied) Area Reports 1945~54, Entry 368 Special Reports-Korea, Box 2071, Military Government-Organization and Function to Misc. Information, Report of the Military Government ; Filed under Military Government-Japan.

7) 미군정 법령 제86호는 「조선경비대 급(及) 조선해안경비대」(1946.6.15)이다. 이 법령은 국방부를 '국내경비부'로 개칭하며, 조선경비대와 조선해안경비대를 창설한다는 내용이다.

따라서 형식적으로 미·소 협력이 계속되는 한, 조선경비대는 군대에 적용하는 법률을 별도로 제정하거나 공포할 수 없었다. 한편, 조선경비대는 향후 군대로 성장할 것이 분명했으므로 조직 내부에서는 이에 대한 법률적 준비를 진행시켰다. 바로 이러한 정치적 상황과 맥락 때문에 조선국방경비법(1946.6.15)은 그 조항이 만들어졌음에도 불구하고, 공식적으로 '제정·공포될 수 없었던 것'이다.

그러나 1948년 제주4·3사건 이후 조선경비대 내부에서 정부와 직속상관에 대한 군인들의 반발이 급속히 높아지자 조선국방경비법은 '실제로 적용'되기 시작했다. 조직 내부에서 향후를 대비하기 위한 검토용으로 만들어진 조선국방경비법이 군 내부 저항이 거세어지고 처벌 필요성이 대두하면서 군 형법으로 적용되었던 것이다.[8]

대한민국 수립이 가까워지던 1948년 중순, 미군정장관 딘은 자신의 직권으로 '국방경비법' 규정을 관계 기관에 배포(1948.7.5)하고, 시행(1948.8.4)에 들어갔다.[9]

미군정은 군 형법을 제정하여 군 내부의 반란에 대응할 필요가 있었기 때문에 국방경비법 시행을 서둘렀다. 미군정은 법을 새롭게 제정하는 형식이 아니라 이전에 만들어진 조선국방경비법을 국방경비법이 계승하는 형태로 하였다. 조선국방경비법을 적용하여 항명한 군인들을 이미 처벌하고 있었고, 신법으로 제정할 경우에는 이전에 발생한 군 반란 사건을 처벌할 근거가 없다는 점이 문제로 대두될 수 있었기 때문이다(소급입법 금지원칙).

딘 군정장관은 국방경비법이 조선국방경비법(1946.6.15)을 대신하는 것이

---

8) 1948년 5월 20일 제주 출신 9연대의 제주 출신 장병들이 제주도 대정면 지서를 습격한 사건과 1948년 6월 18일 제주 주둔 제11연대장 박진경 대령 암살 사건 관련 혐의자들은 고등군법회의를 통해 조선국방경비법의 적용을 받았다.

9) "Articles for the Government of Korean Constabulary", Arno P. Mowitz Jr. Papers, United States Army Military History Institute.

라는 점을 말하고 있지만, 애초부터 조선국방경비법은 정식으로 제정·공포되지 않았고, 공포될 수도 없는 것이었다.

국방경비법은 신문, 관보 등을 통해 공개적으로 알려지지도 않았기 때문에, 법이 갖추어야 할 예측가능성과 공개성을 결여하고 있었다.

그렇다면 조선경비대 내부에서조차 법으로 제정되지도 않은 규정이 어떻게 실제로 시행되었고, 1948년에 제정된 것으로까지 알려지게 되었는가? 그것은 법 제정의 정당성 또는 법리적 근거 확보를 통해서가 아니라, 법의 '폭력적 시행'을 통해 달성되었다.

국방경비법 위헌소송에 대해 대법원과 헌법재판소는 국방경비법 제정의 근거를 찾을 수는 없지만, 상당 기간 동안 '실제적으로 적용'되었기 때문에 법률의 규범력을 완전히 부정하기 어려우며 완벽한 입법절차를 거친 것은 아니지만 일반 국민에 의해 그 규범력을 승인받은 유효한 법률이라고 판결한 바 있다.[10] 대법원과 헌법재판소의 판결은 국방경비법의 제정·공포 사실을 확인하지 못하였다는 점, 즉 법률로서의 효력에 문제가 발생할 수 있다는 점을 시인했다. 하지만, 헌법재판소는 '실제로 적용되었다'는 점을 근거로 국방경비법의 규범력을 인정하였다.

국방경비법의 '실제 적용'이란 무엇을 말하는가? 국방경비법 '제5장 전시범' 중 제32조와 제33조는 이른바 '이적죄'와 '간첩죄'를 규정하고 있다.[11] 여기서

---

10) 「보안관찰법 부칙 제2조 제2호 등 위헌소헌, 구 국방경비법 위헌소헌」(2001.4.26, 98헌바79·99헌바36(병합) 전원재판부), 헌법재판소, 『헌법재판소 판례집』 제13권 1집, 2001.

11) 제32조(적에 대한 구원, 통신 연락 또는 방조) 직접·간접으로 무기, 탄약, 양식, 금전 기타 물자로서 적을 구원 혹은 구원을 기도하거나 또는 고의로 적을 은닉 혹은 보호하거나 또는 적과 통신 연락 혹은 적에게 정보를 제공하는 여하한 자든지 군법회의 판결에 의하여 사형 또는 타 형벌에 처함.
제33조(간첩) 조선경비대의 여하한 요새지, 주둔지, 숙사 혹은 진영 내에서 간첩으로서 잠복 또는 행동하는 여하한 자든지 고등군법회의에서 차(此)를 재판하며, 유죄 시에는 사형에 처함.

중요한 것은 '여하한 자든지'라는 문구인데, 정부와 군은 여순사건과 제주 4·3사건에서 민간인을 처벌할 수 있는 법적 근거로 이 문구를 사용했다.

제주4·3사건 관련자를 처벌하기 위해 1949년 6월부터 7월까지 열린 고등군법회의는 총 1,660명의 민간인을 유죄로 판결했다. 이 가운데 345명은 사형이었고, 238명은 무기형을 받았으며 311명은 징역 15년 형을 받았다. 계엄이 해제된 상황에서 민간인을 군법회의에 회부하여 중형을 선고했던 것이다.[12]

국방경비법은 법률로서의 효력이 의문시 되는 법이었지만, 당시는 물론이거니와 수십 년간 이 법의 효력에 대한 문제는 제기되지 못했다. 그러는 사이 민간인에 대한 국방경비법 적용은 점차 늘어났고, 한국전쟁 시기에 더욱 확대되었다. 이러한 관습적 적용이 있고 나서야 국방경비법은 비로소 다른 법률과 함께 정부가 간행하는 법률집에 수록되기 시작했다.[13]

민간인이 일반 형법의 적용을 받지 않고, 군인에게만 적용되는 국방경비법의 적용을 받았던 가장 큰 이유는 계엄하에서 군법회의를 통해 신속하게 재판을 처리할 수 있었을 뿐만 아니라 무거운 처벌을 내릴 수 있었기 때문이었다.[14] 계엄하에서 사법권을 장악한 군은 국방경비법 제32조와 제33조를 활용하여 민간인을 군법회의에 회부했다.

---

12) 이재승,「제주4·3군사재판의 처리방향」, 민주주의법학연구회,『민주법학』제23호, 2003, 405쪽.

13) 한국전쟁 기간 동안에 강압적으로 시행된 국방경비법은 한국전쟁기와 전후(戰後)에 정부가 간행한 법령집에 등장하기 시작했다.『국방관계법 及 예규집』(1950.11)에 처음으로 국방경비법 조문이 나타나지만, 누가 이 법을 제정했는지 공포 일자가 언제인지를 표시하지 못했다. 그러던 것이 1955년『대한민국 법령집』제2권(국무원 사무처 법제국)에는 '미군정'이 7월 5일 공포한 것으로 표기되고, 1956년에 발간된『미군정법령집』(내무부 치안국)에는 '과도정부'가 7월 5일 제정한 것으로 표기되기에 이른다. 1950년대 중반에 이르러서야 국방경비법이 법령집에 수록되지만, 아직도 미군정이 제정한 것인지 과도정부가 제정한 것인지조차 불분명하게 처리되었던 것이다.

14) 제주도의 경우에는 계엄이 해제되었음에도 불구하고 국방경비법이 민간인에게 적용되었다.

〈계엄법〉

정부 수립 이후, 계엄이 처음 선포된 것은 여순사건 때였다. 순천 진입을 앞두고 있던 10월 22일 제5여단 사령부 김백일은 시민 통제를 목적으로 계엄을 선포했다. 현지 사령관이 발포한 계엄 포고문에는 '반도를 은닉하거나 밀통하는 자', '반도의 무기를 은닉하는 자'는 사형에 처한다는 매우 강도 높은 조치를 포함하고 있었다.

10월 25일, 계엄은 '국무회의' 의결을 통해 정식으로 공포됐다. '계엄선포에 관한 건'은 대통령과 국무총리 그리고 장관들이 참가한 국무회의에서 결정되었다. 대통령령 제13호는 "여수군 및 순천군에서 발생한 군민 일부의 반란을 진정하기 위하여 동지구를 합위지경(合圍地境)으로 정하고 본령 공포일로부터 계엄을 시행할 것을 선포 한다"고 밝히고 있다.[15]

이제 갓 헌법이 제정·공포된 상태였으므로 계엄법은 아직 제정되지 않은 상태였다. 따라서 국무회의의 계엄 선포는 헌법을 위반하는 위헌적 행위였다.

국무회의 의결이 이루어진 다음 날, 호남방면사령관은 여수·순천지구에 '임시계엄'을 고시했다. 10월 25일자 국무회의 계엄이 '합위지경'이라는 것을 분명하게 밝혔음에도 불구하고 26일자 계엄고시문은 '임시계엄'이라는 새로운 표현을 사용하면서 '군사에 관계있는' 행정·사법사무는 계엄사령관이 담당한다고 하였다.[16]

---

15) 『관보』 제10호, 1948.10.25. 여수·순천지구 계엄은 3개월 10일이 지난 1949년 2월 5일 대통령령 제51호로 해지되었다.

16) 『동광신문』, 1948.10.28. 일제 시기의 「계엄령」은 계엄을 임전지경과 합위지경의 두 종류로 구분하고 있다. 임전지경(臨戰地境)이란 전시나 사변 시에 경계할 지방을 구획하는 것이고, 사령관은 군사와 '관계'된 행정사무와 사법사무를 관장하도록 되어 있다(「계엄령」 제2조, 9조). 한편 합위지경(合圍地境)이란 적에게 포위되거나 공격을 받았을 때 발동하는 것으로써 행정사무와 사법 사무 '일체'를 사령관이 장악하도록 되어 있었다(「계엄령」 제2조, 10조). 합위지경이 임전지경보다 훨씬 더 위중한 상황에서 선포되는 것이라 볼 수 있다.

이와 같이 여순사건 당시의 계엄은 합위지경, 임시계엄 등 계엄의 종류가 혼동되어 발표되었다. 계엄을 발포하는 담당 적임자에게조차 계엄 내용이 대단히 혼란스러웠던 것이다.

혼란은 계엄 종류뿐만 아니라 계엄지역에 관해서도 발생했다. 대통령령으로 계엄이 발포된 뒤 6일이 지난 11월 1일에는 호남방면사령관 원용덕이 계엄을 다시 선포하였다. 원용덕은 계엄지역이 여수·순천이 아닌 전라남북도 지역'이므로' 이 지역의 사법, 행정을 자신이 장악한다고 포고하였다.[17] 계엄지역이 '여수·순천'에서 '전라남북도'로 어느 순간 변해버린 것이다.

여순사건 당시 계엄은 특정한 지역을 담당하고 있는 지역 사령관의 편의에 따라 해당 지역에 선포되기도 하고, 통신 같은 특정 분야에 대해서도 발포되었다. 이는 지역 군 사령관이 필요하다고 판단되면 계엄을 자의적으로 선포했다는 점을 보여준다.

계엄 발포 사실이 신문으로 간혹 알려지기는 했지만, 해당 지역에 막대한 영향을 끼치는 계엄이 과연 언제 내려진 것인지, 계엄이 내려지면 구체적으로 어떤 조치들이 취해지는지 또 계엄 발포가 어떤 근거에서 내려진 것인지에 일반인들은 거의 알 수 없었다.

그럼에도 현지에서는 계엄 선포가 엄청난 결과를 불러 일으켰다. '계엄법 없는 상태의 계엄 포고'는 현지 사령관이 권력을 남용하고 즉결처분을 단행하는 자의적 운용의 길을 터주었다.

군·경 진압군은 부역자를 색출하면서 사건 가담자를 제대로 구별하지 않은 채 의심되는 사람은 자세한 조사나 재판도 없이 즉결처분을 단행했다. 그리고 즉결처분을 면한 사람들은 군법회의에 회부되었다.

군법회의는 재판 형식을 띤 즉결처분이었다. 한 퇴역 군인은 "군법회의고 뭐고 그냥 갖다 죽이는 거지. 재판이라는 게 뭐 있었나?"라고 술회하였다.[18]

---

17) 『동광신문』, 1948.11.5.
18) 미공개 증언(서○○: 여수 순천 구례지구 참전. 당시 중대장), 2008.4. 김춘수 채록(김

1949년 1월경 구례지역에서 활동했던 제15연대 정보과 문관의 증언에 따르면 당시는 군법회의를 진행한 여력도 없었다. "공비의 성분별 분류를 했다. 생포 공비는 8할 이상이 강제 입산 또는 혈연관계로 동조한 자들이었다. 정보 조사로 기간 중 약 160여 명을 체포 현장에 가서 분류하였는데 절대 은거지를 말해주지도 않을 뿐더러 주민의 동조 경향과 연대 수용제한을 고려하여 대부분 현지에서 처리하지 않을 수 없었다"고 말하고 있다.[19]

군경이 이 같은 행동을 할 수 있었던 것은 그 규정 자체가 모호하고 자의적으로 사용된 계엄이 있었기 때문에 가능했다. 계엄은 군의 즉결처분을 가능하게 한 '살인면허장'이었다. 계엄하에서는 군이 마음대로 민간인을 처벌할 수 있다는 사고는 이승만 대통령으로부터 나왔다.

이승만 대통령은 계엄을 선포한 뒤에 김완룡 법무관을 불러 "임자가 가서 한달 안에 그 빨갱이들 전부다 재판해서 토살(討殺)하고 올라오라, 그럼 계엄령을 해제 하겠다"라고 말했다고 한다.[20] 이승만 정부에게 여순사건의 계엄 발포는 위기 상황에 대응하는 적절한 절차였을지 모르나, 그것은 위헌적인 행위였고 계엄 시행과정에서도 헌법과 법률을 무시한 채 시행되었다. 계엄 선포는 이승만 정권이 물리력을 사용하여 국민과 직접 대결한 최초의 계기였다. 그리고 그 결과는 비참한 민간인 대량 학살로 나타났다.

계엄 상황은 군을 사회 질서의 수호자로 등장시켰다. 그러나 외부 적에 대응하기 위해 만들어진 군대를 국내 혼란을 진압하기 위해 동원한다는 점에서 계엄은 사실상 '국민에 대한 전면전'이었다.

춘수, 「여순사건 당시의 계엄령과 계엄법」, 『여순사건과 대한민국의 형성』(여순사건 60주년기념 학술심포지움 자료집, 2008에서 재인용).

19) 국군 15연대 S-2 문관 정○○, 『한국전쟁 증언록』, 군사편찬연구소(김춘수, 「여순사건 당시의 계엄령과 계엄법」, 『여순사건과 대한민국의 형성』, 여순사건 60주닌기념 학술심포지움 자료집, 2008에서 재인용).

20) 김완룡 증언, mbc 〈이제는 말할 수 있다〉 제작팀, 「mbc 여순사건 증언록」(미간행 녹취록), 1999.

위기 상황에서 계엄은 국민의 일부 기본권을 제한할 수는 있지만, 그럴 경우라 하더라도 입헌적인 헌법 질서가 정지되거나 중단되지는 않는다.[21] 헌법에 규정된 기본적 권리는 여전히 존중되어야 하고, 형법에도 존재하지 않는 새로운 죄를 만들어 극형으로 처벌할 수는 없다. 그러나 계엄 선포문에 나와 있는 것 같이, '은닉'이나 '밀통'했다는 새로운 죄를 만들어 사형에 처할 수 있도록 한 것은 헌법이 밝히고 있는 기본권을 완전히 무시한 것이며, 죄형법정주의 원칙을 심각하게 침해한 것이었다.

여순사건과 관련한 계엄이 실시 중이었던 1948년 12월 4일, 국방부는 계엄법 초안을 국회에 제출했다. 초안의 중심 내용은 '계엄을 임전지역과 비상지역으로 나누고,……임시 계엄은 별항에 규정된 최고사령관이 선고할 수 있게 되었으며, 따라서 계엄령이 포고 또는 선고되었을 때는 그 지역 내의 군사에 관계있는 행정과 사법 사무는 그 관장의 권한을 최고사령관에게 일임'하는 것으로 되어 있다.[22] 이는 지역사령관에 계엄 선포권을 부여했던 일제시기의 「계엄령」의 내용과 여순사건 당시 지역사령관이 계엄을 선포했던 경험이 반영된 것이었다.

계엄법은 1949년 11월 24일이 되어서야 법률 제69호로 제정 되었다. 총 23개 조항으로 이루어진 계엄법은 계엄을 경비계엄과 비상계엄으로 구분하였다. 경비계엄은 계엄사령관이 계엄지역 내의 '군사에 관한 행정사무와 사법사무'를 관장하는 것이며, 비상계엄은 '모든' 행정사무와 사법사무를 관장하는 것이었다. 일제시기의 임전지경은 경비계엄으로, 합위지경은 비상계엄으로 변화되었던 것이다.

계엄법은 군법회의가 처리할 수 있는 죄형을 언급하고 있다. 계엄법 제16조에 따르면 비상계엄하에서 계엄사령관은 내란, 외환 등 총 25개 죄에 대한

---

21) 이인호, 「전시 계엄법제의 합리적 운용에 관한 고찰」, 『법사학논집』 제30집 제2호, 2006, 132쪽.

22) 『민주일보』, 1948.12.4.

재판권을 행사할 수 있었다. 또한 '법원이 없거나 또는 당해 관할 법원과의 교통이 차단된 경우'에는 모든 형사사건에 대한 재판을 군법회의가 할 수 있도록 규정했다(제18조). 교통이 차단된 경우라는 단서가 붙기는 했지만, 비상계엄하에서 군법회의가 모든 형사 사건을 처리할 수 있도록 해놓았다.

1949년 제정된 계엄법은 법이 존재하지도 않은 상태에서 발포되었던 1년 전의 여순지역과 제주에서의 경험을 반영한 것이었다. 1948년 여순지역과 제주도에서는 수많은 민간인의 생명이 즉결처분과 군법회의라는 두 가지 방식을 통해 희생되었다. 먼저 구체적인 행위가 있고 난 뒤에야 이를 뒷받침하는 법이 마련되었던 것이다.

〈국가보안법〉

국가보안법은 1948년 12월 1일 법률 제10호로 제정되었고, 1949년 12월 19일에는 전문 개정이 이루어져 법률 제85호로 공포되었다.

국가보안법은 좌익세력을 적으로 상정하여 그들의 행위뿐만 아니라 행위의 목적까지도 처벌하였다. 국가보안법은 좌익세력 척결을 명분으로 국민 저항을 예방하고자 했기 때문에 검찰·경찰 등 이른바 공안기관의 활동 범위를 확장시켰고 정치범을 양산했다.

국가보안법이 제정되기 이전, 국회에서는 이와 비슷한 종류의 법을 제정하려는 움직임이 있었다. 여순사건이 일어나기 전인 9월 3일에 김인식 의원(대동청년단)을 포함한 총 33명의 의원은 '내란행위특별조치법'을 긴급 제정할 것을 요구하는 동의안을 올렸지만, 법안 작성 작업은 한 달이 지난 10월 말까지도 별 진전이 없었다.[23]

---

23) 국회사무처, 『제헌국회 속기록』 제1회 105차, 1948, 945쪽.
박원순, 『국가보안법 연구 1』, 역사비평사, 1992, 80쪽에는 동의안이 제출된 날짜를 9월 20일이라고 하고 있다. 이는 제99차 국회 본회의(1948.11.9)에서 백관수 법제사법위원장이 김인식 의원 등이 9월 20일에 동의안을 제출했다고 밝힌 구절에 근거하고 있는 듯이 보인다. 그런데 이 날은 국회 본회의가 열리지 않았다.

'내란행위특별조치법'은 여순사건이 발발하자 급물살을 타게 되었다. 정광호 의원(한민당)은 강원도에서도 반란의 기미가 있다며, 지금은 '긴급대책'이나 '긴급조치법'이 나와야 할 때이니 법사위가 빠른 시일 안에 조문을 제정할 것을 촉구했다.24)

법사위가 국가보안법 초안을 만들고 있는 동안, 『자유신문』 11월 3일자에는 모두 9조로 이루어진 국가보안법 초안이 공개되었다.25) 이 초안의 제1조에는 폭동을 일으킨 수괴와 간부는 사형에 처한다고 했고, 제7, 8, 9조는 영장 없이도 검찰과 경찰이 혐의자를 최대 60일 이내에서 구속 수사를 할 수 있도록 규정했다.

제1초안과 국회에 제출된 제2초안의 결정적인 차이점은 제1초안이 실행범과 목적범을 모두 처벌 대상으로 삼은 것임에 비해, 제2초안은 오직 목적범만을 처벌하도록 한 데 있었다.26) 실제의 변란 행위는 기존의 형법의 '내란죄'로도 충분히 처벌이 가능했으므로 별도로 법을 만들지 않고도 처벌이 가능했다. 따라서 제1초안은 백관수가 설명한 것처럼, 실제로 변란 '행위'에 대한 처벌이 아니라 변란을 '기도하는 목적'을 가진 결사나 집단의 구성원을 처벌하는데 목표를 두고 있었다. 반공검사 오제도는 국가보안법은 좌익세력의 구체적인 폭동이나 범행에 대한 것이 아니고 좌익세력의 존재를 완전하게 제거·소탕하는데 입법 목적이 있는 것이라고 말하였다.27) 국가보안법은 국가

---

24) 『제헌국회 속기록』 제1회 89차(1948.10.27), 658쪽. 정광호 의원의 안은 재석 105의원에 가 81, 부 9표로 가결되었다.

25) 『자유신문』, 1948.11.3.

26) 『제헌국회 속기록』 제1회 107차(1948.11.18), 986쪽 ; 오제도, 『국가보안법 실무제요』, 서울지방검찰청, 1949, 33쪽.
내란죄(형법77조), 소요죄(형법 106조)는 '범죄 행위'에 대한 처벌을 목표로 한다. 내란죄에 나와 있는 예비음모도 폭동의 수단으로 수행할 때만이 처벌의 대상에 해당되는 것이다.

27) 오제도, 앞의 책, 1949, 29~32쪽.

가 어떤 집단이나 개인의 마음속에 있는 목적을 사전에 판단하여 특정한 조치를 취할 수 있도록 하고 있었다.

국회에 출석한 법무부 장관과 검찰총장 등 정부 관리들조차 국가보안법의 조문에 이의를 제기하는 상황이 벌어지고, 입법에 반대하는 조헌영 의원 등 44명의 의원들은 법 자체의 폐기를 주장했다. 그러나 의원들의 주장은 부결되었다. 결국 법사위는 11월 11일까지 새로운 법안을 기초하기로 했다.

국가보안법은 정부 관련 부처의 자문과 도움을 얻기는 했지만, 국회 법사위의 주도로 이루어진 의원 입법이었다. 서용길 의원(무소속)은 국가보안법 토론 과정 중에 정부가 만들 법안을 왜 국회가 만들어야 하는지를 반문했는데,[28] 국가보안법은 국회 내 우익세력의 생산물이었다. 강기문 의원(무소속)은 정부 각료가 법사위의 국가보안법 초안을 비판한 점을 지적하면서 이 법을 만들지 못하면 국회가 무력하다는 것을 의미하기 때문에 제정해야 한다는 논리를 펴기도 했다.[29]

국가보안법은 '국가보안법 체제'라고까지 얘기되듯, 헌법 이상의 권능과 규정력을 가지고 있었다. 권승렬 검찰총장은 국회에서 나라가 약하므로 강한 법을 만들어야 한다고 말했는데, 이는 강력하고 광범위한 법 적용을 통해 국민을 통치하려는 국가보안법의 입법 발상을 드러낸 것이었다.[30]

국가보안법은 좌익세력 색출을 명분으로 '행위'뿐만 아니라 '사상'을 통제하고자 했다. 국가보안법은 법적인 형태를 띠고 있었지만, 국가 폭력의 수단이라는 범주를 벗어나지 못했다.

대한민국 국민은 국가보안법의 테두리에서 삶을 유지해야만 했고, 이 법을 어긴다는 것은 국가의 외부 즉 아무것도 보장되지 않는 비합법적인 공간에서 살아야 한다는 것을 의미했다. 그러나 법 체계 속에서 산다는 것은 또 다른

---

28) 『제헌국회 속기록』 제1회 105차(1948.11.16), 953쪽.

29) 위의 책, 949~950쪽.

30) 『제헌국회 속기록』 제1회 99차(1948.11.9), 844쪽.

모양의 국가폭력에 노출된다는 것을 의미했다.[31]

국가보안법은 공포 직후부터 수많은 정치범을 양산했다. 국가보안법이 제정된 후 첫 해인 1949년 한 해 동안 총 11만 8,621명이 체포되었고, 1950년 초 4개월 동안에는 총 3만 2,018명이 체포되었다.[32] 1949년 말에 이르면 형무소 전체 수감자의 80%가 국가보안법 위반 피의자였다.[33] 이로 인해 형무소는 적정 수형인 수의 2~3배를 초과하여 수형자 처우 문제 등이 전국에서 발생하고 있었다.[34]

2. 한국전쟁기 대통령 긴급명령의 내용

한국전쟁 발발 직후부터 공포되기 시작한 '특별조치령'은 제헌헌법 제57조가 규정한 대통령의 '긴급명령권', '긴급재정처분권'을 근거로 하여 공포되었다.[35] 긴급명령권은 정부가 '국헌'을 보호하기 위해 전쟁 같은 위급한 상황에서 비상조치를 취할 수 있는 권한이었다.

제헌헌법은 국가 위급 시의 비상조치로써 대통령 긴급명령권을 인정했지만, 이는 어디까지나 헌법에 규정된 기본적 권리와 가치들을 유지하는 한도

---

31) 도미야마 이치로, 『전장의 기억』, 이산, 2002, 224쪽.
32) 국회도서관 입법조사국, 『국제연합한국위원단 보고서(1949·1950)』, 1965, 299~300쪽.
33) 『제헌국회 속기록』 제6회 제28차 본회의 김갑수 법무부차관의 답변, 607쪽.
34) 『제헌국회 속기록』 제6회 제28차 본회의 오석주 의원의 질의, 605쪽. 광주형무소의 경우, 600명 정원에 1,200명이 수감되어 있었고, 서대문 형무소는 2,000명 정원에 4,000명이, 마포형무소는 적정 수형인원의 몇 배를 초과한 상태였고, 대전형무소는 1,200명 정원에 2,000명이 수감된 상태였다.
35) 헌법 57조 '긴급명령, 긴급재정처분' 내용은 다음과 같다. "내우, 외환, 천재, 지변 또는 중대한 재정, 경제상의 위기에 제(際)하여 공공의 안녕질서를 유지하기 위하여 긴급한 조치를 할 필요가 있을 때에는 대통령은 국회의 집회를 기다릴 여유가 없는 경우에 한하여 법률의 효력을 가진 명령을 발하거나 또는 재정상 필요한 처분을 할 수 있다. 전항의 명령 또는 처분은 지체 없이 국회에 보고하여 승인을 얻어야 한다. 만일 국회의 승인을 얻지 못한 때에는 그때부터 효력을 상실하며 대통령은 지체 없이 차를 공포하여야 한다."

내에서만 행사될 수 있었다.

한국전쟁기 대통령 긴급명령은 아래의 〈표 1〉과 같이 총 13차례에 걸쳐 공포되었다. 이 가운데 제1호로 공포되어 부역자 처벌의 근거가 되었던 '비상사태하의 범죄처벌에 대한 특별조치령'(이하 '범죄처벌 특조령'으로 줄임)은 비교적 잘 알려져 있지만, 다른 긴급명령의 내용은 잘 알려져 있지 않다.

〈표 1〉 한국전쟁기에 공포된 대통령 긴급명령

번호	대통령 긴급명령의 명칭	공포일	국회 제출일	국회 승인일	비 고
1	비상사태하의 범죄처벌에 대한 특별조치령	(1950.6.25) 1950.6.28(?)	6.25(?)	7.29	- 실제 공포일은 6월 28일로 추정 - 국회는 내용수정 없이 정부에 서식 문제를 제기
2	금융기관예금 등 지불에 관한 특별조치령	1950.6.28.	6.28.	7.30	원안 통과
3	철도수송화물 특별조치령	1950.7.16.	7.16.	7.30	원안 통과
4	금융기관예금 대불(代拂)에 관한 특별조치령	1950.7.19.	7.25.	7.30	원안 통과
5	계엄하 군사재판에 관한 특별조치령	1950.7.26.	7.25.	7.29	회기 중 긴급명령 불가 원칙 천명과 조건부 통과
6	징발에 관한 특별조치령	1950.7.26.	7.25.	7.29	원안 통과
7	비상시 향토방위령	1950.7.22.	7.31	8.1 (부결)	정부에 반송, 비상시향토방위령 폐기 공포
8	비상시 경찰관 특별징계령	1950.7.22.	7.30.	7.31	원안 통과
9	비상시 향토방위령(수정안)	1950.8.4.	8.4	8.17	- 국회, 개정안을 별도 입법 (1950.9.16.) - 법률 196호로 폐지(1951.5.12)
10	조선은행권의 유통 및 교환에 관한 건	1950.8.28.	8.29.	9.18	회기 중 긴급명령불가 원칙 천명과 조건부 통과
11	지세에 관한 임시조치령	1950.12.1.	12.11.	12.13 (부결)	국회가 강력 반발하여 부결

| 12 | 포획심판령 | 1952.10.4. | | |
| 13 | 통화에 관한 특별조치령 | 1953.2.15. | | - 화폐단위를 '환'으로 변경하고 통화단위를 1/100로 절하 |

〈출전〉 대한민국 국방부 정훈국 전사편찬회, 『한국전란1년지』, 1951 ; 대한민국 국회사무처, 『국회사—제헌국회·제2대국회·제3대국회』, 1971 ; 대한민국 국회사무처, 『국회사—제헌국회~제6대국회 자료편』, 1971 ; 대한민국 정부 공보처, 『관보』, 1950~1953 ; 법원행정처, 『사법연감』, 1960.

〈비상사태하의 범죄처벌에 대한 특별조치령〉

대통령 긴급명령 제1호로 공포된 '범죄처벌 특조령'은 한국전쟁기에 내려진 대통령 긴급명령의 성격을 대표한다고 볼 수 있다.

'범죄처벌 특조령'은 살인, 방화뿐만 아니라 타인의 재물을 절취한 행위까지도 사형, 무기, 10년 이상의 장기징역에 처할 수 있는 엄중한 처벌을 규정하고 있었다.

제3조는 사형에 처할 수 있는 죄목을 열거하고 있는데, 살인은 물론이거니와 방화, 강간, 군사·교통·통신·수도 시설 또는 도면의 파괴나 훼손, 다량의 군수품 기타 중요 물자의 절취 행위, 형무소·유치장 재감자를 탈출케 한 행위 등도 모두 사형에 처할 수 있었다. 또 타인의 재물을 강취·절취하거나 관헌 침창, 적에게 정보제공·안내 등의 행위는 사형, 무기, 10년 이상의 유기징역에 처할 수 있었다.

'범죄처벌 특조령'을 위반한 사람에 대한 재판은 단심(제9조)으로 하였고, 공판은 기소 후 20일 이내에 열어야 하며 40일 이내에 판결(제10조)하도록 하였다. 또 범죄를 입증하기 위해서 판결에 가장 필요하다고 할 수 있는 증거 설명도 생략(제11조)할 수 있었다.

'범죄처벌 특조령'은 이전의 어느 법보다 과중한 형량을 선고할 수 있었고, 증거 설명을 생략하고 단심제를 채택하여 빠른 시간 내에 범죄에 대한 처벌을 용이하게 하였다. 동일한 행위일지라도 '범죄처벌 특조령'은 어느 법보다 가장 가혹한 처벌을 내렸다. 바로 여기에 '범죄처벌 특조령'의 유용성과 필요성이 있다.

　관보를 비롯한 정부 간행물 등에는 '범죄처벌 특조령'이 1950년 6월 25일에 공포되었다고 나와 있지만,36) 기존 연구들은 당시 상황과 문헌을 근거로 6월 28일경에 선포되었을 것이라 추정하고 있다.37)

　6월 28일에는 대통령 긴급명령 제2호인 '금융기관예금 등 지불에 관한 특별조치령'이 공포되었는데, 이는 제1호 '범죄처벌 특조령'과 동시에 공포되었을 것이다. 주한 미 대사 무쵸는 국무성에 보내는 전문에서 '대통령 긴급명령 제1호(Emergency Law Number 1)'가 '대전에서 6월 28일'에 공포되었다고 누차 언급하면서 보고했다.38)

　'범죄처벌 특조령'의 공포 일시에 대한 지적은 국회에서 제기되었다. 국회가 대구에서 7월 27일 임시국회를 개회했을 때, 정부는 '범죄처벌 특조령'에 대한 승인을 요청하면서 송부일자를 6월 25일로 표시했다.39) 이에 대해 국회는 제출일을 25일로 표기한 것은 '정부의 착오'라고 지적했다.40) 하지만 이는

---

36) 대한민국 정부 공보처, 『관보』 382호, 1950.6.28 ; 대한민국 국방부 정훈국 전사편찬위, 『한국전란1년지』, 1951, C48쪽.
37) 범죄처벌 특조령 공포 날짜에 대한 연구는 서중석, 『조봉암과 1950년대』 하, 역사비평사, 1999, 676~680쪽 ; 한인섭, 「한국전쟁과 형사법」, 『법학』 제41권 2호, 2000, 140~141쪽을 참조.
38) United States Department of State, *Foreign Relations of United States 1950 Vol. VII Korea*, 1976, Washington D. C., U. S. Government Printing Office, p.1580.
39) 제2대 제7회 국회는 1950년 6월 19일부터 개회되어 27일 새벽에 마지막 회의를 개최하였다. 제8회 국회 회기는 7월 27일부터 개회되어 11월 25일까지 계속되었다.
40) 대한민국 국회사무처, 『국회사-제헌국회·제2대국회·제3대국회』, 1971, 373쪽. 『국회사』에는 "본건은 1950년 6월 25일자로 국회에 송부된 바, 동 일자는 국회 폐회 중으로 헌법 제57조에 해당되지 아니하니 이 일자는 정부의 착오로 인정되는 바 이를 정정할 것"이라고 서술되어 있다. '국회가 폐회 중이므로 헌법 제57조에 해당하지 않는다'는 말은 어떤 의미인지가 불분명하다. 헌법 제57조는 국회가 열리지 않았을 때, 긴급명령을 선포하도록 하고 있기 때문이다. 또 6월 25일이 긴급명령 선포일을 말하는 것인지, 국회에 송부한 날짜인지도 불분명하다. 현재 7월 27일부터 11월 26일까지 개최된 제8회 국회 속기록이 남아있는 것은 10월 30일부터 11월 26일까지이다. 제1차부터 37차

'범죄처벌 특조령'의 공포 시일을 앞당기려는 정부의 의도적 표기였다.

그럼에도 공포 날짜를 소급한 이유는 무엇인가? 공포 일자 소급을 긴급명령 선포 이전의 범죄 행위를 처벌하기 위한 근거를 두기 위해서였다고 파악하는 기존 연구는 나중에 이루어진 부역자 처리를 과도하게 의식한 해석으로 보인다.[41] 서울 수복 후 벌어진 광범한 부역자 처벌은 '범죄처벌 특조령'을 통해 이루어졌다. 하지만 '범죄처벌 특조령'이 처음부터 부역자 처벌을 의도하고 만들어졌고, 일자를 소급하여 공포한 이유도 이러한 의도를 실현하기 위한 '간계'라고 보기는 어렵다.

공포 날짜를 소급함으로써 처벌 대상을 넓힐 수 있는 기한은 단 며칠에 지나지 않았다. '범죄처벌 특조령'의 내용은 헌법에 규정된 기본적 권리를 무시하고 과도한 처벌을 규정하고 있는 문제가 있지만, 여기서 주목해야 할 부분은 '범죄처벌 특조령'을 실제로 적용하고 운용하는 방식과 기준 그리고 운용 주체의 인식이다. 서울 수복을 즈음하여 정부가 부역자를 처벌하는 범위와 기준은 계속 넓어지고 강화되었으며, 군이 부역자 처벌에 깊숙이 관여함에 따라 부역자는 군법회의에서 신속하고 엄중하게 처벌되었다는 점에 유의해야 할 것이다.

부역자 처벌이 본격화되기 전인 1950년 7월 19일, 부산지검 검찰청 강용권 차장검사는 '범죄처벌 특조령' 실시에 대한 담화를 발표했는데, 형법에 규정된 예비죄 및 미수죄도 '범죄처벌 특조령'에 포함한 것으로 해석해서 운영한다고 설명했다. '범죄처벌 특조령'은 과도하고 신속한 처벌을 규정하고 있었는데, 법의 해석과 운용을 통해 특조령의 적용 범위가 더욱 더 넓혀졌던 것이다.[42]

까지는 국회사무처 직원, 특히 속기사가 피난하지 못해 회의록 작성이 불가능하였다. 따라서 7월 국회 논의에 대해서는 『국회사』에 의존할 수밖에 없는 형편이다.

41) 박명림, 『한국 1950, 전쟁과 평화』, 나남출판, 2002, 349~351쪽 ; 한인섭, 앞의 글, 2000, 141쪽 ; 서중석, 앞의 책, 1999, 678~679쪽.

강용권 검사는 "선량한 시민 여러분은 도덕정신을 사수하여 한 사람도 범법자가 안 되도록 모두들 자계(自戒)하자"고 당부했다. '범죄처벌 특조령'이 과도한 처벌로 일관함으로써 일반 형사범은 전쟁 수행을 방해하는 정치범으로 간주될 위험이 있었지만, 사법 당국은 정해진 법을 어기는 것은 개인 문제일 뿐이며 법 자체의 문제가 아니라고 판단하고 있었다.

〈계엄 선포와 '군사재판에 관한 특별조치령'〉

1950년 7월 8일, 정부는 계엄법 제1조에 의거하여 대통령령으로 계엄을 선포했다.43) 계엄은 전쟁이 시작된 지 10여 일이나 지난 뒤에 공포되었는데, 이 같은 지연은 상당히 이례적 이었다.

지역적 범위에서 계엄은 이미 전쟁 발발 당일에 선포되었다. 6월 25일, 제8사단장 이성가 대령은 사단 전투지역 내(강원도지역)에 경비계엄을 단독으로 선포하고 강릉지역에 민사부장을 임명했던 것이다.44)

이승만 대통령은 6월 25일 무쵸 주한 미 대사를 만났을 때, 계엄령을 선포하여 국민들에게 상황을 알려야겠다는 입장을 밝힌 바 있었다.45) 하지만 이승만 대통령은 계엄을 선포하지 않았고, 7월 8일이 되어서야 계엄이 정식으로 선포됐다.

전쟁이라는 위기 상황임에도 불구하고 계엄 선포가 지연된 이유는 '범죄처벌 특조령'과 관련하여 살펴보아야 한다. 앞에서 보았듯이 '범죄처벌 특조령'은 대단히 광범한 처벌 내용을 담고 있어서, 특조령만으로도 계엄이 의도하

---

42) 『부산신문』, 1950.7.20.
43) 국방부 정훈국 전사편찬위, 『한국전란1년지』, 1951, C49쪽.
44) 국방부 군사편찬연구소, 『6·25전쟁사』 2, 2005, 578쪽.
45) "The Ambassador in Korea to the Secretary of State(1950.6.25)", United States Department of State, *Foreign Relations of United States 1950 Vol. VII Korea*, 1976, Washington D. C., U. S. Government Printing Office, pp.129~131.

고 있는 대민 통제를 충분히 수행할 수 있다는 정부의 판단이 작용한 것으로 보인다.

7월 8일에 선포된 계엄은 비상계엄이었으며, 전라남북도지역을 제외한 남한 전 지역에 선포되었다. 계엄사령관으로는 육군총참모장 정일권 소장이 임명되었다. 계엄선포 지역에서는 전라남북도지역이 유일하게 제외되었다.

당시 작전국장이었던 강문봉에 따르면, 호남지역을 제외한 이유는 인민군의 남침을 지연하고 유인하려는 책략이었다고 한다. 인민군을 현혹하기 위해 전라도지역에는 계엄을 선포하는 대신, 호남지구사령부를 설치하고 사령관에 신태영 소장을 부사령관에 원용덕 준장을 임명했다. 국군 지휘부는 이들에게 충분한 병력을 지원하지 않았다. 또한 신태영과 원용덕은 호남지역을 방어할 만한 적절한 전투 지휘 능력을 가지고 있지도 못했다. 이를 통해 보면, 당시의 군 지휘부는 경남지역을 중심으로 한 부산교두보를 구축할 시간적 여유를 갖고 주력을 재편성하고, 사실상 호남지역은 북한군에 점령되도록 놔두겠다는 발상을 하고 있었음을 알 수 있다.[46] 전라남북도지역을 제외함으로써 북한 인민군은 파죽지세로 호남지역을 점령할 수 있었다.

전국으로의 계엄 확대는 7월 20일에 이루어졌다. 「계엄 선포에 관한 건 중 개정의 건」에 따르면, 계엄을 '전라남북도지역에 대해 1950년 7월 31일 0시부터 실시한다'고 하였다.[47] 그러나 이때는 전라남북도가 북한에 이미 점령당했기 때문에 남한정부에 의해 공포된 계엄은 사실상 아무런 효력이 없었다.

계엄이 선포되자 각 도 단위로 계엄 민사부가 설치되어 후방 민간인의 형사 사법을 담당하였다. 7월 9일 정일권 소장은 육군본부에 계엄사령부를 편성하고, 헌병·방첩대·범죄수사대를 배속했다. 계엄사령부 예하에는 민사부를 설치하는 한편, 육군 각 사단과 해군 진해통제부에는 민사과를 두었다.[48]

---

46) 강문봉, 「심야파티에서 1·4후퇴까지」, 『신동아』 6월호, 1983, 152~153쪽(박명림, 『한국전쟁 1950, 전쟁과 평화』, 나남출판, 2002, 179쪽에서 재인용).

47) 국방부 정훈국 전사편찬위, 앞의 책, 1951, C51쪽.

검찰관과 군법회의의 법무사는 법무 장교로 임명하게 되어있었는데, 법무장교의 자격은 판검사와 동일했다.[49] 충분한 인원을 확보하는 데 어려움을 느낀 정부는 1950년 7월 26일, 계엄선포 지역 내에서 군사재판을 신속하고 간략하게 진행하기 위해 대통령 긴급명령 제5호로 '계엄하 군사재판에 관한 특별조치령'을 공포하였다.[50]

'군사재판에 관한 특조령' 제2조는 판사가 군법무관 임무를 수행할 수 있게 하였고, 제3조는 '군 검찰관이 형사소송법에 규정한 검사와 동일한 권한'을 가지며, '검사로 하여금 군 검찰관의 직무를 수행'할 수 있도록 하였다. 군법회의에 기소할 수 있는 권한을 검사와 군 검찰관 양자에게 부여함으로써, 군법회의를 신속하고 용이하게 추진할 수 있도록 한 것이다. 제2조와 3조는 서로 짝을 이루면서 군이 전시 사법체계를 장악할 수 있게 하였다.

또한 제4조는 판사 또는 검사가 변호인의 직무를 수행할 수 있도록 규정했는데, 이는 피고가 효과적인 변호를 받기 어렵게 하여 재판의 공정성을 심각하게 해칠 수 있었다.

'군사재판에 관한 특조령'은 계엄고등군법회의의 설치, 구성, 관할에 대해 특별조치령이 규정하지 않은 사항에 대해서는 고등군법회의에 관한 규정을 적용한다고 했지만, 유독 예심조사에 대해서만은 생략(제5조)할 수 있도록 해놓아 신속한 재판이 이루어지도록 하였다.

이와 같이 '군사재판에 관한 특조령'은 민간인 판·검사로 하여금 법무사·검찰관의 직무를 수행할 수 있게 함으로써 다수의 민간인을 신속하게 재판할 수 있도록 했다.

원래 계엄은 비상한 시국에서 군대의 압도적 물리력을 기반으로 선포되기

---

48) 전사편찬위원회,『국방사』 2권, 115쪽(국방부 군사편찬연구소,『6·25전쟁사』, 2005, 35쪽에서 재인용).
49) 박정훈,「6·25전쟁하의 행정법: 전쟁과 법치주의」,『법학』 제41권 2호, 2000, 86쪽.
50) 국방부 정훈국 전사편찬위, 앞의 책, 1951, C53쪽.

때문에 군대의 권한이 평상시보다 훨씬 더 강대해지지만, 한국전쟁 시기에 공포된 '군사재판에 관한 특조령'은 민간 재판과 군법회의 간의 경계를 허물어버리고, 군법회의가 민간 법원보다 압도적 지위를 행사할 수 있게 하였다. 계엄하에서 많은 수의 민간인은 군법회의에 회부되었고, 업무가 과도하여 군법회의에서 처리하지 못한 사안은 법원으로 넘겨졌다. 계엄을 통해 강화된 군법회의의 권능은 계엄 해제 후에도 계속 되었다. 민간인이 판검사에 의해 재판받지 못하고 군법회의에서 재판받는 경우가 계속 이어졌던 것이다.

7월 8일과 20일에 선포된 비상계엄은 1950년 11월 7일에 해제되었다.[51] 하지만 같은 날 동시에, 안전하다고 판단된 지역(제주도, 경상남북도 일부 지역)을 제외한 남한 전역 및 북한 전역에는 경비계엄이 선포되었다.[52]

계엄은 북진과 중국군 참전 등의 전세 변화에 따라 지역과 계엄 종류가 계속 바뀌었다. 중국군이 개입하기 시작하자 정부는 12월 7일에 기존의 경비계엄을 전국에 걸친 비상계엄으로 전환하였고, 1951년에 계엄은 해당지역과 용도에 따라 수차례 선포되고 해제되기를 반복했다.[53]

〈주민통제와 관련된 '대통령 긴급명령'〉

긴급명령 제6호로 발표된 '징발에 관한 특별조치령'은 비상사태에 군 작전상 필요한 군수물자, 시설뿐만 아니라 인적자원의 징발·징용을 목적으로 만들어졌다. 징발할 수 있는 권한은 국방부 제1국장, 특명의 사령관, 육·해·공군 총참모장, 군단장·사단장·위수사령관인 독립단대장 등이었다. 징발이나 징용에 응하지 않거나 기피, 은닉하는 자는 3년 이상 5년 이하의 징역에 처하도록 하였다.[54]

---

51) 「비상계엄 해제에 관한 건」, 위의 책, C66쪽.
52) 「계엄선포에 관한 건」, 위의 책, C66쪽.
53) 1951년에 계엄이 선포되고 해제된 지역은 매우 복잡하다. 이에 대해서는 박정훈, 앞의 논문, 2000을 참조.

'징발에 관한 특별조치령'은 군 작전에 필요한 물적·인적 자원을 군 지휘권이 끌어다 쓸 수 있다는 점에서 군대에게 무소불위의 권력을 행사할 수 있도록 하였다.55) 이승만 정부는 특별조치령에 의거하여 청년들을 대량으로 모집하여 전선에 투입하였다.56)

후속조치로 마련된 '징발보상령'(대통령령 제381호, 1950.8.21)은 보상사정위원회를 구성하여 멸실되었거나 소모, 훼손된 경우에 그 대가를 지불하도록 하였으나, 보상청구권은 6개월 이내에 행사하도록 되어 있었다.

긴급명령 제7호로 발표된 '비상시 향토방위령'은 각 마을을 방어하기 위해 마을 단위로 무장대를 조직하려는 목적에서 제정되었다. 이 법은 원안—수정안—법률안의 세 가지 종류가 만들어졌지만, 법안 제목이 똑같아 원안과 최종적으로 확정된 수정안—법률안을 혼동하기가 쉽다.57) 이런 이유 때문에 '비상시 향토방위령'을 언급한 기존 연구들은 원안을 실제 시행된 법안으로 잘못 파악하는 경우가 발생하고 있다.58) 특히 원안과 통과된 수정안은 자위대원의 자격 규정 내용이 크게 다르기 때문에 주의를 기울여야 한다.

'비상시 향토방위령' 원안은 '만 14세 이상의 모든 국민은 향토방위의 의무

---

54) 국방부 정훈국 전사편찬위, 앞의 책, 1951, C48쪽.
55) 긴급명령 제6호에 따라 국방부는 '징발에 관한 특별조치령 시행규칙'(국방부령 제1호, 1950.7.26)을 제정했다.
56) 이태섭, 「6·25와 이승만의 민중통제체제의 실상」, 『역사비평』 여름호, 1989.
57) 「대통령령(긴급명령 제7호) 비상시 향토방위령」, 국방부 정훈국 전사편찬위, 『한국전란1년지』, 1951, C51쪽 ; 「대통령령(긴급명령 제7호) 비상시 향토방위령 폐기공포」, 같은 책, 1951, C55쪽 ; 「대통령령(긴급명령 제9호) 비상시 향토방위령」, 같은 책, 1951, C56쪽 ; 「법률 제158호, 비상시 향토방위령 중 개정 법률」, 같은 책, 1951, C60쪽을 참조.
58) 폐기되어 시행되지 않은 정부 원안(긴급명령 제7호)을 실제 시행된 것으로 파악하는 오류는 기존 연구 논문에서 반복되고 있다. 아래의 논문들을 참조. 신영진, 「한국전쟁기 동원연구」, 『한국전쟁연구—점령정책·노무운용·동원』, 1995, 240쪽 ; 박정훈, 앞의 논문, 2000, 87쪽 ; 김동춘, 『전쟁과 사회』, 돌베개, 2000, 178쪽.

를 진다'(제2조)라고 규정하고, 각 부락(도시는 동·리 단위)을 단위로 하여 자위대를 조직(제5조)하도록 하였다. 자위대에는 '17세에서 50세 이하의 남자로서 사상이 건실한 자 중에서 대장이 선임'하도록 되어 있었는데 필요할 경우에는 여자대원도 둘 수 있었다(제6조). 자위대원은 단지 자위대를 조직하는 것만으로 끝나는 것이 아니었다. 자위대원은 1주일에 3회 이상, 1회 2시간 이상의 훈련을 받아야만 했고 무기를 휴대할 수 있었다(제11, 12조).

자위대는 처음부터 경찰의 하위 조직으로 구상되었다. 이를 위해 자위대원이 부대장이나 경찰관 서장의 명령에 복종하지 않으면 1년 이하의 징역이나 벌금 처분을 할 수 있는 강력한 벌칙 규정도 두었다(제16조). 사실상 무장한 마을 자위대를 경찰의 부속 조직으로 활용하려는 계획이었다.

이승만은 "청년 군대(청년방위대, 대한청년단, 향토방위대)들이 도시와 촌락과 산림 속에 묻혀서 숨어 있다가" 미군과 한국군의 반격과 때를 맞추어 "후환을 막기 위해 일일이 수색해서 반란분자를 적발·처치해야 한다"고 지시하였는데,59) 자위대는 경찰을 보조하여 좌익세력을 색출하는 향토 조직이었다.

전쟁이라는 비상사태에 즈음하여 정부는 거의 모든 청장년 남녀를 자위대 형태로 동원하려 했지만, 이 같은 계획은 국회의 강한 반발에 부딪혔다. 이에 따라 이승만 대통령은 8월 1일에 비상시 향토방위령을 폐기하는 한편 긴급명령 9호로 '비상시 향토방위령'(수정안)을 공포하게 된다.

국회 반발에 따라 수정되어 대통령 긴급명령 제9호로 공포된 '비상시 향토방위령'(수정안)은 먼저 자위대원의 범위를 '17세 이상 50세 이하의 남자'에서 '대한청년단원'과 '단장이 지정한 자'로 대폭 축소하였고, 여자대원을 둘 수 있다는 조문은 삭제하였다. 또한 자위대원이 받아야 할 훈련 시간 규정도 삭제하였다.

---

59) 대한민국 국방부 정훈국 전사편찬위, 『한국전란1년지』, 1951, C10쪽.

자위대원의 자격 규정이 대한청년단원과 단장이 지정하는 사람으로 축소되었지만, 자위대는 경찰과 관련을 가지면서 막강한 권력을 휘둘렀다. 특히 자위대는 서울 수복 후 부역자 처단에 적극적으로 나서게 된다.

　그런데 국회는 정부의 수정안에 만족하지 않았다. 국회는 '비상시 향토방위령 중 개정법률안'(법률 제158호, 1950.9.16)을 별도로 제정했다.[60] 국회는 정부 수정안 제14조 가운데 '20만 원 이하의 벌금' 내용을 삭제하고, 제15조 중 명령불복종 시의 '6월 이하의 징역, 10만 원 이하의 벌금에 처한다'를 '과료 또는 구류에 처한다'로 개정했다. 또한 18조를 신설하여 자위대의 경비를 지방자치단체와 국비에서 부담하는 것으로 하고, 그 비율은 대통령령으로 정하도록 했다.

　대통령 긴급명령 제11호 '지세에 관한 임시조치령'은 국회의 강력한 반발에 부딪혀 아예 부결된 경우였다. 정부는 전쟁이라는 위급한 정세에서 지세(地稅)의 금납제(金納制)로는 군량을 조달하는 것이 불가능하므로 미곡에 한하여 물납제로 변경하여 수집량도 380만 석에서 520만 석으로 증가시켜야 한다고 주장했다. 하지만 의원들의 생각은 달랐다. 이종현 의원은 국회가 이미 금납제를 입법했음에도 불구하고 국회의 의사를 긴급명령으로 번복시킨 이유가 무엇인지를 장관들에게 묻자고 했으나, 의원들은 긴급명령의 부당성은 더 논의할 필요조차 없다고 주장했다.

　한 의원은 국민의 대다수인 농민은 공출을 내고나면 남는 식량이 하나도 없다며, 비상사태하에서 국가·민족을 위해 굶어죽으면서까지 군량 확보에 적극 협조하고 있다고 주장했다. 농민이 협조하지 않을 수 없는 것은 공출하지 않으면 '빨갱이'로 몰리기 때문이라는 것이다. 의원들은 농민을 먹고 살 수 있도록 해주어야 한다며, 결국 긴급명령에 대한 승인을 거부했다.[61]

---

60) 법원행정처, 『사법연감』, 1960, 314쪽. 이 법률(비상시향토방위령, 법률 제158호)은 1951년 5월 12일 법률 196호를 통해 폐지되었다.
61) 대한민국 국회사무처, 『국회사―제헌국회·제2대국회·제3대국회』, 1971, 404~405쪽.

3. 대통령 긴급명령의 문제점

'대통령 긴급명령권'과 '긴급재정처분권'을 규정한 헌법 제57조는 '국회가 소집될만한 시간적 여유가 없는 경우에 한'하여 긴급명령을 공포할 수 있고, 지체 없이 국회에 '보고'하여 '승인'을 얻어야 한다고 규정하고 있다. 만약 국회의 승인을 얻지 못하면, 긴급명령은 '효력을 상실'하게 되는 것이다.

최고 상위법인 헌법 규정에 따라, 당시에 공포된 대통령 긴급명령을 살펴보면 다음과 같은 몇 가지 문제점을 발견할 수 있다.

첫째로, 대통령 긴급명령의 호수와 공포일이 순차적으로 맞물려 있지 않다. 이는 대통령 긴급명령이 소급 입법되었다는 것을 추측케 한다.

지금까지 공포일이 문제가 된 것은 주로 대통령 긴급명령 제1호 '범죄처벌특조령'이었다. 그런데 공포 일시의 문제는 비단 제1호에만 해당되는 것은 아니다.

제5, 6호는 7월 26일에 공포된 것으로 되어 있다. 그런데 제7, 8호는 제5, 6호보다 전 시기인 7월 22일에 공포된 것으로 되어 있다. 대통령령의 호수는 일자 순으로 부여되는 것이 당연함에도 불구하고, 호수와 일자의 순서가 일치하지 않고 역으로 되어 있는 것이다. 어떤 이유인지는 명확하지 않지만, 이같은 불일치는 긴급명령의 공포 일시에 문제가 있다는 것을 의미한다. 정부는 국회에 긴급명령 승인을 요청할 때 보내는 공문에서 일부러 날짜를 누락시키는 일이 많아 국회의 비판을 받았다. 이러한 행동은 정부가 긴급명령의 공포 일자를 조작하려 했다는 의심을 받을 수 있는 행위였다.

둘째로, 대통령 긴급명령이 헌법 규정을 준수했는지에 대한 문제이다. 헌법 제57조에 따르면 대통령 긴급명령권은 국회 소집이 불가능한 매우 위급한 상황에서 공포되는 것이므로 국회가 개원 중이었을 경우에는 선포할 수 없다. 국회가 개원 중일 경우에는 국회가 법률로 제정하면 되기 때문이다. 그러나 이승만 대통령은 국회 회기가 진행 중일 때에도, 대통령 긴급명령을 공포했다.[62]

『국회사』에 따르면 긴급명령 제5호 '계엄하 군사재판에 관한 특별조치령', 제6호 '징발에 관한 특별조치령'은 정부가 공포(7.26)하기 전에 국회에 먼저 승인을 요청(7.25)한 것으로 되어 있다. 국회가 개원하지 못한 위급한 상황에서 발동되는 것이 대통령 긴급명령이라 할 때, 국회에 먼저 승인을 요청하고 공포한다는 것은 긴급명령 발동의 요건을 충족하지 못한 경우라고 할 수 있다.

대통령 긴급명령 제5호 '계엄하 군사재판에 관한 특별조치령'이 제출되자, 국회 법제사법위원회는 현재 '국회가 개회 중이므로 긴급명령을 발할 수 없다'는 이유로 긴급명령 제5호를 정부에 환송하고 법률안으로 제출하게 할 것을 결의했다. 이에 국회 본회의는 7월 29일, 법제사법위원회 의견을 채택하여 이 건을 즉시 정부에 반송하였다. 그러자 정부는 이날 '서식만 새로 갖추어' 같은 내용의 승인안을 재제출하였는데, 국회는 이를 만장일치로 가결하였다고 한다.[63]

7월 27일부터 제8회 국회가 개원하고 회기가 진행 중임에도 불구하고, 8월 4일과 28일에는 대통령령 제9, 10호가 공포되었다. 이에 대해 국회는 소선규 의원의 동의로 제9호(비상시 향토방위령 수정안)를 정부에 반송하였는데, 그 이유는 '헌법 위반'이 아니라 단순히 '기록 불충분' 때문이었다.[64]

국회는 8월 4일에 정부 수정안을 다시 제출받아, 이를 승인하였다. 그런데 국회는 '비상시 향토방위령'의 내용 중 과도하다고 판단된 조항을 삭제하고 별도로 입법하였다. 그것이 '비상시 향토방위령 중 개정법률안'(법률 제158호, 1950.9.16)이다.[65] 이 법과 대통령령으로 입법하여 8월 4일에 승인된 '비

---

[62] 제2대 제8회 임시회는 1950년 7월 27일 개회하여 11월 26일까지 진행되었다.

[63] 『국회사』의 내용으로 보면, 정부 법률안이 통과된 것처럼 되어 있으나, '계엄하 군사재판에 관한 특별조치령'은 법률로 공포된 기록이 없다. 『한국전란1년지』 등에는 대통령 긴급명령으로 기록되어 있다.

[64] 대한민국 국회사무처, 『국회사-제헌국회·제2대국회·제3대국회』, 1971, 380쪽.

상시 향토방위령(수정안)'은 나중에 법률 196호 '비상시 향토방위령(긴급명령 제9호) 폐지에 관한 법률'(1951.5.12)을 통해 모두 폐지되었다.[66] 이는 상이한 내용을 가진 두 가지 법(국회가 입법한 법률과 대통령령)이 동시에 병존하였음을 의미한다.

헌법 제57조 위반 문제는 정부가 대통령 긴급명령 제10호 '조선은행권의 유통 및 교환에 관한 건'을 국회에 제출했을 때, 다시 논란이 되었다. 국회는 긴급명령이 국회가 개회 중인 8월 28일에 공포되었기 때문에 헌법을 위반했다고 지적했다. 국회가 엄연히 개원 중임에도 불구하고, 정부가 대통령령을 남발한 것을 지적한 것이다.

그럼에도 국회는 대통령령 제10호를 승인했다. 국회는 '공산 측의 조선은행권 사용으로 인한 정치·군사적 영향이 극히 우려되는 중대하고 긴급한 문제'라는 정부의 인식에 동조했다. 또 제10호 긴급명령은 '이미 정부가 시행 중에 있으므로', 국회는 '긴급명령의 위헌여부에 따른 책임 문제는 이후로 미루고' 대통령령을 '기정사실로 인정'하였다.[67] 국회는 전시상황을 이유로 긴급명령의 위헌 문제를 회피하였던 것이다.

흥미로운 것은 대통령 긴급명령 제5, 10호를 제외한 나머지 긴급명령은 국회에서 별 이견 없이 통과되었다는 사실이다. 그리고 국회에서 정부의 긴급명령권 공포에 대한 위헌 문제가 제기된 제5, 10호조차도 '국회 개회 중에는 절대로 긴급명령을 발하여서는 안 된다는 부대조건'을 붙인 채 '원안대로 통과'되었다. 정부는 제5호 긴급명령 승인요청 때 국회가 지적한 위헌 문제를 완전히 무시하고, 한 달 뒤에 제10호에 대한 국회 승인을 또다시 요청했다. 그리고 국회는 똑같은 부대조건을 달고, 원안대로 승인하였다.

이와 같은 상황을 종합해 본다면, 대통령 긴급명령이 헌법 규정을 제대로

---

65) 법원행정처, 『사법연감』, 1960, 314쪽.

66) 위의 책, 314·316·339쪽.

67) 대한민국 국회사무처, 앞의 책, 1971, 379쪽.

준수하고 있었는지에 대해 정부와 국회 사이에는 이견이 존재했다고 볼 수 있다. 그러나 전쟁이라는 위급 상황을 이유로 남발된 대통령 긴급명령권에 대해 정부와 다를 것 없는 상황 인식을 가지고 있던 국회는 대통령의 위헌 사실을 지적할 뿐 이에 대해 철저히 추궁하지는 못했다.

셋째로, 대통령 긴급명령은 입법의 편의성과 자의성 때문에 필요 이상을 남발되었다. 국회 회기가 진행 중이어서 입법 기능이 살아있음에도 불구하고, 대통령 긴급명령이 남발된 것은 두 가지 측면에서 생각해볼 수 있다.

하나는 대통령 긴급명령권은 다른 법률보다 더 강도 높은 강제력으로 집행이 가능했기 때문에 정부가 법률보다 긴급명령권을 선호하였다는 점이다. '범죄처벌 특조령'은 절도 같은 사소한 범죄 행위까지도 사형에 처할 수 있는 엄중 처벌의 원칙을 표방하고 있었다. 다른 긴급명령도 규정되어 있는 해당 사항을 위반할 경우에는 강도 높은 처벌 조치를 포함하고 있었다. 그리고 처벌의 방법 또한 '신속, 졸속, 약식 처벌원칙'에 따라 이루어졌다. '범죄처벌 특조령'의 경우, 가장 중한 처벌을 단심으로 처리하도록 했고 증거재판주의를 완전히 무시하고 있었다.[68] 사실 법의 외양을 띠었지만, '법률적 살인'이라고 불릴 만큼 '범죄처벌 특조령'은 폭력적이었다.

서울 수복 뒤, 범죄처벌 특조령은 서울지역의 잔류파를 비롯한 각 지역의 부역혐의자에게 광범위하게 적용되었고, 서울시에서만 1개월간 1만여 건을 검거할 정도여서 국회는 범죄처벌 특조령의 과도한 적용을 억제하기 위하여 개정안을 낼 정도였다.

두 번째로 생각해볼 수 있는 것은 긴급명령은 법률보다 훨씬 더 용이하게 공포할 수 있었다는 점이다. 정부가 긴급명령을 어떻게 사고했는지는 국회에 보낸 공문에서도 나타난다. '범죄처벌 특조령'에 대한 국회 승인을 요청했을 때, 정부가 제출한 서류에는 '승인'을 요구한다고 적힌 것이 아니라, '통지'한

---

68) 한인섭, 「한국전쟁과 형사법」, 『법학』 제41권 2호, 2000, 139~140쪽.

다고 되어 있었다.[69] 국회는 이를 정부의 '착오'로 여기고 정정하도록 요구했다. 그러나 이는 단순한 착오가 아니었으며, 정부는 이를 수정하지 않았다. '비상시 경찰관특별징계령' 국회 승인이 요청되었을 때, 서류에는 "통지하오니 요지(了知)하여 달라"고 적혀 있었는데, 이러한 문구는 누차 반복되었다.[70]

국민에게는 대단히 중요한 내용을 담고 있음에도 이러한 법이 있다는 것조차 제대로 알려지지 않았다. '비상시 법령 공포식의 특례에 관한 건'은 6월 25일에 '범죄처벌 특조령'과 같이 공포되었다고 정부 간행물은 기록하고 있지만, '범죄처벌 특조령'이 6월 28일에 공포되었기 때문에 '비상시 법령 공포식의 특례에 관한 건'도 6월 25일이 아닌 그 이후에 공포되었을 가능성이 매우 높다. 문제는 '범죄처벌 특조령'이 공포되었을 때인 6월 28일에는 이를 널리 고지할 수 있는 방법(라디오, 신문)이 존재하지 않았다는 점이다.

사정이 이러했기 때문에 정부 인사들은 필요가 있을 때마다, '범죄처벌 특조령'이 존재하고 있다는 사실을 계속 알려야 했다. 1950년 7월 19일 부산지방검찰청 강용권 차장검사는 계엄 실시를 발표하면서 "여러분에게 알려드릴 것은 금차(今次) 비상사태에 관하여 대통령의 긴급명령이 발포 실시된 점이다.……정부에서는 대통령 긴급명령을 지난 6월 25일에 공포하고 동일부로 실시하게 된 것이다"라고 주지시켜야 했다.[71] 부역자 처벌이 본격적으로 시작될 때인 10월 3일 이준식 경인지구 계엄사령관은 포고문을 통해 '범죄처벌 특조령'을 다시 한 번 설명하였다.[72]

정부는 국회 승인을 요청하는 공문에서 날짜를 누락시키는 일이 많았다. 공문서의 기본조차 지키지 않은 이러한 태도는 날짜 누락 등이 단순한 '착오'가 아니라, 대통령 긴급명령의 자의적 집행을 위한 의도적인 기술적 조치였

---

69) 대한민국 국회사무처, 앞의 책, 1971, 373쪽.
70) 위의 책, 379쪽.
71) 『부산일보』, 1950.7.20.
72) 『경향신문』, 1950.10.4.

다고 할 수 있다.

III. 정치범 관련 법의 집행

1. 정치범 처리 과정과 법률의 적용

앞에서는 한국전쟁 전후시기에 정치범에 적용되었던 주요 법률 내용을 살펴보았다. 여기에서는 주한유엔민간원조사령부 문서를 중심으로 한국전쟁기 정치범 처벌과 관련된 정치범 관련 법률의 적용과 형무소 문제를 살펴보도록 하겠다.[73)]

한국전쟁 시기에 이루어진 정치적 범죄에 대한 처리 과정에는 민간 경찰, 검찰, 재판소뿐만 아니라 군대가 적극 관여했다. 전쟁 전부터 군은 국방경비법 제32조 이적죄와 제33조 간첩죄 조항을 이용해 민간인을 군법회의에 회부했고, 여순과 제주에서는 계엄 상태에서 민간인을 군법회의에 회부하여 단호한 처벌을 집행한 경험이 있었다. 한국전쟁 초기 남한에는 군이 사법, 행정권을 장악하는 비상계엄이 선포되었기 때문에 민간인들은 신속하고 강력한 처벌이 가능한 군법회의에 회부되었다.

범죄 수사의 초동 단계에서부터 군과 경찰은 함께 활동했다. 서울 수복 후 주로 부역자를 검거했던 합동수사본부는 1950년 10월 4일에 만들어졌는데, 합동수사본부 책임지휘관은 김창룡 대령과 오제도 부장검사였다. 합동수사본부는 군·검·경이 일체가 되어 움직이고 있었다.[74)]

군 정보기관인 방첩대(CIC)와 경찰에 의해 시작된 수사는 혐의자에 대한

---

73) 검토 대상 문서들은 Record Group 554(338), Department of Defence, Far East Command, United Nations Civil Assistance Command, Korea(UNCACK, 주한유엔민간원조사령부), Adjutant General Section에 속해 있는 문서들이다.

74) 『서울신문』, 1950.11.7.

문초를 거쳐 신병이 검찰로 인도되면서 일반 민간법정과 군법회의로 나누어지게 되는데, 이러한 구분이 행위에 대한 명확한 법적 구별에 따라 이루어진 것은 아니었다. 범죄의 성격에 따라 민간법정에 갈 것인지 군법회의에 갈 것인지가 결정되기보다는, 정황에 따라 법 적용이 바뀌곤 하였던 것이다. 단심제로 진행된 군법회의는 대부분 민간 법정보다 더 높은 형량을 부과했다. 재판을 통해 형량을 선고받은 죄수들은 형무소로 향했다.

이와 같은 정치범 처리 절차를 고려해볼 때, 당시 한국의 사법 체계의 활동상을 담고 있는 유엔민간원조사령부 보고서는 한국전쟁기에 진행된 재판과 형무소 상황을 이해하는 데 긴요하다. 특히 현존하는 자료가 매우 빈약하고, 이에 관한 자료를 쉽게 구할 수 없는 상황에서 당시 재판 통계와 형무소 상황을 알 수 있는 유엔민간원조사령부 보고서 자료는 사법사를 구성하는 1차적 자료를 쓰일 수 있을 것이다.

보고서에 나타난 경찰활동을 보면, 몇 명의 사람들이 '반란(subversion)' 등의 죄목으로 체포되고 수사를 받고 풀려나거나 구속되는지 파악할 수 있다. 또한 법 적용의 문제에 있어 '범죄처벌 특조령'과 일반 범죄의 차이, 국방경비법 적용과 '반란'의 정의, 부역자에 관련된 사법적 적용의 문제 등에 관한 내용도 발견된다.

다음으로 각 도별 법원의 수와 판검사 수, 재판과 관련된 통계 등의 재판 관련 정보가 있다. 재판과 관련된 통계에는 어떤 범죄로 기소되었고 매주 몇 건씩 재판이 진행되고 있으며 특이사항이 있는지가 기술되고 재판결과도 위반법의 종류에 따라 구분하고 있다. 각 도에서 어느 시기에 어떤 법으로 몇 명이 구속되고 재판을 받고, 판결을 받았는지를 대체적으로 파악할 수 있다. 간혹 군사재판을 받게 될 대상자의 수가 별도로 제시되는 경우도 있다.

주한유엔민간원조사령부 정기 보고는 항상 형무소 관련 내용과 통계를 포함하였다. 형무소 통계는 각 도별로 집계되었는데, 여기에는 총 수감인원 수 · 미결수와 기결수의 수 · 형량별 수감인원 · 남녀별 수감자 수 · 정치범의 비율·사형 이외의 이유로 형무소에서 죽은 사람의 숫자·이감 규모 등이 각 도별로 매주 집계되었다. 1950년 후반부터 1951년 초반까지는 각 팀별로 보고의 수준이 상이하고 불규칙적이지만, 이후는 점차 체계화 되어간다.

보고서는 주요 형무소의 수감인원과 현황, 이감 내용과 주요 결정사항 및 해당 시기의 특이점 등을 서술하고 있다. 뿐만 아니라 각 도별 통계는 큰 규모의 형무소 뿐 아니라 각 경찰서의 구치소에 수감된 인원의 수를 포함하고 있으며, 간혹 형무소와 구치소 시스템이 운영되는 방식을 알 수 있는 내용도 발견된다. 이와 같이 주한유엔민간원조사령부 자료는 행형사(行刑史) 자료가 부족한 한국 현실에서 매우 유용하게 사용될 수 있는 자료이다.[75]

가장 상세한 자료는 수감자 명단이 수록되어 있는 경우이다. 1951년 1월 현재 전라북도 전주, 군산 형무소 관련 문서에는 형무소 재소자뿐만 아니라 경찰 구치소에 수감된 사람의 실명과 죄명, 수감된 날짜와 장소가 적시되어 있다. 말하자면 '수형인 명부'인 셈이다. 이 수형인 명부는 1군단이 예하의 11사단과 주한유엔민간원조사령부 전북팀에 보고받은 것인데, 서울 피난계획의 연장선에서 이루어진 것으로 보인다.

형무소는 재소자 명단을 가지고 있지만, 이는 비밀로 취급된다. 경상북도 대구형무소 소장은 주간 형무소 현황을 보고하기 위해서는 법무부 장관의 특별한 명령이 있어야 한다고 유엔군(미군)에게 말하였다. 재소자 수, 미결자 수, 적용된 법 등 형무소 관련 통계는 비밀로 취급되었던 것이다. 대체적으로 미군은 형무소 통계를 잘 수집하여 상부에 보고했지만, 지역에 따라서는 협조가 이루어지지 않아 통계를 작성하지 못하는 경우도 발생했다.[76]

---

75) 법무부가 발간한 『한국교정사』는 내용이 극히 소략하여 수용자 인원수나 이감 상황 등 구체적인 사실을 거의 파악할 수 없다.

76) "Weekly Activities Report"(1951.8.18), RG 338 UN Civil Assistance Command, Korea(UNCACK), 1951, Entry UNCACK Unit 11110, Box 22, Weekly Activities Reports(8 of 8).

주한유엔민간원조사령부 담당자는 각 형무소와 구치소를 직접 방문하여 형무소의 상황을 조사하여 보고서를 작성했다. 보고서의 내용을 통해 형무소의 위생 상태나 주거, 식사, 노동, 교육 상태 등을 파악할 수 있다. 또한 보고서는 한국전쟁기 형무소에 수감되어 있던 대부분의 사람이 '범죄처벌 특조령'과 국가보안법, 국방경비법 위반자였던 것을 확인할 수 있다.

유엔민간원조사령부는 수형인들을 일반 형사범과 정치범들로 나누어 통계를 작성했는데, 한국전쟁기 수감자들 대부분은 '정치범'으로 분류된 사람들이었다.

충청남도팀의 1951년 7월 29일자 주간보고서를 보면, 대전형무소에는 1,402명 수감자 중 693명이 정치범이라고 밝히면서 기존에는 '범죄처벌 특조령' 위반은 모두 정치범으로 취급했으나 이제부터는 '범죄처벌 특조령'을 각 해당 범죄 위반으로 재분류할 것이라는 입장을 밝혔다.

같은 지역의 8월 26일자 주간보고서에는 "대전형무소에는 1,868명이 수감되어있고, 기결수 중 178명이 종신형이다. 수형인 중 '범죄처벌 특조령'(Special War Order) 위반이 966명, 국가보안법 위반이 37명, 국방경비법 위반이 400명, 총 1,264명이 정치범"이라는 내용이 기술되어 있다. 마산형무소의 경우 정치범은 8.5%, 국방경비법 위반이 36.5%, '범죄처벌 특조령' 위반이 18.5%이었다.

충남팀 보고서에 나타난 바와 같이, 누구를 '정치범'으로 간주하는가는 상황에 따라 변하였다. '범죄처벌 특조령' 위반자는 모두 정치범으로 취급되었으나, 1951년 7월부터는 어떤 이유에서인지 더 이상 '정치범'으로 취급되지 않았던 것이다. 한국전쟁 당시 정치범은 자신이 갖고 있는 정치적 신조, 이념, 행동으로 인한 결과에 대해 사법적 처벌을 받는 것이라기보다는 정부에 의해 일방적으로 규정된 측면이 강하였다.

부역자는 한국전쟁 당시의 정치범 범주가 얼마나 자의적으로 확대될 수 있는가를 보여주는 사례였다. 정부는 1950년 9월 28일 서울 수복 후부터 12

월 13일까지 전국에서 총 5만 6천여 명의 부역자를 검거했다고 발표했다. 이 중에서도 서울, 경기지역에서 가장 많은 수가 검거 되었는데, 약 세 달 동안 각각 1만 3천 명과 1만 1천여 명을 검거할 만큼 대규모로 이루어졌다.[77]

북한점령 시 내무서원으로 심부름을 했다고 부역 혐의로 끌려온 14세 소년이 있는가 하면, 경찰 책임자의 집에 들어가 물건을 훔친 두 중학생, 어쩔 수 없이 소극적으로 부역했던 사람들 모두가 '범죄처벌 특조령' 위반 사범이었던 것이 당시 부역자 처벌의 실상이었다.[78]

유엔민간원조사령부의 구별에서 보듯, 부역 혐의자를 정치범으로 보는 것은 무척 많은 문제를 야기한다. 부역 혐의가 정치적 신조에 따라 행해진 것이 아니라, 인민군의 무력 점령이라는 상황에서 피동적으로 이루어진 경우가 많았고 또 억울하게 혐의를 쓴 경우도 많았기 때문이다. 오히려 부역자 처벌을 부르짖는 것이 당시에는 더욱더 정치적인 행동이었다. 부역자 처벌은 이승만 대통령을 비롯한 지도층의 황망한 피난 책임을 덮어버리고, 정권에 대한 분노를 부역자를 통해 표출하도록 했기 때문이다. 이런 의미에서 부역자 색출은 '희생양'을 찾으려는 이승만 정권의 정치적 행위였다.

전라북도팀의 1951년 3월 19일자 주간보고서를 보면, 정치범으로 의심되는 범죄가 여전히 가장 많은데, 진안·정수·무주·금산·순창·남원·임실의 경찰 구치소를 조사한 결과 약 92%가 정치범이라고 보고했다.[79]

전주형무소에는 수형인이 총 630명(19명은 여성)이었는데, 이 가운데 국가보안법 위반자가 168명, 국방경비법 위반자가 449명, 기타 범죄 13명으로 617명이 정치범으로 구분되었다. 당시 상황으로서는 특이하게도 '범죄처벌

---

77) 『조선일보』, 1950.11.17.
78) 신동운, 『유병진 법률집-재판관의 고민』, 법문사, 2008, 134~153쪽.
79) "Weekly Activities Report"(1951.3.24), RG 338, UN Civil Assistance Command, Korea (UNCACK), 1951, Box 17, HIST PROG FILES - WEEKLY ACT RPTS 1951 (2 of 2).

특조령' 위반자가 없는 것이 눈에 띤다. 정치범이 전체의 98%였고, 일반 형사범은 2%에 지나지 않았다.[80]

경상남도팀의 1951년 8월 14일자 주간보고서는 진주형무소에 수감된 정치범 중에 국가보안법 위반이 27%, 국방경비법(군법 위반)이 17%, '범죄처벌 특조령'(Special Emergency Ordinance) 위반이 22%, 반란(적을 이롭게 한 행위)이 3%라고 보고하고 있다.[81]

군산형무소의 경우에는 수형인이 총 399명(7명은 여성)이었는데, 국가보안법 위반자가 88명, 국방경비법 위반자가 58명, '범죄처벌 특조령' 위반 45명, 형사범 159명, 기타 범죄 46명, 탈영 3명으로 정치범으로 분류될 수 있는 인원은 191명으로 전체의 47%가 정치범으로 구분되었다.[82]

군산형무소 같이 일시적이나 지역적으로 정치범 비율이 감소하는 경우도 있었지만, 다른 형무소의 경우에는 보통 정치범 비율은 형무소 재소자의 70%를 상회하였다.

1951년 2월 23일 현재 대구형무소 재소자 3,013명 중 78%가 정치범이었고, 3월에 가서도 77%를 유지하여 일반 재소자와 정치범 비율은 비슷하게 유지되었다.[83] 이 같은 비율은 4월에 가서도 76%로 유지되었다. 1951년 5월

---

[80] "Report of Prisoners"(1951.1.27), RG 554, UN Command Adjutant General's Section, UN Civil Assistance Command, Korea(UNCACK) Adjutant General's Section, Entry A-1 1303, Team Reports, 1951~1953, Box 71, Cholla Pukto (Chonju Team).

[81] "Weekly Activities Report"(1951.8.14), RG 338, UN Civil Assistance Command, Korea (UNCACK), 1951, Entry UNCACK Unit 11110, Box 22, Weekly Activities Reports (6 of 8).

[82] 위와 같음.

[83] "Weekly Activities Report"(1951.3.3), RG 338 UN Civil Assistance Command, Korea(UNCACK), 1951, Box18, Supply Report, File No. 400, Box 18 4 of 4 "Consolidated Weekly Activities Report"(1951.3.28), RG 338 UN Civil Assistance Command, Korea(UNCACK), 1951, Entry UNCACK Unit 11110, Box 20, Consolidated Weekly Activities Report.

대구형무소에는 총 3,012명이 수감되어 있었는데, 이 중 1,695명이 국가보안법, 전복혐의로 재판을 받은 정치범이었다.[84]

1951년 2월 공주형무소에는 126명이 수감되어 있었는데, 대부분이 정치범(political crimes)이었다. 3월에는 150명 중 140명이 정치범이었다.

충청남도팀의 1951년 8월 26일자 주간보고서는 대전형무소에는 1,868명이 수감되었는데, 특별조치령(Special War Order) 위반이 966명, 국가보안법 위반이 37명, 국방경비법 위반이 400명이고 총 1,264명이 정치범이라고 보고하고 있다.[85]

수형인 중에서도 '정치범'은 불순분자이자 혼란세력으로 간주되었기 때문에 국가비상 시에는 척결되어야 할 제1순위의 대상이 되었다. 이미 전쟁 직후인 1950년 7월부터 형무소 재소자 학살이 전국에서 벌어졌지만, 1년도 채 지나지 않아 재소자 학살이 되살아났다.

중국군의 참전으로 1950년 말부터 유엔군과 국군이 후퇴하기 시작하자 후방에서는 이에 대한 대비책이 강구되기 시작하였다. 그중 하나가 형무소 재소자들의 후방 이동이었다. 대전형무소의 경우, 이동하기에는 너무 약한 150~200명만 남기고 모든 죄수들은 부산으로 이동하였다. 그런데 미군은 1951년 1월 19일에 166명이 대전형무소에서 총살된 것을 발견하였다. 이 죄수들은 한국군 제11사단에 의해 억류되고 있던 죄수들이었는데, 제11사단 고등군법회의의 명령(최덕신)에 의해 총살된 것이었다.[86] 이 처형은 제11사단

---

[84] "Consolidated Weekly Activities Report"(1951.5.30), RG 338 UN Civil Assistance Command, Korea(UNCACK), 1951, Entry UNCACK Unit 11110, Box 20, Weekly Activities Reports from the Teams, May. 1951 (4 of 5).

[85] "Weekly Activities Report"(1951.8.26), RG 338, UN Civil Assistance Command, Korea (UNCACK), 1951, Entry UNCACK Unit 11110, Box 22, Weekly Activities Reports (5 of 8).

[86] "Weekly Activities Report"(1951.1.24), RG 338, UN Civil Assistance Command, Korea (UNCACK), 1951, Box 17, HIST PROG FILES - WEEKLY ACT RPTS 1951 (1 of 2).

이 이 지역에서 출발하기 바로 직전(1월 17일)에 이루어졌다. 한국전쟁 직후에 발생했던 형무소 재소자 학살이 두 번째 후퇴기에 다시 재발된 것이었다.

2. 재소자의 처우 실태

한국전쟁 당시 전국에는 총 21개의 형무소가 있었다. 서울에는 서울·마포·영등포 형무소가, 경기도에는 개성소년·인천소년·부천형무소가 있었고, 강원에는 춘천형무소가, 충북에는 청주형무소, 충남에는 대전·공주형무소가 있었다. 경북에는 김천소년·대구·안동형무소가 있었고, 경남에는 부산·마산·진주형무소가 있었다. 또한 전북에는 군산·전주형무소가, 전남에는 광주·목포·소록도형무소가 있었다.[87]

한국전쟁기에 가장 많은 죄수를 수용한 곳은 부산형무소였다. 부산은 전쟁 피해를 받지 않았기 때문에 가장 죄수를 수용하였다. 1951년 11월 20일자 경상남도팀의 주간보고서에는 1951년 10월 한 달간 형무소별 통계가 수록되어 있는데, 이에 따르면 부산형무소는 총 3,470명, 마산형무소는 804명, 진주형무소는 405명이 수감되어있으며, 경상남도 내 경찰 구치소에는 총 409명, 합계 총 5,088명이 경상남도형무소, 구치소에 수감되어 있다고 나와 있다.

전쟁이 일어나기 전인 1949년에도 전국의 형무소는 적정한 수용 인원을 넘는 과밀 수용으로 계속 문제가 되었는데,[88] 전쟁 발발 후에 이러한 현상은 더욱 증가하였다. 대부분의 형무소는 적정 수용인원의 2~3배를 수용하고 있었기 때문에 위생과 급식에서 심각한 문제를 야기했다. 형무소 과밀 수용과 적절한 의료 시설, 의료 인력의 부족이 재소자 사망을 촉진했던 것이다.

---

87) 법무부, 『한국교정사』, 1987, 468쪽 ; 국방부 군사편찬연구소, 『6·25전쟁사』 3, 2005, 25쪽은 청도보호교도소를 포함하여 총 22개로 서술하고 있다.

88) 『서울신문』, 1949.8.7.

한국전쟁 전후 정치범 관련 법제의 성립과 운용 277

〈그림 1〉 대구형무소에서 수인들이 짚으로 바구니를 만들고 있다
(1951.11.15, National Archives II 소장, SC385604, BOX 820, RG 111SC)

〈그림 2〉 김천교도소의 공작소
(1951.11.16, SC385751, BOX 820, RG 111SC)

〈그림 3〉 대구형무소의 복도
(1951.11.15, SC385605, BOX 820, RG 111SC)

〈그림 4〉 안동형무소 운동장에서 저녁을 먹고 있는 죄수들
(1951.11.17, SC385607, BOX 820)

　1951년 1월 말, 대전형무소에는 총 449명의 죄수가 수감되어 있었는데, 죄수들의 상태는 매우 좋지 않았다. 1950년 12월 21일부터 다음 해 1월 20일까지 대전형무소 내에서는 모두 439명이 죽었다. 이 가운데는 영양실조로 168명의 수감자가 죽었다.[89] 교도소장은 이것이 이례적인 일이라고 하면서, 사람들이 이렇게 많이 죽은 것은 12월 말에 서울로부터 열악한 상태에 있던 죄수 2,020명을 이감(移監) 받았기 때문이라고 밝혔다.[90]

---

89) "Weekly Activities Report"(1951.1.11), RG 338, UN Civil Assistance Command, Korea (UNCACK), 1951, Box 17, HIST PROG FILES - WEEKLY ACT RPTS 1951 (2 of 2).

전황에 밀려 추진된 재소자 이감은 죽음을 재촉했다. 1950년 12월부터 다음해 1, 2월에는 중국군의 진격에 따라 대대적인 재소자 이감이 추진되었다. 12월 23일, 법무부의 지시에 따라 '위험한 범죄자'들 1,700명의 죄수 그리고 간수들이 대전으로 이동하였고, 다음날에는 재소자들 1,200명이 대구로 이감되었다.[91]

대전형무소 재소자 2,500명은 1월 13일에 밤 9시에서 12시에 부산형무소로 이감되었는데, 이날 기온은 섭씨 -22도의 살인적 추위를 기록하고 있었다. 재소자들이 차로 옮겨가는 과정에서 20명이 사망했다. 보고서에 따르면 이들은 영양실조로 이미 굶어죽을 상태에 있었다고 기록하고 있다.[92]

죄수들은 모두 쇠약한 상태였지만, 죄수들에게 제공할 약품이 없었고 형무소 내에 의사가 배치된 것도 아니었다. 대전형무소의 경우, 재소자 1,178명 중 704명이 치료가 필요한 상태였다. 이 중 99명은 심각한 병을 앓고 있었고, 이미 10명이 사망했다.[93] 형무소의 여러 보급품이 절대적으로 부족했던 상황은 재소자들의 죽음을 재촉하고, 방치할 수밖에 없게 했다.

재소자들의 처우는 해가 바뀌어도 나아지지 않았다. '1952년 9월 15일 오후 6시 전주형무소 도착한 수감자' 관련 문서를 보면, 이감자 가운데 76명이

---

90) "Weekly Activities Report"(1951.1.31), RG 338, UN Civil Assistance Command, Korea (UNCACK), 1951, Box 17, HIST PROG FILES - WEEKLY ACT RPTS 1951 (1 of 2).

91) "Indigenous Criminals"(1950.12.24), RG 338, UN Civil Assistance Command, Korea (UNCACK), 1951, Box 17.

92) "Weekly Activities Report"(1951.1.16), RG 338, UN Civil Assistance Command, Korea (UNCACK), 1951, Box 17, HIST PROG FILES - WEEKLY ACT RPTS 1951 (2 of 2). 이날 형무소 간수들의 가족 약 350명은 죄수로 위장하여 이감용 차량을 타고 피난했다.

93) "Consolidated Weekly Activities Report"(1951.6.8), RG 338 UN Civil Assistance Command, Korea(UNCACK), 1951, Entry UNCACK Unit 11110, Box 20, Weekly Activities Reports from the Teams, May. 1951 (4 of 5).

병을 앓고 있고, 40명이 위독한 상태였는데, 이 가운데 80%가 영양실조 상태에 있었다.94)

전황이 불리함에 따라 이루어진 1951년 초의 이감과는 달리, 1951년 후반기에는 중형을 받은 장기수 이감이 추진되었다. 1951년 11월 29일, 청주형무소에서 복역 중이던 장기수 80명은 대전형무소로 이감되었는데, 이는 청주형무소에서 대전형무소로의 두 번째 이감이었다. 장기수를 후방으로 이감하는 조치는 법무부장관의 계획에 따른 것이었다.95)

재소자들은 만성적인 영양실조에 시달렸다. 당시의 형무소의 급식이 일반적 수준 이하라는 점은 능히 추측할 수 있다. 대통령 긴급명령 제11호 '지세에 관한 임시조치령'은 군량을 조달하는 것이 주요한 목적이었을 만큼 식량수급은 불균형 상태에 있었다. 형무소 내에서는 노동에 따라 차등 배급이 실시되었다. 노동 재소자(working prisoners)들은 하루에 3번 급식을 제공받았는데, 한 끼니마다 4홉의 쌀이 배급되었다. 노동을 하지 않는 재소자들은 하루에 두 끼니밖에는 먹을 수 없었다.

무엇보다 수감자들은 사회로부터 격리된 자였고, 누구도 돌보지 않는 버림받은 자였다. 미군 군의관은 형무소 '정치범'들에게 가해지는 비인간적인 구타를 보고하고 있다.96)

주한유엔민간원조사령부 충남팀은 경찰서 유치장에 수감된 사람들 대부분

---

94) "Radio Message"(1952.10.11), RG 554, UN Command Adjutant General's Section, UN Civil Assistance Command, Korea(UNCACK) Adjutant General's Section, Entry A-1 1303, Team Reports, 1951~1953, Box 7, Cholla Namdo & Pukto(1 of 2).

95) "Semi-Monthly Activities Report"(1951.12), RG 554, UN Command Adjutant General's Section, UN Civil Assistance Command, Korea(UNCACK) Adjutant General's Section, Entry A-1 1303, Team Reports, 1951~1953, Box 77, Team Report, 15-30 Nov. 51.

96) "Political Prisoners"(1950.1.4), RG 338, UN Civil Assistance Command, Korea (UNCACK), 1951, Box 17.

이 미결수이며, 고문을 통한 자백이 일반적으로 사용되고 있다고 보고했다. 그리고 덧붙이기를 고문의 결과는 '반항적인 정치범들'에게 좋다고 기술했다.97)

IV. 맺음말

국민에게 법을 준수하는 것은 예전이나 지금이나 '국민 된 도리'로 여겨진다. 그러나 제정 과정에서 절차적 합법성을 획득하지 못하고, 입법부에 의해 동의 받지 못한 법을 정부가 자의적으로 운용하고 집행한다면, 법은 국민의 생명을 보호하는 것이 아니라 오히려 국민의 목숨을 빼앗는 칼이 되고 총이 된다.

제주와 여순사건 때 군대가 행정·사법권을 장악하면서 국민과 무력으로 적대한 계엄 선포는 이승만 정부에게 중요한 경험이었다. 국민을 무력으로 억압한 경험은 국민의 사상을 통제하는 국가보안법 제정으로 이어졌고, 이 법은 '좌익 색출'을 명분으로 국민들을 수많은 '정치범'으로 양산했다.

국가보안법 제정 과정에서 소장파 의원들이 지적한 바와 같이, 국가보안법은 좌익을 없애는 것이 아니라, 좌익을 만들어내었고 사상과는 아무런 관련이 없는 사람들에게도 빨갱이 딱지를 붙였다. 공산주의자로 낙인찍히는 것은 곧 처리되어야 할 사회의 '악'이자 죽음을 의미했다.

계엄 선포는 민간 영역에서 처리되어야 할 형사 범죄를 물리력을 소유한 군대가 주관하는 군법회의의 대상으로 만들어버렸다. 전쟁 기간에 선포된 계엄은 군법회의가 민간인의 생사여탈권을 결정하는 사법권을 장악했다는 것

---

97) "Consolidated Weekly Activities Report"(1951.6.13), RG 338 UN Civil Assistance Command, Korea(UNCACK), 1951, Entry UNCACK Unit 11110, Box 20, Weekly Activities Reports from the Teams, May. 1951 (3 of 5).

을 의미했다. 국민에게는 군대의 직접적 폭력과 함께 사법적 처리 또한 폭력의 다른 얼굴이었다.

한국전쟁이 발발하자마자 대통령령으로 만들어진 '범죄처벌 특조령'은 국방경비법, 계엄법, 국가보안법보다 훨씬 더 강력한 권능이 부여된 법이었다. 증거를 갖추지 않은 채 신속한 재판과 과중한 처벌을 규정한 이 법은 자의적 운용 가능성을 떠나 그 조문 그 자체가 헌법을 초월한 것이었다.

한 연구자의 말대로, '범죄처벌 특조령'은 '건국 이래 대한민국에서 존재한 법령 중 최악의 악법'이었다.[98] '범죄처벌 특조령'은 국가보안법, 계엄법 등에서 나타났던 통치의 '기술'이 집약적으로 모아져 있는 법이었다. 이 악법에 의해 수많은 정치범과 부역자가 양산되었다.

유엔민간원조사령부의 자료들은 1950년 이후에도 부역자 처벌이 계속되었음을 말해주고 있다. 미군이 '정치범'이라 규정한 국방경비법 · 국가보안법 · 범죄처벌 특조령 위반자들은 어떤 사상을 가진 좌익이라기보다는 반정부감정 소지자, 피동분자, 이념적 공명자, 목숨을 부지하기 위해 어쩔 수 없이 협력했던 사람들이었다.

국방경비법, 계엄법, 국가보안법, 대통령 긴급명령('범죄처벌 특조령' 등)은 각각 그 내용은 상이하지만, 대한민국 초기 국가형성과정에서 중요한 역할을 수행했다. 이 법들은 사소한 일반 형사 범죄 행위를 국가 시책과 반공을 위배하는 국가적 사범으로 간주하여 수많은 정치범을 양산했다. 국민을 두려워하고 통제하며 배제시키는 이승만 정권의 정치는 일반 형사범을 수많은 '정치범'으로 만들었던 것이다.

---

98) 한인섭, 앞의 글, 2000, 174쪽.

주한유엔민간원조사령부(UNCACK) 자료 해제

김 학 재

Ⅰ. 원조와 민사: 한국전쟁 전후 원조기구의 활동에 대한 이해

2차대전 직후인 1945년 8월부터 본격화된 미국의 대외원조는 미국의 세력 범위의 지배력을 강화하려는 정치·군사적 목적과 미국의 경제 성장과 세력 범위 내의 자본주의화를 촉진하고 하부구조로 편입시키려는 경제적 목적을 동시에 갖고 있었다.

이에 따라 1945년부터 각국에 제공된 미국의 원조는 군사원조(Military Aid)와 원조를 받는 국가가 일정한 방위수준을 유지할 수 있도록 경제발전을 지원하는 방위지원(Defense Support) 및 경제원조(Economic Aid)가 있었다.[1]

한국에 대한 미국의 원조는 미군이 한국에 진주한 1945년 9월 이후부터 시작되었는데 최초로 실시된 원조는 GARIOA(Government and Relief in Occupied Areas: 점령지역 구호원조) 원조였다. GARIOA 원조는 구호 원조로서 식료품, 농업용품 등이 주요한 물품이었다.

한국정부 수립 이후에는 미국이 유럽에 제공하고 있던 ECA(Economic

---

1) 홍성유, 『한국경제의 자본축적과정』, 고려대 아세아문제연구소, 1965, 250~251쪽.

Cooperation Administration) 원조가 한국에도 제공되게 되었고, 1949년 1월 1일부터 실제 원조가 시작되었다. ECA 원조는 기술 원조와 원료 물자, 비료 및 부흥 계획에 필요한 물자를 제공하는데 중점을 둔 것이었다. 한편 미국은 1950년 1월 26일 '대한민국정부와 북미합중국정부 간의 상호방위원조 협정'을 체결하여 한국에 대한 군사 원조도 실시했다.

그런데 1950년 6월 25일 한국전쟁의 발발로 ECA 원조는 중단되었으며 ECA원조사업은 1951년 6월 30일 공식적으로 종료되고 원조사업은 유엔사령부 관할 기관인 주한유엔민간원조사령부(United Nations Civil Assistance Command in Korea, 이하 UNCACK)에 이관되어 1953년 5월까지 계속되었다.[2]

미국의 대외 원조와 한국에 대한 원조에 대해서는 그동안 많은 연구들이 이루어졌다. 미국의 대한 원조가 한국의 경제구조에 미친 영향에 대한 검토에서부터 1950년대 대외 의존적 자본축적이라는 한국 자본주의의 특성에 대한 비판적 인식, 대기업과 재벌의 형성과정에 대한 분석이 이어졌다. 이후 미국의 대한원조가 자본주의 체제의 유지 및 강화를 위한 수단이었고 반공군사기지의 안정적 유지를 위한 수단이었다는 평가가 등장했으며, 미국의 동아시아 지역통합전략의 구상이라는 맥락에서 원조의 문제를 고민해왔다.[3] 최근

---

2) 홍성유, 『한국경제와 미국원조』, 박영사, 1962, 36~38쪽.
3) 대표적인 연구들은 다음과 같다. 박찬일, 「미국의 경제원조의 성격과 그 경제적 귀결」, 『한국자본주의의 전개과정』, 돌베개, 1981 ; 김양화, 「1950년대 제조업 대자본의 자본축적에 관한 연구」, 서울대 경제학과 박사학위논문, 1990 ; 이대근, 『한국전쟁과 1950년대의 자본축적』, 까치, 1987 ; 이병천, 「전후 한국자본주의발전의 기초과정」, 『지역사회와 민족운동』, 한길사, 1987 ; 노중기, 「1950년대 한국사회에 미친 원조의 영향에 관한 일 고찰」, 서울대 사회학과 석사학위논문, 1988 ; 김정인, 「1950년대 미국의 대한 경제정책과 한국의 사회경제구조」, 『한국현대사 2』, 풀빛, 1991 ; 공제욱, 『1950년대 한국의 자본가 연구』, 백산서당, 1993 ; 이대근, 『해방 후~1950년대의 경제: 공업화의 사적 배경연구』, 삼성경제연구소, 2002 ; Bruce Cumings, "The Origins and development of the Northeast Asian Political Economy", Frederic C. Deyo (ed.), *The Political Economy of the New Asian Industrialism*, 1987 ; Ronald McGlothlen,

에는 상세한 자료조사를 통해 미국의 대한 원조정책의 시기별 구체적 전개과 정과 성격, 미국의 의도 등을 분석하고 다양한 원조 관리 기구들의 역할과 성격, 운영 실태를 검토하는 연구도 이루어졌다.4)

그런데 원조의 성격은 단순히 경제적 측면에서만 파악될 수 없다. 또한 경제적 원조의 배경에는 궁극적으로 정치·군사적 목적이 있었다는 것을 확인하는 것에 머무르는 것도 한계가 있다. 원조는 그 자체로 미국의 동아시아 전략, 세계적 전략의 명분이자 이름이었고, 그러한 '원조'의 실질적 내용은 단순한 무상 경제지원부터, 자본주의적 하청 구조로의 편입, 정치 시스템의 이식, 국내외 여론의 동원, 심지어 전쟁 개입과 군을 투입해 수행하는 전투, 점령과 군정에 이르기까지 다양하고 복합적이었다. '원조'란 직접적인 식민지배나 강권 통치와는 다른, 2차대전 이후 새롭게 등장한 미국 헤게모니의 정치·군사·경제·문화적 지배를 포괄하는 통치성의 이름이었던 것이다. 무엇보다도 원조는 단순한 물자의 조달이나 무기의 지원이 아니라 수많은 기구와 인물이 투입되어 다양한 활동을 수행하는 복합적 통치 전략으로 이해할 필요가 있다. 따라서 '원조'라고 불린 정책과 전략의 배경에 있는 복합적인 역사·정치·사회·문화적 맥락과 '원조'의 복합적이고 구체적인 활동과 성격을 다각도로 살펴봐야 하는 것이다.

"Acheson, Economics, and the American Commitment in Korea, 1947~1950", *Pacific Historical Review*, vol.58, 1989 ; 허버트 빅스, 「지역통합전략」, 『1960년대』, 거름, 1983 ; 이종원, 『동아시아 냉전과 한미일관계』, 동경대학출판부, 1996.

4) 이현진, 『미국의 대한경제원조정책 1948~1960』, 혜안, 2009. 이 연구는 주로 미국의 국립기록관리청(NARA)의 RG 469. Records of U.S. Foreign Assistance Agencies, 1948~1961(미 해외원조기관) 문서철을 분석했다. RG 469 문서철은 미국의 대외원조기관인 경제협조처(ECA, 1945~1952), 상호안보국(The Mutual Security Agency, 1949~1956), 기술협조처(The Technical Cooperation Administration, 1946~1954), 대외사업처(The Foreign Operations Administration, 1948~1956), 국제협조처(The International Cooperation Administration, 1951~1961) 관련 문서들이 포함되어 있다.

〈그림 1〉 한국전쟁 초기 민간/경제 지원 기구(1951)

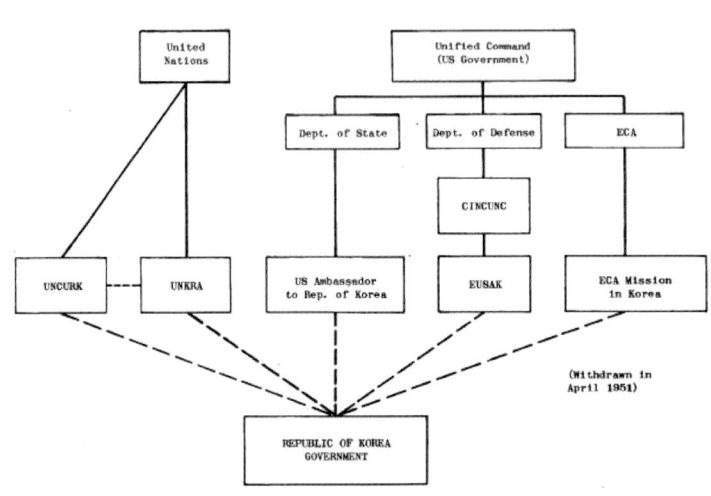

출처: ORO(Operation Research Office) Report, 'Civil Affairs in Korea 1950~1951.'

한국전쟁에 대한 미국의 '원조' 역시 단순한 원조가 아니었다. 우선 그것은 군사작전상의 '민사(Civil Affair)'업무와 밀접한 관련을 갖고 이루어진 것이었다. 전쟁 원조의 문제를 복합적 통치 전략으로 본다면 그러한 특성을 잘 보여주는 것이 바로 '민사'업무, 즉 군의 대민/대사회 작전의 차원인 것이다.

한국전쟁시기 민사업무는 다양한 기관에서 담당했다. 한국전쟁 초기에는 소수 전투부대와 주한미군사고문단(KMAG)만 남은 상황에서 주한 미 대사관이 한국정부와의 공식소통채널로 활동했다. 전쟁이 전개되면서 점차 군 작전의 지원, 질병예방, 보안, 지역경제지원활동 등 군정과 유사한 활동을 해야 할 조직의 필요성이 점차 제기되었다. 이와 동시에 한국에 대한 경제적 원조 문제가 미 의회수준에서 논의되면서는 단기원조와 장기경제재건 계획이 생기고 그것을 담당할 조직이 UN 산하에 생겨났다.

ECA의 원조자금과 기능을 넘겨받은 UNCACK도 그중 하나의 기관이었다. UNCACK는 주로 경제·정치적 업무를 담당한 유엔한국통일부흥위원회(UNCURK)

나 유엔한국재건단(UNKRA)과 달리, 군 조직 내에서 민사업무 기능을 담당하는 조직으로서 '군사작전을 최대한 지원하는 것'을 목적으로 했다.[5]

UNCACK의 공식적인 임무와 표면적인 활동 내용을 보면 이 부대는 구호와 지원과 관련된 '고마운 미국인'상의 표준이다. 그러나 이 조직은 미8군에 소속되어 명령을 받는 군부대였다는 것을 확인할 필요가 있다. 이 부대는 단순히 원조물자의 배분만 담당한 것이 아니라 군사점령과 군정, 민간인과 피난민에 대한 통제와 관리업무를 수행했다. UNCACK의 활동은 단순한 구호물자의 관리에서부터 '점령지역'에서의 군정, 피난민들의 심사, 소위 '1·4 후퇴'의 총괄적 기획, 위생 방역, 지역 단위의 사법제도 감시 등에 이르기까지 다양했다. 그리고 이들에게 민사업무란, 사실상 전쟁의 승리와 정당성을 위해 군이 사회를 통제하고 관리하며 재조직화 하는 것이었다.

여기서는 UNCACK의 한국전쟁기 활동 내역을 가늠하고 평가하기 위해 UNCACK의 구성과 소속, 위상과 역할을 조직의 변화를 통해 살펴보고, UNCACK가 한국전쟁시기 생산한 자료들에 대해 간략히 소개해 보려 한다. UNCACK 관련 자료들은 한국전쟁기 원조의 문제, 미국의 대한 원조와 정책의 문제를 민사활동의 측면에서 바라볼 수 있게 해주는 중요한 자원이 될 것이다.

2. 한국전쟁기 대한 원조·민사 관련 조직의 구성과 변화

1) 한국전쟁 초기의 유엔 원조: CRIK 원조 계획과 미 육군 책임의 강화

한국전쟁을 계기로 미국의 대외 원조는 경제적 성격으로부터 군사적 성격으로 전환되는데, 이에 대한 입법 조치로서 1951년 10월 10일 '1951년도 상

---

[5] C. Darwin Stolzenbach, Henry A. Kissinger, 1952, Civil Affairs in Korea 1950~1951, ORO(Operation Research Office) Technical Memorandum ORO-T-184.

호안전보장법(MSA)이 제정되었다. 담당기관으로서는 상호안전보장처(Mutual Security Administration)가 신설되었다.6) 그러나 한국전쟁이 지속되자 MSA에 의한 대한 원조는 사실상 군사원조에 국한하여 진행되었고, 한국에 대한 구호원조는 '유엔 원조'로서 제공되었다.

유엔의 원조는 1950년 6월 25일 한국전쟁을 계기로 시작되었다. 한국전쟁이 발발하자 유엔안전보장 이사회는 1950년 6월 27일, 7월 7일 결의와 8월 14일 경제사회이사회 결의에 의거하여 한국을 경제적·군사적으로 원조하기로 하였다.

7월 7일 안전보장이사회가 채택한 결의는 "군대와 기타 원조를 제공하고 있는 모든 회원국"은 미국의 국무부, 합동참모부, 국방부 등으로 구성된 통합사령부(Unified Command)에 군과 기타 원조를 제공해야한다고 권고했다. 이에 따라 한국전쟁에서의 군사 작전뿐 아니라 민간 원조와 공급 프로그램 전체가 유엔의 책임이 되었다. 이 결의안에 의해 이후 미국은 유엔군사령부(United Nations Command, UNC)를 새롭게 창설하고 미 대통령이 맥아더를 사령관으로 임명하여 유엔군사령부가 이 권한을 갖게 된다.7)

유엔은 7월 31일 안전보장이사회 결의로서 통합사령부에게 한국민의 구호 원조를 위하여 필요한 금액을 결정하고 이러한 물자를 현지에서 배급하는 절차를 수립하는 책임과 권한을 공식적으로 부여하였다. 이러한 구호물자가 바로 CRIK(Civil Relief in Korea) 원조계획이었다.8)

7월 31일 결의에 의해 통합사령부에 주어진 책임은 당시 한국 현지에서 유엔군사령부의 도움을 받고 있던 주한미국경제협력처(ECA)가 주로 수행하였다. 당시 ECA의 주요 임무는 두 가지가 있었는데, 첫 번째는 장기적으로

---

6) 한국은행 조사부, 『경제년감』, 1955, Ⅰ-203쪽.
7) 'Civil Relief and Economic Aid-Korea 1950.7.7~1951.9.30', p.1, NARA RG 550 Entry A1-1 Organizational History Box 74.
8) 한국은행 조사부, 『경제년감』, 1955, Ⅰ-204쪽.

한국 경제의 자립을 극대화하고 개발을 지원하는 것이었다. 두 번째는 음식과 의복, 주거, 의료 등의 민간 원조를 위한 재정 지원을 하는 것과 군과 민간 공통의 목적에 부합하는 물자를 제공하는 것이었다.

바로 이 두 번째 임무가 미국 육군의 책임이 되었고 '질병과 기아, 소요를 예방하기 위한 민간 지원'업무를 유엔군총사령관(CINCUNC)이 맡게 되었다. ECA는 1951년 4월 7일부로 핵심적 기능을 모두 유엔군사령관에게 넘기게 되었고 유엔군사령관과 미 육군의 책임과 권한이 점차 확대되었다.[9]

2) 유엔군사령부 안의 조직: G-4와 PHW의 설치

미 육군이 비군사적 지원에 대한 책임을 맡게 된 후 동경의 유엔사령부와 한국의 작전기구 수준에서도 필요한 조직들이 구성되었다. 동경의 유엔군총사령부(GHQ UNC)에서는 일반 참모 수준에서 전반적인 공급 작전을 책임지고 감독할 참모부가 필요했고 G-4(군수참모)가 이 역할을 맡게 되었다.

G-4가 이 역할을 맡기 전에 이미 GHQ의 특별참모부서로 보건복지부(Public Health and Welfare Section, PWH)가 설치되었다. 1950년 8월에 유엔군총사령부는 PWH를 한국에서 구제활동을 할 책임 기관으로 지정하였다. 이 기구는 한국정부, ECA와 협력하는 기구로 창설되었으며, 유엔군총사령관에게 건강과 복지와 관련된 기술적 조언과 권고를 했고, 관련 원조 기관들과 연락과 협력관계를 유지했다. 그러다가 한국에 대한 민간 원조와 경제적 지원에 대한 더 집중된 감독의 필요성으로 인해 10월 1일자로 G-4가 총 책임을 맡게 되었고, PWH의 모든 한국 관련 활동은 G-4의 감독과 통제하에 있게 되었다.[10]

유엔군사령관은 이 업무의 실제 수행을 위해 미8군(EUSAK)과 일본 병참

---

9) 'Civil Relief and Economic Aid-Korea 1950.7.7~1951.9.30', p.2.
10) 'Civil Relief and Economic Aid-Korea 1950.7.7~1951.9.30', p.2.

사령부(Japan Logistical Command, JLC)에 전반적 책임을 위임했다. 미8군은 유엔 통제하에 있는 한국 영토에 대한 통제권을, JLC는 물자의 조달과 보관 책임을 맡았다.

이렇게 유엔의 원조 결의로 시작된 CRIK 계획은 처음에는 유엔군 총사령부의 보건복지부에 의해 운영되었으나 1950년 12월부터 유엔사령부 산하의 UNCACK으로 관리, 운영이 이관되는 과정을 밟게 된다.

3) 유엔과 유엔기구들의 역할: UNCURK와 UNKRA의 창설

유엔도 한국 원조를 위한 조직들을 창설했다. 1950년 10월에는 한국통일부흥위원회(UNCURK)가, 12월에는 유엔한국재건단(UNKRA)가 창설되었다.

1950년 8월 14일 유엔 경제사회이사회는 안전보장이사회의 요구에 답하여 채택한 결의 323(XI)에 의해 통합사령부가 요구하는 한국 민간인 구제 및 원조를 제공할 준비를 갖출 것을 선언하였다.

그리고 10월 7일 유엔총회 결의(376(V))로 유엔군 이외에 유엔하에서 직접 이 업무를 담당할 조직으로 국제연합 한국통일부흥위원회(UNCURK)이 설치되었고 이는 오스트레일리아, 칠레, 네덜란드, 파키스탄, 필리핀, 태국, 터키 등 7개국으로 구성되었다. UNCURK는 이전의 유엔한국위원단(UNCOK)보다 더 많은 권한을 부여받아 미국의 점령정책과 유엔의 정치적 구상 및 이해관계를 실현하려는 매우 정치적인 성격의 기구였다. UNCURK는 이전에 국제연합한국위원단이 수행한 기능을 수임하고 전 한국의 통일·독립 및 민주정부 수립함에 있어 UN을 대표하며, 경제사회이사회의 권고를 받아들여 총회가 결정해야할 한국의 구제와 부흥에 관한 책임을 행사하게 되어있었다.[11]

---

11) 국회도서관 입법조사국, 『국제연합 한국통일부흥위원단 보고서(1951·1952·1953)』, 1965, 10쪽.

〈그림 2〉 한국전쟁시기 경제/민간 지원 기구(1951.9)

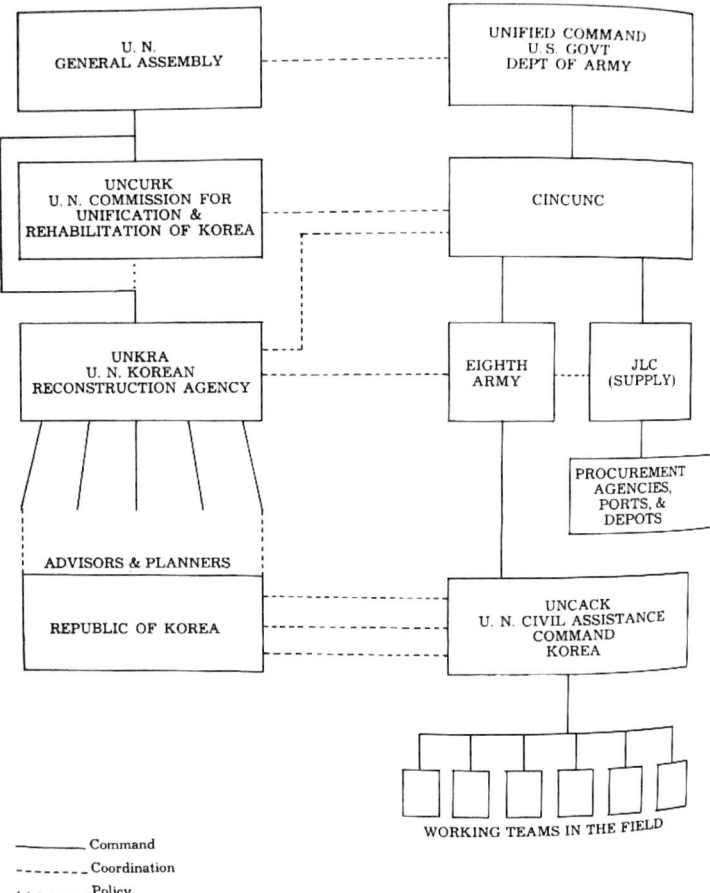

출처: 'Civil Relief and Economic Aid-Korea 1950.7.7~1951.9.30' p.8, NARA RG 550 Entry A1-1 Organizational History Box 74.

　UNCURK가 한국에 도착하기 전까지 각국 정부는 한국임시위원회를 구성하게 규정되어 있었고, 한국임시위원회는 1950년 10월 10일과 11월 15일 사이에 레이크 석세스에서 회의를 개최했다. 1950년 10월 7일부로 국제연합한국위원단(UNCOK)의 임무가 종료된 후 UNCURK가 도착하기 전까지 대표단이 필요했고. 한국임시위원단은 UNCOK 요원들을 새 위원단이 도착할 때까지 한국에 머물며 활동하고 보고해줄 것을 요청했다. UNCURK 위원단은 일본에 도착해서 수차례 회의를 개최한 후 11월 26일에 서울에 도착해 활동하다가 12월에 부산으로 이동했다. 그러나 11월 24일 시작된 중국인민지원군 2차 공세로 유엔군이 평양에서 12월 4일 철수하게 되었다. UNCURK는 본격적 활동도 해보기 전에 활동 범위가 매우 협소해져, 사실상 한국에서의 유일한 UN 대표기관의 자격으로 UN의 군사활동을 지원하는 정도의 지위로 축소되었다.12)

한편 1950년 12월 1일의 제5차 유엔 총회는 한국의 경제를 전전 수준으로 부흥시킬 결의를 하고 유엔한국재건단(UNKRA)을 설치함과 동시에 UNKRA로 하여금 재건 사업을 추진하도록 하였다.13) 그러나 전쟁 중에 UNKRA는 UNCACK를 도와 긴급구호사업을 전개하는 수준의 활동만 하였으며 본격적인 활동은 휴전 이후에 개시되었다.

4) PH&W 야전 기구와 UNCACK의 창설

1950년 9월 초 인천상륙작전이 시작되기 전에 PWH 대표가 한국으로 파견되어 몇 가지 조사 임무를 수행했다. 이 조사의 결과로 유엔군총사령부는 '전염병을 예방하고 소요를 방지하기 위해' 유엔 보건복지 야전기구(PWH Field Organization)를 조직했다. 이 조직이 바로 보건복지부의 한국 현지 파견대인 'UN 보건, 복지 파견대(UN Public Health & Welfare Detachment, PHWD)'였다. PHWD는 곧 한국정부, ECA, 주한 미 대사관과 협력관계를 수립했고 중앙구호위원회에 참석했으며 도별 팀을 조직해 활동했다. 이 시기

---

12) 위의 책, 35~36쪽.
13) 위의 책, 85쪽.

PHW 파견대의 주요 활동은 수많은 피난민들의 위생 문제였다. 깨끗한 물 공급을 관리하는 것과 DDT 처리하는 것, 예방약을 주사하고 의약치료를 하는 것 등이 주요 임무였다.

그런데 1950년 10월 유엔군이 38선 이북으로 북진하고 평양과 함흥, 안주 지역까지 미8군의 점령지역으로 확대되면서 PHWD는 미8군의 8201부대, 유엔 민간원조사령부(UNCACK)의 창설로 대체되었다. UNCACK는 미8군 소속의 군 조직었는데, UN 원조기구들의 활동이 사실상 유명무실화 되는 과정에서 북한점령정책이라는 보다 포괄적 문제에 실질적으로 대응하기 위해 유엔의 이름을 걸고 창설된 조직이었다.

1950년 10월 30일자 미8군 사령관의 일반명령 145호에 의해 미8군의 작전기구로서 민간원조사령부(CAC) 본부가 공식 설치되었다.14) UNCACK는 미8군 사령관의 책임을 위임받아 계획과 정책을 수립했으며 전술지역에서 미8군의 작전 책임은 군단과 사단 민사팀에 의해 이루어졌다.15)

UNCACK는 미8군에 소속된 부대로 한국 중앙정부 수준에 대응하는 본부, 한국 도 행정 수준에 대응하는 각 도별 팀을 설치했다. 따라서 UNCACK의 활동과 요청 보고 채널은 8군의 민사부(section)에서 8군사령관으로, 동경의 GHQ 유엔사령부에서 다시 워싱턴의 유엔사령관에게 올라갔다.

UNCACK는 당시까지는 존재하던 ECA의 자문 요청에 응했고 많은 물자와 장비를 공급했다. UNCACK는 미 육군부, SCAP, 동경 GHQ, 미8군, KMAG, UNCURK, UNKRA, 주한 미 대사관, 한국정부와 긴밀한 연락을 유지했다.

---

14) 이 부대가 'UNCACK'라는 공식 명칭을 갖게 된 것은 1950년 12월부터였다. 1950년 12월 8일자 미8군 일반명령 190호에 의해 부대의 명칭은 '8201st Army Unit, United Nations Civil Assistance Command, Korea'가 되었다.

15) 'Civil Relief and Economic Aid-Korea 1950.7.7~1951.9.30', pp.9~12.

〈그림 3〉 UNCACK의 조직도(1951.9.20 현재)

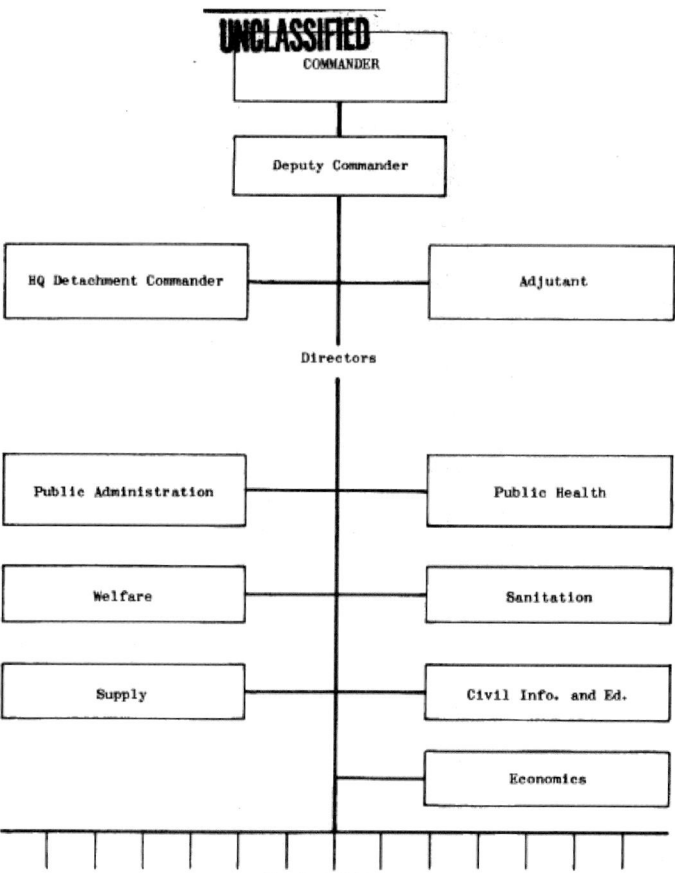

Fig. 3—UNCACK Organization, 20 September 1951.

출처: ORO(Operation Research Office) Report, 'Civil Affairs in Korea 1950~1951'.

〈그림 4〉 1952년의 UNCACK 조직도(1952.6)

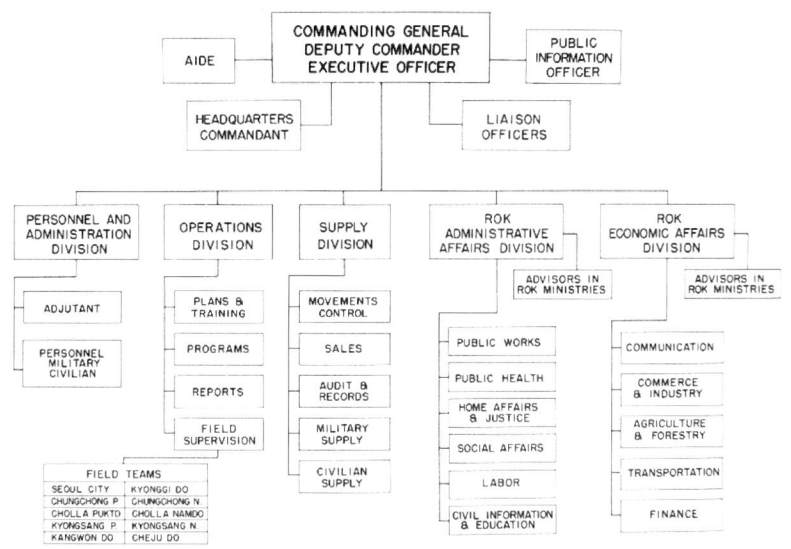

출처: 'Civil Assistance and Economic Affairs-Korea 1951.10~1952.6', NARA RG 550 Entry A1-1 Organizational History Box 74.

5) UNCACK 지역팀 운영과 조직의 재정비: G-5와 KCOMZ의 창설

UNCACK는 창설 이후 단순한 원조물자 배분뿐 아니라 군정에 가까운 민사행정, 피난민 통제와 관리에 이르는 복합적인 민사기능을 수행하면서 이를 위해 북한점령 지역을 포함해 각 지역별로 도별 팀을 운용했다. 그러나 중국인민지원군의 참전으로 1950년 12월 중순 이후에 UNCACK의 38선 이북지역 팀들은 모두 서울로 후퇴하여 남한지역에 존재하던 도별팀으로 흡수되었다. 1951년 1월 18일 현재 총 10개 팀(강원도, 경기도, 충청북도, 충청남도, 전라북도, 전라남도, 경상북도, 경상남도, 거제도, 제주도팀)이 활동하고 있었다.

〈그림 5〉 1952년 6월의 민사원조기구의 지휘계통. UNCACK는 미8군의 지휘를 받고 일본병참사령부의 지원을 받고 있다

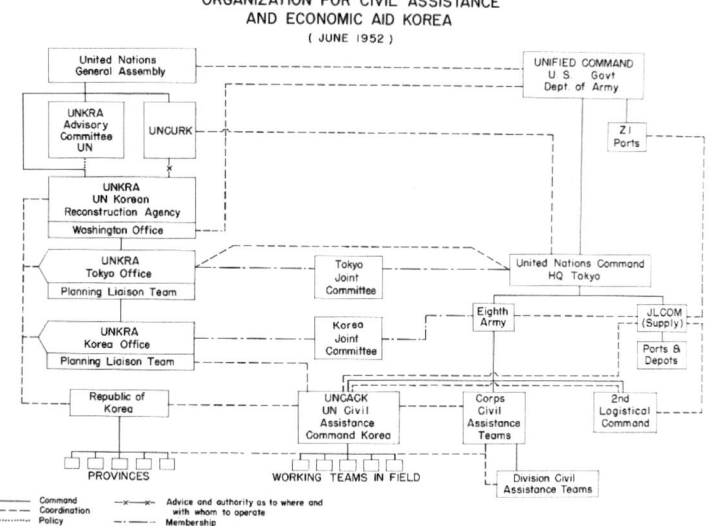

출처: G-5, Headquarters, Far East Command, United Nations Command, 'Civil Assistance and Economic Affairs-Korea 1951.10~1952.6', NARA RG 550 Entry A1-1 Organizational History Box 74.

1951년 1월 4일부로 UNCACK 사령부는 서울에서 철수하여 부산에 설치되었다. 그리고 초대사령관 참페니 대령이 물러나고 1951년 1월 19일자로 Marvin J Coyle 대령이 후임 사령관으로 취임했다.

1951년 1월 18일에 이르면 UNCACK는 총 10개 지역팀을 운영했다. 이 시기부터 강원도, 경기도, 충청북도, 충청남도, 전라북도, 전라남도, 경상북도, 경상남도, 거제도, 제주도팀이 활동하고 있었다. 이 중 부산팀은 1951년 1월 15일자로 2병참사령부에 편입되었다.

〈그림 6〉 1952년 8월의 민사, 원조기구 지휘계통. UNCACK는 KComZ 예하 부대가 된 것을 확인할 수 있다

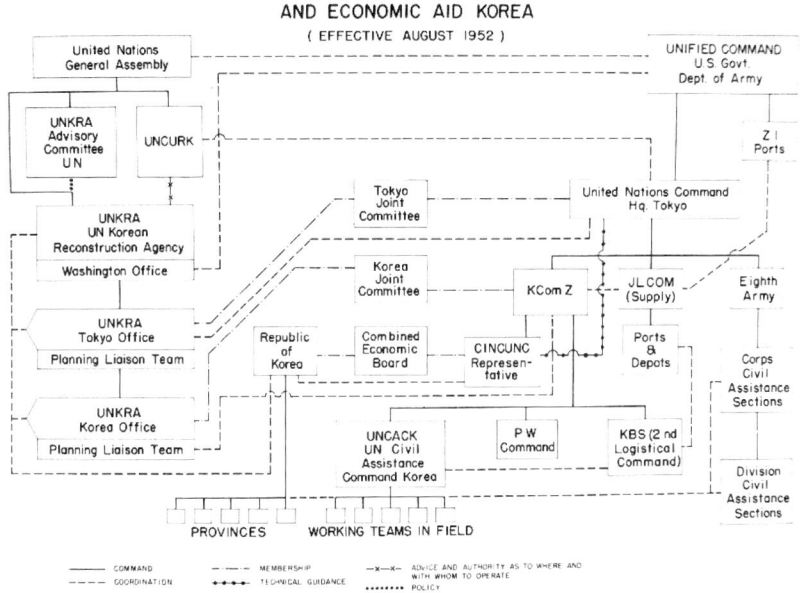

출처: 'Civil Assistance and Economic Affairs-Korea 1951.10~1952.6', NARA RG 550 Entry A1-1 Organizational History Box 74.

동경의 유엔군 총사령부에는 별도의 참모부인 G-5(민사참모, Civil Affair)가 1952년 2월 18일부로 설립되었다. 이는 경제적 지원에 대한 필요가 더 커지고 민간원조 프로그램이 변화하는 등 민사분야 책임이 더욱 커지자 이를 중앙 감독하기 위해 별도의 참모부를 설립한 것이었다. 이로서 UNCACK은 주로 후방에서의 민사, 원조 기능을 담당하게 되었다.

1952년 여름에도 큰 조직상의 변화가 있었다. 미8군의 전투작전과 직접적으로 관련되지 않은 병참 책임을 덜어주기 위해 1952년 7월 10일자로 한국병참관구(Korean Communication Zone, KCOMZ)가 설립되었다. KCOMZ 사령관은 기존에는 미8군 사령관의 책임하에 있던 후방지역에서의 유엔사령

군 활동의 책임을 위임받게 되었다. 이러한 변화로 인해 UNCACK는 KCOMZ 산하 3개의 하위 부대 중 하나가 되었는데, 조직의 책임과 작전의 성격은 변하지 않았다.[16)]

당시 KCOMZ의 공식적인 임무는 후방의 전술지역에서 병참과 행정 기능을 수행하고, 극동사령부(FEC)의 지시에 따라 민사와 민간지원 행정을 맡고, 한국정부의 유엔한국재건단(UNKRA), 한국통일부흥위원회(UNCURK), 부산의 주한 미 대사관과 협조하는 것이었다. 그리고 KCOMZ 산하의 다른 두 개의 소속 부대는 한국에서 유일한 병참기구가 된 Korean Base Section(KBS)과 포로사령부(Prisoners of War Command)가 있었다.[17)]

6) 전후 경제 원조의 시작: CEB와 KCAC의 창설

한국정부와 유엔군 총사령부는 1952년 5월 24일에 '경제조정에 관한 협정'을 체결하고 한미 양측의 견해를 조정할 자문기관으로서 합동경제위원회(Combined Economic Board, CEB)를 설치했다. 위원회는 유엔군사령부 대표와 한국정부 대표로 이루어져 있었다. 한국 대표는 재정부 장관이었고 유엔군사령부 대표는 KCOMZ 민사 부사령관이었다. 합동경제위원회 모임은 1952년 7월 3일 처음으로 시작되었고 예산, 외환, 수요와 원조 관련 등 하위 분과위원회도 설치되었다. 이후 합동경제위원회는 그 활동이 실질적으로 정지된 1961년 초까지 대충자금 환율, 대충자금계정 운영, 원조물자 가격 및 분배, 대충자금 방출에 관한 준칙, 각 연도 정부재정금융안정계획 등과 같은 원조사업 운영과 관련된 중요 안건을 심의, 의결함으로써 경제조정관실

---

16) G-5, Headquarters, Far East Command, United Nations Command, 'Civil Assistance and Economic Affairs-Korea 1951.10~1952.6' pp.2~4. NARA RG 550 Entry A1-1 Organizational History Box 74.

17) G-5, Headquarters, Far East Command, United Nations Command, 'United Nations Civil Affairs Activities in Korea 1952.7' pp.2~4. NARA RG 550 Entry A1-1 Organizational History Box 75.

(OEC) 같은 원조 운영기관에 실질적인 지침을 제공했다.

1953년 1월 1일자로 유엔사령부는 극동미육군(AFFE)를 창설해 극동지역에서의 모든 육군 지휘 책임을 갖게 했다. 그리고 1953년 4월에 미국은 한국 경제 문제에 대한 대통령 특사를 임명했고 한국 경제 상황을 강화하기 위한 수단과 방법을 조사할 임무를 부였다. 이 조사의 결과로 1953년 7월 1일자로 유엔군총사령관 직할부대로 UNCACK 요원들을 흡수한 KCAC(Korea Civil Assistance Command)가 창설되었다.[18] KCAC는 역할이 축소되긴 했지만 UNKRA와 함께 1955년 이후에도 계속 활동했다.

〈그림 7〉 1953년 6월의 대한 민간/경제 지원 기구. 극동 미 육군(AFFE)가 창설되어 KComZ와 UNCACK가 소속되어 있다

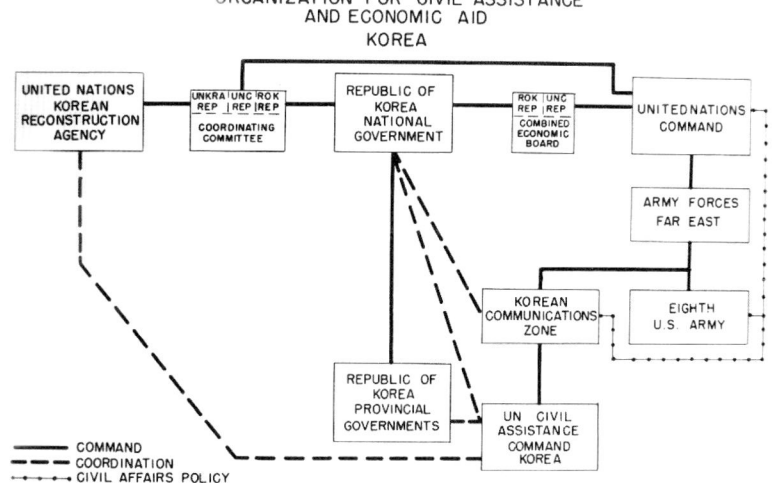

출처: 'Civil Assistance and Economic Affairs-Korea 1952.7~1953.6', NARA RG 550 Entry A1-1 Organizational History Box 74.

---

18) G-5, Headquarters, Far East Command, United Nations Command, 'Civil Assistance and Economic Affairs-Korea 1952.7~1953.6', pp.4~6. NARA RG 550 Entry A1-1 Organizational History Box 74.

또한 1953년 8월 1일 미국은 새로운 대외 원조기구를 구상하다가 1953년 7월 27일 한국 휴전이 성립된 것을 계기로 하여 MSA가 8월 1일부로 FOA(대외사업처: Foreign Operation Administration)로 개편되고 이전의 육군부 예산 중에서 2억불을 대한 원조자금에 충당함으로써 본격적인 FOA원조가 한국에 도입되기 시작하였다.

이에 미국은 보다 효과적인 원조 운영을 위하여 1953년 8월 CRIK 원조, UNKRA 원조 등과의 조정을 위해 유엔군 총사령부 휘하에 경제조정관실 (Office of the Economic Coordinator: OEC)을 설치하고, 이 OEC로 하여금 FOA 원조를 포함한 당시의 모든 원조를 관리케 했다.[19]

〈그림 8〉 UNCACK 조직(1953.6)

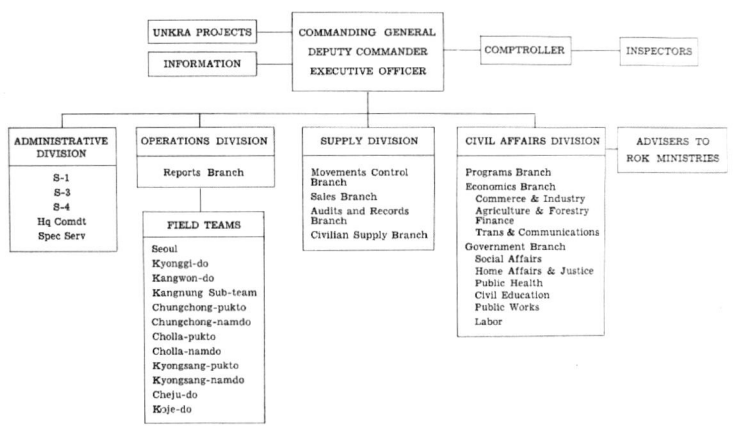

출처: 'Civil Assistance and Economic Affairs-Korea 1952.7~1953.6', NARA RG 550 Entry A1-1 Organizational History Box 74.

---

19) 그러나 1955년부터 OEC는 워싱턴에 있는 ICA 본부로부터 직접 정책, 계획, 관리에 관한 지시를 받아 ICA원조를 취급하였으며 이후 이것은 1959년 7월에 주한미국경제협조처(USOM)으로 개칭되었다.

주한유엔민간원조사령부(UNCACK) 자료 해제 303

〈그림 9〉 KCAC 조직(1953.7.1)

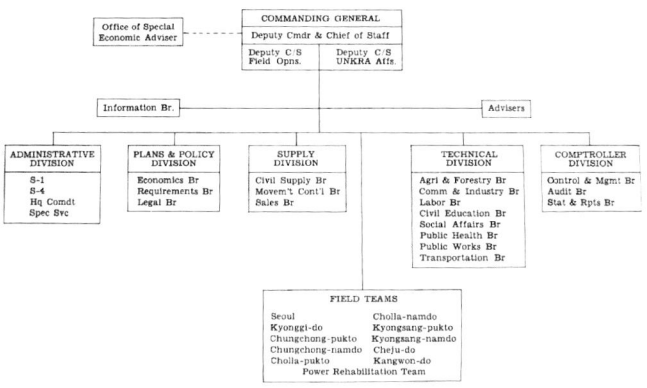

출처: 'Civil Assistance and Economic Affairs-Korea 1952.7~1953.6', NARA RG 550 Entry A1-1 Organizational History Box 74.

〈그림 10〉 1954년경 한국 원조기구 조직도. FOA와 CEB, OEC 등의 관계를 알 수 있다

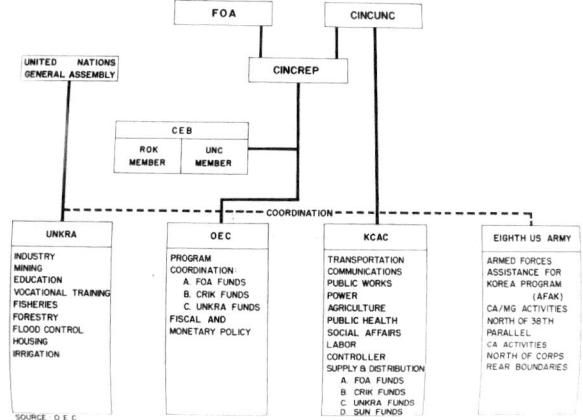

출처: 'Civil Assistance and Economic Affairs-Korea 1953.7~1954.6', NARA RG 550 Entry A1-1 Organizational History Box 74.

3. UNCACK의 특성과 주요 활동

1) UNCACK의 성격과 부서별 임무

UNCACK의 성격은 다른 경제원조기구와 비교해 가장 군정과 민사에 가까운 업무를 수행했다는 것이었다. UNCACK는 주요 도시에 파견되어 각 지역을 담당하는 형태로 업무를 수행했고, 원칙적으로는 남한정부의 행정기구와 긴밀히 연계된 활동을 하기로 되어있었다.

UNCACK의 활동은 시기별로 구별되는 특성을 갖고 있다. 1950년 후반부터 조직이 구성되기 시작하여 북한점령 지역에서의 민사행정을 포괄적으로 수행하다가 1951년 초기에는 피난민의 통제와 관리 구호가 가장 큰 임무였으며 조직의 변동과 재구성으로 조정단계를 거치게 된다. 조직 자체의 구성과 활동은 1951년 중반 이후 점차 안정되는 것으로 보인다. 그리고 그 이후에는 점차 피난민 구호나, 경제적 원조, 지역별 행정과 위생문제, 경제현황 조사 및 지원에 집중하는 기구로 자리잡아간다.

한편, 한국인들에게는 UNCACK의 성격변화와 불분명한 위상으로 인해 어떤 조직인지 항상 불분명하게 인식되고 있었다. 한국행정관료들은 이들이 내정에 간섭하고, 통역관에 너무나 의존적이며, 무례하고, 한국의 조건을 이해하지 못하고, 미숙하고 교육수준이 낮다는 등의 불만을 표출하기도 했다. UNCACK 조직의 비효율성과 기구들 간의 업무 중복이 내부적으로 지적되기도 했고, 이후에 민사업무를 통합하는 G-5(민사참모)를 유엔군사령부에 별도로 설치하게 되었다.

UNCACK의 인물구성은 일반 전술, 전투부대와 비교해 비전문적인 한직이었으며, 교육수준이 평균 이하의 군인들이었다. 보직의 순환 주기가 빨랐고, 각 도별 팀간 편차가 심해 매주 작성하여 상부로 보고하는 보고서의 내용과 수준에도 차이가 났다. UNCACK 요원들은 자신들이 원래 자문과 조언활동만 하기로 했지만, 남한행정력의 미비로 자신들이 직접 업무를 해야 했다고

불만을 토로하기도 했다.[20]

　규모로 보아 UNCACK는 군사 고문단보다 작은 기관이었다. 1951년 9월 현재 75명의 장교, 94명의 민간인, 154명의 사병, 총 323명 정도의 인원으로 구성되어있었다.

　UNCACK의 기본 임무는 ① 미8군을 지원하기 위해, 질병, 기아, 소요를 방지하기 위해 한국에서 대민구호(CRIK) 프로그램을 관장하고 ② 대한민국 공무원들이 CRIK 프로그램을 지원할 수 있도록 자문과 원조를 제공하며 ③ KCAC, FOA, UNKRA 구호물자의 수령, 보관, 및 배분을 감독하고 ④ 관할 책임분야의 FOA 프로그램 관장하며 ⑤ 3개의 미육군지원단과 함께 육군의 대민원조 프로그램 조정하는 것이었다.[21]

　1951년 시점의 UNCACK 조직구성은 사령부에 사령관, 부 사령관이 있었고, 참모부 외에도 행정(Public Administration), 보건(Public Health), 복지(Welfare), 위생(Sanitation), 보급(Supply), 공보/교육(Civil Information and Education), 경제부(Economics)가 설치되어 있었으며, 각 도별 지역팀이 있었다.

　각 참모부는 다양한 임무를 갖고 있었다. 행정부는 조사업무, 미8군의 요청을 수행하거나 물자와 장비의 공급, 사용을 감독하는 임무를 맡았다. 공급부서는 민간인들에게 지원될 물자나 지역 야전팀에 지원할 물자를 수송하고 보급했다. 복지부는 피난민이나 전재민들의 구호와 관련된 업무를 맡았고 연구, 조사기능을 수행했다. 보건부는 질병 예방을 위해 필요한 의료 조건이나 전쟁피해를 조사했고, 한국 의료기관을 자문하기도 했다. 위생부는 전염병 통제와 관련된 DDT 살포업무 등 직접적인 업무를 수행하거나 한국의료진 교육을 맡았다. 그리고 1951년 5월에는 참모부 내에 보고통계부(Reports and

---

20) ORO(Operation Research Office) Report, 'Civil Affairs in Korea 1950~1951'.
21) 최원규, 「한국전쟁 중 국제연합민사원조사령부(UNCAC)의 전재민 구호정책에 관한 연구」 『전략논총』 8호, 1996, 143쪽.

Statistics Section)가 생겨 주간보고서나 월간 종합보고서의 각종 통계를 작성하는 업무를 맡았고, 6월에는 경제부와 노동부가 생겨나 재정과 경제 문제, 한국 민간인 고용 문제 등의 업무를 담당했다. 그리고 공공 행정부는 한국정부와 협조하며 감독, 보고, 자문하는 업무를 수행했다.[22]

2) 구호물자의 도입과 분배 업무

UNCACK의 공급 업무는 구호물자 도입을 관리하여 통관, 운송, 보관, 배분을 관장하는 것이었고, 이때 들어온 물자는 곡물, 비료, 석탄, 석유제품, 건축자재, 의약품 등이었고 곡물은 쌀, 보리, 밀, 수수, C-Ration 등이었다.[23]

원조물자 공급과 관련된 UNCACK의 활동은 부산에서 활동하면서부터 본격화되었고, 활동의 구상이 이전과 달라졌다. 이전까지의 원조물자 공급은 소량의 곡식과 의복, 장비와 의료품 정도로 한정되어 있었지만, 적절한 수급과 분배계획을 수립하는 것이 궁극적 목적이 되어 UNCACK의 공급기능이 확대되었다. 이 시기부터 겨우 계획과 전망과 체계적 조사에 따른 활동이 개시되었던 셈이다.[24]

한국에 대한 보급계획은 UNCACK와 한국정부 사이에서 조정되었다. 보급품 할당은 한국정부와 UNCACK 요원들로 구성된 여러 위원회에서 제기한 권고에 근거를 두고 있었다. 1951년 현재 2개 위원회가 활동했는데, 명칭은 중앙복지위원회(Central Welfare Committee)와 경제안정위원회(Economic Stabilization Committee)였다. 할당이 합의되고 승인된 후에는 보급품은 기술자문자격으로 이들을 돕는 UNCACK의 민간보급처의 도움을 받아 한국정부 기관에 배급되었다. 최종적인 보급은 도 현지팀의 기술자문과 도움을 얻어

---

22) 'Command Report for 1950.9.3~1951.8.31'(국편 수집번호 02010930).
23) 최원규, 앞의 글, 1996, 143~145쪽.
24) 'Command Report for 1950.9.3~1951.8.31'(국편 수집번호 02010930).

도 및 정부기관이 담당했다.25)

　원조물자의 분배는 피난민 이동의 관점에서 이루어졌다. 피난민이 가장 많은 지역에 가장 많은 분배가 이루어졌다. 천막과 건축자재는 제주도나 거제도 같이 충분한 주거지가 없는 곳에 할당되었다. 병원의 재설치와 약국 의료물자의 보급은 모든 정부 수준에서 조정이 이루어졌다. 유엔 물자를 한국인들의 수요에 충족되도록 얼마만큼이 수입될 필요가 있을지를 결정하기 위한 조사가 필요했다.26)

　그런데, 피난민과 전재민에게 필요한 원조물자 공급이 항상 성공적으로 이루어진 것은 아니었다. 미국 관료들에게는 한국 피난민들에 대한 원조보다 전쟁을 위한 노력이 앞섰다. 이러한 우선순위에 대한 감각은 언론에서도 발견된다. Saturday Evening Post지 기사에서처럼 UNCACK의 원칙(axiom)은 '다른 어떤 것보다도, 전쟁은 반드시 승리해야한다'는 것이었다. 그리고 한국사람들에게 하는 어떠한 행위들도 이 목적 이후에 고려할 부차적인 문제였다. 군사적인 것의 우선성 때문에 유엔사령부는 사적 구제기관으로부터의 모든 기부와 지원들이 UNCACK과 남한정부와의 협력하에 의해 분배될 것을 요청했다. 따라서 UNCACK는 지원 물자의 운송과 관리를 조정할 수 있었고 그것이 군사 작전의 지원에 방해가 되지 않게 할 수 있었다. 몇몇 구제기관들은 UNCACK가 구호물자를 배포하는데 행사하는 독점이 피난민들에게 최대한 도움이 되는 것을 방해하고 있다고 생각했다. UNCACK에서 근무했던 영국 민사 장교 Edgar S Kennedy도 음식 배급 시스템의 몇 가지 단점들을 언급했다. 1951년 초에 케네디는 충청남도지역에서 기아 상황이 있음을 보고했고 UNCACK의 상관으로 하여금 기근을 막기 위해 즉시 쌀을 배급할 것을 주장했다. UNCACK 사령부는 충청남도로 쌀을 수송하기로 했지만, 5주 후에

---

25) 국회도서관 입법조사국, 『국제연합 한국통일부흥위원단 보고서(1951・1952・1953)』, 1965, 90쪽.

26) 'Command Report for 1950.9.3~1951.8.31'(국편 수집번호 02010930).

도 쌀은 여전히 도착하지 않았고 케네디는 쌀이 도착하리라는 희망을 상실했다. 케네디는 기다리던 쌀 대신에 "UNCACK의 최우선적 목적은 아사를 막는 것이고 한국인들이 굶어 죽고 있다는 것은 이 조직이 실패했다는 것을 인정하는 것이기 때문에 '아사(starvation)'라는 단어를 다시는 사용하지 말라"는 상관의 강의를 들어야 했다.27) 이러한 문제점 외에도 UNCACK는 점차 한국정부가 피난민과 전재민 구호업무에 대한 전적인 책임을 지길 바랬다. 미군과 한국정부는 전쟁기간 내내 피난민과 전재민 구호 원조업무를 서로 떠넘기려 했다.

〈그림 11〉 UNCACK와 한국정부의 협력 관계

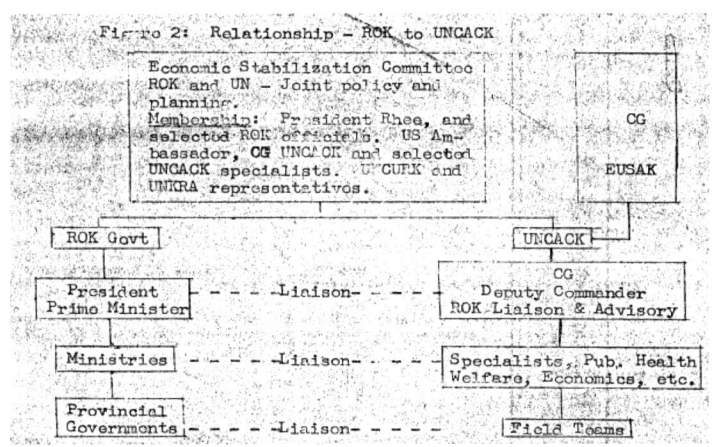

출처: 'Special Report, UNCACK Civil Relief Activities in Korea'

3) 피난민 구호, 소개, 관리업무

중국인민지원군 개입으로 유엔군이 남쪽으로 철수하고 소개되자 UNCACK의 임무는 북한점령 민사지원과 구호에 대한 장기적 기획에서 수만 명의 피

---

27) Sahr Conway Lanz, *Collateral Damage*, New York: Routledge, 2006, p.166.

난민들을 철수하고 관리하기 위한 직접적이고 즉각적인 지원으로 바뀌었다. 중공군의 개입으로 북한에서 활동하던 모든 민사팀은 1950년 12월 중반에 서울로 철수되었고, 해주지역팀의 경우 장비도 모두 놔두고 피난할 정도로 급박하게 후퇴했다. 서울에 있던 UNCACK 사령부는 철수해 부산으로 내려갔다.[28]

복지부가 담당하는 전재민 구호업무는 피난민 구호, 고아원 등 수용시설 지원, 피난민 재정착 지원, 의료시설 지원, 교육시설 지원 등이었고, 이밖에도 전쟁고아, 전쟁미망인, 노인 등을 수용하는 사회사업 시설을 지원했다. UNCACK의 전재민 구호업무는 등록된 피난민들에게만 혜택이 돌아갔다.[29]

UNCACK의 조언하에 남부지역 도별 팀들은 피난민들이 남쪽으로 이동할 것을 예상하고 피난민 구호 프로그램 기획을 논의하는 회의를 열었다. 서울 인천지역과 함흥 흥남지역으로부터 부산으로 피난민을 수송해 피난민 집산지역은 피난민들로 넘쳐났다.[30]

UNCACK는 수많은 피난민들이 병목지대를 형성하여 군사 작전에 방해가 된다고 판단하고, 한국정부 관료들과 조정을 거쳐 가능한 많은 피난민들을 전라도와 제주, 거제도로 철도와 수상으로 소개시키기 위해 수립된 계획을 수행했다. 당시 미8군에서 주 보급로(Main Supply Route)로 한국인들이 이동하는 것을 금지시키라는 명령이 하달되어, 피난민들을 검문 하는 검문소가 설치되었고, UNCACK 주도하에 피난민들을 분산시키며 음식배급소와 의료기기가 있는 정착 장소를 만들었다. 당시 피난민 수용소들은 한 곳에서 다른 피난민 수용소로 이동하는데 하루 정도가 걸리는 장소에 만들어졌다.[31]

---

28) 이후 북한지역팀의 구성원들은 남한지역팀에 할당되거나 남한에 아직 팀이 설치되지 않은 곳에 팀을 구성하는데 이용되었다. 12월 말에 이르면 전라남도를 제외한 남한지역 모든 도에 지역팀이 구성되었고, 전라남도에는 1951년 2월 23일에 팀이 구성되었다. 'Staff Section Report for', 1950.10.15~1951.8.31, p.65(국편 수집번호 02010930).

29) 최원규, 앞의 글, 1996, 146~147쪽.

30) 'Command Report for 1950.9.3~1951.8.31'(국편 수집번호 02010930).

31) 'Command Report for 1950.9.3~1951.8.31'(국편 수집번호 02010930).

〈그림 12〉 UNCACK의 주요 활동은 피난민을 위한 보급품을 분배하는 것이었다. UNCACK 공중보건 장교가 보급품으로 수집된 의복을 부산에서 피난민 가족의 한 아이에게 입히고 있다(1952.12.12)

출처: NARA, RG 111SC Box 901.

단순한 피난민 구호업무도, 단순한 후퇴업무도 아니었다. 이것은 주민들에 대한 정치·군사적 이해관계에 따른 심사와 색출, 분류와 배제, 억류였고, 선전목적에 따른 배치 작업이었다. 8군 민사부는 UNCACK으로 하여금 해당지역 민간정부를 도와 피난민 통제와 구호, 민간 범죄자 소개 등의 업무를 수행하게 했으며, 군단 관할지역에도 요원을 제공하거나 자문과 지원을 하라고 명령했다.32) UNCACK가 서울에서 한강 도강증을 발행하거나 도강을 단속하는 행정당국의 권위를 갖고 있었던 것도 민간인들의 이동과 관리를 담당했던

---

32) 'Administrative Order 31. Civil affair' NARA, RG 338, Entry A1 179, Box 1437. Folder: General Admin File, Nov-Dec 1950, KCAW.

것의 일환이었다.33)

　UNCACK는 모든 피난민들에게 면역주사와 DDT 살포업무를 수행했다. 발진티푸스 풍토병위험이 높다고 판단한 북동쪽 해안으로부터 6천 명의 피난민들이 부산으로 이동했는데, UNCACK는 이들을 피난민 수용소로 분산시킨 후 면역작업을 했다. 서울에서 기차나 도로를 통해 이동하는 대규모의 피난민들 모두에게 DDT를 살포하기로 했고, 이동 중 여러 집결지, 검문소 등에서 장소에서 이런 작업을 하기로 했다.34)

　UNCACK이 수행한 피난민 재정착 사업의 경우, 주로 UNKRA 통로로 들어온 물자들을 활용했다. 그런데 UNCACK의 정착사업 대상자는 북한 월남인들, 송환거부 포로들(반공포로)였다. UNCACK는 1952년 6월에 석방된 '민간인 억류자'들과 '북한 월남인들'의 동화와 재정착 사업을 추진했고, 식량을 제공하여 노동력으로 활용해 전후 복구사업에 참여하게 했다.35)

---

33) 『서울신문』, 1951.9.12 ; 『평화신문』, 1952.7.25.

34) 'Civil Assistance Command, Semi-monthly Report 1950.12.23', 'Civil Assistance Command, Consolidated Weekly Activities Report 12.5', NARA, RG 338, Entry A1 179, Box 1437. Folder: Weekly Reports, CAC 1.

35) 최원규, 앞의 글, 1996, 150~151쪽.

〈그림 13〉 UNCACK은 병원 운영을 지원하는 등 위생과 관련된 다양한 활동을 했다. 사진은 UNCACK 민간정보교육장교와 간호원들이 동대구 시립병원에서 아이들과 함께 찍은 것이다(1951.11.28)

출처: NARA, RG 111SC Box 820.

4) 보건 및 위생업무

UNCACK의 또 다른 주요 업무인 보건 및 의료시설 지원은, 역시 민간인들의 건강을 위해서였다기보다는 군사 작전을 방해하지 않게 하고 유엔군과 미군을 보호하기 위해 전염병 창궐을 통제하는 것이 주 목적이었다.

〈그림 14〉 대구의 피난민 수용소에서 어린아이에게 D.D.T. 처리를 하고 있는 것을 국제보건기구(WHO) 요원과 UNCACK의 위생 담당장교, UNCACK 경상북도팀장이 지켜보고 있다(1951.12.13)

출처: NARA, RG 111SC Box 823.

한국전쟁기 보건, 기술자문과 감독은 한국정부의 국가 및 도 관료들 협력해 일했던 UNCACK의 보건 및 공중위생전문가들이 수행했다. 보건계획은 1차로 면역과 위생조치로서 전염병을 예방하고 통제하는데 집중되었다. 약품과 기타 보급품이 배급되었으며, 병원과 진료소도 UNCACK의 원조를 받았고 UNCACK이 직접 설치하기도 했다. UNCACK는 전국의 전염병 통계를 시기별로 작성했고, 천연두, 발진티푸스, 장티푸스, 디프테리아, 회귀열 등의 질병을 감시 감독했다. 특히 열악한 주거환경과 이동으로 인해 전염병 발병가능성이 높은 피난민들이 주 감시 대상이었다.

〈그림 15〉 UNCACK은 다양한 위생업무를 수행했다. UNCACK이 후원하는 '음식 계몽 프로그램'의 일환으로 대구 국립원조병원에서 고아들을 위한 음식들을 시식하고 있다(1951.11.29)

출처: NARA, RG 111SC Box 820.

UNCACK는 1950, 1951년 여름의 폭서, 겨울의 혹한, 그리고 의복과 수용소, 위생시설의 부족으로 피난민들에게서 유행병과 질병이 유행될 것을 우려해 위생작업을 시행했다. 이와 벼룩을 구제하기 위해 DDT를 뿌리는 작업이 가장 대규모로 이루어졌다. 한국인들에게 많이 발병했던 간염이나 나병은 1951년 후반 무렵이 되어서야 관심의 대상이 되었다. 이밖에도 UNCACK는 서울적십자병원, 세브란스병원 등 한국 의료기관을 지원했다.36) 어떻게 보면, 이러한 의료활동은 전쟁 초기 미군의 눈에 피난민들이 잠재적 적이자 전투를 위협하는 존재로 비춰졌던 것과 마찬가지로, 전쟁 내내 UNCAK의 눈에는 피난민들이 잠재적인 전염병 바이러스 보균자로 바라본 것의 산물이기도 한 것이다.

〈그림 16〉 UNCACK의 공중보건부 책임 간호사(Chief Nurse) Susan Haines가 병원에 기증된 의복들을 검사하고 있다(1952.8.23)

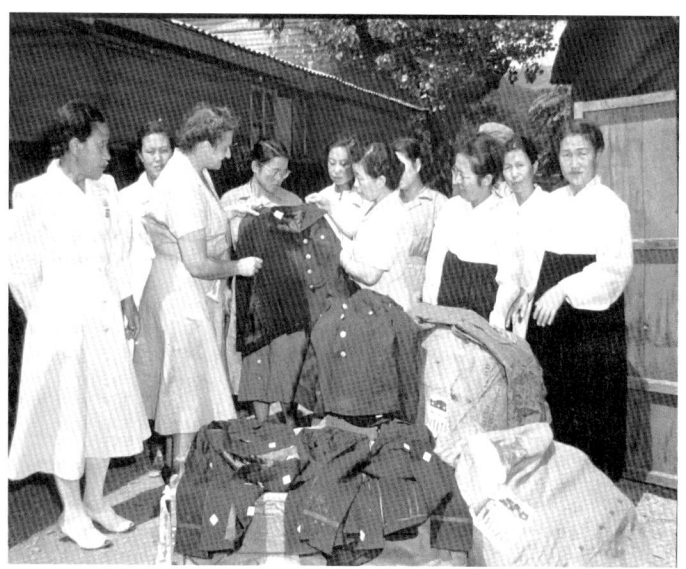

출처: NARA, RG 111SC Box 901.

---

36) 위의 글, 152~155쪽.

4. UNCACK 관련 자료의 유형 및 내용 구성

1) NARA 소재 관련 자료의 유형

미국 국립문서기록관리청(the National Archives and Records Administration: NARA)에는 다양한 문서군(Record Group) 별로 UNCACK 관련 자료들이 분산되어 있다. 여기서는 주요 관련 자료들의 유형을 분류하고 소개하려 한다.

(1) RG 331, 2차대전기 연합 작전 및 점령사령부 문서군(Records of Allied Operational and Occupation Headquarters, World War II, 1907~1966)

연합군최고사령부로 지칭되는 SCAP(General Headquarters, Supreme Commander for the Allied Powers) 문서군에는 UNCACK의 통신 문서철과 주제별 문서철이 있다. 통신 문서철(Series Correspondence File, compiled 1945~1952, Box 176)에는 1950년 12월부터 1952년 6월까지 연합군최고사령부와 UNCACK가 주고받은 문서들이 포함되어 있으며, 주제별 문서철(Series Subject File, compiled 1945~1953 Box 9432)에는 UNCACK가 발행한 『공중보건 기술공보』(Public Health Technical Bulletins, 1945~1953)가 포함되어 있다. 이 자료군은 국사편찬위원회 등 국내 기관에 의해 수집되지 않은 상태이다.

(2) RG 338, 미육군 작전·전술·군수 조직 문서군(Records of U.S. Army Operational, Tactical, and Support Organizations (World War II and Thereafter), 1917~1999)

RG 338에는 UNCACK가 직접 생산한 커맨드리포트(Command Report)[37]

---

[37] 커맨드리포트(Command Report)는 주기적으로(주로 1개월) 그 부대의 종합적인 활동 사항을 역사적으로 정리, 기록해놓은 문서이다. 전시 대부분의 부대들은 커맨드리포트를 작성했는데, 부대의 창설과 조직, 인사 변동, 각 부서별·시기별 주요 활동 내용들

나 비망록, 사령관의 개인 서한철, 비공식 서한이나 일반 행정 문서들, 일반 명령들이 존재한다. 그리고 UNCACK의 상위 부대인 미8군의 민사부(Civil affair section) 문서도 이 문서군에 포함되어 있어 초기 조직의 구성과 변화 과정, 예하 사단, 군단 민사팀의 활동 등을 파악할 수 있다. 국사편찬위원회에서 수집한 UNCACK 관련 문서의 상당 부분이 RG338에서 수집한 문서들이나 부분적으로 수집되지 않았다. 주요 자료의 목록은 다음과 같다.

Entry A-1 443, Box 261: (UNCACK) Messages, August 1951

Entry A1 228, Box 1694~1697: UNCACK Command Report, 1950.11.3~1952.7.

Entry UD 37042 Box 269 Memorandums [3 folders], 1952~1952

Entry UD 37042, Box 270~271 Commanding General's Personal File, 1952~1952

Entry UD 37042 Box 272 Informational Letters, 1952~1952

Entry UD 37042 Box 273 General Administration [2 folders], 1952~1952
  Historical Reports

Entry UD 37042 Box 274 General Administration [4 folders], 1952~1952

Entry UD 37042 Box 308 General Orders, 1952~1952

Entry A1 179 Box 1437 Eighth U.S. Army Civil Affairs Section, Civil Assistance Files, 1950

(3) RG 407, 부관부 문서군(Records of the Adjutant General's Office, 1905~1981)

부관부 문서군에서는 주로 예하 부대단위에서 생산한 문서들이 존재하는

이 체계적으로 작성되어 있다. UNCACK의 경우 1950년 11월에 첫 커맨드리포트가 작성되어 부대의 창설과정과 관련 명령, 조직의 구성 등이 기록되어 있고 1952년 8월까지 생산되었다.

데, UNCACK의 본부에서 커맨드리포트를 작성하기 위해 예하 부대와 지역별 팀에서 작성한 보고서나 참고자료들이 있는 경우가 있다. RG 338의 커맨드리포트와 대부분 중복되는 경우가 많지만 RG 407의 자료들은 상급부대로 보고되어 종합되기 전의 원본자료들이라고 할 수 있다.

Entry NM3 429, NM3 429A Box 4995~4999, AYUT-8201-8201st Army Unit. United Nations Civil Assistance Command: Command Reports (entire box), 1950.11~1951.12.

(4) RG 550, 미 육군 태평양사령부 문서군(Records of the U.S. Army, Pacific, 1945~1984)

미 태평양사령부 문서철에는 UNCACK와 기타 민사, 경제원조활동에 대한 월간보고서와 연간보고서가 있다. 이 보고서들은 최상급 부대로 보고되는 팜플렛 형태의 보고서여서 관련 기구의 조직과 지휘체계변화, 주요 활동 내용들이 각종 도표, 사진과 함께 매우 압축적으로 잘 정리되어 있다.

1950년 7월부터 1955년 6월까지 극동사령부 민사참모(G-5)에서 작성한 "Civil Assistance and Economic Affairs-Korea"라는 제목의 다섯 개의 연간보고서가 있으며(Entry A1 1 Organized History Files Box 74), "UN Civil Affairs Activities in Korea"라는 제목의 월간보고서도 있다(Box 75).

(5) RG 554 극동군사령부·연합군총사령부·유엔군사령부 문서군(Records of General Headquarters, Far East Command, Supreme Commander Allied Powers, and United Nations Command, 1945~1960)

RG 554 문서군은 다른 문서군에 있던 한국전쟁시기 한국과 관련된 부대의 문서들이 재분류되어 정리되고 있는 문서군이다. 기존의 FRC 박스에 있던 자료들도 Legal 박스로 재분류되어 검색공구(Finding Aids)도 아직 정확하게 정리되어 있지 않다.

현재 UNCACK과 관련된 대부분의 자료들은 이 문서군에 포함되어 있다. 커맨드 리포트부터 일반 통신 문서, 주제별 문서, 지역별 팀의 보고서, 전문, 발행물, 보안 조사 보고, 주간보고서 등 UNCACK가 직접 생산한 대부분의 문서들이 존재한다. 그리고 이 문서들은 이전에 RG 338에 흩어져 있던 문서들이 RG 554로 이관되며 체계적으로 재분류된 경우가 많다. 따라서 국사편찬위원회에서 수집하여 보관하고 있는 UNCACK 관련 문서 중 RG 338로 분류된 문서들은 현재 모두 RG 554로 이관되어 있다고 할 수 있다. 주요 문서 목록은 다음과 같다.

Entry A1 1300 Command Reports, 11/1950-08/1953 Boxes 1~12

Entry A1 1301 General Correspondence, 1951-1955 Boxes 13~64

Entry A1 1302 Subject Files, 1951~1951 Boxes 65~68:

Entry A1 1303 Team Reports, 1951~1953 Boxes 69~80

Entry A1 1304 Monthly Civil Affairs Summaries For Korea, 06/1953-12/1953 Box 81

Entry A1 1305 Outgoing Messages, 1951~1951 Box 82~83

Entry A1 1306 Publication Record Set, 1951~1951 Box 84

Entry A1 1307 Security Investigation Files, 1953~1953 Boxes 85~86

Entry A1 1308 Daily Bulletins, 1953~1953 Box 87

Entry A1 1309 Unit Reports, 1951~1954 Boxes 88~105

(6) RG111 통신장교 문서군(Records of the Office of the Chief Signal Officer, 1860~1985)

미국은 한국전쟁기에 사진과 영상 기록들을 전담하는 통신대와 통신장교들을 대거 파견하여 곳곳에서 사진과 영상 기록을 남겼다. UNCACK의 여러 활동 역시 동영상의 형태로 남아있다. 예컨대 춘천에서의 피난민 소개, 서울 팀의 활동, 중앙구호위원회 회의(1952.5) 부산의 신발 공장에서의 UNCACK 지원활동 등은 동영상으로 남아 있다.

2) UNCACK가 생산한 정기 보고서의 유형과 구성

UNCACK가 생산한 정기보고서는 몇 가지 주요 종류가 있다. 먼저 UNCACK의 각 지역에서 활동하는 도별 팀의 주간보고서(weekly report)가 대표적이라고 할 수 있다. 그러나 이러한 보고서 작성의 방침이 변하면서 각 팀별 보고서는 반월간 보고서(semi-monthly report)로 바뀌기도 했다. 그리고 각 팀에서 생산한 주간보고서들은 전국적으로 종합, 요약되어 주간 전국 종합보고서(consolidated report)가 작성되었다. 이밖에 각 팀과 본부 수준에서 보관된 공문이나 전문, 각 팀별 조사보고서들이 있다.

공문에는 한국의 피난민 상황에 대한 지침이나 소개계획, 조사요청 등이 있고, 팀별 조사보고서의 경우 지역별 한국 공무원단, 형무소 재소자 명단, 지방의 제지공장 현황, 지방의 관제시설 현황, 지방의 신문목록, 민사(Civil Affair)와 관련된 중앙 계획과 방침 등이 있다.

UNCACK 자료 중 가장 대표적인 형태인 정기보고서(Weekly Report)는 주로 아래와 같이 구성되어 있다.

```
Section 1: 행정(administration)
           인사변동, 상급부대 등의 방문, 관할지역에 주둔한 한국군의 활동이나 이동상황,
           간혹 도의 전반적 상황이 약술되어 있음.
Section 2: 정부와 정치(Governmental and Political affairs)
           1) 정부(government) : 남한 중앙정부/지방행정의 특이사항
           2) 정치(political) : 지역 정치의 중요사항, 경찰활동
           3) 사법, 공안(Legal and public Safety) : 화재, 형무소(감옥), 민사법정, 범죄,
사망자 조사
```

> Section 3: 경제(Economic Affairs)
> 1) 재정(Finance) ; 화폐, 환율, 은행, 시장현황, 소매가
> 2) 식량과 농업(food and agriculture)
> 3) 의복, 주택, 임시거주지(clothing, housing and shelter)
> 4) 연료와 전력(fuel and power)
> 5) 노동(labor)
> 6) 교통(transportation)
> 7) 통신(communication)
> 8) 산업(industry)
>
> Section 4: 사회(Social affairs)
> 1) 건강(public health), 위생(Sanitation), 전염병(communicable diseases), 병원(hospitals and clinics)
> 2) 공공복지(public welfare), 피난민(refugee)과 전재민(war sufferers), 고아(orphanages)
> 3) 공보(civil information)
> 4) 교육(civil education), 위생, 공급, 의료와 질병 예방 공급
>
> Section 5: 기타(Miscellaneous)
>
> 부록 Annex: 각종 통계, 현황

UNCACK의 이러한 정기보고서에는 시기별로 UNCACK 조직 구성과, 주요 사건, 주요 활동이 기록되어 있다. 이밖에도 형무소 관리현황(수형인 명단, 이동 상황), 정치범 처리, 피난민 소개 과정, 좌익 게릴라 활동, 각도 치안상황 등의 대민 치안관계가 비교적 소상히 나와 있으며, 각도별 팀이 파악한 지역별 사법, 경찰 기구의 활동 현황, 경제상황, 피난민 통계, 질병, 방역, 교육상황 등이 기록되어 있다.

5. UNCACK 자료의 주제별 내용 개괄

UNCACK 자료의 주요 내용을 몇 가지 주제별로 정리하면 다음과 같이 분류할 수 있다. 1) 인구자료, 2) 형무소 관련 내용, 통계, 3) 전시 사법 관련

내용, 4) 국민방위군, 5) 피난민, 6) 빨치산 토벌, 7) 미군 범죄, 8) 기타. 이밖에도 재정, 식량, 농업, 의복과 주택, 노동과 교통, 산업과 같은 경제상황에 대한 상세한 보고, 건강과 위생, 공공복지와 공보, 교육 등 사회적 상황에 대한 보고가 이루어지고 있으나 여기서는 주로 한국전쟁기 주요 사건이나 정치적 상황 관련 주제들에 대한 자료들을 소개할 것이다.

1) 인구자료

UNCACK 자료의 인구통계 자료는 각 팀별 주간보고서에 첨부된 통계인데, 각 팀마다 세세함과 수준이 다르지만, 대체로 각도의 시, 군별 인구통계가 매주, 격주, 반월간으로 집계되고 있다.

UNCACK의 인구자료는 각 시기별로 특성이 다르게 나타난다. 먼저 UNCACK의 업무가 주로 피난민과 관련되어 있던 1950년 말~1951년 초에는 각 도별로 1949년 5월의 각 시군별 인구와 피난민의 수, 보고 시점의 현재 인구가 보고되고 있다. UNCACK 활동이 본격화되는 1950년 말 1951년 초기에는 이처럼 난민통계와 인구통계가 분리되어 있다가 1951년 중순 이후로 넘어가면서는 점차 통합되게 된다. 그리고 이 시기의 인구집계의 목적은 인구자료가 위생과 방역 비율과 함께 정리되어 있는 것으로 보아 주로 위생과 구호문제 때문이었던 것으로 추정된다.

1951년 중반으로 가면 인구자료의 분류는 더욱 상세해진다. 인구통계표에는 먼저 1949년 인구와 현재 원주민의 수가 나타나고, 피난민의 수(난민도 월남한 난민과 남한 내의 난민, 도내의 난민으로 구분됨), 공무원과 그 가족, 군인, 전쟁피해자, 포로의 수 등이 집계되고 있다.

전라북도의 경우 「Population of CHOLLA PUK-TO Team Report」라는 문서에 1950년 5월 1일 현재 전라북도 인구통계 자료가 있으며, 이 자료는 전라북도의 각 도시, 군 단위 뿐 아니라 면 단위의 가구 수와 인구수가 자세하게 기재되어있다(3개의 시, 14개의 군, 6개의 읍, 168개의 면).[38]

난민에 대한 전체 규모 및 분포를 보여주는 통계도 다수 발견된다. 예를 들어, 1952년 4월 15일자 종합 반월간 보고서의 첨부 E에는 1952년 3월 16~31일의 전국 각 도별 인구 통계가 있다. 이 통계의 항목에는 1949년 5월의 인구조사 통계와 각 도별 현재 원주민 수, 도 밖에서 이주해온 난민, 이북에서 온 난민, 서울에서 온 난민, 타도로부터 이주해온 난민, 도내 이주민의 수로 분류된 인구 분포가 기록되어있다. 이에 따르면 당시 전체 인구 수는 20,988,088명, 난민의 총 수는 4,225,163명이었다.[39]

UNCACK 자료의 인구통계를 체계적으로 정리하고 분석할 경우, 한국전쟁기의 복잡한 인구이동 현황 및 각 시군별 인구의 변동을 보다 정확히 파악할 수 있을 것이다. 특히 피난민의 수와 각 도별 이동현황 등이 체계적으로 집계되어 있고, 기본적으로 1949년의 각 시군별 인구자료와 1952년 이후의 원주민 수, 난민 수, 공무원, 군인가족 등의 인구 수가 파악되기 때문이다. 따라서 UNCACK의 인구통계는 기존의 자료에서는 파악할 수 없었던 내용들이 다수 포함되어 있어 기본적으로 한국전쟁기 인구변동에 관한 중요한 자료로 활용될 수 있을 것으로 보인다.

하지만, 극심한 인구변동과 조사의 불확실성, 통계의 신뢰도와 관련해 판단하면 여전히 완벽한 자료라고는 보기 어려운 한계가 있다. 즉, 시기별로 인구 통계의 상세함이나 범주가 다르고, 각 도별로 통계가 집계되는 수준과 정확성도 차이가 있다. 통계치의 합계가 잘못 계산되어 있는 경우도 발견되고, 모든 지역의 원주민 수가 어떻게 변화하는 지를 면단위로 파악하기에는 턱없

---

[38] RG 554 United Nations command Adjutant General's Section, UN Civil Assistance Command, Korea(UNCACK) Adjutant General Section, Entry A-1 1303, Team Report, 1951~1953, Box 74, Team Records Misc(3 of 3) ; Kyongsang Namdo & Pukto, Pusan Radio.

[39] RG 338, UN Civil Assistance Command, Korea(UNCACK), 1952, Entry UNCACK, Box 5753, Staff Section Report, Public Information Section, 1 March 1952 ot 31 March 1952.

이 부족하다.

2) 형무소 관련 내용과 통계

UNCACK 자료에는 정기보고의 내용에 항상 형무소 관련 내용과 통계가 포함되어 있다. 형무소 통계는 각 도별로 집계되며 여기에는 총 수감인원 수, 미결수와 기결수의 수, 형량별 수감인원, 남, 녀별 수감자 수, 정치범의 비율, 사형 이외의 이유로 형무소에서 죽은 사람의, 이감규모와 내용 등이 각 도별로 매주 집계되고 있다. 1950년 후반부터 1951년 초반까지는 각 팀별로 보고의 수준이 상이하고 불규칙이지만, 이후는 점차 체계화 되어간다.

보고서의 내용을 통해서는 주요 형무소의 수감인원과 현황, 이감 내용과 주요 결정사항 및 해당 시기의 특이점 등이 나와 있다. 뿐만 아니라 각 도별 통계에는 큰 규모의 형무소 뿐 아니라 각 경찰서의 구치소에 수감된 인원의 수도 포함되며, 간혹 형무소와 구치소 시스템이 운영되는 방식을 알 수 있는 내용도 발견된다.

예컨대, 대전팀의 1951년 1월 16일자 주간보고에 의하면 약 2,500명의 죄수들이 20대의 박스카에 실려서 1월 13일자로 부산 형무소로 이동되었다. 이는 21시에서 24시 사이에 이루어졌고 온도는 6도(F)였다. 굶어죽을 정도의 상태에 있던 20명의 죄수가 차로 옮기는 과정에서 사망했다. 당시 형무소 간수들의 가족 약 350명이 죄수로 위장하여 차에 탔다. 그리고 형무소에 있던 10년 미만형의 죄수 3,000명은 석방되었다.[40]

UNCACK의 형무소 관련 자료를 통해서는 형무소에 수감되어 있는 정치범의 비율과 위반 법률에 따른 수감자의 수를 확인할 수 있다. 예컨대 충청남도팀의 1951년 8월 26일자 주간보고서에는 "대전형무소에는 1868명이 수감

---

40) RG 338, UN Civil Assistance Command, Korea (UNCACK), 1951, Box 17, HIST PROG FILES-WEEKLY ACT RPTS 1951 (2 of 2).

되어있고, 기결수 중 178명이 종신형이다. 수형인 중 특별조치령(Special War Order) 위반이 966명, 국가보안법 위반이 37명, 국방경비법 위반이 400명. 총 1264명이 정치범이다. 홍성 경찰 구치소에는 45명이 수감되어있고 그중 17명이 정치범이다."는 내용과 기타 예산, 서산 구치소 상황 기술되어있다.

주간보고서는 주로 도별로 도내의 모든 형무소의 통계가 집계되어 있다. 1951년 11월 20일자 경상남도팀의 주간보고서에는 1951년 10월 한 달간 형무소별 통계가 수록되어 있는데, 이에 따르면 부산형무소는 총 3,470명, 마산형무소는 804명, 진주형무소는 405명이 수감되어있으며, 경상남도 내 경찰 구치소에는 총 409명, 합계 총 5,088명이 경상남도 형무소, 구치소에 수감되어 있다. 마산형무소의 경우 정치범은 8.5%, 국방경비법위반이 36.5%, 특별조치령 위반이 18.5%이다. 이밖에도 형무소 운영상황에 대한 상세한 보고서 첨부되어있다.

이밖에도 주간보고서에는 UNCACK 담당자가 각 형무소나 구치소를 직접 방문하여 형무소의 상황을 조사하고 작성한 보고서도 있다. 보고서의 내용을 통해 형무소의 위생 상태나 주거, 식사, 노동, 교육 상태 등을 파악할 수 있고, 무엇보다도 한국전쟁기 형무소의 구성인원이 주로 정치범이며, 비상사태하의범죄처벌에 관한 특별조치령과 국가보안법, 국방경비법 위반이 대부분이었음을 확인할 수 있다.

3) 전시 사법 관련 내용

형무소 자료만큼 중요한 자료로서 한국전쟁기 사법과 관련된 내용이 다소 발굴 되었다. 주간보고서에 나오는 관련내용은 우선 각 도별 법원의 수와 판검사 수, 재판과 관련된 통계가 있다. 재판과 관련된 통계에는 어떤 범죄로 기소되었고 매주 몇 건씩 재판이 진행되고 있으며 특이사항이 있는지가 기술되고 재판결과도 위반법의 종류에 따라 구분하고 있다. 전쟁기에 구속되고 조사를 받는 대부분의 사람들은 특별조치령과 국가보안법, 국방경비법위반자들이었다. 그리고 이 자료들에는 공식적으로 기록된 사형판결이나 무기징역 판결의 수는 많지 않지만, 팀별로 매주 몇 건씩 기록되어 있다. 간혹 군사재판을 받게 될 대상자의 수가 별도로 제시되는 경우도 있다.

이 보고들을 통해 각도에서 어느 시기에 어떤 법으로 몇 명이 구속되고 재판을 받고, 판결을 받는지 파악할 수 있을 뿐 아니라, 경찰활동 통계에서는 경찰의 전체 규모와 활동내역이 나와 있다. 경찰의 활동내역에서는 당시 몇 명의 사람들이 '반란(subversion)' 등의 죄목으로 체포되고 수사를 받고 풀려나거나 구속되는지 파악할 수 있다. 또한 법 적용의 문제에 있어 특별조치령과 일반 범죄의 차이, 국방경비법 적용과 '반란'의 정의, 부역자에 관련된 사법적 적용의 문제 등에 관한 내용도 발견된다.

4) 국민방위군

UNCACK의 1951년 초반 자료에는 국민방위군의 현황과 경남지역 내의 부대위치, UNCACK 담당관이 현지를 직접 방문하여 상황을 조사한 보고서 등이 몇 건 발견되었다. 국민방위군은 중공군개입 이후의 피난계획이나 난민이동, 위생 문제 등과 관련하여 UNCACK의 관심 대상이 되고 있는 것으로 보인다.

예컨대 1951년 3월 5일자 경상남도팀의 주간보고의 부록에는 「National Guard Camp-Immunization and Dusting」라는 제목의 문서에 경상남도 내 국민방위군 캠프 18개소의 위치가 적시되어 있다.[41]

그리고 1951년 2월 15일자 주간보고에는 국민방위군의 위생 문제 관련 내용이 보고되었는데, UNCACK는 이 부대들을 한국군의 일부가 아니라 민간인들로 다뤄져야 한다고 규정했다. 이 팀들은 UNCACK팀의 감독하에 활동하

---

41) RG 338, UN Civil Assistance Command, Korea (UNCACK), 1951, Box 17, Public Health, File No. 720 (1 of 2).

며, 각 도별 위치와 인원이 목록으로 나와있다. 이에 따르면 당시 국민방위군의 도별 분포와 규모는 제주도(34,053명), 경상남도(257,610명), 경상북도(101,951명), 전라남도(40,872명), 전라북도(288명), 충청남도(264명) 포함 총 435,038명이었다.[42]

5) 피난민

전쟁 초기 UNCACK의 가장 큰 관심사는 피난민 문제였다. 인구통계보다도 피난민 통계나 각 도별, 시군별 이동상황이 매우 상세하게 기록되어 있다. 피난민 수용소의 위치와 각 수용소를 시찰하고 돌아와 작성한 조사보고서들이 다수 있다. 특히 1951년 초반에는 철수 및 소개 계획과 관련하여 중요한 정치인, 군인, 일반시민과 군 고용인 등을 분류하고 이들을 어디로 피난시킬 것인지에 대한 계획서가 발견된다.

UNCACK 자료에 따르면 난민들은 자유롭게 이동할 수도, 안전하게 보호받지도 못했다. 노근리사건에서 볼수 있듯이 한국전쟁기 난민들은 잠재적 적이나 위협적인 요소로 인식되었던 것이다. 실제로 UNCACK의 피난민 업무를 보면, 대부분이 구호에 관한 내용이 많지만, 난민의 흐름을 엄격히 통제하고, 이들의 이동을 관리, 감시하며, 조사하고 분류하는 과정을 볼 수 있다. 전라북도팀의 1월 6일자 주간보고서에 첨부된 보고서인 「Standing Operating Procedure Handling of Refugees」에는 난민들을 전라북도지역에서(으로) 이동시키고, 분류, 심사하는 과정에 대한 지침이 기록되어있다. 'Refugee Flow Chart'는 전라북도 내에서 난민들의 이동 통로와 목적지까지의 흐름이 나와 있으며, 난민들을 다루는 전반적 책임이 기관별로 제시되어있다. 경찰은 출입구에서 난민들을 '처리소(processing station)'로 이동시켜 난민들을 심사

---

[42] RG 554, United Nations Command Adjutant General's Section, UN Civil Assistance Command, Korea (UNCACK) Adjutant General Section, Entry A-1 1307, Security Investigation Files, 1953, Box 86, Public Health, 720.

(screen)하고 신분증(Identification card)을 발행하게 했다. 그밖에도 난민 캠프로 이동시키고 위생, 건강관리 방침이 제시되어 있다.[43] UNCACK는 이처럼 한국인들을 전시상황에 의거해 식별하고 분류하고 등록하고 관리하는 시스템을 운용하였다. 이에 따라 피난민 신분증을 포함해 수복 후 서울에서 도강증이나 시민증 같은 신분증을 발행하였는데, 결국 이러한 목적과 기원에 의해 한국인의 '위험도'를 식별하는 한국의 신분증 시스템, 신분관리 시스템이 만들어진 것으로 평가할 수 있을 것이다.

전쟁기 피난해야할 우선순위를 부여하는 분류체계가 만들어진 것도 그 연장선상에 있다. 경상남도팀의 1951년 1월 30일자 주간보고서에 첨부되어있는 보고서에는 대구에 위치한 내무부, 부산의 사회부, 8군 대표가 주최한 회의가 1월 23일 아침에 열렸다고 되어 있다. 이 회의에는 사회부, 계엄사령부, 한국군 헌병, 해군, 경상남도, 부산시를 대표하는 사람들이 참석했다.

회의 결과 '분산계획(diversion program)'이 수립되었는데, 이 계획의 목적은 8군의 지휘에 조응하여 부산시에서 상당한 수의 난민들을 소개하는 것이었다. 이들은 제주도, 밀양, 마산, 김해지역으로 소개됨. 소개의 범위를 결정하고자 난민들은 아래와 같이 구분되었다. 1) 개인 거주지에 묶고 있는 '자유난민', 2) 핵심적이지 않은 공무원들과 가족, 3) 부산지역에서는 임무가 없는 경찰과 군인, 그들의 가족, 4) 국회, 사법 공무원, 미군에 고용된 한국인과 그들의 가족. 분산계획은 라디오와 신문 등으로 알리고 우선적으로는 자원자에 한하지만 효과적이지 않으면 강제로 집행. 사회부는 수송과 주거담당, 계엄사령부는 헌병동원을 맡았다.[44]

피난민들은 각 지역에 만들어진 피난민 수용소에 수용되며 그 이동과 수

---

43) RG 338, UN Civil Assistance Command, Korea (UNCACK), 1951, Box 17, HIST PROG FILES-WEEKLY ACT RPTS 1951 (2 of 2).
44) RG 338, UN Civil Assistance Command, Korea (UNCACK), 1951, Box 17, HIST PROG FILES-WEEKLY ACT RPTS 1951 (1 of 2).

가 체계적으로 파악되었다. 예컨대 1953년 2월 28일 경기도팀의 월간보고서에는 경기도 내 피난민 캠프의 위치와 수용자 수 관련 통계자료가 있다. 수원 13개소 총 30,148명, 인천 2개소 17,496명, 광주군 4개소 49,817명, 여주군 1개소 231명, 이천 1개소 391명, 용인 2개소 2,102명, 평택 1개소 2,441명, 화성군 7개소 11,484명, 김포군 3개소 2,544명, 파주군 1개소 20,958명, 안성 1개소 1,372명, 시흥군 1개소 1,235명으로 총 140,219명으로 조사되어 있다.[45]

6) 빨치산 토벌

UNCACK의 전라남북도팀과 충청북도, 강원도, 제주도팀의 경우 경찰활동 내역보고에서 빨치산 토벌이나 관련 작전과 관련된 내용이 다수 발견된다.

1951년 9월 30일자 전라북도팀의 Semi-Monthly Activities Report에는 빨치산과 경찰의 충돌 상황에 대한 개요가 나와 있다.[46] 1951년 9월 30일자 전라남도팀의 Semi-Monthly Activities Report에는 이 기간동안 게릴라 활동과 관련하여 전과로 사살된 수(169명), 잡힌 사람들의 수와 이들에게 도망친 민간인 등과 관련된 수가 제시되어 있다.[47]

UNCACK 자료에 나온 빨치산 관련 내용은 군사고문단 KMAG 자료나 경찰 보고와 비교를 해봐야 하고, 주로 전과를 위주로 기록되어있는 한계도 있지만, 관련된 작전에서 대규모의 폭격이 이루어지는 등 민간피해가 예상되는

---

45) RG 554, United Nations Command Adjutant General's Section, UN Civil Assistance Command, Korea (UNCACK) Adjutant General Section, Entry A-1 1303, Team Reports, 1951~1953, Box 80, MAR: Kyonggi Do UN Civil Assistance Command Korea Team.
46) RG 338, UN Civil Assistance Command, Korea (UNCACK), 1951, Entry UNCACK Unit 11110, Box 23, Semi-Monthly Activities Reports (1 of 4) 1951.
47) RG 338, UN Civil Assistance Command, Korea (UNCACK), 1951, Entry UNCACK Unit 11110, Box 23, Semi-Monthly Activities Reports (1 of 4) 1951.

문서가 몇 건 발굴되었다.

「Investigation on actual situation of the area artillery fire Practice」이라는 제목의 전라북도팀의 1951년 2월 8일자 보고에는 Jae-jun지역(Jai-jun ; Inchun리, yanchon, 논산군 ; 금산읍)이 폭격 실습지역으로 정해진 것으로 나온다. 이들 지역 사람들을 소개하기로 했고, 다른 적당한 지역으로는 산 아래지역인 운장산, 덕유산, 회문산, 내장산, 지리산 등이 있었다(이들 지역은 게릴라 근거지로 이들을 축출할 수 있다). 이 폭격 실습지역에 대한 리 단위 가족 수와 인구, 추정 피해에 관련한 통계가 나와 있다.[48]

1951년 5월 1일자 문서 「Tour Inspection of the Refugee situation in ISO Myun(hwasun) made on the 30th April 1951」은 경찰이 화순군 이서면 마을을 빨치산 토벌과정에서 파괴한 내용이 언급된다. 즉, 1950년 12월 전남 화순군 이서면의 29개 마을 중 26개 마을이 경찰의 반 게릴라 대응책으로 파괴되었는데, 주민들은 이웃 마을로 재배치했고, 난민이 된 주민들은 땅을 파고 임시 거처를 마련하여 위생상태가 좋지 않았다. [49]

(7) 군 범죄와 대민피해

피난민 수용소나 지역의 마을에서 이루어진 유엔군에 의한 한국여성의 강간이나 상해사건 등이 간혹 언급되고 있다.

1951년 9월 8일자 전라남도팀 주간보고에는 1951.9.4 밤 11시에 목포역

---

48) RG 554, United Nations Command Adjutant General's Section, UN Civil Assistance Command, Korea (UNCACK) Adjutant General Section, Entry A-1 1303, Team Reports, 1951~1953, Box 69, Kyunggi-do Team ; Report on Water Resources, 理水관계 ; 하천 공사설계서, 전라북도 ; Report on Sewerage, 하수도관계 ; Report on Railroad Transportation, 철도관계 1951~1951.

49) RG 554, UN Command Adjutant General's Section, UN Civil Assistance Command, Korea(UNCACK) Adjutant General's Section, Entry A-1 1303, Team Reports, 1951~1953, Box 72, Records Cholla Namdo(1 of 2).

철로 근처에서 76공병대대 C중대 소속 미군병사들이 3명의 한국인 여성을 폭행해 옷을 찢었다는 기록이 있다. 근처의 한국 헌병들이 여성들을 도주시켰지만, 미군의 총에 맞고 헌병 두 명이 부상당했고, 그중 한 명은 치명적인 중상으로 소생하기 어려워 보였다(정보 가치는 C-3). 문서는 KMAG의 적절한 주의가 요구된다고 언급하고 있다.[50]

1951년 8월 25일자 강원도팀 주간보고서에는 한국군 정보담당 요원들과 CIC 요원들이 민간복장을 하고 지역주민들에게 폭행한다는 내용이 나오고 있다. 이들은 주민들의 원조물자들을 훔쳤다. 또한 한국군이 전쟁 물자를 구한다는 명목으로 민가를 수색하고 불법적으로 원조물자를 강탈했으며, 심지어 돈 기부를 강요하면서 폭행을 저질렀다.[51]

강원도팀의 1951년 9월 8일자 주간보고서. 사법, 공안 장에 원주 경찰서 구치소를 조사한 내용이 있다. 당시 강원도에서는 경찰 4명이 한국군 헌병에 의해 체포되었는데, 정선(Chongson)군에서 게릴라들을 도왔을 것으로 추정되는 가족들을 죽인 혐의로 체포된 것이었다. 그들은 한국군헌병과 제천경찰에 의해 가혹하게 다루어졌다(mistreated)고 주장했다.[52]

(8) 기타

UNCACK 자료는 기본적으로 지역팀의 보고를 통해 작성된 것으로 각 지역의 기본적인 행정, 사회, 역사 관련 자료들이 포함되어 있다. 전라도지역의 주요 공직자, 경찰서장 명단이나 경상남도지역의 주요 정치 단체의 동향이나

---

50) RG 338 UN Civil Assistance Command, Korea(UNCACK), 1951, Entry UNCACK Unit 11110, Box 22, Weekly Activities Reports, Sept. 1951(6 of 6).

51) RG 338 UN Civil Assistance Command, Korea(UNCACK), 1951, Entry UNCACK Unit 11110, Box 22, Weekly Activities Reports, Sept. 1951(4 of 8).

52) RG 338, UN Civil Assistance Command, Korea (UNCACK), 1951, Entry UNCACK Unit 11110, Box 22, Weekly Activities Reports, Sept. 1951 (4 of 6).

조직의 개요, 한국에서의 청년단체 특히 대한청년단의 역사에 대한 보고서도 발견되었다.

UNCACK에서 국무부로 보낸 보고서인 「Short History of the Youth Movement in Korea」(1953년 8월 12일자)는 한국에서의 청년운동에 대한 10페이지짜리 보고서이다. 주로 대한청년단을 중심으로 역사가 기술되어 있다. 미군정하의 청년운동 현황부터 민족청년단, 대한청년단에 대한 내용이 주를 이룬다. 1953년 당시의 청년단 상황과 청년단 내부의 당파주의와 이범석 계열에 대한 분석. 이범석, 유치원, 안호상, 운제옥, 지청천 개인별 분석이 첨부되어 있다.[53]

경상북도팀의 1951년 7월 8일자 주간보고서의 첨부 A에는 경상북도 내의 주요 정치단체 명단과 대표자의 이름과 주소, 구성원 수가 나와 있다. 당시의 경상북도 내 주요 정치 단체는 민주국민당, 대한국민당, 조선민주당, 국민회, 대한청년단, 대한노동청년당, 대한여자청년단, 대한부인회, 국제연합한국협회, 대한민국노인의용대, 전국공산주의타도경북동맹 등이 있었다.[54]

UNCACK 사령부에서 1951년 6월 8일자로 작성한 보고서에는 당시 부산에서 발간되었던 신문에 대한 정보가 모두 나와 있다. 이 신문들과 당파의 관계, 이데올로기적 성향, 발행부수, 영향력이 평가되었다.[55]

---

53) RG 338, UN Civil Assistance Command, Korea (UNCACK), 1951, Entry UNCACK UNIT 11028, Box 76, Electrical Machinery, 412.41 ; Exchange of Foreign Money, 123.7 ; Apportionment Supply of Funds, 121 ; Estimate of Appropriations ; Armed Forces Assistance PERM, 041 ; Countries PERM, 091 ; Foreign Laws, 010.9 ; Armistice, 387.4.

54) RG 338, UN Civil Assistance Command, Korea(UNCACK), 1951, Entry UNCACK Unit 11110, Box 21, Weekly Activities Report (3 of 5).

55) RG 338 UN Civil Assistance Command, Korea(UNCACK), 1951, Entry UNCACK Unit 11110, Box 20, Weekly Activities Reports from the Teams, May. 1951 (4 of 5).

6. 나가며

이상으로 UNCACK의 조직과 활동, 자료의 주요 내용들에 대해 살펴보았다. 1945년 이후 한국 현대사 연구와 한국전쟁에 대한 그동안의 연구에서 군정의 정치적 성격과 활동, 미국의 대한 원조의 규모와 성격, 전쟁의 발발과 전개에 대한 주제들은 이미 수없이 많이 다루어졌다.

하지만 그 구체적 활동과 성격에 대한 내용이 얼마나 체계적으로 연구, 분석되었는지는 재평가할 필요가 있다. UNCACK의 민사활동에 주목할 때, 우리는 단순히 원조물자의 규모를 통해서 원조와 전쟁의 성격을 가늠하는 것이 아니라, 점령과 군에 의한 통치, 군의 민간인 관리와 통제라는 민사의 차원에서 원조와 전쟁의 성격, 그 구체적 실상에 접근할 수 있다.

자료의 측면에서도 한국전쟁시기의 일상과 사회의 구체적 실상을 파악할 수 있는 자료들은 그동안 흔치 않았고 주로 전쟁 체험자들의 전쟁 경험에 대한 구술 증언들이 조금씩 기록되고 있을 뿐이었다. 그런데 UNCACK 자료들은 한국전쟁시기 일상과 사회의 변화, 특히 군의 민사작전에 관련된 다양하고 포괄적인 지역별 자료들이 망라되어 있다.

UNCACK의 자료들에 대한 상세한 분석을 통해 한국전쟁시기 인구조사의 성격과 내용은 무엇인지, 전시 사법 행정과 형무소 운영은 어떠했는지, 민사, 원조 조직들의 창설과 운영의 정치적 맥락과 이해관계는 무엇이었는지, 피난민에 대한 관리와 통제는 어떻게 이루어졌는지, 지역에서의 민사 행정은 어떻게 이루어졌는지, 미군이 바라본 한국사회의 현실은 어떠했으며 이들에게 위생과 방역업무는 어떤 의미였는지 그리고 이 모든 민사활동들이 한국사회에 남긴 것은 무엇인지를 되짚어 보고 평가할 필요가 있을 것이다.

저자소개 (원고 기재순)

서중석 성균관대 사학과 교수
김학재 서울산업대학교 강사
이임하 성균관대 동아시아역사연구소 연구교수
강성현 서울대학교 사회학과 박사과정 수료
양정심 성균관대 동아시아역사연구소 연구교수
김득중 국사편찬위원회 편사연구사